"十二五"普通高等教育本科国家级规划教材

- 西南财经大学精品课程指定教材
- 根据2015年最新政府会计基本准则及会计制度编写

政府与非营利组织会计

(第二版)

ZHENGFU YU FEIYINGLI ZUZHI KUAIJI

主编 罗朝晖 牟 涛

西南财经大学出版社
Southwestern University of Finance & Economics Press
中国 · 成都

图书在版编目(CIP)数据

政府与非营利组织会计/罗朝晖,牟涛主编.—2版.—成都:西南财经大学出版社,2016.8

ISBN 978-7-5504-2623-8

Ⅰ.①政…　Ⅱ.①罗…②牟…　Ⅲ.①单位预算会计—高等学校—教材　Ⅳ.①F810.6

中国版本图书馆CIP数据核字(2016)第207114号

政府与非营利组织会计(第二版)

罗朝晖　牟　涛　主编

责任编辑:向小英

封面设计:何东琳设计工作室

责任印制:封俊川

出版发行	西南财经大学出版社(四川省成都市光华村街55号)
网　　址	http://www.bookcj.com
电子邮件	bookcj@foxmail.com
邮政编码	610074
电　　话	028-87353785　87352368
照　　排	四川胜翔数码印务设计有限公司
印　　刷	四川森林印务有限责任公司
成品尺寸	185mm×260mm
印　　张	23.5
字　　数	545千字
版　　次	2016年8月第2版
印　　次	2016年8月第1次印刷
印　　数	1—3000册
书　　号	ISBN 978-7-5504-2623-8
定　　价	42.00元

前 言

中国预算会计是以预算管理为中心的宏观管理信息系统，是核算、反映和监督中央与地方各级政府预算及行政事业单位收支预算执行情况的会计。新中国成立以来，我国预算会计工作有了较大发展。1997 年财政部统一制定了《财政总预算会计制度》《行政单位会计制度》和《事业单位会计准则》《事业单位会计制度》。从预算会计分为总预算会计和单位预算会计到事业单位会计向自收自支过渡，再到 1998 年的财政、行政、事业单位三大部类的确立，无不从一个侧面反映出中国经济体制改革的进程。随着中国财政管理体制改革步伐的加快，新的预算管理模式已开始建立，预算编制、执行等环节的管理制度正在发生根本性变化，在核算内容、方法、预算编制以及预算管理等方面又出现了许多新情况、新问题，这些都迫使预算会计制度进行进一步的改革。在这样的背景下，财政部在 2013 年和 2014 年分别实施了新的《事业单位会计准则》《事业单位会计制度》《行政单位会计制度》。2015 年又发布了新的《财政总预算会计制度》及《政府会计基本准则》。面对全球一体化和经济改革新浪潮，如何建立一个新的有中国特色的政府与非营利组织会计体系仍是值得我们积极探索的问题。

本书是按照西南财经大学“211”工程教材建设方案编写的西南财经大学精品资源共享课教材。本书以财政部最新发布的政府会计基本准则及财政、行政和事业单位会计制度、事业单位会计准则为指南，覆盖政府与非营利组织会计各领域，突出新制度、新准则的变化。本书注重基本理论与会计实务相结合，既有基本理论、基础知识也有基本技能的介绍。本书既可供高等院校会计学专业和其他经济管理类专业的本科学生使用，也可供会计学专业和其他经济管理类专业硕士研究生及会计学专业硕士学位（MPACC）、公共管理硕士学位（MPA）的学生使用。政府部门及事业单位和其他非营利组织会计人员也可使用本教材。

全书分总论、财政总预算会计、行政单位会计、事业单位与民间非营利组织会计四篇共二十一章，第 1~2 章、第15~21章由罗朝晖编写；第 3~14 章由牟涛编写。

由于时间仓促以及编者对政府与非营利组织会计的认识有限，本书很可能存在不足与疏漏，敬请读者不吝赐教。

编 者

2016 年 7 月

目　录

第一篇　总论

第二篇　财政总预算会计

第三篇 行政单位会计

第四篇　事业单位与民间非营利组织会计

第一篇　总　论

第一章
政府与非营利组织会计概论

在已经过去的人类两千五百多年历史中，会计学在不同的环境中以不同的方式发展着。在会计发展历程中，政府与非营利组织会计特别是政府会计给历史留下了不可磨灭的印记。西方社会所指的最早的会计存在于公元前的雅典、中国、印度等国家，它们都强调对交易进行记录以及提供发展报告和实施检查制度，其主要特征是确保君主的财力。如我们熟知的古代西周就有了专门核算周王朝财赋收支的官职——“司会”，后发展到设置最早的政府会计——“官厅会计”。由于人类社会的不断进步，经济体制的性质也发生了变化，政府承担的职责范围有所扩大，而且情况复杂多变，会计开始反映这些变化。随着政治制度和经济体制的变革，政府会计逐步得到发展。作为政策和经济管理工具的财政预算如果要取得成功，必须借助会计来完成，这也成为今天推动政府会计发展的动力。同样，非营利组织会计的发展也得益于经济和社会环境的发展。可以说，非营利组织是任何国家社会经济发展中都离不开并与每个人都息息相关的组织。社会越发展，非营利组织的地位与作用越突出。在 21 世纪，政府与非营利组织会计的发展将成为会计学发展的重要组成部分。

第一节　政府与非营利组织会计的概念及组成体系

一、政府与非营利组织会计的概念

中国预算会计诞生于 20 世纪 50 年代，60 年代中期，中国预算会计作了一次较大的改革。此后 30 多年里，由于中国的计划经济体制一直没有发生重大变化，中国预算会计在基本理论和方法体系方面，基本上也没有重大的突破。这时的预算会计，是对国家预算资金活动过程及其结果所实施的一种管理活动。它是适用于各级财政部门和事业行政单位的一种专业会计。预算会计包括财政总预算会计和单位预算会计两类。

20 世纪 90 年代中国预算会计经历三次变革。90 年代初，单位预算会计发展形成了自收自支单位会计。1996 年财政部发布征求意见稿着手将预算会计分为财政总预算会计、行政单位会计、事业单位会计。1998 年新的预算会计制度正式实行。以 1998 年 1 月 1 日起全面执行《财政总预算会计制度》《行政单位会计制度》《事业单位会计准则》《事业单位会计制度》为标志，表明我国预算会计已摆脱计划经济体制下的模式，走上了建立适应市场经济需要、具有中国特色的预算会计模式的道路。

现行中国政府会计由财政会计和行政单位会计组成。财政会计分为中央财政总会计和地方财政总会计，其中地方财政又分为省、市、县、乡四级地方财政会计。非营利组织是指其经营目的在于社会利益而非某一个人或组织或所有股东的经济利益的组织，即不以营利为目的的经济和社会组织。除现有的公立事业单位外，还包括民办非企业单位、社会团体及各种基金等。近年来，随着经济改革的不断深化，中国的民间非营利组织得到较大发展，如民办学校、股份制医院等的兴起，促进了多元化经济的发展。

近年来，中国财政管理体制改革的步伐加快，现有的预算会计体系面临进一步的改革。同时，经济国际化也推动了政府与非营利组织会计的国际化。为了适应市场经济发展的需要，尽快与国际会计接轨，我国预算会计体系将向政府与非营利组织会计发展。2013 年、2014 年、2015 年先后实施了新的《事业单位会计制度》《事业单位会计准则》《行政单位会计制度》《财政总预算会计制度》。根据新的会计制度、准则结合 2005 年执行的《民间非营利组织会计制度》，我们可以这样定义：政府与非营利组织会计是反映和监督社会再生产过程中分配领域、社会福利领域与精神产品生产领域中的各级政府机构和各类非营利组织资金活动过程与结果的会计体系，包括各级财政部门、各级行政单位、各类事业单位以及民间非营利组织、社会团体、各种基金等。

二、政府与非营利组织会计的组成及分级

近年来，由于部门预算的编制，财政总预算会计和行政单位会计的改革将逐渐趋向于以一级政府为中心，核算整个政府的财务状况，即编制一级政府的收支情况表。因此，客观上要求将财政总预算会计和行政单位会计逐渐合二为一，成为政府会计。另外，推行国库单一账户制度后，财政部门对财政支出资金实施全过程管理，各行政单位由于它只是政府的组成部分，其所有资金都是财政资金，都要通过国库单一账户收付，其资金活动已通过财政总预算会计反映，因此总财政预算会计和行政单位会计是总括和明细的关系，两者共同构成政府会计。同时，实行政府采购后，对于行政单位专项支出经费，财政部门不再简单地按照预算下拨经费给行政单位，而应当按照批准的预算和采购活动的履约情况直接向供应商拨付货款，即财政对这部分支出采用直接付款方式。财政总预算会计可以根据这部分支出数直接办理决算。而行政单位应根据财政部门提供的付款凭证进行资金核算，根据采购品入库情况入账。这笔业务可视为同一会计主体下获取货物、工程和服务的行为。故政府采购制度的推行也要求财政总预算会计和行政单位会计合二为一。另外，现有的事业单位日益走向市场，除了财政资金外，还有其他性质的资金，这部分资金收付无须通过国库单一账户，其会计系统的独立性相对较强，其会计原则、会计科目和核算方法与政府会计显然有差别，各种基金会也是如此。

我国是以公有制为主体的社会主义市场经济国家，财政预算实行“统一领导、分级管理”的体制，整个预算会计体系由财政总预算会计、行政单位会计和事业单位会计及民间非营利组织会计组成，且与国家政权结构和行政区域划分一致。

财政总预算会计是指各级政府财政部门核算和监督政府预算执行与各项财政性资金收支活动情况及结果的专业会计。根据“一级财政、一级预算”的原则，我国财政总预算会计的管理体系分为五级：国家财政部设立中央级财政总预算会计，省（自治区、直辖市）财政厅（局）设立省级财政总预算会计，市（地、州）财政设立市级财政总预算会计，县财政局设立县级财政总预算会计，乡（镇）财政所设立乡（镇）级财政总预算会计。

行政单位会计是指我国各级行政机关和实行行政财务管理的其他机关（包括各级权力机关、审判机关和检察机关）、政党及人民团体核算和监督本单位财务收支活动情况及结果的专业会计。行政单位会计根据国家机构建制和经费领报关系，称为主管会计单位、二级会计单位和基层会计单位三级。其中：向财政部门领报经费并发生预算管理关系的，称为主管会计单位；向主管会计单位或上一级领报经费，并发生预算管理关系，同时有下一级会计单位的，称为二级会计单位；向上一级会计单位领报经费，并发生预算管理关系，没有下一级会计单位的，称为基层会计单位。

事业单位会计是指各类事业单位核算和监督本单位财务收支活动情况及结果的专业会计。事业单位会计根据国家机构建制和经费领报关系，分为主管会计单位、二级会计单位和基层会计单位三级。我国事业单位内部行业众多，包括科学、教育、文化、卫生、应用科研型事业单位、社会服务部门的事业单位和社会福利救济事业单位等，与这些事业单位类型相适应，形成各种事业单位会计。

此外，我国政府与非营利组织会计体系还包括各类民间非营利组织，如社会团体、基金会和民办非企业。根据 2005 年实行的《民间非营利组织会计制度》，这些非营利组织应符合以下三个条件：

（1）不以营利为主要目的；

（2）任何单位或个人不因为出资而拥有非营利组织的所有权；收支结余不得向出资者分配；

（3）非营利组织一旦进行清算，清算后的剩余财产应按规定继续用于社会公益事业。

三、政府与非营利组织会计的特点

政府与非营利组织会计是以预算管理为中心的宏观管理信息系统，是核算、反映和监督中央与地方各级政府预算及事业行政单位收支预算执行情况的会计。政府与非营利组织会计和企业会计相比具有以下特点：

（1）政府与非营利组织的资金大多直接或间接来自纳税人及其他出资者，资源提供者向政府与非营利组织提供资源不属于投资范畴，其目的也不是为了获得提供资源的回报，所以，这些组织就没有需要支付股利的股东，也就没有获利动机。大部分政府与非营利组织以服务于社会、公众为宗旨，它们提供的精神产品或社会福利服务都是人民生活和社会发展必不可少的活动。这些活动大多以非营利为目的。

（2）政府与非营利组织的受托责任通常是指资源或活动从公众或其他资源提供者那里转移给政府与非营利组织管理当局而应负责任的一种转换，或政府与非营利组织所承担的向社会公众服务对象提供劳务的责任。政府代表国家意志行使公共财政资源筹集、使用和管理的权力，必须受到资源提供者及其代表、国家法律、行政法令、合同协议以及其他约定的限制。政府与非营利组织管理当局受托使用公共财政资源，对资源使用的经济性、有效性和使用效果负有责任。这种受托责任不仅表现为经济或财务的责任，还表现为政治的和社会的责任。

（3）《中华人民共和国预算法》规定："国务院在全国人民代表大会举行会议时，向大会作中央和地方预算草案的报告。地方各级政府在本级人民代表大会举行会议时，向大会作本级总预算草案的报告。"政府执行的预算应是经人民代表大会审查和批准的预算，政府对预算执行的结果即决算也需经人民代表大会审批后才具有法律效力。我国的财政会计、行政单位会计、事业单位会计分别在其制度中指出，"提供的会计信息应适应预算管理的需要。"政府的经济活动是否与预算相符合，是政府是否可以解脱受托责任的一个重要标准。

（4）我国在财政会计、行政单位会计、事业单位会计制度中都规定所提供的会计信息应适应国家宏观经济管理的需要。中国是社会主义国家，实行的是以公有制为主体，多种所有制经济共同发展的经济制度。中国的财政收入中，国有企业上缴利税占有很大比重，财政支出中用于国家经济建设支出的比重也较大。所以，中国的财政总预算会计提供的会计信息应适应国家宏观经济管理的需要。同时，现行行政事业单位已经不再是财政的附属单位，它们以相对独立的经济实体的身份出现在社会经济生活中，国家对于行政事业单位会计信息的需求，也已开始转向对宏观的会计信息的需求。

第二节　政府与非营利组织会计目标

目标是事物所具有的代表同类事物发展趋势和运行的标准。会计目标是会计管理体制、会计规范等赖以存在和发展的依据。我们常把会计目标称为会计目的，会计目标是会计系统期望达到的预期目的或境界。

一、政府与非营利组织会计目标概述

2015 年财政部发布《政府会计准则——基本准则》，对政府决算报告目标和财务报告目标有了明确规定，我们结合财政、行政及事业单位会计制度作出如下表述。

中国《财政总预算会计制度》规定，财政总会计的核算目标是向会计信息使用者提供政府财政预算执行情况、财务状况等会计信息，反映政府财政受托责任履行情况。总预算会计信息，应当符合预算法的要求，适应国家宏观经济管理和上级财政部门及本级政府对财政管理的需要。总预算会计报表是各级预算收支执行情况及其结果的定期书面报告，是各级政府和上级财政部门了解情况、掌握政策、指导预算执行工作的重要资料，也是编制下年度预算的基础。实际上，按制度反映政府的财务状况、预算执行情况、财政周转金收支和投放情况以及反映政府的其他各种综合情况与行政事业单位收支汇总情况等，构成了中国财政总预算会计的较为具体的会计目标。

中国《行政单位会计制度》规定，行政单位提供的会计信息应当与行政单位受

托责任履行情况的反映、会计信息使用者的管理、监督和决策需要相关，从而有助于会计信息使用者对行政单位过去、现在或者未来的情况作出评价或者预测。

中国《事业单位会计准则》规定，事业单位提供的会计信息应当与反映事业单位受托责任的履行情况、满足财务报告使用者的决策需要相关，符合国家宏观经济管理、预算管理和对事业单位加强财务管理的要求，从而有助于财务报告使用者对事业单位过去、现在或者未来的情况作出评价或者预测。

中国《民间非营利组织会计制度》规定，非营利组织提供的会计信息应当能够真实、完整地反映其财务状况、收支结余和现金流量，以满足会计信息使用者的需要。

总括起来，中国政府与非营利组织会计的目标应是：提供符合国家宏观经济管理的要求，适应预算管理和各级政府财政、行政、各类事业单位及民间非营利组织管理需要的信息。这些信息应能真实、完整地反映政府与非营利组织的财务状况、收支结余及结余分配，以满足会计信息使用者的需要。

二、政府与非营利组织会计信息的使用者

政府与非营利组织会计信息使用者是指与会计主体有“利害关系”、需要利用财务报告所提供的信息作出各种决策的团体和人士。由于政府与非营利组织的环境特征，其会计信息使用者与企业组织有很大的区别。同时，政府与非营利组织会计的服务对象广泛，这些特点决定着政府与非营利组织会计信息使用者的广泛性。

（一）政府各级主管部门

它包括各级政府财政、行政、事业单位及民间非营利组织主管部门等。它们代表政府对所属下级政府与非营利组织受托责任的履行情况及财务业绩等作出评价，并据此制定有关的政策和措施。

（二）立法及监督机构

如我国的各级人民代表大会及其代表、各级审计机关，非营利组织的相关监督机构等。它们代表全体人民或利益关系者的利益，了解、监督政府与非营利组织财务资源的使用情况及管理当局的廉政勤政等情况，以便作出各种相关的经济、政治决策。

（三）政府与非营利组织服务的使用对象

政府会计的服务对象是社会公众，包括企业组织；非营利组织的服务对象较固定，如各类学校的服务对象主要是受教育者，医院的服务对象主要是病人。

（四）资源提供者

如纳税人、服务费付款人、捐赠人等。纳税人依法纳税，服务对象缴纳服务费，捐赠人无偿捐赠。他们虽不求回报，但都关心资源使用的效果、效益以及税务负担的合理性。政府与非营利组织在财务收支活动中，也需要通过发行债券或向金融机构融资，所以，资源提供者也包括债券投资者和债权人。

（五）其他使用者

如经济和财务分析师、媒体、工会组织、社会福利机构和政府与非营利组织的职工等。

三、政府与非营利组织会计目标的具体要求

由于中国现行政府与非营利组织会计制度和准则对目标的具体要求正在逐步完善过程中，我们可借鉴国际会计师联合会（International Federation of Accountants）及美国政府会计准则委员会（GASB）、美国财务会计准则委员会（FASB）的有关规定来作出如下规范：

（一）政府会计目标的具体要求

（1）能使使用者评估责任、说明各级政府责任的方法。它包括：①能使使用者确定本年收入是否足以支付本年服务和在以后年度，市民是否必须负担以前年度的服务成本；②说明各级政府的预算责任及其是否遵循其他与财务相关的法律和合同要求；③帮助使用者评估政府提供服务的成本、成果及努力程度。

（2）评估当期政府如何筹集其活动资金，满足其现金需要的信息。它包括：①财务资金来源和使用的信息；②政府如何筹集其活动资金，满足其现金需要的信息；③确定各级政府财务状况在当年是改善还是恶化所需的信息。

（3）评价政府的服务水准、持续筹措活动资金和履行义务能力所需的信息。它包括：①各级政府财务状况的信息；②各级政府有形资源和其他非财务资源未来使用寿命的信息，包括可评估其服务潜能的信息；③披露法律、合同对资源使用的限制，资源可能损失的风险。

（二）非营利组织会计目标的具体要求

美国财务会计准则委员会（FASB）财务会计概念第 4 号公告的“非营利组织财务报告的目标”指出非营利组织对外财务报告的目标，包括以下两点：

（1）目标体系主要来自于外部使用者的需要，这些外部使用者通常不能规定组织提供他们想要的信息。

（2）除了一般目的对外财务报告所提供的信息外，在一定程度上，经理和管委会还需要大量的内部会计信息以进行计划和控制活动。这些使用者有权利得到他们所需要的信息，为满足这部分使用者的特殊需要的信息不在本公告之列。

综合起来，非营利组织财务报告应提供下列信息：

（1）组织的经济资源、债务和净资源，改变资源及资源所包含利益的交易、事项和情况对组织的影响。

（2）一个时期内组织的业绩。非企业组织净资源金额和性质变化的定期测评以及在提供评价其业绩最有用的信息方面的努力和成就的信息。

（3）组织怎样取得和使用现金或其他流动资源、债务的举借和偿还以及影响组织流动性的其他因素。

四、政府与非营利组织会计的任务

根据政府与非营利组织会计目标的要求，其应完成的基本任务如下：

（一）反映和监督预算财务收支情况，确保国家预算收支任务的顺利实现

加强预算财务管理，确保国家预算收支任务的实现，是管好国家预算的重要任务。政府与非营利组织会计能够及时、完整、准确地提供预算财务收支计划，参与预算管理，协助国库按时收纳、划分和报解各项预算收入，检查各项预算支出和资

金的使用情况，以确保国家预算收支任务的完成。

（二）分析预算执行进度，确保预算资金供求平衡

根据政府与非营利组织会计提供的预算执行的会计信息，分析预算执行过程中存在的问题，及时揭示财政资金的供求矛盾，提出改进措施，调整供求关系，以确保预算的顺利执行。

（三）监督部门预算执行情况，提高资金使用效果

国家各级部门要正确执行国家预算，提高资金使用效果是财政预算管理和资金管理的重要任务。政府与非营利组织会计对预算资金运动的核算反映，也是对预算执行与资金使用的监督和检查。通过政府与非营利组织会计的监督和检查，有助于正确执行国家预算，顺利实行部门预算管理的改革。

（四）检查预算收支活动，正确执行国家的财经方针、政策

政府与非营利组织会计反映预算收支活动的过程，同时也是执行国家的财经方针、政策的过程。在预算执行过程中，依据会计提供的执行国家相关政策的信息，可以及时了解和检查财经政策的执行情况。

第三节　政府与非营利组织会计要素

会计要素是对会计事项所确认的项目所做的归类，是构成会计客体的必要因素。中国在《财政总预算会计制度》《行政单位会计制度》《事业单位会计制度》中明确规定了使用以下会计要素：资产、负债、净资产、收入、支出。

一、资产要素

资产是过去的事项形成的并由会计主体拥有或者控制的能以货币计量的经济资源。它包括各种财产、债权和其他权利。

（一）政府会计的资产要素

资产是指政府会计主体过去的经济业务或者事项形成的，由政府主体控制的，预期能够产生服务潜力或者带来经济利益流入的经济资源。

我国《财政总预算会计制度》规定：资产是一级财政掌管或控制的能以货币计量的经济资源，包括财政性存款、有价证券、暂付及应收款项、预拨款项、借出款项、应收股利、应收转贷款、股权投资等。《行政单位会计制度》规定：资产是行政单位占有或者使用的，能以货币计量的经济资源，包括流动资产、无形资产和固定资产等。关于资产的计量，因为中国财政总预算会计核算、反映和监督的对象是政府预算执行和财政周转金等各项财政性资金活动，故在《财政总预算会计制度》中没有作出具体陈述。但在实务中，一般按资产取得或购建时的实际成本计价。《行政单位会计制度》规定：各项财产物资应当按照取得或购建时的实际成本计价。除国家另有规定者外，一律不得自行调整其账面价值。关于固定资产折旧，行政单位按照有关规定对固定资产进行折旧的，对固定资产计提折旧的金额，应当根据固定资产原价和折旧年限确定。

（二）事业单位与民间非营利组织会计的资产要素

我国《事业单位会计准则》规定：资产是事业单位占有或者使用的能以货币计量的经济资源，包括流动资产、短期投资、固定资产、无形资产、长期投资等。《民间非营利组织会计》规定：资产是指过去的经济业务形成并由非营利组织拥有或者控制的资源。该资源预期会给非营利组织带来经济利益，包括流动资产、受赠资产、长期投资、固定资产、无形资产和其他资产。关于资产的计量，按现行制度规定，事业单位和民间非营利组织的各项财产应按照实际成本计价。事业单位应当对除下列各项资产以外的其他固定资产计提折旧：①文物和陈列品；②动植物；③图书、档案；④以名义金额计量的固定资产。民间非营利组织的固定资产要计提折旧。

二、负债要素

负债是过去的事项形成的现时义务。

（一）政府会计的负债

政府会计负债是指政府会计主体过去的经济业务或本项形成的，预期会导致经济资源流出政府会计的现时义务。

我国《财政总预算会计制度》规定：负债是一级财政所承担的能以货币计量，需要以资产偿付的债务，包括应付及暂收款项、应付国库集中支付结余、应付政府债券、借入款项、应付转贷款、其他负债、应付代管资金等。《行政单位会计制度》规定：负债是行政单位承担的能以货币计量、需要以资产偿付的债务，包括应缴财政款、暂存款等。财政会计中有流动负债和非流动负债的划分，行政单位的负债也按照流动性分为流动负债和非流动负债。

（二）事业单位与民间非营利组织会计的负债

我国《事业单位会计准则》规定：负债是事业单位所承担的能以货币计量，需要以资产或劳务偿付的债务。事业单位的负债按照流动性，分为流动负债和非流动负债，包括短期借款、应付账款、预收账款、长期借款、其他应付款、各种应缴款项等。《民间非营利组织会计制度》规定：负债是指过去的业务活动所形成的现时义务，履行该义务预期会导致经济利益流出非营利组织，包括流动负债和长期负债。

三、净资产要素

净资产是所有者在单位享有的经济利益，其金额是资产减去负债的差额。

（一）政府会计的净资产

政府会计净资产是指政府会计主体资产减去负债后的净额。

我国《财政总预算会计制度》规定：净资产是指资产减去负债的差额，包括各项结余、预算周转金及资产基金等。结余是财政收支执行的结果，财政各项结余包括预算结余、基金预算结余和专用基金结余等。

我国《行政单位会计制度》规定：净资产是指行政单位资产减负债和收入减支出的差额，包括财政拨款结转、财政拨款结余、其他资金结转结余、资产基金、待偿债净资产等。结余是行政单位各项收入与支出相抵后的余额。行政单位正常经费结余与专项资金结余应分别核算。

（二）事业单位与民间非营利组织会计的净资产

我国《事业单位会计准则》规定：事业单位的净资产是资产减去负债的差额，包括事业基金、非流动资产基金、专用基金、财政补助结转结余、非财政补助结转结余等。事业基金是指事业单位拥有的非限定用途的净资产，主要包括滚存结余等。非流动资产基金是指事业单位非流动资产占用的金额。专用基金是指事业单位按规定提取或者设置的具有专门用途的净资产。财政补助结转结余是指事业单位各项财政补助收入与其相关支出相抵后剩余滚存的、须按规定管理和使用的结转和结余资金。非财政补助结转结余是指事业单位除财政补助收支以外的各项收入与各项支出相抵后的余额。

《民间非营利组织会计制度》规定：非营利组织的净资产是指资产减去负债后的余额。以捐赠业务为主的非营利组织的净资产，应按捐赠人限制存在与否为不受限制净资产、暂时受限制净资产和永久受限制净资产。其他非营利组织的净资产包括业务发展基金和留本基金。

四、收入要素

收入是依据国家有关法规取得的经济利益的流入。

（一）政府会计的收入

政府会计收入是指报告期内导致政府会计主体净资产增加的、含有服务潜力或者经济利益的经济资源的流入。

我国《财政总预算会计制度》规定：财政收入是国家为实现其职能，根据法令和法规所取得的非偿还性资金，是一级财政的资金来源。财政收入包括一般预算收入、基金预算收入、专用基金收入、转移性收入、国有资本经营预算收入和财政专户管理资金收入等。作为国家财政主要收入的一般预算收入按我国《2007年政府预算收支科目》要求分成税收收入、非税收入、社会保险基金收入、贷款转贷回收本金收入、债务收入和转移性收入。在政府编制财政总预算时，贷款转贷回收本金收入、债务收入和转移性收入都被作为一般预算收入处理，表示可用来安排一般预算支出的资金来源，但会计核算中只包括税收收入和非税收入。基金预算收入包括工业交通部门基金收入、商贸部门基金收入、文教部门基金收入、社会保障基金收入、农业部门基金收入、其他部门基金收入、地方财政税费附加收入、基金预算调拨收入。专用基金收入是总预算会计管理的各项专用基金，如粮食风险基金。转移性收入是根据财政体制规定在各级财政之间进行资金调拨以及在本级财政各项资金之间的转移所形成的收入，包括补助收入、上解收入和调入资金。

《行政单位会计制度》规定：行政单位的收入包括财政拨款收入、其他收入等。财政拨款收入是指行政单位从同级财政部门取得的财政预算资金。其他收入是指行政单位依法取得的除财政拨款收入以外的各项收入。

（二）事业单位与民间非营利组织会计的收入

我国《事业单位会计准则》规定：事业单位的收入包括财政补助收入、上级补助收入、事业收入、附属单位上缴收入、经营收入、其他收入等。其中：财政补助收入是指事业单位从同级财政部门取得的各类财政拨款，包括基本支出补助和项目支出补助。上级补助收入是指事业单位从主管部门和上级单位取得的非财政补助收入。事业收入是指事业单位开展专业业务活动及其辅助活动取得的收入。其中：按照国家有关规定应当上缴国库或者财政专户的资金，不计入事业收入；从财政专户核拨给事业单位的资金和经核准不上缴国库或者财政专户的资金，计入事业收入。附属单位上缴收入是指事业单位附属独立核算单位按照有关规定上缴的收入。经营收入是指事业单位在专业业务活动及辅助活动之外开展非独立核算经营活动取得的收入。其他收入是事业单位取得的投资收益、利息收入、捐赠收入等。

《民间非营利组织会计制度》规定：民间非营利组织收入包括基本业务收入、其他业务收入、政府资助收入、投资收益和其他收入。其中：基本业务收入是非营利组织开展章程规定范围内的主要业务活动取得的收入，如基金会的捐赠收入、民办学校的学费等。其他业务收入是指非营利组织开展章程范围内的其他业务活动取得的收入，如培训费收入、展览收入、专项收入等。政府资助收入是非营利组织取得的政府无偿给予的各类补助，如人员经费、办公经费。其他收入是非营利组织因处置财产物资取得的净收益和银行存款取得的利息收入。

五、费用（支出）要素

费用（支出）是依据国家有关法规所发生的经济利益的流出。

（一）政府会计的费用（支出）

政府会计的费用是指报告期内导致政府会计主体净资产减少的、含有服务潜力或者经济利益的经济资源的流出。

我国《财政总预算会计制度》规定：财政支出是一级财政为实现其职能，对财政资金的再分配，包括一般预算支出、基金预算支出、国有资本经营预算支出、专用基金支出、转移性支出和财政专户管理资金支出等。按我国《2007 年政府收支分类科目》对一般预算支出明细科目的设置，其下分设一般公共服务、外交、国防、公共安全、教育、科学技术、文化体育与传媒、社会保障和就业、医疗卫生、环境保护、城乡社区事务、农林水事务、交通运输、采掘电力信息等，以及粮油物资储备管理、金融监管、地震灾后重建支出、国债还本付息及其他支出等。按我国《2007 年政府收支分类科目》的要求，基金预算支出下设一般公共服务支出、公共安全、教育、文体传媒、社会保障和就业等 12 类。国有资本经营预算支出是用国有资本经营预算收入安排的支出。专用基金支出是用专用基金收入安排的支出。转移性支出是根据财政体制规定在各级财政之间进行资金调拨以及在本级财政各项资金之间转移所形成的支出，包括补助支出、上解支出、调出资金等。

《行政单位会计制度》规定：支出是指行政单位为保障机构正常运转和完成工作任务所发生的资金耗费和损失，包括经费支出和拨出经费。经费支出是指行政单位自身开展业务活动使用各项资金发生的基本支出和项目支出。拨出经费是指行政单位纳入单位预算管理、拨付给所属单位的非同级财政拨款资金。具体项目有基本工资、补助工资、职工福利费、社会保障费、公务费、业务费、设备购置费、修缮费等。

（二）事业单位与民间非营利组织会计费用（支出）

我国《事业单位会计准则》规定：支出（费用）是指事业单位为开展业务活动和其他活动所发生的各项资金耗费及损失。事业支出是指事业单位为开展专业业务活动及辅助活动发生的支出。经营支出是指事业单位在开展专业业务活动及其辅助活动之外开展非独立核算经营活动发生的支出。对附属单位补助支出是指事业单位用非财政预算资金对附属单位补助发生的支出。上缴上级支出是指事业单位按规定标准或比例上缴上级单位的支出。其他支出是指事业支出、对附属单位补助支出、上缴上级支出和经营支出以外的各项支出，包括利息支出、捐赠支出等。

《民间非营利组织会计制度》规定：费用是指非营利组织为开展章程范围内的业务活动所发生的经济利益的流出；成本是指非营利组织为提供劳务和产品而发生的各种耗费。费用包括基本业务支出、其他业务支出、其他支出和管理费用。非营利组织的基本业务支出是指非营利组织开展章程范围内的主要业务活动发生的可直接归属于基本业务的有关支出。其他业务支出是指非营利组织开展章程范围内的其他业务活动发生的可直接归属于其他业务的有关支出。其他支出是指因处置财产物资发生的净损失和银行借款发生的利息支出。管理费用是指非营利组织管理部门发生的各项费用，包括人员支出、日常公用支出、对个人和家庭的补助支出、固定资产折旧和大修理费支出等。

六、结余或溢余（损失）账户的设置

目前，我国政府财政、行政单位会计及事业单位会计都没有单独设置结余或溢余（损失）要素，一般将结余作为净资产的一个构成项目即结余就是收支相抵后的余额。只有我国民间非营利组织设置了第六个要素：结余或溢余与损失。

我国《民间非营利组织会计制度》规定：结余是民间非营利组织在一定期间各项收入与支出相抵后的余额。非营利组织的结余应按捐赠人限制存在与否分为不受限制收支结余、暂时受限制收支结余和永久受限制收支结余。其他非营利组织的收支结余可以不划分为不受限制收支结余、暂时受限制收支结余和永久受限制收支结余。收支结余应于期末，按扣除永久受限制捐赠收入后的金额转入业务发展基金，按永久受限制捐赠收入金额转入留本基金。

第四节　政府与非营利组织会计原则

政府与非营利组织会计原则是规范政府与非营利组织会计工作，评价其工作质量的准绳。它是以最佳会计实务为标准，对政府与非营利组织会计实务所作的总结、提高和理论概括。

一、政府与非营利组织会计的基本假设

政府与非营利组织会计的基本假设是对政府与非营利组织会计赖以活动的客观环境所作出的合乎事理的基本假定。它是组织政府与非营利组织会计工作必须具备

的前提条件，故也称会计的基本前提。会计假设包括会计主体、持续经营、会计分期和货币计量，它们分别从时间、空间和计量单位上对政府与非营利组织会计活动进行了限制。

（一）会计主体假设

会计主体是指会计为之服务的特定单位。政府与非营利组织的会计主体假设是对其会计对象及会计工作的空间范围所作的限定。其基本内容包括：政府与非营利组织的会计核算应当以特定的政府与非营利组织的预算资金活动过程和结果为对象，只记录、反映和报告其主体本身的各项业务活动。会计主体假设对会计工作的基本要求是：严格区分会计为之服务的特定主体的经济活动和其他特定主体的经济活动的界限。政府会计的主体是各级财政部门和行政机构。非营利组织的会计主体是各类非营利组织，包括现行的事业单位及民间非营利组织。

（二）持续经营假设

持续经营假设是对会计核算时间无限性的规定。要求政府与非营利组织应以持续、正常的业务活动为前提，连续记录和报告企业的经营活动和结果。其基本内容包括：在政府与非营利组织在没有明确的反证要终止其业务活动时，应认为它可以按现有的规模、条件继续它的业务活动。持续经营假设对会计工作的基本要求是：首先，按照公认的原则和制度的要求，对政府与非营利组织经济活动进行连续地记录、计量和报告；其次，会计要素的计价特别是资产的计价，应当按照正常的程序、方法进行。

（三）会计分期假设

会计分期假设是指将政府与非营利组织会计主体持续运行的时间人为地划分成时间阶段，以便分阶段结算账目，编制会计报表。其基本内容包括：政府与非营利组织会计应按会计期间定期揭示其财务及有关经济活动的信息。政府与非营利组织会计期间分为年度、季度和月份。我国会计年度、季度和月份采用公历日期。会计分期假设对会计工作的基本要求是：会计核算应当按会计期间分期结算账目和编制会计报表。

（四）货币计量假设

货币计量假设是对会计信息的表现形式所作的假定。其基本内容包括：会计记录的数据和根据这些数据整理、汇总、加工生成的会计信息，都可以以货币作为统一计量单位。货币计量假设对会计工作的基本要求是：必须确定一种货币作为记账本位币。我国规定以人民币作为记账本位币。如果发生外币收支，应当按照中国人民银行公布的当日人民币外汇汇率折算为人民币核算。对于业务收支以外币为主的非营利组织，也可以选定某种外币作为记账本位币。但在编制会计报表时，应当按照编报日期的人民币外汇汇率折算为人民币反映。

二、政府与非营利组织会计的一般原则

会计原则又称会计准则，它是进行会计工作的规范和评价会计工作质量的标准，是对会计实践普遍经验和一般规律进行归纳与总结的结果。政府与非营利组织会计

的一般原则是用以指导政府与非营利组织会计核算的基本原则。

（一）真实性原则

真实性原则又称客观性原则。这是指会计核算应当以实际发生的经济业务为依据，客观真实地记录、反映各项业务活动的实际情况和结果。政府与非营利组织会计主体应当将发生的各项经济业务或者事项统一纳入会计核算，确保会计信息能够全面地反映政府会计主体预算执行情况和财务状况、运行情况、现金流量等。政府与非营利组织的会计人员在选择会计方法处理会计信息的过程中，要如实反映国家预算和财务收支情况及结果，应持公允立场，不偏不倚。

（二）相关性原则

政府与非营利组织会计主体提供的会计信息，应当与反映政府会计主体公共受托责任履行情况以及报告使用者决策或者监督、管理的需要相关，有助于报告使用者对政府会计主体过去、现在或未来的情况作出评价或预测。

总之，政府与非营利组织会计所提供的会计信息应当符合国家宏观经济管理的要求，满足预算管理和有关方面了解单位财务状况及收支情况的需要，并有利于单位加强内部管理。

（三）可比性原则

这是指会计核算应当按规定的方法进行，以利于同一单位前后各期以及不同单位之间的比较分析。会计处理在不同的单位之间应采取统一的方式和方法，同一单位在不同地点、不同时间发生的相同类型经济业务，也应采用统一的方式、方法处理。遵循可比性原则，有利于会计信息的汇总，满足国家宏观管理的需要。

（四）一贯性原则

这是指会计核算方法应当前后各期保持一致，不得随意改变。如确有必要改变，应将改变情况、原因及对会计报表的影响在会计报告中说明。坚持一贯性原则，对保证会计信息的一致性具有重要意义。

（五）及时性原则

这是指政府与非营利组织的会计核算应当及时进行，不得提前或延后。凡是在某会计期间发生的经济事项，应当在该期内及时登记入账，不得拖延；结算业务要及时办理；会计报表要及时编报。

（六）明晰性原则

这是指政府与非营利组织的会计记录和会计报表应当清晰明了，便于理解和利用。明晰性不仅可以扩大会计信息的使用范围，而且可以进一步增强会计信息的效用。

（七）收付实现制和权责发生制原则

收付实现制原则是指对于单位的一切收入和支出，都要以款项的实际收到或付出为标准来确定。权责发生制则是以收入和支出是否已经发生为标准来确认本期收入和支出。政府与非营利组织会计在确认、计量、进行收支结账中，以收付实现制为主，兼有权责发生制。政府会计采用收付实现制，非营利组织一般采用收付实现制，但经营性收支业务核算可采用权责发生制。

（八）专款专用原则（限制性原则）

这是指对于指定用途的资金，应当按规定的用途使用，不能擅自改变用途，挪作他用。对具有专门用途资金的使用应单独核算反映。这是政府与非营利组织会计的特有原则。

（九）实际成本原则（历史成本原则）

这是指各项财产物资应当按取得时的实际成本计价，除国家另有规定外，不得自行调整其账面价值。按实际成本计价具有客观、可验证和易取得等优点。但是，当货币购买力变动和物价上涨时，按历史成本计价就不能够确切地反映资产的价值。

（十）实质重于形式原则

政府及非营利组织会计主体应当按照经济业务或者事项的经济实质进行会计核算，不限于以经济业务或者事项的法律形式为依据。

第二章
政府与非营利组织会计方法

政府与非营利组织会计信息的产生必须借助于一整套相互联系的专门方法。这些方法主要包括填制和审查会计凭证、设置和运用会计账户、复式记账、登记账簿、财产清查和编制会计报表等。

第一节　政府与非营利组织会计科目及记账方法

一、政府与非营利组织会计科目

政府与非营利组织会计科目，是对会计的具体对象按其经济内容和用途所作的具体分类项目。它是设置账户、进行账务处理的依据。政府与非营利组织会计科目按其提供指标的详细程度，可分为总账科目和明细科目两种。

总账科目在会计要素下直接开设，反映相应会计要素中有关内容的总括信息。为了统一核算口径，提高核算质量，应由财政部制定统一的会计科目表。在会计科目表中，可按提供指标的经济内容分为资产、负债、净资产、收入、支出和结余六类。明细科目是对总账科目核算的具体内容进行详细分类的会计科目。它是总账科目的具体说明，对总账科目起补充和分析作用。根据经济业务内容和内部管理要求自行确定，可分设一级明细科目和二级明细科目。如在“经费支出”总账科目下，可按用途分设“基本支出”“项目支出”等。

对每一会计科目，除了统一名称外，通常都要为每个科目编一个代用符号，这个符号称为会计科目的编号。会计科目编号可以有不同方法，但一般采用“数字编号”，即用有规律和系统的数字作为科目代号。在我国，现行会计制度中规定会计科目编号都采用三位数编码，如“101 现金”“102 银行存款”等。其中，从左至右第一位数码表示会计科目性质，如“1”表示资产类科目、“2”表示负债类科目、“3”表示净资产类科目、“4”表示收入类科目、“5”表示支出类科目；第二、三位数码表示会计科目在该类中的顺序号。按此规律，资产类科目编号依次为“101 现金科目”“102 银行存款科目”等。

设置政府与非营利组织会计科目，有利于将政府财政、行政及非营利组织中大量经济内容相同的业务归为一类，组织会计核算，取得相应的会计信息。对于国家统一规定的预算会计科目及其编号，各级政府会计和各类非营利组织不得擅自更改或将编号打乱重编。

二、政府与非营利组织会计账户

账户是对会计科目的具体内容进行分类核算的工具。政府与非营利组织会计的会计科目和账户是两个既具有内在联系又不完全相同的概念。两者的内在联系表现为政府与非营利组织会计科目是政府与非营利组织会计账户的名称。两者的区别表现为政府与非营利组织会计账户既有名称又有结构，而政府与非营利组织会计科目只是一个名称，没有结构。

政府与非营利组织会计账户可分为总分类账户和明细分类账户。总分类账户是根据总账科目开设的用以反映总分类账户中有关明细分类信息的账户。各类账户结构见表 2-1。

表 2-1　　　　账户总结构

借	贷
1. 资产增加 2. 负债减少 3. 净资产减少 4. 收入减少 5. 支出增加	1. 资产减少 2. 负债增加 3. 净资产增加 4. 收入增加 5. 支出减少
余额（资产）	余额（负债、净资产）

三、政府与非营利组织会计记账方法

政府与非营利组织会计采用国际通用的借贷记账法。借贷记账法是以“借”“贷”作为记账符号，按照“有借必有贷，借贷必相等”的记账规则，在两个或两个以上账户中全面地、相互联系地记录每笔经济业务的一种复式记账法。

在政府与非营利组织会计中，借贷记账法中的“借”表示资产和支出类账户的增加以及负债、净资产和收入类账户的减少或转销，“贷”表示资产和支出类账户的减少或转销以及负债、净资产和收入类账户的增加。其在各类账户记账中的运用见表 2-1。

借贷记账法的平衡公式是：

资产=负债+净资产

年度预算执行期间，在收入和支出不结转的情况下，其平衡公式为：

资产=负债+净资产+（收入-支出）

在使用借贷记账法的情况下，试算平衡可以采用余额平衡或发生额平衡。其平衡公式分别为：

全部账户借方余额合计=全部账户贷方余额合计

全部账户借方发生额合计=全部账户贷方发生额合计

现举例说明借贷记账法规则的运用。

【例 2-1】某市财政局收到一般公共预算本级收入 600 000 元。

借：国库存款　　　　600 000

　贷：一般公共预算本级收入　　　　600 000

【例 2-2】某市财政局用预算结余资金购买国库券 100 000 元。

借：有价证券　　100 000
　贷：国库存款　　100 000

【例 2-3】某市财政局收到财政专户资金 180 000 元并已入库。

借：其他财政存款　　180 000
　贷：专户资金管理收入　　180 000

【例 2-4】某行政单位收到财政拨入经常性经费 70 000 元。

借：银行存款　　70 000
　贷：财政拨款收入　　70 000

【例 2-5】某行政单位拨给下属单位经费 20 000 元。

借：拨出经费　　20 000
　贷：银行存款　　20 000

【例 2-6】某行政单位购入办公用设备一台，价值 12 000 元，以银行存款支付。

借：经费支出——基本支出——设备购置费　　12 000
　贷：银行存款　　12 000

借：固定资产　　12 000
　贷：资产基金——固定资产　　12 000

【例 2-7】某高校以现金购买办公用品 500 元。

借：事业支出　　500
　贷：库存现金　　500

【例 2-8】某科研单位对外提供技术服务，取得劳务收入 5 000 元，存入银行。

借：银行存款　　5 000
　贷：事业收入　　5 000

【例 2-9】某事业单位购买的 A 公司债券到期，获利息收入 10 000 元，转存银行。

借：银行存款　　10 000
　贷：其他收入——债券利息收入　　10 000

第二节　政府与非营利组织会计凭证、账簿和会计报表

一、政府与非营利组织会计凭证

会计凭证是用以记录经济业务或会计事项，明确经济责任，作为记账依据的书面证明。为了保证经济信息的真实可靠，能正确反映国家预算的执行情况，政府与非营利组织应对发生的每项业务做到收支有凭据、登记账簿有依据。其会计凭证按照填制程序和用途，可分为原始凭证和记账凭证两种。

（一）原始凭证

原始凭证是经济业务发生时取得的书面证明，是会计事项的唯一合法凭证，是登记明细账的依据。由于政府会计和非营利组织经济业务内容不同，因此，其原始凭证的具体种类也不完全一样。

1. 政府会计原始凭证的种类

（1）国库报来的各种预算收入日报表及其附件，如各种缴款书、收入退还书、更正通知书等；

（2）各种拨款和转账收款凭证，如预算拨款凭证、各种银行汇款凭证等；

（3）主管部门报来的各种非包干专项拨款支出报表和基本建设支出月报表；

（4）其他足以证明会计事项发生过的凭证和文件。

2. 非营利组织原始凭证的种类

（1）各种收款收据和借款凭证、经费报销单据；

（2）预算拨款凭证；

（3）开户银行转来的收、付款凭证；

（4）材料入库、出库单；

（5）往来结算凭证；

（6）各种税票；

（7）其他足以证明会计事项发生过的凭证和文件。

3. 原始凭证填制的要求

（1）凭证的名称、填制日期及编号；

（2）填制凭证的单位、填制人及其签章；

（3）接受单位的名称；

（4）经济业务的内容摘要、数量、单价和金额等；

（5）本单位经办人签章。

原始凭证的填制必须真实、完整、正确、清楚。原始凭证上填列的日期、业务内容和数字必须真实可靠；原始凭证上规定的项目必须填写齐全，不能遗漏，数量、金额必须计算正确；文字清晰，易于辨认；原始凭证上必须有经济业务经办人员的签名或盖章，以便明确经济责任。

（二）记账凭证

记账凭证是根据原始凭证填制的、用来确定会计分录的凭证，是登记账簿的依据。

记账凭证包括以下基本内容：

（1）填制单位的名称；

（2）凭证名称；

（3）填制日期；

（4）凭证编号；

（5）经济业务的内容摘要；

（6）会计分录；

（7）所附原始凭证的张数；

（8）制单、复核、记账等人员的签章。

填制记账凭证时，必须附有原始凭证，摘要的经济内容要简明、真实，金额应与所附原始凭证一致，科目对应关系应准确完整，有关经办人员的签章应齐备。记账凭证和原始凭证最大的区别在于记账凭证有了会计分录。

记账凭证的格式主要有收款记账凭证（见表 2-2）、付款记账凭证（见表 2-3）、转账记账凭证（见表 2-4）。

表 2-2　　　　　　　　　　　　　**收款凭证**

出纳编号：

借方科目：　　　　　　　　　　年　月　日　　　　　　制单编号：

对方单位（或缴款人）	摘要	贷方科目		金额										记账符号
		总账科目	明细科目	千	百	十	万	千	百	十	元	角	分	
附凭证　张		金额合计												

会计主管：　　　　记账：　　　　稽核：　　　　出纳：　　　　制单：

表 2-3　　　　　　　　　　　　　**付款凭证**

出纳编号：

贷方科目：　　　　　　　　　　年　月　日　　　　　　制单编号：

对方单位（或领款人）	摘要	借方科目		金额										记账符号
		总账科目	明细科目	千	百	十	万	千	百	十	元	角	分	
附凭证　张		金额合计												

会计主管：　　　　记账：　　　　稽核：　　　　出纳：　　　　制单：

表 2-4　　　　　　　　　　　　　**转账凭证**

年　月　日　　　　　　　　　　制单编号：

摘要	借方科目		贷方科目		金额										记账符号
	总账科目	明细科目	总账科目	明细科目	千	百	十	万	千	百	十	元	角	分	

二、政府与非营利组织会计账簿

会计账簿由具有一定格式的账页组成，是以会计凭证为依据，全面、连续地记录一个单位的经济业务，对大量分散的数据或资料进行分类归集整理，逐步加工成有用的会计信息的工具。设置和登记账簿是会计核算的一种专门方法，也是会计核算的主要环节。

（一）分类账簿

分类账是政府与非营利组织必须设置的主要账簿，它的记录是否真实、完整、系统，直接影响会计报表的质量。分类账有总分类账和明细分类账两种。

1. 总分类账的设置与登记

总分类账是对各项经济业务按照总分类账户进行分类登记的账簿。总账一般采用订本式账簿，它的格式、登记根据和登记方法，因各单位所采用的账务处理程序不同而各不一样。总分类账一般采用三栏式，见表2-5。

表2-5 总账

会计科目：现金

第　页

年		凭证		摘要	借方	贷方	借或贷	余额
月	日	字	号					
4	1			月初余额			借	800
	3	银付	1	提取现金	1 000		借	1 800
	5	现收	1	销售收入	2 000		借	3 800
	6	现付	2	借支差旅费		500	借	300
……	……	……	……	……	……	……	……	……
	30			本月合计及月末余额	16 000	16 200	借	600

开设总账时，首先要写明会计科目；其次在第一页第一行登记期初余额；然后根据记账凭证直接或汇总后登记经济业务；最后于月末结算出总账各账户的本期发生额和期末余额。

2. 明细分类账的设置与登记

明细分类账是对各项经济业务按照各个明细分类账户进行分类登记的账簿。明细分类账能分类详细地反映和记录资产、负债、净资产、支出和收入及结余的各种资料，它也是编制会计报表的依据之一。明细账的外表形式主要是活页式。其账页格式主要有以下三种：

（1）三栏式明细账。其账页内只设借方、贷方和余额三个金额栏。这种格式适用于只需要进行金额核算、不需要数量核算的结算科目，如应收账款、应付账款的明细分类核算。其格式见表2-6。

表2-6 应收账款明细账

第　页

年		凭证		摘要	借方	贷方	借或贷	余额
月	日	字	号					
4	1			月初余额			借	20 000
	10	转	9#	销售产品，尚未收到货款	30 000		借	50 000
	15	银收	4#	收到前欠货款，存入银行		40 000	借	10 000
	31			本月合计	30 000	40 000	借	10 000

（2）数量金额式明细账。其账页内分别设有收入、发出和结存的数量栏与金额栏。它适用于既需要进行金额核算又需要进行数量核算的各种财产物资科目，如原材料、产成品、库存商品等。其格式见表2-7。

表 2-7　　**存货明细账**

类别：　　　　编号：

规格：　　　　仓库：

储备定额：　　　　计量单位：

年		凭证		摘　　要	收　入			支　出			结　存		
月	日				数量（吨）	单价（元）	金额（元）	数量（吨）	单价（元）	金额（元）	数量（吨）	单价（元）	金额（元）
8	1			月初余额							50	150	7 500
	5	转	4#	购入	20	150	3 000				70	150	10 500
	15	转	8#	领用				30	150	4 500	40	150	6 000
	31			本月合计	20	150	3 000	30	150	4 500	40	150	6 000

（3）多栏式明细账。根据各类业务的经济内容和提供资料的要求，在一张账页上按明细项目分设专栏，以提供这类经济业务的详细资料，如政府会计的经费支出、事业单位的间接费用、管理费用等。其格式见表 2-8。

表 2-8　　**管理费用明细账**

第　页

年		凭证号	摘要	费用项目							转出	余额
月	日			工资	材料	修理费	利息支出	办公费	其他	合计		
6	2	（略）	工资费用	3 500						3 500		3 500
	7		材料费用		2 100	800				2 900	6 400	
	20		利息支出				2 900	500	200	3 600		10 000
	27		利息收入				1 300			1 300		8 700
	30		转出								8 700	0
	30		本月合计及月末余额	3 500	2 100	800	1 600	500	200	8 700	8 700	0

上列多栏式明细账虽未标明借方和贷方，但其基本结构仍然是借方、贷方和余额三个部分。其中，按费用项目分设的各专栏为借方，“转出”栏为贷方，“余额”栏为借方余额。另外，应注意利息收入作为管理费用中利息支出的抵减数处理。

（二）日记账

日记账是会计账簿体系中重要的组成部分，其对于连续、全面、系统地反映政府与非营利组织经济活动情况，为宏观管理及时提供会计信息，加强财产物资的监督和管理等方面有着重要作用。

1. 普通日记账的设置和登记

普通日记账是用来序时逐笔登记全部经济业务发生或完成的日记账，也称分录簿。其格式见表 2-9。

表 2-9　　　　　　　　　　**普通日记账**　　　　　　　　　　第　页

年		摘要	会计科目	借方金额	贷方金额	过账
月	日					
3	1	从银行提现金	现金	700		
			银行存款		700	
	2	材料采购，签发汇票	材料采购	9 000		
			应付票据		9 000	
	15	将现金存入银行	银行存款	1 000		
			现金		1 000	
	20	用现金购买办公用品	管理费用	500		
			现金		500	
	25	销售产品收汇票	应收汇票	15 000		
			销售收入		15 000	

普通日记账的格式一般分为“借方金额”和“贷方金额”两栏。其登记方法是：逐日逐笔按经济业务发生或完成的先后顺序进行登记。每天根据日记账中应借应贷的会计科目和金额登记总分类账（即过账），并将总账页数登在“过账”栏下，或作为符号表示已经过账也可。这种账簿不结余额。

2. 多栏式日记账的设置和登记

多栏式日记账是用来序时逐笔登记全部经济业务的发生或完成的日记账。其格式见表 2-10。

表 2-10　　　　　　　　　　**多栏式日记账**　　　　　　　　　　第　页

年		摘要	现金		银行存款		材料		销售收入		其他账户			
月	日		借方	贷方	借方	贷方	借方	贷方	借方	贷方	账户名称	借方	贷方	过账
3	1	从银行提现金	700			700								
	2	材料采购，签发汇票					9 000				应付票据		9 000	
	15	将现金存入银行		1 000	1 000						管理费用			
	20	用现金购买办公用品 销售产品收汇票		500							应收票据	500		
	25	销售产品收汇票								15 000		15 000		

这种日记账也是逐日逐笔按经济业务发生的先后顺序进行登记。对设有专栏的会计科目，将有关金额记入相应的专栏中，对没设专栏的会计科目，将会计科目及金额记入“其他”栏。对设有专栏的金额，月末将各栏合计数算出后，一次将各栏合计数过入总账，并将过总账的页数填在专栏的下面。“其他”栏的金额，则要逐日按其会计科目过账，过账后在“过账”栏写“√”符号。

多栏式日记账与两栏式日记账相比，由于账内设置有若干账户专栏，登记总账的工作量相应减少，但仍不能反映经济活动的结果，不便于分工协作。

3. 特种日记账的设置和登记

特种日记账是用来序时逐笔登记某一类经济业务发生或完成情况的日记账。我国政府及非营利组织主要设有现金日记账和银行日记账，可以对货币资金进行有效的监督和控制。

（1）现金日记账

现金日记账是由出纳人员根据审核无误的现金收、付款凭证及从银行提取现金的银行付款凭证序时逐笔登记的账簿。其格式见表2-11。出纳人员在每日业务终了，应将收付款逐笔登记，并结出余额，同实存现金相核对，可以检查现金收支情况。如发现账实不符，应立即查找原因。

表 2-11　　**现金日记账**　　第　页

年		摘要	对方科目	收入	付出	结余
月	日					
3	1	月初余额				800
		从银行提现金	银行存款	700		
	15	将现金存入银行	银行存款		1 000	
	20	用现金购买办公用品	事业支出		500	
—	—	—	—	—	—	—
	31	本月发生额及余额	—	25 000	23 500	2 300

（2）银行存款日记账

银行存款日记账是由出纳人员根据审核无误的银行存款收、付款凭证及将现金存入银行的现金付款凭证，序时逐笔登记的账簿。银行存款日记账的格式与现金日记账相同，既可采用三栏式也可采用多栏式。对外币银行存款，应按不同的币种和开户银行分别设置日记账。

（三）账簿的登记和使用规则

为了保证账簿记录的正确和完整，明确记账的责任，登记账簿必须遵循一定的规则。

1. 账簿启用的规则

账簿启用时，应在账簿扉页中登记账簿启用和经管人员一览表，写明单位名称以及账簿的名称、编号、册数、总页数和启用日期，由会计主管人员和记账人员签名或盖章，并加盖公章。更换记账人员时，应办理交接手续，写明交接日期和交接人员姓名，由交接人员签名或盖章；会计主管人员应该监交，并签名或盖章。账簿启用和经管人员一览表的格式见表2-12。

表 2-12　　**经管人员一览表**

单位名称 账簿名称		全宗号 目录号	
账簿页数	自第　页起至第　页止	案宗号	
		盒　号	
使用日期	自　年　月　日 至　年　月　日	保管期限	

表2-12(续)

单位领导人签章			会计主管人员签章		
经管人员职别	姓名	经管或接管日期	签章	移交日期	签章
		年　月　日		年　月　日	
		年　月　日		年　月　日	

《会计基础工作规范》第五十九条规定：“启用订本式账簿，应当从第一页到最后一页顺序编定页数，不得跳页、缺号。使用活页式账页，应当按账页顺序编号，并须定期装订成册。装订后再按实际使用的账页顺序编定页码，另加目录，记明每个账页的名称和页次。”

2. 登记账簿的规则

记账人员在登记会计账簿之前，应当首先审核记账的依据也即会计凭证的合法性、完整性和真实性。这是确保会计信息质量的重要措施。会计人员应当根据审核无误的会计凭证登记会计账簿。登记账簿一般应遵循下列原则：

（1）准确完整

登记会计账簿时，应当将会计凭证日期、编号、业务内容摘要、金额和其他有关资料逐项记入账内，做到数字准确、摘要清楚、登记及时、字迹工整。

（2）注明记账符号

登记完毕后，要在记账凭证上签名或者盖章，并注明已经登账的符号，表示已经记账。

（3）书写留空

账簿中书写的文字和数字上面要留有适当空格，不要写满格，一般应占格距的1/2。这样，一旦发现登记错误，能比较容易地进行更正，同时也方便查账。

（4）正常记账使用蓝黑墨水

登记账簿用蓝黑墨水或者碳素墨水书写，不得使用圆珠笔或者铅笔书写。

（5）特殊记账使用红墨水

在登记账簿中可以使用红色墨水记账的情况如下：①用红字冲账的记账凭证，冲销错误记录；②不设借贷等栏的多栏式账页中，登记减少数；③三栏式账户的余额栏前，如未印明余额方向的，在余额栏内登记负数余额；④根据国家统一会计制度的规定可以用红字登记的其他会计记录。

（6）顺序连续登记

各种账簿按页次顺序连续登记，不得跳行、隔页。如果发生跳行、隔页，应当将空行、空页划线注销，或者注明“此行空白”“此页空白”字样，并由记账人员签名或者盖章。

（7）结出余额

凡需要结出余额的账户，结出余额后，应当在“借或贷”等栏内写明“借”或“贷”等字样。没有余额的账户，应当在“借或贷”栏内写“平”字，并在“余额”栏内用“0”表示。

（8）过次承前

“过次页”和“承前页”的方法有两种：一是在本页最后一行内结出发生额合计数及余额，然后过次页并在次页第一行承前页；二是只在次页第一行承前页写出发生额合计数及余额，不在上页最后一行结出发生额合计数及余额后过次页。

（9）定期打印

实行会计电算化的单位，总账和明细账应当定期打印；发生收款和付款业务的，在输入收款凭证和付款凭证的当天必须打印出现金日记账和银行存款日记账，并与库存现金核对无误。

（四）会计记录错误的更正方法

填制会计凭证或登记账簿发生的差错，一经查找出就应立即更正。更正错误的方法主要有以下三种：

1. 划线更正法

在填制凭证、登记账簿的过程中，如发现文字或数字记错时，可采用划线更正法进行更正。即先在错误的文字数字上划一红线，然后在划线上方填写正确的记录。在划线时，如果是文字错误，可只划销错误部分；如果是数字错误，应将全部数字划销，不得只划销错误数字。划销时，必须注意使原来的错误字迹仍可辨认。更正后，经办人应在划线的一端盖章，以示负责。

2. 红字更正法

在记账以后，如果在当年内发现记账凭证所记的科目或金额有错时，可以采用红字更正法进行更正。所谓红字更正法，即先用红字填制一张与原错误完全相同的记账凭证，据以红字登记入账，冲销原有的错误记录；同时，再用蓝字填制一张正确的记账凭证，据以登记入账。

如果发现记账凭证中应借、应贷的会计科目的记账方向都没有错误，只是记账金额发生错误，而且记入账簿的金额大于应记的正确金额，应将多记的金额用红字填制一张与原错误记账凭证所记载的借贷方向，应借、应贷会计科目相同的记账凭证，并据以用红字登记入账，以冲销多记金额，求得正确金额。

3. 补充登记法

在记账以后，发现记账凭证填写的金额小于实际金额时，可采用补充登记法进行更正。更正时，可将少记金额填制一张记账凭证补充登记入账。

三、会计报表

政府与非营利组织会计报表是政府与非营利组织根据账簿记录及其他有关资料，按照统一规定的内容和格式，采用规定的方法编制的反映政府与非营利组织一定时日财务状况和一定时期内收支情况及其结果的书面报告。

（一）政府与非营利组织会计报表编制的基本要求

（1）数据真实。要求会计报表中的各项数据能如实反映政府与非营利组织的财务状况和收支情况，数据信息要符合客观性要求。

（2）计算准确。要求会计报表中的数字在计算时必须准确无误。

（3）内容完整。要求对于按规定上报的会计报表及各项指标，其内容的填列必须完整。

（4）报送及时。要求政府与非营利组织在会计期末及时编制会计报表并按期报送有关机关。

（二）政府与非营利组织会计报表的种类

（1）政府与非营利组织会计报表的种类，按其反映的经济内容分类，可分为资产负债表、收入支出表、预算执行情况表和基本数字表等。

（2）政府与非营利组织会计报表的种类，按其编报的时间分类，可分为旬报、月报、季报和年报。

（3）政府与非营利组织会计报表的种类，按其反映的时态分类，可分为静态报表和动态报表。静态报表是反映一定时点会计要素的静态状况的报表，如资产负债表；动态报表是反映一定时期的收入、支出等情况的报表，如经费支出明细表。

（4）政府与非营利组织会计报表的种类，按会计报表编报层次分类，可分为本级报表和汇总报表。前者是反映各单位预算执行情况和财务状况的报表，后者是各主管部门对所属单位会计报表及本单位会计报表汇总之后编制的报表。

由于政府与非营利组织的经济业务内容存在着一定的差别，因此，政府会计报表和非营利组织会计报表也不尽相同。其具体内容及编制方法，将在后续有关章节中介绍。

第二篇
财政总预算会计

第三章
财政总预算会计概述

一、财政总预算会计的概念

财政总预算会计，简称总会计，是指各级政府财政核算、反映、监督政府一般公共预算资金、政府性基金预算资金、国有资本经营预算资金、社会保险基金预算资金以及财政专户管理资金、专用基金和代管资金等资金活动的专业会计。

总会计的会计核算应当以本级政府财政业务活动持续正常地进行为前提，其核算目标是向会计信息使用者提供政府财政预算执行情况、财务状况等会计信息，反映政府财政受托责任履行情况，其信息使用者包括人民代表大会、政府及其有关部门、政府财政部门自身和其他会计信息使用者。总会计的会计要素包括资产、负债、净资产、收入和支出，核算一般采用收付实现制，部分经济业务或者事项应当按照规定采用权责发生制核算。

我国实行一级政府一级财政预算，即各级政府都编制相对独立完整的财政收支预算，共分为五级政府五级财政预算。为核算、反映和监督各级政府的财政总预算执行情况和结果，各级政府在财政部门均设立了相应的财政总预算会计。具体为：中央政府财政部设立中央财政总预算会计；省、自治区、直辖市政府财政厅（局）设立省（自治区、直辖市）财政总预算会计；设立区的市、自治州政府财政局设立市（州）财政总预算会计；县、自治县、不设区的市、市辖区政府财政局设立县（市、区）财政总预算会计；乡、民族乡、镇政府财政所设立乡（镇）财政总预算会计。各级政府财政总预算会计在全国组成一个相互联系的财政预算信息网络。如下所示：

总预算会计体系
- 中央政府财政会计
- 地方政府财政会计
  - 省级政府财政会计
  - 市级政府财政会计
  - 县区政府财政会计
  - 乡镇政府财政会计

二、财政总预算会计的特点

财政总预算会计的特征主要体现在财政总预算会计核算的对象和反映的信息范围上。财政总预算会计核算的对象是各级政府的财政预算资金，因此，财政总预算会计实际上是一种资金会计，它所核算的资产、负债、收入和支出都具有货币性的特征。财政总预算会计不核算政府的实物资产，政府的实物资产等由行政单位会计、事业单位会计等专业会计进行核算。从这个意义上讲，财政总预算会计核算的只是政府在某一方面的财务活动及其结果，而不是政府全部的财务活动及其结果。财政总预算会计反映的信息范围是各级政府的财政预算收入、财政预算支出及其相关的信息。各级政府的财政预算收入主要来源于征收的税收、收取的行政事业性收费、收取的政府性基金等。各级政府的财政预算支出主要运用于一般公共服务、公共安全、公共教育、公共文化、社会保障等社会公共领域。无论是各级政府的财政预算收入还是财政预算支出，它们都具有广泛涉及社会公共利益的特征。因此，财政总预算会计反映的信息具有宏观性和公共性的特征。

2015 年 10 月 10 日，财政部修订发布了《财政总预算会计制度》，自 2016 年 1 月 1 日起实施（社会保险基金预算资金会计核算不适用本制度，由财政部另行规定）。这是落实全面深化改革要求的一项重要举措，为推进权责发生制政府综合财务报告制度改革提供了基础性制度保障。

（1）新制度主要有七个方面的变化：

一是重新定位总会计核算目标，不仅要反映预算执行情况，也要反映资产负债等财务状况。

二是改进会计核算方法，参照行政事业单位会计制度的做法，广泛采用“双分录”会计核算方法，在核算预算收支的同时，也核算反映与预算收支变动密切相关的资产负债情况。

三是完善资产核算内容，增设用于核算反映政府财政持有的债权、股权等资产的会计科目，如借出款项、应收地方政府债券转贷款、股权投资等。

四是完善负债核算内容，增设用于核算反映不同类型政府财政负债的会计科目，如应付长期政府债券、应付地方政府债券转贷款、应付政策性负债、应付代管资金等。

五是完善净资产核算内容，增设“资产基金”和“待偿债净资产”科目，分别反映因资产、负债的增减变动对净资产的产生的影响。同时，修改部分净资产类会计科目名称。

六是完善财政收支核算内容，对部分收支类科目名称和核算内容作了调整。

七是完善会计报表体系和报表格式，改进资产负债表和收入支出表的结构和项目。

（2）新制度主要有三个方面的特点：

一是突出财政总预算会计制度对重大财政经济政策实施的反映和促进功能。新制度重新定位总预算会计核算目标，拓展了原制度仅反映预算收支执行情况的目标功能，增加了全面反映政府资产负债等财务状况的目标功能。新制度的目标定位不仅能够准确反映财政收支情况，而且能够反映重大财政经济政策的实施情况，为分析政策实施效果、促进完善相关政策提供会计信息基础。

二是注重有效提高政府财政信息透明度。新制度全面优化报表体系，要求编制资产负债表、收入支出表等 7 张会计报表及报表附注，特别是资产负债表反映的信息更加丰富，不再局限于货币资金、往来款项等流动资产负债信息，增加了股权投资、政府债券、主权外债等信息的反映，能更好地满足社会各界对财政信息公开的需求，有效地提高政府透明度。

三是促进提高政府资产负债管理水平。新制度通过会计核算内容的扩展和完善，进一步拓展了财政总预算会计工作涉及的财政经济业务领域，具备更强的政策性和专业性，从制度层面提升财政总预算会计管理工作层次，不仅要关注财政收支变化，更要关注财政经济情况，为促进政府资产负债管理水平的提高奠定基础。

三、财政总预算会计的工作任务

（1）进行会计核算。办理政府财政各项收支、资产负债的会计核算工作，反映政府财政预算执行情况和财务状况。

（2）严格财政资金收付调度管理。组织办理财政资金的收付、调拨，在确保资金安全性、规范性、流动性的前提下，合理调度管理资金，提高资金使用效益。

（3）规范账户管理。加强对国库单一账户、财政专户、零余额账户和预算单位银行账户等的管理。

（4）实行会计监督，参与预算管理。通过会计核算和反映，进行预算执行情况分析，并对总预算、部门预算和单位预算执行实行会计监督。

（5）协调预算收入征收部门、国家金库、国库集中收付代理银行、财政专户开户银行和其他有关部门之间的业务关系。

（6）组织本地区财政总决算、部门决算编审和汇总工作。

（7）组织和指导下级政府总会计工作。

四、财政总预算会计的信息质量要求

（1）可靠性。总会计应当以实际发生的经济业务或者事项为依据进行会计核算，如实反映各项会计要素的情况和结果，保证会计信息真实可靠，全面反映政府财政的预算执行情况和财务状况等。

（2）相关性。总会计提供的会计信息应当与政府财政受托责任履行情况的反映、会计信息使用者的监督、决策和管理需要相关，有助于会计信息使用者对政府财政过去、现在或者未来的情况作出评价或者预测。

（3）及时性。总会计对于已经发生的经济业务或者事项，应当及时进行会计核算。

（4）可比性。总会计提供的会计信息应当具有可比性。同一政府财政不同时期发生的相同或者相似的经济业务或者事项，应当采用一致的会计政策，不得随意变更。确需变更的，应当将变更的内容、理由和对政府财政预算执行情况、财务状况的影响在附注中予以说明。不同政府财政发生的相同或者相似的经济业务或者事项，应当采用统一的会计政策，确保不同政府财政的会计信息口径一致、相互可比。

（5）明晰性。总会计提供的会计信息应当清晰明了，便于会计信息使用者理解和使用。

五、财政总预算会计的结账与结算

（一）月度结账

财政总预算会计应当按月进行会计结账。具体结账方法，按照《会计基础工作规范》办理。

（二）年终清理结算

政府财政部门应当及时进行年终清理结算。

（1）核对年度预算。预算是预算执行和办理会计结算的依据。年终前，总会计应配合预算管理部门将本级政府财政全年预算指标与上、下级政府财政总预算和本级各部门预算进行核对，及时办理预算调整和转移支付事项。本年预算调整和对下转移支付一般截至 11 月底；各项预算拨款，一般截至 12 月 25 日。

（2）清理本年预算收支。认真清理本年预算收入，督促征收部门和国家金库年终前如数缴库。应在本年预算支领列报的款项，非特殊原因，应在年终前办理完毕。清理财政专户管理资金和专用基金收支。凡属应列入本年的收入，应及时催收，并缴入国库或指定财政专户。

（3）组织征收部门和国家金库进行年度对账。

（4）清理核对当年拨款支出。总会计对本级各单位的拨款支出应与单位的拨款收入核对无误。属于应收回的拨款，应及时收回，并按收回数相应冲减预算支出；属于预拨下年度的经费，不得列入当年预算支出。

（5）核实股权、债权和债务。财政部门内部相关资产、债务管理部门应于 12 月 20 日前向总会计提供与股权、债权、债务等核算和反映相关的资料。总会计对股权投资、借出款项、应收股利、应收地方政府债券转贷款、应收主权外债转贷款、借入款项、应付短期政府债券、应付长期政府债券、应付地方政府债券转贷款、应付主权外债转贷款、其他负债等余额应与相关管理部门进行核对，记录不一致的要及时查明原因，按规定调整账务，做到账实相符、账账相符。

（6）清理往来款项。政府财政要认真清理其他应收款、其他应付款等各种往来款项，在年度终了前予以收回或归还。应转作收入或支出的各项款项，要及时转入本年有关收支账。

（7）进行年终财政结算。财政预算管理部门要在年终清理的基础上，于次年 1 月底前结清上下级政府财政的转移支付收支和往来款项。总会计要按照财政管理体制的规定，根据预算结算单，与年度预算执行过程中已补助和已上解数额进行比较，结合往来款和借垫款情况，计算出全年最后应补或应退数额，填制“年终财政决算结算单”，经核对无误后，作为年终财政结算凭证，据以入账。

（8）财政总预算会计对年终决算清理期内发生的会计事项，应当划清会计年度。属于清理上年度的会计事项，记入上年度会计账；属于新年度的会计事项，记入新年度会计账，防止错记漏记。

（三）年终结账

经过年终清理和结算，把各项结算收支入账后，即可办理年终结账。年终结账工作一般分为年终转账、结清旧账和记入新账三个步骤，依次做账。

（1）年终转账。计算出各科目 12 月份合计数和全年累计数，结出 12 月末余额，编制结账前的“资产负债表”，再根据收支余额填制记账凭证，将收支分别转入“一般公共预算结转结余”“政府性基金预算结转结余”“国有资本经营预算结转结余”“专用基金结余”“财政专户管理资金结余”等科目冲销。

（2）结清旧账。将各个收入和支出科目的借方、贷方结出全年总计数。对年终有余额的科目，在“摘要”栏内注明“结转下年”字样，表示转入新账。

（3）记入新账。根据年终转账后的总账和明细账余额编制年终“资产负债表”和有关明细表（不需填制记账凭证），将表列各科目余额直接记入新年度有关总账和明细账年初余额栏内，并在“摘要”栏注明“上年结转”字样，以区别新年度发生数。

决算经本级人民代表大会常务委员会（或人民代表大会）审查批准后，如需更正原报决算草案收入、支出时，则要相应调整有关账目，重新办理结账事项。

六、国库集中收付制度

国库集中收付制度是指以国库单一账户体系为基础，将所有财政性资金都纳入国库单一账户体系管理，收入直接缴入国库和财政专户，支出通过国库单一账户体系支付到商品和劳务供应者或用款单位的一项国库管理制度。

（一）国库单一账户体系的构成

国库单一账户体系由下列银行账户构成：①国库单一账户；②财政部零余额账户；③预算单位零余额账户；④预算外资金专户；⑤特设专户。

财政部门是持有和管理国库单一账户体系的职能部门，任何单位不得擅自设立、变更或撤销国库单一账户体系中的各类银行账户。中国人民银行按照有关规定，加强对国库单一账户和代理银行的管理监督。这里所指的代理银行，是指由财政部门确定的、具体办理财政性资金支付业务的商业银行。

（二）财政性资金银行账户的设立

预算单位使用财政资金，应当按照规定的程序和要求，向财政部门提出设立零余额账户、特设专户的申请，经财政部门审核同意后，书面通知代理银行，为预算单位开设预算单位零余额账户。但需开设特设专户的预算单位，须经财政部门审核并报国务院批准或经国务院授权的财政部门批准后，由财政部在代理银行为预算单位开设。一个基层预算单位开设一个预算单位零余额账户。

预算单位包括使用财政性资金的行政单位和事业单位。预算单位原则上分为一级预算单位、二级预算单位和基层预算单位。向财政部门直接申请支付的预算单位为一级预算单位；向一级预算单位申请支付并有下属单位的预算单位，为二级预算单位；只有本单位开支，无下属单位的预算单位，为基层预算单位。

（三）各账户的功能

1. 国库单一账户

国库单一账户为国库存款账户，用于记录、核算、反映财政预算资金和纳入预算管理的政府性基金的收入和支出。代理银行应当按日将支付的财政预算内资金和纳入预算管理的政府性基金与国库单一账户进行清算。

国库单一账户在财政总预算会计中使用，行政单位和事业单位会计中不设置该账户。

2. 财政部门零余额账户

财政部门零余额账户用于财政直接支付和与国库单一账户清算。该账户每日发生的支付，于当日营业终了前与国库单一账户清算；营业中单笔支付额 5 000 万元（含）人民币以上的，应当及时与国库单一账户清算。

财政部门零余额账户在国库会计中使用，行政单位和事业单位会计中不设置该账户。

3. 预算单位零余额账户

预算单位零余额账户用于财政授权支付和清算。该账户每日发生的支付，于当日营业终了前由代理银行在财政部门批准的用款额度内与国库单一账户清算；营业中单笔支付额5 000万元（含）人民币以上的，应当及时与国库单一账户清算。预算单位零余额账户可以办理转账、提取现金等结算业务，可以向本单位按账户管理规定保留的相应账户划拨工会经费、住房公积金及提租补贴，以及经财政部门批准的特殊款项，不得违反规定向本单位其他账户和上级主管单位、所属下级单位账户划拨资金。

预算单位零余额账户在行政单位和事业单位会计中使用。

4. 预算外资金专户

预算外资金专户用于记录、核算和反映预算外资金的收入和支出活动，并用于预算外资金日常收支清算。

预算外资金专户在财政部门设立和使用。

5. 特设专户

特设专户用于记录、核算和反映预算单位的特殊专项支出活动，并用于一国库单一账户清算。

特设专户在按规定申请设置了特设专户的预算单位使用。

（四）财政直接支付程序

1. 财政直接支付的概念

财政直接支付是指由财政部门开具支付令，通过国库单一账户体系，直接将财政资金支付给收款人（商品和劳务供应者）或用款单位账户。即一级预算单位向财政部门国库收付执行机构提出的用款申请，财政部门国库收付执行机构进行审核后，向代理银行签发支付指令，代理银行根据支付指令，通过国库单一账户体系将财政性资金直接拨付给收款人或用款单位账户，而不再通过一级预算单位转拨。

财政直接支付采用银行转账结算方式实现支付，即通过财政零余额账户的代理银行办理转账支付，并由代理银行通过银行清算系统与人民银行国库或预算外资金专户代理银行进行资金清算。

2. 财政直接支付的范围

实行财政直接支付的财政性资金包括用于工资支出、工程采购支出、大宗物品和服务购买支出、上级对下级的转移支付和其他具有特定用途项目的支出。具体包括：

（1）实行财政统发的行政事业单位在职职工工资和离退休人员经费；

（2）纳入政府集中采购的支出，即纳入各级政府集中采购目录及标准所列品目实行政府集中采购的支出；

（3）上级对下级的一般性转移支付（包括税收返还、原体制补助、过渡期转移支付、结算补助等），对企业的补贴和未指明购买内容的某些专项支出等；

（4）上级对下级的专项转移支付。

3. 财政直接支付的基本程序

财政直接支付基本程序：预算单位按照批复的部门预算和资金使用计划，向财政国库支付执行机构提出支付申请，财政国库支付执行机构根据批复的部门预算和资金使用计划及相关要求对支付申请审核无误后，向代理银行发出支付令，并通知中国人民银行国库部门、预算外资金财政专户开户银行，通过代理银行进入银行清算系统实时清算，财政性资金从国库单一账户或预算外资金财政专户划拨到收款人的银行账户。

4. 财政直接支付的主要步骤

（1）基层预算单位用款申请，填报基层预算单位财政直接支付申请书

基层预算单位需使用财政资金时，根据批复的用款计划，填报基层预算单位财政直接支付申请书，履行签字、盖章等必要的手续后，报一级预算单位申请用款。

填报基层预算单位财政直接支付申请书（以下简称申请书）时应注意以下事项：①要严格区分预算内和预算外资金性质；②两种不同性质的资金不能填在同一张申请书上；③支出类型分为工资支出、工程采购支出、物品服务采购支出、直拨经费、转移支出五种类型；④预算科目要按用款计划填到明细款项，其中基本建设支出、科技三项费、专项类支出要按部门预算确定项目名称和代码填写；⑤收款人的开户银行名称和银行账号应当填写完整、准确，其中开户银行名称应含有明确的地域标志，开户银行的账号应填写全部账号的所有号码，不能只填写账号的后几位号码；⑥申请书序号每个单位从 00001 开始按递增顺序编列；⑦申请书一式三联，第一联报一级预算单位留存、第二联报财政部门国库收付执行机构留存、第三联单位留存；⑧申请单位提交的申请书及其支持的文件应真实、合法，如有不实，该单位必须承担由此引起的付款责任。

（2）一级预算单位审核后汇总，填报财政直接支付汇总申请书

一级预算单位对基层预算单位上报的基层预算单位财政直接支付申请书审核后汇总，填报财政直接支付汇总申请书，履行签字、盖章等必要的手续后报财政部门国库收付执行机构。

填报财政直接支付汇总申请书时应注意以下事项：①为方便预算单位，一级预算单位可以用单位财务专用章替代单位公章。②财政厅国库收付局编号、财政直接支付汇总清算额度通知单编号、财政直接支付凭证编号和省财政厅核定金额由财政厅国库收付局填写。其中：财政直接支付凭证编号是指国库收付局开具财政直接支付凭证时计算机产生的随机号；财政直接支付汇总申请书一式三联，第一联国库收付局会计科留存、第二联国库收付局审核科留存，第三联由申请单位作为回单。

（3）财政部门国库收付执行机构签发支付令，开具财政直接支付凭证

财政部门国库收付执行对一级预算单位报送的财政直接支付汇总申请书进行审核确认，开具财政直接支付凭证送财政直接支付业务的代理银行，同时将相应的支出归类汇总填制财政直接支付汇总清算额度通知单经财政国库管理机构审核盖章后，送人民银行国库或预算外资金专户代理银行。

（4）代理银行划拨资金，出具财政直接支付入账通知书

办理财政直接支付业务的代理银行，根据财政部门国库收付执行机构开具的财政直接支付凭证办理资金拨付手续，将资金支付给收款人。代理银行在当日收到的支付指令，应当及时办理资金支付手续；当日确实无法办理的，于下一个营业日 10:00 前及时办理。

支付完成后，代理银行向一级预算单位出具财政直接支付入账通知书，作为预算单位收到和付出款项的凭证。一级预算单位所属二级或多级次预算单位的，由一级预算单位负责向二级或其他级次预算单位提供收到和付出款项的凭证。

代理银行将财政直接支付凭证第二联盖章后退国库收付执行机构，国库收付执行机构会计以此作为支出款项的凭证。

（5）代理银行办理资金清算

代理银行在办理资金支付当日规定时间内，与人民银行国库或预算外资金财政专户代理银行在财政直接支付汇总清算额度通知单确定的范围内办理财政资金清算手续。人民银行国库或预算外资金财政专户代理银行将有关清算凭证反馈财政部门国库管理机构，总预算会计以此为收到和付出款项的凭证。

（五）财政授权支付程序

1. 财政授权支付的概念

财政授权支付是指预算单位按财政部门授权，在财政部门批准的用款额度内，向代理银行签发支付指令，代理银行根据支付指令，通过国库单一账户体系的有关账户将资金支付给收款人账户。

2. 财政授权支付的范围

财政授权支付适用于未纳人工资支出，工程采购支出，物品、服务采购支出管理的购买支出和零星支出。

3. 财政授权支付的程序

财政授权支付的基本程序如下：预算单位按照批复的部门预算和资金使用计划，向财政国库支付执行机构申请授权支付的月度用款限额，财政国库支付执行机构将批准后的限额通知代理银行和预算单位，并通知中国人民银行国库部门、预算外资金财政专户开户银行。预算单位在月度用款限额内，自行开具支付令，通过代理银行向收款人付款，并与国库单一账户、预算外资金财政专户清算。

4. 财政授权支付的步骤

（1）财政部门下达财政授权额度，签发财政授权支付额度通知单。财政部门根据批准的一级预算单位用款计划中各基层预算单位的月度财政授权支付额度，向中国人民银行国库、预算外资金财政专户代理银行签发财政授权支付汇总清算额度通知单，向办理支付业务的代理银行签发财政授权支付额度通知单。

（2）代理银行通知预算单位，发出财政授权支付额度到账通知书。

（3）预算单位支用资金，填制财政授权支付凭证。

（4）代理银行办理支付，转账或提取现金。代理银行依据财政授权支付额度通知单受理预算单位送来的财政授权支付凭证，审核符合财政授权资金控制额度且与预算单位的预留印鉴核对一致，通过预算单位零余额账户，将资金划往收款人账户（或办理现金提取业务）。代理银行办理完支付手续后，将加盖银行印章后的财政授权支付凭证有关联次退给预算单位，预算单位以此作为核算凭证。

图 3-1、图 3-2、图 3-3 分别是国库单一账户体系图、财政直接支付程序图和财政授权支付程序图。

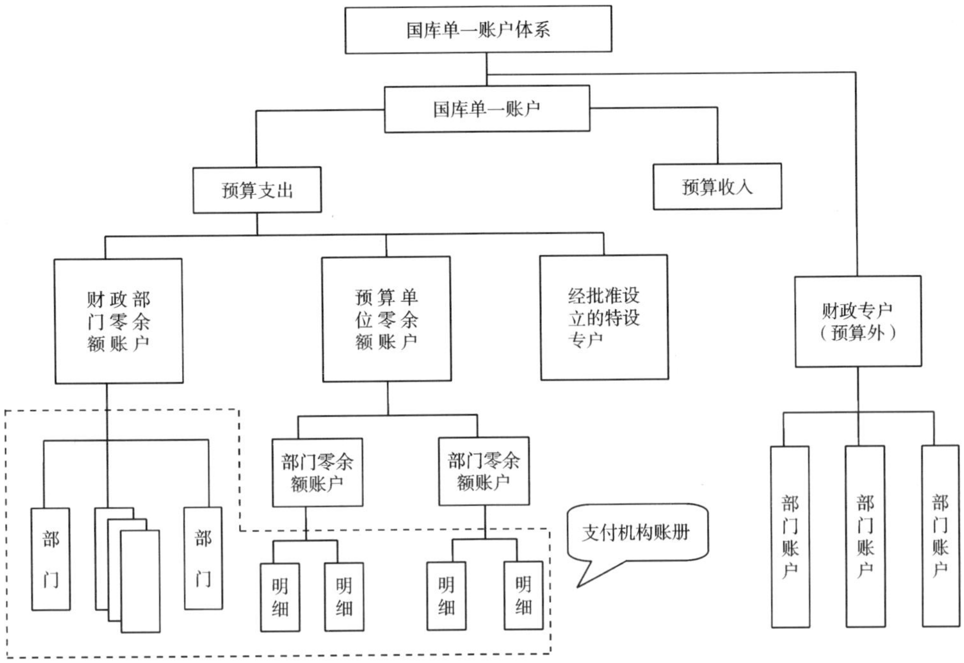

图 3-1 国库单一账户体系图

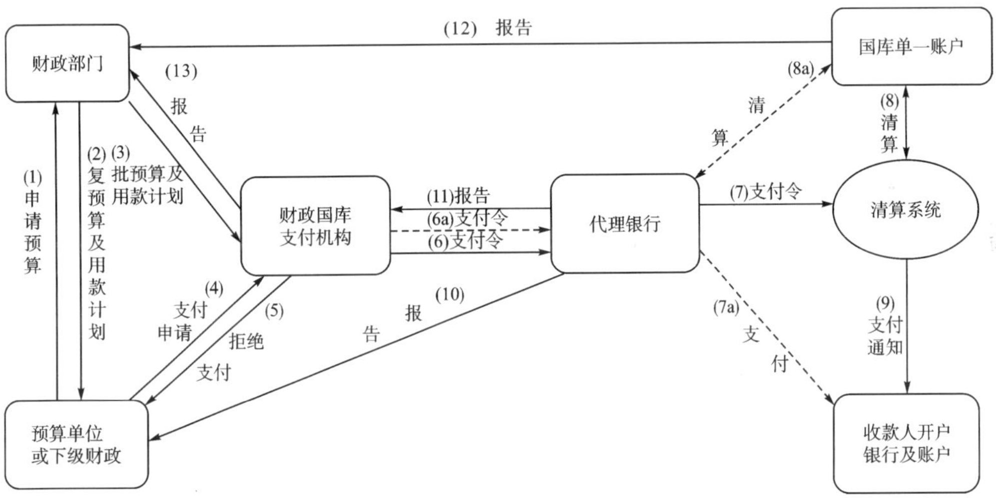

说明：1. 步骤（1）（2）系指预算及用款计划的编制、申请及批复过程；

2. 实线部分是以电子化的银行清算系统为基础的支付流程；

3. 虚线部分为（6a）（7a）（8a）表示实现电子化的银行清算系统之前的支付流程。

图 3-2 财政直接支付程序图

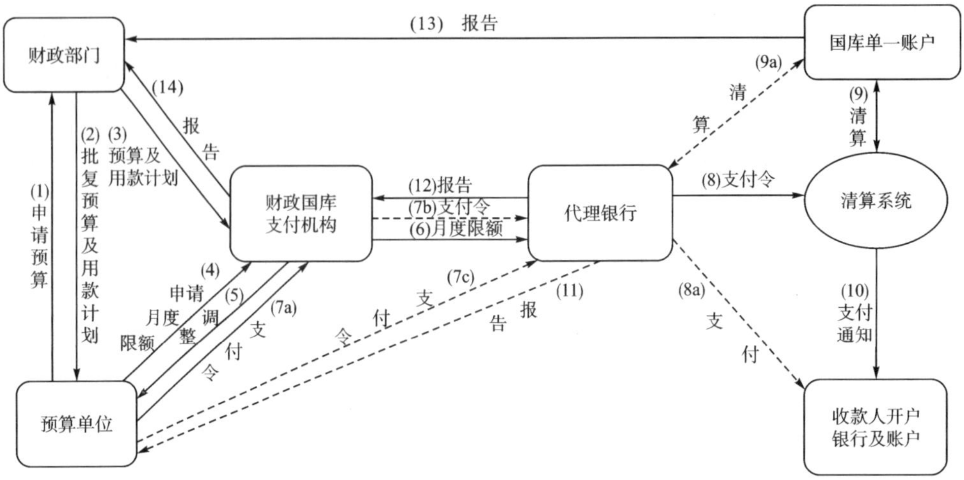

说明：1. 预算单位支付信息通过代理银行向支付机构报告，必要时可增加预算单位向支付机构的直接报告；
2. 虚线部分为（7a）（8a）（9a）（11）表示实现电子化的银行清算系统之前的支付流程。

图 3-3 财政授权支付程序图

七、财政总预算会计科目

表 3-1

序号	科目编号	会计科目名称
一、资产类		
1	1001	国库存款
2	1003	国库现金管理存款
3	1004	其他财政存款
4	1005	财政零余额账户存款
5	1006	有价证券
6	1007	在途款
7	1011	预拨经费
8	1021	借出款项
9	1022	应收股利
10	1031	与下级往来
11	1036	其他应收款
12	1041	应收地方政府债券转贷款
13	1045	应收主权外债转贷款
14	1071	股权投资
15	1081	待发国债
二、负债类		
16	2001	应付短期政府债券

表3-1(续)

序号	科目编号	会计科目名称
17	2011	应付国库集中支付结余
18	2012	与上级往来
19	2015	其他应付款
20	2017	应付代管资金
21	2021	应付长期政府债券
22	2022	借入款项
23	2026	应付地方政府债券转贷款
24	2027	应付主权外债转贷款
25	2045	其他负债
26	2091	已结报支出
三、净资产类		
27	3001	一般公共预算结转结余
28	3002	政府性基金预算结转结余
29	3003	国有资本经营预算结转结余
30	3005	财政专户管理资金结余
31	3007	专用基金结余
32	3031	预算稳定调节基金
33	3033	预算周转金
34	3081 308101 308102 308103 308104	资产基金 应收地方政府债券转贷款 应收主权外债转贷款 股权投资 应收股利
35	3082 308201 308202 308203 308204 308205 308206	待偿债净资产 应付短期政府债券 应付长期政府债券 借入款项 应付地方政府债券转贷款 应付主权外债转贷款 其他负债
四、收入类		
36	4001	一般公共预算本级收入
37	4002	政府性基金预算本级收入
38	4003	国有资本经营预算本级收入
39	4005	财政专户管理资金收入
40	4007	专用基金收入

表3-1(续)

序号	科目编号	会计科目名称
41	4011	补助收入
42	4012	上解收入
43	4013	地区间援助收入
44	4021	调入资金
45	4031	动用预算稳定调节基金
46	4041	债务收入
47	4042	债务转贷收入
五、支出类		
48	5001	一般公共预算本级支出
49	5002	政府性基金预算本级支出
50	5003	国有资本经营预算本级支出
51	5005	财政专户管理资金支出
52	5007	专用基金支出
53	5011	补助支出
54	5012	上解支出
55	5013	地区间援助支出
56	5021	调出资金
57	5031	安排预算稳定调节基金
58	5041	债务还本支出
59	5042	债务转贷支出

第四章
财政总预算会计资产的核算

财政总预算会计资产是指政府财政占有或控制的、能以货币计量的经济资源，具体包括财政存款、有价证券、应收股利、借出款项、暂付及应收款项、预拨经费、应收转贷款和股权投资等。总会计核算的资产按照流动性，分为流动资产和非流动资产。流动资产是指预计在1年（含）内变现的资产；非流动资产是指流动资产以外的资产。资产应当在取得对其相关的权利、并且能够可靠地进行货币计量时确认，并按照取得或发生时的实际金额进行计量。

第一节　财政存款的核算

财政存款是指政府财政部门代表政府管理的国库存款、国库现金管理存款以及其他财政存款等。财政存款的支配权属于同级政府财政部门，并由总会计负责管理，统一在国库或选定的银行开立存款账户，统一收付，不得透支，不得提取现金。

一、国库存款核算

（一）国库存款的概念

国库存款是指政府财政存放在国库单一账户的款项。

（二）国库存款管理

我国实行的国库单一账户体系是指实行财政国库集中支付后，用于所有财政性资金收支核算管理的账户体系，用于记录、核算和反映纳入预算管理的财政收入和支出活动，用于同财政部门在商业银行开设的零余额账户进行清算，实现支付。其中，单位最常使用的、最重要的账户为：“财政零余额账户”和“单位零余额账户”。

在国库单一账户体系下，所有的政府资金集中于一家银行的账户，即财政部门在人民银行开设的国库存款账户，同时所有的财政支出均能通过这一账户进行。取消了各预算部门、预算单位及其他相关部门在商业银行开设的预算内资金账户和预算外资金账户。各部门、各单位发生的支出，直接从国库单一账户支付给个人或商品供应商及劳务提供者。

实行国库单一账户集中支付，虽然不改变各部门、各单位的支出权限，但其作用在于建立起了预算执行的监督管理机制。一方面通过单一账户集中化管理，灵活地调度和使用资金，提高政府资金使用效率，降低成本；另一方面从根本上杜绝在预算执行中的克扣、截留、挪用资金的现象，促进政策资金使用信息公开化、透明化，强化了约束力和社会监督力，从源头上堵住了政府资金使用的行政干预和腐败现象。

1. 国库存款账户管理

财政部门在商业银行为本单位开设的零余额账户，用于财政直接支付和与国库单一账户进行清算；并同时为预算单位开设的零余额账户，用于财政授权支付和与国库单一账户进行清算。

零余额账户与财政在中国人民银行开设的国库单一账户相互配合，构成财政资金支付过程的基本账户。为了保证财政资金在支付实际发生前不流出国库单一账户，实现了先由代理银行支付，每日终了再由代理银行向国库单一账户要款清算的方式。

财政直接支付各单位的预算内资金就是通过“财政零余额账户”进行核算支付的，该账户不得提取现金。财政授权支付是通过“单位零余额账户”进行核算支付的，该账户可提取现金。

2. 缴库方式管理

缴库方式分为直接缴库和集中汇缴两种。

（1）直接缴库是指由预算单位或缴款人按规定直接将收入缴入国库单一账户，属预算外资金的，则直接缴入预算外资金财政专户，不再设立各类过渡性账户。

（2）集中汇缴是指由征收机关和依法享有征收权限的单位按规定将所收取的应缴收入汇总直接缴入国库单一账户，属预算外资金的，则直接缴入预算外资金财政专户，也不再通过过渡性账户收缴。实行集中汇缴方式的收入，主要包括小额零散税收和非税收入中的现金缴款。

3. 支付方式管理

支付方式根据不同的支付主体，对不同类型的支出，分别实行财政直接支付和财政授权支付。

（1）直接支付。财政直接支付，即预算单位按照批复的部门预算和资金使用计划，向财政国库支付执行机构提出支付申请，财政国库支付执行机构根据批复的部门预算和资金使用计划及相关要求对支付申请审核无误后，向代理银行发出支付令，并通知中国人民银行国库部门，通过代理银行进入银行清算系统实时清算，财政资金从国库单一账户划拨到收款人的银行账户。财政直接支付通过财政零余额账户与国库单一账户实现支付。实行财政直接支付的支出主要包括工资支出、购买支出以及转移支出。

（2）授权支付。财政授权支付，即预算单位按照批复的部门预算和资金使用计划，向国库支付执行机构申请授权支付的月度用款限额，国库支付执行机构将批准后的限额通知代理银行和预算单位，并通知中国人民银行国库部门，预算单位在月度用款限额内自行开具支付令，通过国库支付执行机构转由代理银行向收款人付款，并与国库单一账户清算。财政授权支付是通过预算单位零余额账户和小额现金账户与国库单一账户实现支付。实行财政授权支付的支出包括未实行财政直接支付的购买支出和零星支出。

4. 收支方法管理

（1）收入操作程序

收入不论是税或者非税都按现行办法缴入国库指定的经收处。该处于当天划入国库，国库在查清科目，分清级次后，通过银行清算系统，直接划拨给各级国库单一账户。

（2）支出操作程序

第一，政府采购支出，取消各支出部门、支出单位在商业银行开设预算内、预算外资金账户。预算资金由原来层层下拨给预算单位，改变为由财政部门把国库资金统一保存在人民银行国库单一账户上进行管理。由政府采购中心根据采购预算分批采购完成后，再由政府国库部门根据采购品种、数量、金额、供应商和劳务提供者等用款情况和实现的购买力开具付款申请付款凭证，通过人民银行国库单一账户拨付给商品和劳务供应者。

第二，工资支出。财政国库机构在商业银行开设工资账户，并根据工资预算按月将资金从国库单一账户划拨给商业银行的工资账户，商业银行再根据各预算单位开具的职工工资表，将资金拨付到职工个人工资账户。

第三，拨付给下级财政部门但尚未用于购买商品和劳务的支出。由财政部门国库机构将核定的资金从国库单一账户直接拨入下级财政部门。

第四，零用经费支出，如差旅费、提取零用现金等。根据各支出单位公务、业务活动需要，按部门、按行业核定活动经费，按月从国库单一账户拨入各预算单位在商业银行开设的零用资金专户。

5. 国库存款单一账户体系管理的意义

（1）实行财政资金的集中管理，有利于改变财政资金的分散状况、加强财政政策的实施力度。财政政策的实施力度在很大程度上取决于国家财力的大小，国家财政资金雄厚，才会有较强的能力实施其财政政策。然而，以前我国财政资金分散在各级财政在商业银行的账户及人民银行的各级国库账户中，在这些账户中的财政资金的实际使用权也都分散于各级财政部门、各支出部门和支出单位，从而削弱了国家财政政策的实施力度。而国库改革首先要求建立国库单一账户实行资金集中管理，减少政府资金的流失，从而加强财政政策的实施力度。

（2）促进财政资金的合理使用，提高财政资金使用效益。大量财政资金分散，游离于国库监管之外。特别是财政部门公款私存，不但干扰了金融秩序，而且还可能诱发乱发滥用、利用财政资金谋取私利的腐败现象。实行国库单一账户管理，一方面政府和财政部门能够掌握各支出部门和支出单位每一笔资金用途，准确掌握财政资金整体状况，为各级政府进行经济决策提供重要依据；另一方面，加强对财政资金支出的监督和管理，促使财政部门管好、用活财政预算外资金，杜绝不合理的支出，提高财政资金的使用效率和效益。

（3）强化财政资金管理，有利于减少财政资金分散流失。财政单一账户的实施，能够改变由于财政资金大量分散的局面，利于各级政府、财政部门和中央银行随时准确了解财政资金运行动态，从而为制定出相应财政政策和货币政策，强化财政资金管理，实施国家宏观经济管理目标提供依据。另外，实行国库单一账户管理，能更有效地稳定财政性存款，维护中央银行基础货币的完整，使国库始终保持一个较大库存余额，利于用来作为中央银行调节经济、控制信用的基础货币，实现统一的宏观经济管理目标。

（4）有利于增收减支、削减财政赤字。在我国财政赤字日益增长的同时，预算外资金却以惊人的速度急剧膨胀。建立国库单一账户，财政预算外资金纳入国库账户统一核算，统一管理，集中使用。一是财政部门可以综合运筹预算内收入与预算外收入，调余补缺，调度调剂使用；二是财政预算外资金存入国库，具有稳定性强、没有资金风险的特点，有利于依照法律法规规范管理预算外资金；三是在公共资金得到统一管理后，财政赤字规模是在通盘考虑预算内外收入的基础上形成的，收入基础的扩大将相应缩减财政赤字的数额。

（三）国库存款的核算

设置科目“国库存款”。该科目的期末借方余额反映政府财政国库存款的结存数。

（1）收到预算收入时，借记本科目，贷记有关预算收入科目。当日收入数为负数时，以红字记入。

（2）收到国库存款利息收入时，借记本科目，贷记“一般公共预算本级收入”科目。

（3）收到缴入国库的来源不清的款项时，借记本科目，贷记“其他应付款”等科目。

（4）国库库款减少时，按照实际支付的金额，借记有关科目，贷记本科目。

【例 4-1】某市财政收到国库转来的有关结算凭证，当日收到上级预算补助160 000 元。

借：国库存款	160 000	
贷：补助收入		160 000

【例 4-2】某市财政向某主管局拨付一般预算资金 250 000 元。

借：一般公共预算本级支出	250 000	
贷：国库存款		250 000

【例 4-3】某财政局根据预算向某部门拨付基金预算资金 300 000 元。

借：政府性基金预算本级支出	300 000	
贷：国库存款		300 000

【例 4-4】某市财政按体制结算收到所属县财政上解的预算收入 120 000 元。

借：国库存款	120 000	
贷：上解收入		120 000

【例 4-5】某市财政按体制结算向上级省财政上解 260 000 元。

借：上解支出	260 000	
贷：国库存款		260 000

【例 4-6】某市财政收到国库存款利息 10 000 元

借：国库存款	10 000	
贷：一般公共预算本级收入		10 000

【例 4-7】某市财政收到来源不清款项 100 000 元

借：国库存款	100 000	

贷：其他应付款　　100 000

【例 4-8】某市财政局 2016 年 1 月 15 日收到国库报来的预算收入日报表，一般预算收入为 30 万元，基金预算收入为 20 万元。

借：国库存款——一般预算存款　　300 000
　　　　　——基金预算存款　　200 000
　贷：一般公共预算本级收入　　300 000
　　　政府性基金预算本级收入　　200 000

【例 4-9】某市财政部门向市教育局划拨教育经费 100 万元。

借：一般公共预算本级支出　　1 000 000
　贷：国库存款——一般预算存款　　1 000 000

【例 4-10】按照国库现金管理有关规定，将库款 20 万元转存建设银行。

借：国库现金管理存款　　200 000
　贷：国库存款　　200 000

【例 4-11】承接【例 4-10】，年末收回国库，实际收回金额为 30 万元。

借：国库存款　　300 000
　贷：国库现金管理存款　　200 000
　　　一般公共预算本级收入　　100 000

二、国库现金管理存款核算

（一）国库现金管理存款的概念

国库现金管理存款是指政府财政实行国库现金管理业务存放在商业银行的款项。

国库现金管理，是在确保国库资金安全完整和财政支出需要的前提下，对国库现金进行有效的运作管理，实现国库闲置现金余额最小化、投资收益最大化的一系列财政资金管理活动。通过实行国库现金管理，可以减少闲置现金与弥合资金缺口，最大限度地提高国库库存资金使用效率，促进金融市场创新，冲抵财政政策对货币政策的“挤出效应”，健全两者之间的协调机制，提高中央政府的宏观调控能力，使社会经济沿着健康稳定的良性轨道发展。

国库现金管理的操作方式包括商业银行定期存款、买回国债、国债回购和逆回购等。

（二）中央国库现金管理

（1）遵循原则：国库现金管理遵循安全性、流动性和收益性相统一的原则，从易到难、稳妥有序地开展。

（2）职责分工：财政部主要负责国库现金预测并根据预测结果制订操作计划，中国人民银行主要负责监测货币市场情况；财政部与中国人民银行协商后签发操作指令，中国人民银行进行具体操作。财政部、中国人民银行在明确相关职责分工的前提下，建立必要的协调机制，包括季度、月度例会制度以及在每期操作之前进行必要的沟通。

（3）操作方式：国库现金管理的操作方式包括商业银行定期存款、买回国债、国债回购和逆回购等。在国库现金管理初期，主要实施商业银行定期存款和买回国债两种操作方式。

第一，商业银行定期存款。

商业银行定期存款是指将国库现金存放在商业银行，商业银行以国债为质押获得存款并向财政部支付利息的交易行为。商业银行定期存款期限一般在 1 年（含）以内。

相关规定如下：

①国库现金管理定期存款操作通过中国人民银行“中央国库现金管理商业银行定期存款业务系统”，面向国债承销团和公开市场业务一级交易商中的商业银行总行公开招标进行。

②每期商业银行定期存款招标前，财政部依据月度例会拟定的计划，经与中国人民银行协商后签发操作指令，操作指令包括招标方式、招标时间、招标金额、存款期限等要素。中国人民银行于招标日的三个工作日前，按照财政部操作指令以“中央国库现金管理操作室”名义向社会发布招标信息。

③商业银行定期存款招标结束当日，中国人民银行以“中央国库现金管理操作室”名义向社会公布经财政部、中国人民银行确认的招标结果，包括总投标金额、中标利率、实际存款额等。

④为保证中央国库现金安全，国库现金管理存款银行（以下简称存款银行）在接受国库存款时，必须以可流通国债现券作为质押，质押国债的面值数额为存款金额的 120%。财政部会同中国人民银行可根据债券市场的变化情况调整质押比例。

⑤财政部依据国库现金定期存款招标结果，向中国人民银行开具“中央预算拨款电汇凭证”，该凭证为划款指令。中国人民银行于招标次一工作日，在足额冻结存款银行用于质押的国债后，根据划款指令向存款银行划拨资金。

⑥中国人民银行向存款银行划拨资金后，负责向财政部提供存款证明，存款证明应当记录存款银行名称、存款金额、利率以及期限等要素。

⑦在国库现金商业银行定期存款期限内，中国人民银行定期监测存款银行质押国债的市值变化，督促存款银行确保质押足额。

⑧国库现金商业银行定期存款到期后，存款银行应按照约定将存款本息划入中央总金库，款项入库时，存款证明自动失效，同时，存款银行质押的国债相应解冻。存款银行未将到期定期存款本息足额划入中央总金库的，中国人民银行在催缴差额本息款项的同时，对存款银行收取罚息。

⑨财政部、中国人民银行与存款银行签订国库现金管理商业银行定期存款年度协议，进一步明确各方的权利和义务。

⑩除法律法规另有规定外，任何单位不得扣划、冻结国库现金商业银行定期存款。

第二，买回国债。

买回国债是指财政部利用国库现金从国债市场买回未到期的可流通国债并予以注销或持有至到期的交易行为。

相关规定如下：

①买回国债操作由财政部通过公开招标的方式面向记账式国债承销团公开进行。中国人民银行观察员在招标现场观察。

②每期买回国债招标，财政部提前五个工作日向社会发布招标信息，包括招标

方式、招标时间、买回国债的期限、品种等要素。

③买回国债招标结束当日，财政部向社会公布经财政部、中国人民银行确认的招标结果，包括总投标额、买回国债价格、实际买回额等。

④财政部依据买回国债招标结果，以及中央国债登记结算有限责任公司（以下简称中央国债公司）对买回国债的冻结成功信息，向中国人民银行开具“中央预算拨款电汇凭证”，该凭证为划款指令。中国人民银行于招标次一工作日，根据划款指令向记账式国债承销团成员支付买回国债资金。

⑤财政部在中央国债公司设立乙类债券账户，用于记录买回国债的债权。财政部交付买回国债资金后，即拥有买回国债的债权，并根据需要注销或继续持有买回国债。

⑥买回国债操作应按照品种结构合理、规模适当的原则进行，以有利于国债市场稳定发展。

（三）地方国库现金管理

1. 遵循原则

（1）安全性、流动性、收益性相统一原则。在确保财政资金安全、财政支出支付流动性需求的基础上，实现财政资金保值增值。

（2）公开、公平、公正原则。地方国库现金管理应公开、公平、公正地开展操作，确保资金安全。

（3）协调性原则。地方国库现金管理应充分考虑对市场流动性的影响，与货币政策操作保持协调性。

2. 职责分工

地方财政部门会同中国人民银行当地分支机构（以下简称人民银行分支机构）共同开展地方国库现金管理。地方财政部门、人民银行分支机构应建立必要的协调机制，包括季度、月度例会制度以及每期操作前进行必要的沟通。

3. 实施范围

地方国库现金管理试点范围为省级（包括省、自治区、直辖市和计划单列市，下同）。地方国库现金管理应报经同级政府批准后实施。

4. 操作方式

地方国库现金管理操作工具为商业银行定期存款，定期存款期限在1年期以内。这里的商业银行定期存款，是指将暂时闲置的国库现金按一定期限存放商业银行，商业银行提供足额质押并向地方财政部门支付利息。

相关规定如下：

（1）这里的商业银行，是指国有商业银行、股份制商业银行、城市商业银行、农村商业银行和邮政储蓄银行。

（2）商业银行参与地方国库现金管理操作应符合下列条件：①依法开展经营活动，近3年内在经营活动中无重大违法违规记录；②财务稳健，资本充足率、不良贷款率、拨备覆盖率、流动性覆盖率、流动性比例等指标达到监管标准；③内部管理机制健全，具有较强的风险控制能力，近3年内未发生金融风险及重大违约事件。

（3）地方财政部门负责国库现金预测并根据预测结果商人民银行分支机构制订地方国库现金管理分月操作计划。每月25日前应将下月操作计划报财政部、中国人民银行总行备案，财政部、中国人民银行总行可以根据宏观调控需要对操作计划提出建议。每次操作前5个工作日将具体操作信息上报财政部、中国人民银行总行备案。执行中有调整的，及时上报更新操作信息。

（4）地方国库现金管理应采取公开招标方式。地方国库现金管理招标应成立招标小组，小组成员由地方财政部门、人民银行分支机构等部门人员构成。

每次招标日前3个工作日，通过财政部门网站、人民银行网站公告信息，招标完成当日及时公布经招标小组成员一致确认的结果。

（5）地方国库现金管理商业银行定期存款（以下简称地方国库定期存款）利率按操作当日同期限金融机构人民币存款基准利率执行，由商业银行在中国人民银行规定的金融机构存款利率浮动区间内根据商业原则自主确定。

（6）地方国库现金管理应严格控制单一存款银行存款比例，防范资金风险。单期存款银行一般不得少于5家，单家存款银行当期存款金额不得超过当期存款总额的1/4。单一存款银行的地方国库定期存款余额一般不得超过该银行一般性存款余额的10%，不得超过地方财政国库定期存款余额的20%。

（7）存款银行取得地方国库定期存款，应当以可流通国债为质押，质押的国债面值数额为存款金额的120%。

（8）省级财政部门应在中央国债登记结算有限责任公司开设省级国库现金管理质押账户，登记省级财政部门收到的存款银行质押品质权信息。人民银行分支机构负责办理具体质押操作。

（9）地方财政部门确认存款银行足额质押后，通知人民银行分支机构办理资金划拨。

（10）存款银行收款后，应向地方财政部门开具存款单，载明存款银行名称、存款金额、利率以及期限等要素。

（11）地方国库定期存款存续期内，地方财政部门负责对存款银行质押品实施管理，确保足额质押。

（12）存款银行应于存款到期日足额汇划存款本息。本金和利息应分别汇划，不得并笔。本息款项入库后，存款银行质押品相应解除。

（13）存款银行应设置“国库定期存款”一级负债类科目，科目下按国库级次分设账户，分别核算存入、归还中央和地方财政的国库定期存款。存款银行应将增设“国库定期存款”科目变动情况报人民银行备案。该科目纳入一般存款范围缴纳存款准备金。

（14）中国人民银行应设置“国库现金管理”资产类科目，用来核算商业银行定期存款操作、到期收回以及余额。该余额纳入国库库存表反映。

（15）人民银行分支机构根据国库现金管理资金划拨情况，于次一工作日向同级财政部门提供当期地方国库定期存款资金划出、存款到期本息划回明细表。

（16）人民银行分支机构应按月、按年向同级财政部门报送地方国库定期存款操作、存款到期和余额（分银行）以及利息收入等报表及电子信息，并进行对账。

（17）中国人民银行总行按月、按年向财政部提供分省、分银行的地方国库定期存款操作、存款到期和余额以及利息收入等报表及电子信息。

（18）地方国库定期存款利息收入纳入同级财政预算管理，缴入同级国库。

（19）地方国库定期存款属于地方政府财政库款。除法律另有规定外，任何单位不得扣划、冻结地方政府财政部门在存款银行的国库定期存款。

（20）任何单位和个人不得借开展地方国库现金管理业务干预金融机构正常经营，不得将地方国库现金管理与银行贷款挂钩。

（21）存款银行应加强对地方国库定期存款资金运用管理，防范资金风险，不得将地方国库定期存款资金投向国家有关政策限制的领域，不得以地方国库定期存款资金赚取高风险收益。

（四）国库现金管理存款的核算

设置科目“国库现金管理存款”。该科目的期末借方余额反映政府财政实行国库现金管理业务持有的存款。

（1）按照国库现金管理有关规定，将库款转存商业银行时，按照存入商业银行的金额，借记本科目，贷记“国库存款”科目。

（2）国库现金管理存款收回国库时，按照实际收回的金额，借记“国库存款”科目，按照原存入商业银行的存款本金金额，贷记本科目，按照两者的差额，贷记“一般公共预算本级收入”科目。

【例 4-12】中央国库按规定做国库现金管理，将 100 亿元库款转存某商业银行。

借：国库现金管理存款	10 000 000 000	
贷：国库存款		10 000 000 000

【例 4-13】某省国库现金管理存款到期收回 50 亿元，利息 0.5 亿元。

借：国库存款	5 050 000 000	
贷：国库现金管理存款		5 000 000 000
一般公共预算本级收入		50 000 000

三、其他财政存款

（一）其他财政存款的概念

其他财政存款是指政府财政未列入“国库存款”“国库现金管理存款”科目反映的各项存款。

（二）其他财政存款核算

设置科目“其他财政存款”，并按照资金性质和存款银行等进行明细核算。该科目的期末借方余额反映政府财政持有的其他财政存款。

（1）财政专户收到款项时，按照实际收到的金额，借记本科目，贷记有关科目。

（2）其他财政存款产生的利息收入，除规定作为专户资金收入外，其他利息收入都应缴入国库纳入一般公共预算管理。取得其他财政存款利息收入时，按照实际获得的利息金额，根据以下情况分别处理：①按规定作为专户资金收入的，借记本科目，贷记“应付代管资金”或有关收入科目；②按规定应缴入国库的，借记本科目，贷记“其他应付款”科目。将其他财政存款利息收入缴入国库时，借记“其他应付款”科目，贷记本科目；同时，借记“国库存款”科目，贷记“一般公共预算本级收入”科目。

（3）其他财政存款减少时，按照实际支付的金额，借记有关科目，贷记本科目。

【例 4-14】某乡未设国库，乡财政收到上级县财政预付的收入分成款 120 000 元。

借：其他财政存款　　120 000

　贷：与上级往来　　120 000

【例 4-15】某市财政收到上级省财政拨入的专用基金 440 000 元。

借：其他财政存款　　440 000

　贷：专用基金收入　　440 000

【例 4-16】收到上级安排的粮食风险基金 20 万元。

借：其他财政存款——专用基金存款　　200 000

　贷：专用基金收入　　200 000

【例 4-17】接【例 4-16】，开出付款通知，支付粮食风险基金。

借：基金预算支出　　200 000

　贷：其他财政存款——专用基金存款　　200 000

【例 4-18】接【例 4-16】，存款利息收入 2 000 元规定作为专户资金收入。

借：其他财政存款　　2 000

　贷：应付代管资金　　2 000

【例 4-19】接【例 4-18】，存款利息收入 2 000 元规定应缴入国库。

借：其他财政存款　　2 000

　贷：其他应付款　　2 000

借：国库存款　　2 000

　贷：一般公共预算本级收入　　2 000

第二节　其他款项的核算

除财政存款之外，其他款项还包括财政零余额账户存款和在途款。

一、财政零余额账户存款

（一）财政零余额账户存款的概念

财政部门零余额账户用于财政直接支付。该账户每日发生的支付，于当日营业终了前与国库单一账户清算；营业中单笔支付额 5 000 万元（含 5 000 万元）人民币以上的，应及时与国库单一账户清算。财政零余额账户存款用来核算财政国库支付执行机构在代理银行办理财政直接支付的业务。财政国库支付执行机构未单设的地区不使用该科目。

（二）财政零余额账户存款核算

设置科目“财政零余额账户存款”。本科目当日资金结算后一般应无余额。

（1）财政国库支付执行机构为预算单位直接支付款项时，借记有关预算支出科目，贷记本科目。

（2）财政国库支付执行机构每日将按部门分“类”“款”“项”汇总的预算支出结算清单等结算单与中国人民银行国库划款凭证核对无误后，按照结算的金额，借记本科目，贷记“已结报支出”科目。

【例 4-20】某市财政为市教育局支付工程款项，总计 540 000 元，从财政零余额账户中支付。

借：一般公共预算本级支出　　540 000

　贷：财政零余额账户存款　　540 000

财政支付执行机构每日将汇总的预算支出结算清单和财政直接支付汇总清算通知单与中国人民银行的国库划款凭证核对无误后，送总预算会计结算。

【例 4-21】某市财政国库支付执行机构汇总编制预算支出结算清单，当日一般预算支出 540 000 元，与中国人民银行国库划款凭证核对无误。

借：财政零余额账户存款　　540 000

　贷：已结报支出——财政直接支付　　540 000

【例 4-22】2016 年 3 月 5 日，某市财政局为市疾控中心支付疫苗款项，总金额 100 万元，从财政零余额账户中支付。

借：一般公共预算本级支出——财政直接支付　　1 000 000

　贷：财政零余额账户存款　　1 000 000

【例 4-23】2016 年 3 月 5 日，当日资金支付业务终了后，将当日的支出业务汇总与国库划款凭证核对无误后，送总预算会计结算资金。

借：财政零余额账户存款　　1 000 000

　贷：已结报支出——财政直接支付　　1 000 000

【例 4-24】某市财政实行国库集中支付制度，市财政国库执行机构向市属某学校教学仪器供应商支付仪器款 10 万元。

借：一般公共预算本级支出——财政直接支付　　100 000

　贷：财政零余额账户存款　　100 000

【例 4-25】某市财政实行国库集中支付制度，市财政国库执行机构向市属某预算单位设备供应商支付设备款 4 万元。该项资金为基金预算支付资金。

借：政府性基金预算本级支出——财政直接支付　　40 000

　贷：财政零余额账户存款　　40 000

【例 4-26】某市财政 3 月 2 日的预算支出日报表显示共从财政零余额账户直接支付了 82 万元。当日营业终了前，代理银行与国库清算，从单一账户划款到零余额账户。

借：财政零余额账户存款　　820 000

　贷：已结报支出——财政直接支付　　820 000

【例 4-27】年终，财政国库支付执行机构将预算支出与有关方面核对一致。有关账户的余额为“已结报支出 890 000 元”“一般预算支出 500 000 元”“基金预算支出 390 000 元”。

借：已结报支出　　890 000

　贷：一般公共预算本级支出　　500 000

　　　政府性基金预算本级支出　　390 000

二、在途款

（一）在途款的概念

在途款是指决算清理期和库款报解整理期内发生的需要通过本科目过渡处理的

属于上年度收入、支出等业务的资金数。

（二）在途款的核算

设置科目“在途款”。本科目期末借方余额反映政府财政持有的在途款。

决算清理期和库款报解整理期内收到属于上年度收入时，在上年度账务中，借记本科目，贷记有关收入科目；收回属于上年度拨款或支出时，在上年度账务中，借记本科目，贷记“预拨经费”或有关支出科目。冲转在途款时，在本年度账务中，借记“国库存款”科目，贷记本科目。

【例4-28】在决算清理期中，收到同级国库报来“一般公共预算本级收入日报表”，所列属于上年度一般公共预算本级收入100 000元。

在上年度账上登记：

借：在途款　　100 000

　贷：一般公共预算本级收入　　100 000

在本年度新账上登记：

借：国库存款　　100 000

　贷：在途款　　100 000

【例4-29】决算清理期中，收回属于上年度的政府性基金预算本级支出40 000元。

在上年度账上登记：

借：在途款　　40 000

　贷：政府性基金预算本级支出　　40 000

在本年度新账上登记：

借：国库存款　　40 000

　贷：在途款　　40 000

【例4-30】某市财政决算清理中，收到属于上年度的一般预算收入5万元。

借：在途款　　50 000

　贷：一般公共预算本级收入　　50 000

【例4-31】接【例4-30】，某市财政局决定冲转这笔在途款。

借：国库存款——一般预算存款　　50 000

　贷：在途款　　50 000

【例4-32】2015年的年终决算清理期，某省财政清理出90 000元的一般预算收入未收；当年10月份有一笔200 000元基金预算支出属于错支，并通知有关单位。

在上年度账上登记：

借：在途款　　90 000

　贷：一般公共预算本级收入　　90 000

在本年度新账上登记：

借：国库存款　　90 000

　贷：在途款　　90 000

对于错支的基金预算支出：

在上年度账上登记：

借：在途款　　200 000
　贷：政府性基金预算本级支出　　200 000

在本年度新账上登记：

借：国库存款　　200 000
　贷：在途款　　200 000

第三节　有价证券的核算

一、有价证券的概念

有价证券是指政府财政按照有关规定取得并持有的政府债券，即中央财政以信用方式发行的国家公债。

二、有价证券的管理

各级财政只能用各项财政结余（一般公共预算结余和政府性基金预算结余）购买。总预算会计在对有价证券的管理中，应遵循以下原则：

（1）只能用各项财政结余（一般预算结余和基金预算结余）购买；

（2）购买有价证券的价款不能列作支出；

（3）当期有价证券兑付的利息以及转让有价证券取得的收入与有价证券的账面成本的差额，应分清购入有价证券时的资金来源，分别列作一般公共预算收入或政府性基金预算收入；

（4）购入的有价证券应视同货币资金管理，严加保管。

三、有价证券的账务处理

为了核算有价证券，各级财政会计应设置“有价证券”科目，并按照有价证券种类和资金性质进行明细核算。本科目期末借方余额反映政府财政持有的有价证券金额。

（1）购入有价证券时，按照实际支付的金额，借记本科目，贷记“国库存款”“其他财政存款”等科目。

（2）转让或到期兑付有价证券时，按照实际收到的金额，借记“国库存款”“其他财政存款”等科目，按照该有价证券的账面余额，贷记本科目，按其差额，贷记“一般公共预算本级收入”等科目。

【例 4-33】某市财政用预算结余购买国库券 500 000 元。

借：有价证券——一般公共预算结余购入　　500 000
　贷：国库存款——一般预算存款　　500 000

【例 4-34】某市财政用基金预算结余购买特种债券 200 000 元。

借：有价证券——政府性基金预算结余购入　　200 000
　贷：国库存款——基金预算存款　　200 000

【例 4-35】某市财政以前年度用预算结余购买的国库券到期，其中本金 60 000 元、利息收入 10 000 元。

借：国库存款　　　　　　　　　　　　　　　　　　70 000

贷：有价证券——一般预算结余购入　　　　　　　　　　60 000

一般公共预算本级收入　　　　　　　　　　　　　　10 000

【例 4-36】某市财政以前年度用基金预算结余购买的有价证券到期，其中本金 40 000 元、利息收入 8 000 元。

借：国库存款　　　　　　　　　　　　　　　　　　48 000

贷：有价证券——基金预算结余　　　　　　　　　　　40 000

政府性基金预算本级收入　　　　　　　　　　　　　8 000

【例 4-37】某市财政局 20×6 年 6 月用一般预算结余购买有价证券 20 万元。

借：有价证券——一般预算结余购入　　　　　　　200 000

贷：国库存款——一般预算存款　　　　　　　　　　200 000

【例 4-38】【例 4-37】中的国库券 1 年到期，收回本息 220 000 元。

借：国库存款——一般预算存款　　　　　　　　220 000

贷：有价证券　　　　　　　　　　　　　　　　　200 000

一般公共预算本级收入　　　　　　　　　　　　　20 000

第四节　预拨与借出的核算

预拨经费与借出款项都属于本级政府财政债权类资产。

一、预拨经费的核算

（一）预拨经费的概念

预拨经费是指政府财政在年度预算执行中预拨出应在以后各月列支以及会计年度终了前根据“二上”预算预拨出的下年度预算资金。除预拨下年度预算资金外的所有预拨经费应在年终前转列支出或清理收回。

（二）预拨经费的管理

1.“二上”预算

“一上”：各部门按照年度部门预算编制要求，根据本部门发展规划、年度工作目标和重点编制本部门年度预算建议计划报送财政部门，同时报送人员、资产等基础数据和项目支出安排依据等情况。

“一下”：财政部门审核部门报送的年度预算建议计划，综合考虑财力可能，汇总平衡形成部门预算初步方案，在法定时间内下达各部门预算控制数。

“二上”：各部门在财政部门下达的部门预算控制数以内，汇总编报本部门及所属单位年度预算草案，在规定时间内报送财政部门。

“二下”：财政部门对各部门报送的年度预算草案进行审核汇总，形成年度预算草案，在报同级政府、党委审议通过后报经同级人大常委会审议后，提交同级人民代表大会审议，在同级人民代表大会审议批准后法定时间内将部门预算批复到各部门。

2. 预拨经费的原则

为了满足和保证行政事业单位对预算资金的需要，应提高资金使用效益和保证预算资金的灵活调度。在办理预拨经费时，应遵循以下原则：

（1）按预算（计划）拨款

各级财政会计在办理预拨经费时，必须根据年初核定的年度预算和季度（分月）用款计划拨付，不得办理超预算、无计划的拨款。

（2）按事业进度和资金使用情况拨款

预拨经费时还应根据事业心进度和资金使用情况拨付，既要保证资金需要，又要防止积压浪费；既要考虑本期计划需要，又要结合下期资金正常使用以及上期资金使用和结存情况，以促进各用款单位合理、节约和有效地使用预算资金。

（3）按财政库款实际情况拨款

预拨经费时必须根据财政部门国库存款情况拨付，以保证财政资金调度的平衡。

（4）按预算级次拨付

对行政事业单位拨款，应按照单位领报关系转拨，凡有上级主管部门的单位，不能作为主管会计单位，直接与各级财政部门发生领拨关系。

3. 预拨经费的方式及注意事项

由于预拨经费是指财政预算将款项拨给行政事业单位，但尚未列为支出的资金。现行制度规定，预拨经费的方式为划拨资金。（目前，除中央财政外，“限额拨款”已用得很少）按划拨资金部门根据主管部门的申请，开出拨款凭证通过国库将预算资金直接划转到申请拨款单位开户银行的账户上，再由主管部门按经费用途，逐级办理转拨或支用。

采用划拨资金应注意以下两点：

（1）对事业单位包干经费支出和款项支出可按财政拨款数列报支出。对行政事业单位非包干经费支出和专项支出，平时可按财政拨款数列报支出，当年终清理结算有收回的拨款时，作冲销已列支出的处理；如果有收回以前年度已列支出的款项，除有特殊规定外，一般应作冲销当年支出的处理。

（2）拨款的时间

划拨资金一般按月拨款。应处理好预算资金的拨付与各部门行政事业经费正常开支的衔接问题。

（三）预拨经费的账务处理

设置“预拨经费”科目，用来核算政府财政预拨给预算单位尚未列为预算支出的款项，并按照预拨经费种类、预算单位等进行明细核算。本科目期末借方余额反映政府财政年末尚未转列支出或尚待收回的预拨经费数。

（1）拨出款项时，借记本科目，贷记“国库存款”科目。

（2）转列支出或收回预拨经费时，借记“一般公共预算本级支出”“政府性基金预算本级支出”“国库存款”等科目，贷记本科目。

【例 4-39】某市财政局拨给市卫生局事业经费 800 000 元。

借：预拨经费——市卫生局　　800 000

　贷：国库存款　　800 000

【例 4-40】将预拨给市卫生局经费 800 000 元转列支出。

借：一般公共预算本级支出　　800 000
　贷：预拨经费——市卫生局　　800 000

【例 4-41】××市财政局 20×6 年发生如下经济业务：

预拨给未实行国库集中支付制度的乡镇中心小学下年度财政补助款 70 000 元，具体科目如下："教育支出——普通教育——小学教育" 50 000 元，"教育支出——地方教育附加安排的支出——农村中小学教学设施" 20 000 元。

借：预拨经费——××　　70 000
　贷：国库存款　　70 000

接上述案例，20×4 年列支。

借：一般公共预算本级支出　　50 000
　　政府性基金预算本级支出　　20 000
　贷：预拨经费　　70 000

同时，在一般公共预算本级支出明细账的借方登记如下：

教育支出——普通教育——小学教育　　50 000

同时，在政府性基金预算本级支出明细账的借方登记如下：

教育支出——地方教育附加安排的支出——农村中小学教学设施　　20 000

年终结账时，将一般公共预算本级支出账户借方余额 147 亿元全部转入"一般公共预算结转结余"账户。

借：一般公共预算结转结余　　14 700 000 000
　贷：一般公共预算本级支出　　14 700 000 000

同时，结清所有一般公共预算本级支出科目的明细账。

【例 4-42】某市财政局根据下年度计划和水利局申请，预拨给水利局下年度农田水利经费 50 万元。根据预算拨付款凭证回单，编制会计分录。

借：预拨经费——水利局　　500 000
　贷：国库存款　　500 000

【例 4-43】次年，预拨水利局的 50 万元经费转作支出。

借：一般公共预算本级支出　　500 000
　贷：预拨经费——水利局　　500 000

【例 4-44】某市财政局收到市教委缴回多余的预拨教育经费 50 000 元，根据国库转来的收款凭证编制会计分录。

借：国库存款　　50 000
　贷：预拨经费——市教委　　50 000

二、借出款项的核算

（一）借出款项的概念

借出款项是指政府财政按照对外借款管理相关规定借给预算单位临时急需，并需按期收回的款项。

（二）借出款项的核算

设置"借出款项"科目，并按照借款单位等进行明细核算。本科目期末借方余额反映政府财政借给预算单位尚未收回的款项。

（1）将款项借出时，按照实际支付的金额，借记本科目，贷记“国库存款”等科目。

（2）收回借款时，按照实际收到的金额，借记“国库存款”等科目，贷记本科目。

【例 4-45】某市财政借出 5 000 000 给所属某医院应急使用。

借：借出款项　　5 000 000

　贷：国库存款　　5 000 000

【例 4-46】某市财政局暂借给教育局 50 万元，用于发放设备购置费。

借：借出款项——教育局　　500 000

　贷：国库存款　　500 000

【例 4-47】接例【例 4-46】，教育局将 50 万元暂借款还给财政局。

借：国库存款　　500 000

　贷：借出款项——教育局　　500 000

第四节　股权投资的核算

一、股权投资的概念

股权投资是指政府持有的各类股权性的投资，包括国际金融组织股权投资、投资基金股权投资和企业股权投资等。

二、政府投资基金管理

（一）政府投资基金的概念

政府投资基金，是指由各级政府通过预算安排（一般公共预算、政府性基金预算、国有资本经营预算等安排的资金），以单独出资或与社会资本共同出资设立，采用股权投资等市场化方式，引导社会各类资本投资经济社会发展的重点领域和薄弱环节，支持相关产业和领域发展的资金。

（二）政府投资基金设立的管理

（1）政府出资设立投资基金，应当由财政部门或财政部门会同有关行业主管部门报本级政府批准。

（2）各级财政部门应当控制政府投资基金的设立数量，不得在同一行业或领域重复设立基金。

（3）各级财政部门一般应在以下领域设立投资基金：①支持创新创业。为了加快有利于创新发展的市场环境，应增加创业投资资本的供给，鼓励创业投资企业投资处于种子期、起步期等创业早期的企业。②扶持中小企业发展。为了体现国家宏观政策、产业政策和区域发展规划意图，应扶持中型、小型、微型企业发展，改善企业服务环境和融资环境，激发企业创业创新活力，增强经济持续发展内生动力。③支持产业转型升级和发展。为了落实国家产业政策，应扶持重大关键技术产业化，引导社会资本增加投入，有效地解决产业发展投入大、风险大的问题，有效地实现产业转型升级和重大发展，推动经济结构调整和资源优化配置。④支持基础设施和公共服务领域。为改革公共服务供给机制，应创新公共设施投融资模式，鼓励和引导社会资本进入基础设施和公共服务领域，加快推进重大基础设施建设，提高公共服务质量和水平。

（4）设立政府投资基金，可采用公司制、有限合伙制和契约制等不同组织形式。

（5）政府投资基金出资方应当按照现行法律法规，根据不同的组织形式，制定投资基金公司章程、有限合伙协议、合同等（以下简称章程），明确投资基金设立的政策目标、基金规模、存续期限、出资方案、投资领域、决策机制、基金管理机构、风险防范、投资退出、管理费用和收益分配等。

（三）政府投资基金的运作和风险控制

（1）政府投资基金应按照“政府引导、市场运作，科学决策、防范风险”的原则进行运作。

（2）政府投资基金募资、投资、投后管理、清算、退出等通过市场化运作。财政部门应指导投资基金建立科学的决策机制，确保投资基金政策性目标实现，一般不参与基金日常管理事务。

（3）政府投资基金在运作过程中不得从事以下业务：①从事融资担保以外的担保、抵押、委托贷款等业务；②投资二级市场股票、期货、房地产、证券投资基金、评级 AAA 以下的企业债、信托产品、非保本型理财产品、保险计划及其他金融衍生品；③向任何第三方提供赞助、捐赠（经批准的公益性捐赠除外）；④吸收或变相吸收存款，或向第三方提供贷款和资金拆借；⑤进行承担无限连带责任的对外投资；⑥发行信托或集合理财产品募集资金；⑦其他国家法律法规禁止从事的业务。

（4）投资基金各出资方应当按照“利益共享、风险共担”的原则，明确约定收益处理和亏损负担方式。对于归属政府的投资收益和利息等，除明确约定继续用于投资基金滚动使用外，应按照财政国库管理制度有关规定及时足额上缴国库。投资基金的亏损应由出资方共同承担，政府应以出资额为限承担有限责任。为更好地发挥政府出资的引导作用，政府可适当让利，但不得向其他出资人承诺投资本金不受损失，不得承诺最低收益。国务院另有规定的除外。

（5）政府投资基金应当遵照国家有关财政预算和财务管理制度等规定，建立健全内部控制和外部监管制度，建立投资决策和风险约束机制，切实防范基金运作过程中可能出现的风险。

（6）政府投资基金应选择在中国境内设立的商业银行进行托管。托管银行依据托管协议负责账户管理、资金清算、资产保管等事务，对投资活动实施动态监管。

（7）加强政府投资基金信用体系建设，建立政府投资基金及其高级管理人员信用记录，并将其纳入全国统一的社会信用信息共享交换平台。

（四）政府投资基金的终止和退出

（1）政府投资基金一般应当在存续期满后终止。确需延长存续期限的，应当报经同级政府批准后，与其他出资方按章程约定的程序办理。

（2）政府投资基金终止后，应当在出资人监督下组织清算，将政府出资额和归属政府的收益，按照财政国库管理制度有关规定及时足额上缴国库。

（3）政府投资基金中的政府出资部分一般应在投资基金存续期满后退出，存续期未满如达到预期目标，可通过股权回购机制等方式适时退出。

（4）财政部门应与其他出资人在投资基金章程中约定，有下述情况之一的，政府出资可无须其他出资人同意，选择提前退出。①投资基金方案确认后超过一年，未按规定程序和时间要求完成设立手续的；②政府出资拨付投资基金账户一年以上，基金未开展投资业务的；③基金投资领域和方向不符合政策目标的；④基金未按章程约定投资的；⑤其他不符合章程约定情形的。

（5）政府出资从投资基金退出时，应当按照章程约定的条件退出；章程中没有约定的，应聘请具备资质的资产评估机构对出资权益进行评估，作为确定投资基金退出价格的依据。

（五）政府投资基金的预算管理

（1）各级政府出资设立投资基金，应由同级财政部门根据章程约定的出资方案将当年政府出资额纳入年度政府预算。

（2）上级政府可通过转移支付支持下级政府设立投资基金，也可与下级政府共同出资设立投资基金。

（3）各级政府单独出资设立的投资基金，由财政部门根据年度预算、项目投资进度或实际用款需要将资金拨付到投资基金。政府部门与社会资本共同出资设立的投资基金，由财政部门根据投资基金章程中约定的出资方案、项目投资进度或实际用款需求以及年度预算安排情况，将资金拨付到投资基金。

（4）各级财政部门向政府投资基金拨付资金时，增列当期预算支出，按支出方向通过相应的支出分类科目反映；收到投资收益时，作增加当期预算收入处理，通过相关预算收入科目反映；基金清算或退出收回投资时，作冲减当期财政支出处理。

三、股权投资的账务处理

（一）科目设置

（1）设置"股权投资"科目，按照"国际金融组织股权投资""投资基金股权投资""企业股权投资"设置一级明细科目，在一级明细科目下，可根据管理需要，按照被投资主体进行明细核算。对每一被投资主体还可按"投资成本""收益转增投资""损益调整""其他权益变动"进行明细核算。本科目期末借方余额反映政府持有的各种股权投资金额。

（2）设置"应收股利"科目，按照被投资主体进行明细核算。

（二）核算方法

股权投资一般采用权益法进行核算。

权益法是指政府持有的各类股权投资要按照其在被投资单位拥有的权益比例和被投资单位净资产的变化来调整"股权投资"账户的账面价值。使用这种方法时，政府应将被投资单位每年获得的净损益按投资权益比例列为自身的投资损益，并表示为投资的增减。如果收到被投资单位发放的股利，政府要冲减投资账户的账面价值。

（三）国际金融组织股权投资

（1）政府财政代表政府认缴国际金融组织股本时，按照实际支付的金额，借记"一般公共预算本级支出"等科目，贷记"国库存款"科目；根据股权投资确认相关资料，按照确定的股权投资成本，借记本科目，贷记“资产基金——股权投资”科目。

（2）从国际金融组织撤出股本时，按照收回的金额，借记“国库存款”科目，贷记“一般公共预算本级支出”科目；根据股权投资清算相关资料，按照实际撤出的股本，借记“资产基金——股权投资”科目，贷记本科目。

（四）投资基金股权投资

（1）政府财政对投资基金进行股权投资时，按照实际支付的金额，借记“一般公共预算本级支出”等科目，贷记“国库存款”等科目；根据股权投资确认相关资料，按照实际支付的金额，借记本科目（投资成本），按照确定的在被投资基金中占有的权益金额与实际支付金额的差额，借记或贷记本科目（其他权益变动），按照确定的在被投资基金中占有的权益金额，贷记“资产基金——股权投资”科目。

（2）年末，根据政府财政在被投资基金当期净利润或净亏损中占有的份额，借记或贷记本科目（损益调整），贷记或借记“资产基金——股权投资”科目。

（3）政府财政将归属财政的收益留作基金滚动使用时，借记本科目（收益转增投资），贷记本科目（损益调整）。

（4）被投资基金宣告发放现金股利或利润时，按照应上缴政府财政的部分，借记“应收股利”科目，贷记“资产基金——应收股利”科目；同时按照相同的金额，借记“资产基金——股权投资”科目，贷记本科目（损益调整）。

（5）被投资基金发生除净损益以外的其他权益变动时，按照政府财政持股比例计算应享有的部分，借记或贷记本科目（其他权益变动），贷记或借记“资产基金——股权投资”科目。

（6）投资基金存续期满、清算或政府财政从投资基金退出需收回出资时，政府财政按照实际收回的资金，借记“国库存款”等科目，按照收回的原实际出资部分，贷记“一般公共预算本级支出”等科目，按照超出原实际出资的部分，贷记“一般公共预算本级收入”等科目；根据股权投资清算相关资料，按照因收回股权投资而减少在被投资基金中占有的权益金额，借记“资产基金——股权投资”科目，贷记本科目。

（五）企业股权投资

企业股权投资的账务处理，根据管理条件和管理需要，参照投资基金股权投资的账务处理。

（六）应收股利

（1）持有股权投资期间被投资主体宣告发放现金股利或利润的，按应上缴政府财政的部分，借记本科目，贷记“资产基金——应收股利”科目；按照相同的金额，借记“资产基金——股权投资”科目，贷记“股权投资（损益调整）”科目。

（2）实际收到现金股利或利润，借记“国库存款”等科目，贷记有关收入科目；按照相同的金额，借记“资产基金——应收股利”科目，贷记本科目。

【例 4-48】某市财政局投资的正光公司宣告发放现金股利 5 万元。

借：应收股利　　50 000

　贷：资产基金——应收股利　　50 000

借：资产基金——股权投资　　50 000

贷：股权投资（损益调整）　　50 000

【例 4-49】某市财政局收到 5 万元现金股利。

借：国库存款　　50 000

贷：一般公共预算本级收入　　50 000

借：资产基金——应收股利　　50 000

贷：应收股利　　50 000

【例 4-50】某市财政局进行股权投资，实际支付 100 万元。

借：一般公共预算本级支出　　1 000 000

贷：国库存款　　1 000 000

借：股权投资　　1 000 000

贷：资产基金——股权投资　　1 000 000

【例 4-51】接【例 4-50】，期末，某市财政局的当期净利润为 5 000 元。

借：股权投资　　5 000

贷：资产基金——股权投资　　5 000

【例 4-52】接【例 4-50】，收回转贷给下级政府财政主权外债的本息共计 5 005 000 元。

借：其他财政存款　　5 005 000

贷：其他应付款　　5 005 000

借：资产基金——应收主权外债转贷款　　5 005 000

贷：应收主权外债转贷款　　5 005 000

【例 4-53】国际金融组织股权投资。

（1）政府财政代表政府认缴国际金融组织股本 50 000 000 000 元时，按照实际支付的金额：

借：一般公共预算本级支出等　　50 000 000 000

贷：国库存款　　50 000 000 000

同时，

借：股权投资——投资成本　　50 000 000 000

贷：资产基金——股权投资　　50 000 000 000

（2）从国际金融组织撤出部分股本 10 000 000 000 元时，按照收回金额：

借：国库存款　　10 000 000 000

贷：一般公共预算本级支出　　10 000 000 000

同时，

借：资产基金——股权投资　　10 000 000 000

贷：股权投资——投资成本　　10 000 000 000

【例 4-54】投资基金股权投资。

（1）政府财政用 100 000 000 元对某投资基金进行股权投资时，经计算核实，占该基金份额 10%，折算权益金额 110 000 000 元。

按照实际支付的金额：

借：一般公共预算本级支出　　100 000 000

贷：国库存款　　100 000 000

同时，

借：股权投资——投资成本　　　　100 000 000

　　　　　　——其他权益变动　　　　10 000 000

　贷：资产基金——股权投资　　　　110 000 000

（2）年末该基金实现净利润 6 000 000 元，根据政府财政在被投资基金当期净利润中占有的份额：

借：股权投资——损益调整　　　　600 000

　贷：资产基金——股权投资　　　　600 000

（3）被投资基金宣告发放现金股利 2 000 000 元，根据所占份额：

①确认时：

借：应收股利　　　　200 000

　贷：资产基金——应收股利　　　　200 000

同时，

借：资产基金——股权投资　　　　200 000

　贷：股权投资——损益调整　　　　200 000

②收到时：

借：国库存款　　　　200 000

　贷：一般公共预算本级收入　　　　200 000

同时，

借：资产基金——应收股利　　　　200 000

　贷：应收股利　　　　200 000

（4）投资基金存续期满，政府财政从投资基金退出收回 120 000 000 元时：

借：国库存款　　　　120 000 000

　贷：一般公共预算本级支出　　　　100 000 000

　　　一般公共预算本级收入　　　　20 000 000

根据股权投资清算相关资料，按照因收回股权投资而减少在被投资基金中占有的权益金额：

借：资产基金——股权投资　　　　110 400 000

　贷：股权投资——投资成本　　　　100 000 000

　　　　　　　——其他权益变动　　　　10 000 000

　　　　　　　——损益调整　　　　400 000

【例 4-55】2016 年 2 月 4 日，政府财政购入甲公司股票 580 万股，占甲公司股本的 25%。每股买入价 8 元。当日，甲公司所有者权益账面价值（与其公允价值相同）为 18 000 万元。

2016 年度，甲公司净利润为 3 000 万元。

2017 年 2 月 17 日，甲公司宣告分派 2016 年度现金股利，每股支付 0.2 元。

（1）政府对甲公司进行股权投资时：

借：一般公共预算本级支出　　　　46 400 000

　贷：国库存款　　　　46 400 000

同时，

借：股权投资——投资成本　46 400 000
　贷：资产基金——股权投资　45 000 000
　　股权投资——其他权益变动　1 400 000

（2）年末，根据政府财政在甲公司 2015 年度净利润中占有的份额，

借：股权投资——损益调整　7 500 000
　贷：资产基金——股权投资　7 500 000

（3）甲公司宣告发放现金股利时：

借：应收股利　1 160 000
　贷：资产基金——应收股利　1 160 000

同时，

借：资产基金——股权投资　1 160 000
　贷：股权投资——损益调整　1 160 000

【例 4-56】某省级人民政府根据本地区发展的需要，用一般公共预算资金出资 5 000 万元人民币投资设立了国有控股性质的××产业投资集团有限公司，并拥有该公司 65%的股权。该公司于 2016 年 5 月 1 日取得了省工商形成管理部门颁发的营业执照。该公司 2016 年 12 月 31 日提供的损益情况表明，2016 年度公司获得了净利润 1 250 万元。

2017 年 3 月 15 日，公司董事会发布公告，宣布向投资者分配 600 万元的现金利润。

2017 年 3 月 20 日，省财政收到了享有的现金利润。

按照省政府的决定，××产业投资集团有限公司将由国有控股企业转制为社会资本控股的企业。对此，政府于 2017 年 10 月 1 日将持有的 50%的股权转让给社会资本，收取价款 5 600 万元。

（1）省财政出资 5 000 万元投资的账务处理为：

借：一般公共预算本级支出　50 000 000
　贷：国库存款　50 000 000

同时，需要作出确认一项股权投资的账务处理如下：

借：股权投资——投资成本　50 000 000
　贷：资产基金——股权投资　50 000 000

（2）2016 年被投资公司实现净利润 1 250 万元，省财政拥有的份额为 812.50 万元（1 250×65%）。账务处理为：

借：股权投资——损益调整　8 125 000
　贷：资产基金——股权投资　8 125 000

（3）2017 年 3 月获得被投资公司分配利润 600 万元。省财政应享有的份额为 390 万元（600×65%）。其账务处理为：

借：应收股利　3 900 000
　贷：资产基金——应收股利　3 900 000

借：资产基金——股权投资　3 900 000
　贷：股权投资——损益调整　3 900 000

（4）省财政在 2017 年 3 月 20 日收到了 390 万元现金利润的账务处理为：

借：国库存款　　3 900 000

　贷：一般公共预算本级收入　　3 900 000

同时，需要冲减应收股利，账务处理为：

借：资产基金——应收股利　　3 900 000

　贷：应收股利　　3 900 000

（5）省财政收到了转让50%股权的价款5 600万元。出资额5 000万元中相当于50%的股权部分是3 846.15万元（5 000÷65%×50%）

按照《财政总预算会计制度》等有关规定，收回的原出资额应冲减一般公共预算支出，超过投资成本部分计入一般公共预算本级收入，故其账务处理为：

借：国库存款　　56 000 000

　贷：一般公共预算本级支出　　38 461 500

　　　一般公共预算本级收入　　17 538 500

同时，需要冲减股权投资中50%的份额。投资成本中需要冲减的金额为3 846.15万元；损益调整422.50万元（812.50－390）需要冲减的金额为325万元（422.50÷65%×50%）。账务处理为：

借：资产基金——股权投资　　41 711 500

　贷：股权投资——投资成本　　38 461 500

　　　　　　——损益调整　　3 250 000

第五节　暂付及应收款项的核算

暂付及应收款项是指政府财政业务活动中形成的债权，包括与下级往来和其他应收款等。暂付及应收款项应当及时清理结算，不得长期挂账。

一、与下级往来的核算

（一）与下级往来的概念

与下级往来是指本级政府财政与下级政府财政的往来待结算款项。

各级财政机关在预算执行过程中，由于预算资金调度临时脱节，或因收支季节性缘故，产生收不抵支，财政会计动用预算周转金后仍不能满足资金需要时，下级财政部门就可以向上级财政部门申请短期借款，当上级财政部门将款项借给下级财政部门时，即为上级财政部门的债权、下级财政部门的债务。

另外，在年终决算时，全年上、下级财政实际上解款或补助款与应上解款或应补助款之间也不完全一致，对此也应在上、下级财政之间办理结算。当下级财政部门欠交上级财政部门的收入时，也是上级财政部门的债权、下级财政部门的债务。

（二）与下级往来的核算

设置科目“与下级往来”，并按照下级政府财政、资金性质等进行明细核算。需要说明的是，“与下级往来”账户不是单纯的资产类账户，而是一个双重性质的结算账户，余额可能出现在借方，也有可能出现在贷方，当出现贷方余额时，反映本级财政欠下级财政的款项，在编制“资产负债表”时用负数反映。

（1）借给下级政府财政款项时，借记本科目，贷记“国库存款”科目。

（2）体制结算中应当由下级政府财政上交的收入数，借记本科目，贷记“上解收入”科目。

（3）借款收回、转作补助支出或体制结算应当补助下级政府财政的支出，借记“国库存款”“补助支出”等有关科目，贷记本科目。

（4）发生上解多交应当退回的，按照应当退回的金额，借记“上解收入”科目，贷记本科目。

（5）发生补助多补应当退回的，按照应当退回的金额，借记本科目，贷记“补助支出”科目。

【例 4-57】某市财政局根据所属县财政局申请，同意借给临时周转金 200 000 元。

借：与下级往来——某县　　200 000

　贷：国库存款　　200 000

【例 4-58】市财政局将上例借款中的 100 000 元转作对该县的补助款。

借：补助支出　　100 000

　贷：与下级往来——某县　　100 000

【例 4-59】收到县财政局归还的借款 100 000 元。

借：国库存款　　100 000

　贷：与下级往来——某县　　100 000

【例 4-60】在财政体制结算中，某县财政应上交市财政 300 000 元。

借：与下级往来——某县　　300 000

　贷：上解收入　　300 000

【例 4-61】在财政体制结算中，某市财政应补助所属县财政 150 000 元。

借：补助支出　　150 000

　贷：与下级往来——某县　　150 000

【例 4-62】某市财政局借给下属县财政局临时周转借款 80 万元，已经办理了资金划拨手续。

借：与下级往来——某县　　800 000

　贷：国库存款　　800 000

【例 4-63】某市财政局借给下属县财政局临时周转借款 80 万元，经批准已转作补助款。

借：补助支出　　800 000

　贷：与下级往来——某县　　800 000

二、其他应收款的核算

（一）其他应收款的概念

其他应收款是指政府财政临时发生的其他应收、暂付、垫付款项。此外，项目单位拖欠外国政府和国际金融组织贷款本息和相关费用导致相关政府财政履行担保责任，代偿的贷款本息费，也属于其他应收款的范畴。

（二）其他应收款的核算

设置科目“其他应收款”，并按照资金性质、债务单位等进行明细核算。本科目应及时清理结算。年终，原则上应无余额。

（1）发生其他应收款项时，借记本科目，贷记“国库存款”“其他财政存款”等科目。

（2）收回或转作预算支出时，借记“国库存款”“其他财政存款”或有关支出科目，贷记本科目。

（3）政府财政对使用外国政府和国际金融组织贷款资金的项目单位履行担保责任，代偿贷款本息费时，借记本科目，贷记“国库存款”“其他财政存款”等科目。政府财政行使追索权，收回项目单位贷款本息费时，借记“国库存款”“其他财政存款”等科目，贷记本科目。政府财政最终未收回项目单位贷款本息费，经核准列支时，借记“一般公共预算本级支出”等科目，贷记本科目。

【例 4-64】某市财政局向市属卫生局发放借款 200 000 元。

借：其他应收款——卫生局　　200 000

　贷：国库存款　　200 000

【例 4-65】经批准，将上例借款中的 160 000 元转作一般预算支出。

借：一般公共预算本级支出　　160 000

　贷：其他应收款——卫生局　　160 000

【例 4-66】某市财政局根据基本建设计划垫付财政学校的基本建设资金 500 万元。

借：其他应收款——某学校　　5 000 000

　贷：国库存款　　5 000 000

【例 4-67】某市财政局收回垫付的财政学校基本建设资金 500 万元。

借：国库存款　　5 000 000

　贷：其他应收款——某学校　　5 000 000

第六节　应收转贷款的核算

应收转贷款是指政府财政将借入的资金转贷给下级政府财政的款项，包括应收地方政府债券转贷款、应收主权外债转贷款等。

一、应收地方政府债券转贷款的核算

（一）应收地方政府债券转贷款的概念

应收地方政府债券转贷款是指本级政府财政转贷给下级政府财政的地方政府债券资金的本金及利息。

（二）地方政府债券管理

根据《中华人民共和国预算法》《国务院关于加强地方政府性债务管理的意见》《财政部关于印发〈地方政府一般债券发行管理暂行办法〉的通知》《财政部关于印发〈地方政府专项债券发行管理暂行办法〉的通知》等有关规定，地方政府债券有关管理要求如下：

1. 科学、合理地设定地方债的发行规模

（1）省、自治区、直辖市、经省政府批准自办债券发行的计划单列市人民政府依法自行组织本地区地方债发行、利息支付和本金偿还。地方债发行兑付有关工作由地方政府财政部门负责办理。

（2）地方政府发行新增债券的规模不得超过财政部下达的当年本地区新增债券限额；发行置换债券的规模不得超过财政部下达的当年本地区置换债券发行规模上限，执行过程中可以根据实际情况减少当年置换债券发行规模。对于根据地方政府债务限额管理的规定，利用腾出的债务限额空间发行债券的，以及通过发行新的地方债偿还到期旧的地方债的，应当在置换债券发行规模上限内统筹考虑。

（3）地方财政部门应当根据资金需求、存量债务到期情况、债券市场状况等因素，按照各季度债券发行量大致均衡的原则，科学安排债券发行。对于新增债券，地方财政部门应当根据对应项目资金需求、库款情况等因素，合理确定发行进度安排。对于置换债券，在满足到期存量债务偿还需求的前提下，各地每季度置换债券发行量原则上控制在当年本地区置换债券发行规模上限的30%以内（累计计算），即：截至第一季度末发行量不得超过30%，截至第二季度末发行量不得超过60%，截至第三季度末发行量不得超过90%。

2. 按照市场化、规范化原则组织债券发行

（1）2016年地方债通过公开发行和定向承销方式发行。地方财政部门、地方债承销团成员、信用评级机构及其他相关主体在地方债发行中应当遵循市场化原则。

（2）地方财政部门应当按照财政部有关制度规定，结合本地区实际情况，规范完善本地区地方债发行有关制度。各地制定的债券招标发行规则、发行兑付办法等制度文件在一个自然年度内原则上不得更改。

（3）地方财政部门应当严格执行财政部和本地区制定的地方债发行有关制度，认真做好地方债发行工作。

3. 规范有序地开展地方债公开发行工作

（1）公开发行的地方债主要通过承销团面向全国银行间债券市场、证券交易所债券市场发行。地方财政部门与承销团成员签订的地方债承销协议仍在有效期之内的地区，可继续沿用此前的承销团；承销协议已到期的地区，应当按有关规定重新组建承销团。地方财政部门如需增补承销团成员，应当提前公布增补通知，按照有关规定择优确定增补成员，并及时公布增补结果。

（2）公开发行的地方债应当进行债项信用评级。地方财政部门与信用评级机构签订的信用评级协议仍在有效期之内的地区，可继续沿用此前选择的信用评级机构；信用评级协议已到期的地区，应当按有关规定重新选择信用评级机构，合理设定评级费用标准，避免信用评级机构采用压低评级费用等方式进行恶性竞争。信用评级机构应当严格遵守有关制度规定和职业规范，不得弄虚作假。

（3）地方财政部门应当按照政府信息公开和债券市场监管有关规定，切实做好债券发行前信息披露、债券发行结果披露、债券存续期信息披露、重大事项披露、还本付息披露等相关工作。同时，应当逐步扩大地方债信息披露内容范围。地方财政部门应当按规定及时披露相关信息，并对信息的真实性、准确性、完整性负责。

（4）公开发行的地方债可通过招标和公开承销两种方式发行。单一期次债券发行额在5亿元以上（含5亿元）的应当通过招标方式发行。

采用招标方式发行地方债时，地方财政部门应当制定招标发行规则，并合理设定承销团成员最低投标限额、最低承销限额、最高投标限额、债券投标利率区间上下限等技术参数，其中单个承销团成员最高投标限额不得超过每期债券发行量的30%，投标利率区间下限不得低于发行日前1~5个工作日相同待偿期记账式国债收益率平均值。竞争性招标时间原则上为40分钟。

地方债缴款日为招标日（T日）后第一个工作日（即T+1日），承销团成员不迟于缴款日将发行款缴入发行文件中规定的国家金库××省（自治区、直辖市、计划单列市）分库对应账户。债权登记日为招标日后第二个工作日（即T+2日），地方财政部门于债权登记日按约定方式通知登记结算机构办理债权确认。地方债上市日为招标日后第三个工作日（即T+3日）。

4. 积极采用定向承销方式发行置换债券

（1）对于地方政府存量债务中的银行贷款部分，地方财政部门应当与银行贷款对应债权人协商后，采用定向承销方式发行置换债券予以置换；对于地方政府存量债务中向信托、证券、保险等其他机构融资形成的债务，经各方协商一致，地方财政部门也应积极采用定向承销方式发行置换债券予以置换。

（2）地方财政部门应当积极与存量债务债权人协商，尽早确定采用定向承销方式发行债券置换的存量债务范围，并加强负责债务预算管理与债券发行管理等内设机构之间的沟通协调；同时，应当与当地中国人民银行分支机构、银监局密切配合，共同推动定向承销工作顺利开展。相关金融机构应当按有关规定积极参与地方债定向承销工作。

（3）地方财政部门应当合理设定债券发行时间。拟采用定向承销方式发行债券置换的存量债务，如在债券发行时尚未到期，地方财政部门应当提前与相关各方协商确定原债务结息时间、计息方法等，做好相关准备工作。

（4）地方财政部门应当与簿记管理人协商合理确定簿记建档规则。簿记管理人负责簿记建档具体运行，簿记建档竞争性申购时间原则上为40分钟。

5. 加强债券发行现场管理

（1）财政部授权中央国债登记结算有限责任公司为财政部国债发行招投标系统技术支持部门，授权上海证券交易所、深圳证券交易所为财政部证券交易所国债发行招投标系统技术支持部门。技术支持部门为发行现场提供技术支持、信息安全维护及现场保障等服务。

（2）地方债发行现场区域包括操作区和观摩区。发行现场应当与其他区域严格隔离，并在债券发行全程实施必要的无线电屏蔽。

（3）各地应当派出监督员负责监督发行现场相关工作合规有序进行，其中至少有一名非财政部门监督员在操作区监督。财政部可派出观察员现场观察发行情况，财政部观察员由财政部国库司或财政部国库司委托发债地区当地财政监察专员办事处派出。采用招标方式发行时，金融机构人员不得进入发行现场；采用定向承销方式发行时，除簿记管理人外，其他金融机构人员不得进入发行现场。地方财政部门应当严格控制发行现场人数，并不迟于发行日前两个工作日，将进入发行现场的发行人员、簿记管理人、监督员、观察员名单提供给技术支持部门并抄送财政部。

（4）发行人员、簿记管理人、监督员、观察员应当于发行开始前进入发行现场，不得携带任何有通信功能的设备，并履行登记手续。债券发行过程中，进入发行现场的人员均不得离开，不得违反规定对外泄露发行信息。技术支持人员应当于发行开始前离开发行现场。发行过程中如需技术支持人员帮助，发行人员或簿记管理人在征得监督员同意后，使用专用固定电话通知技术支持人员进入发行现场。

（5）发行人员应当如实填写发行现场情况记录表，详细记录进入操作区人员、进入时间、竞争性招标（或申购）期间有无离开、通信设备是否已交、固定电话使用情况等，并由监督员签字确认。

（6）技术支持部门应当核对实际进入发行现场的人员与报备的人员名单，妥善保管进入发行现场人员的通信设备，并做好发行现场技术支持服务，在发行过程中安排人员在操作区和观摩区附近值守。

6. 改善地方债的流动性，推进地方债投资主体多元化

（1）地方财政部门应当积极推动本地区承销团成员参与地方债二级市场交易，鼓励承销团成员之间在回购等业务中接受地方债作为抵（质）押品。地方财政部门开展承销团组建和管理相关工作时，应当将相关金融机构参与地方债二级市场交易情况作为重要参考。

（2）鼓励具备条件的地区开展在上海等自由贸易试验区发行地方债试点工作，在符合有关规定的前提下吸引外资法人金融机构参与自由贸易试验区地方债发行，积极探索积累可复制、可推广的经验。

（3）鼓励地方财政部门在合法合规、风险可控的前提下，研究探索面向社会保险基金、住房公积金、企业年金、职业年金、保险公司等机构投资者和个人投资者发行地方债。

7. 切实做好债券资金管理和还本付息工作

（1）采用公开发行方式发行的置换债券资金，只能用于偿还清理甄别确定的截至 2015 年 12 月 31 日地方政府债务的本金，以及清理甄别确定的截至 2014 年 12 月 31 日地方政府或有债务本金按照《财政部关于对地方政府债务实行限额管理的实施意见》规定可以转化为地方政府债务的部分，对违规改变置换债券资金用途的行为，依法依规严肃处理。本级财政部门、存量债务债权人、债务人、有关主管部门应当共同签订协议，明确还款金额、还款时间及相关责任等，由地方各级财政部门按照财政国库管理制度有关规定、协议约定和偿债进度直接支付给债权人。地方各级财政部门应当提前与存量债务债权人、债务人等沟通协商，做好偿债相关准备工作，尤其是置换未到期存量债务的，必须提前与债权人协商一致。置换工作要及时组织执行，防止债券资金在国库中沉淀。

（2）拟在 2016 年采用公开发行方式发行债券置换的存量债务，如在债券发行前到期，在严格保障财政支付需要的前提下，库款余额超过一个半月库款支付水平的地区，地方财政部门可以在债券发行之前在债券发行额内予以垫付。置换债券发行后，要及时将资金回补国库。

（3）地方财政部门要高度重视，强化债券偿还主体责任，制定完善地方债还本付息相关制度，准确编制还本付息计划，提前落实并及时足额拨付还本付息资金，切实维护政府债券信誉。

（4）国债登记公司等登记结算机构应当加强对地方财政部门还本付息工作的服务，及时、准确提供地方债还本付息相关信息。

8. 加强组织领导，确保地方债发行工作顺利完成

（1）地方财政部门应当于每季度最后一个月15日之前，向财政部报送下季度存量债务分月到期量和地方债发行初步安排（包括季度计划发行量和初步发行时间等），财政部汇总各地情况后及时反馈地方财政部门，作为地方财政部门制订具体发行计划的参考。2016年第一季度存量债务分月到期量和置换债券发行初步安排，地方财政部门应当于1月31日前向财政部报送。

（2）财政部将做好地方债发行与国债发行平稳衔接，对各地区发债进度做必要的组织协调。地方财政部门应当不迟于发行日前7个工作日将债券发行具体安排报财政部备案，财政部统筹把握地方债发行节奏和进度，按照“先备案先得”的原则协调各地发行时间等发行安排。同期限地方债与记账式国债原则上不在同一时段发行，不同地区同期限地方债原则上不在同一时段发行，同期限一般债券和专项债券原则上不在同一时段发行。

（3）地方财政部门要高度重视，完善地方债发行管理相关制度，充实债券发行管理力量，明确岗位职责，加强内部控制，规范操作流程。组建承销团、开展信息披露和信用评级、组织债券发行等制度文件原则上应当在对外公布前报财政部备案。在地方债发行兑付过程中出现重大事项应当及时向财政部报告。

（4）债券发行完毕后，地方财政部门及财政部驻各地财政监察专员办事处应当及时对债券资金使用情况进行跟踪监控。

（三）应收地方政府债券转贷款的核算

设置科目“应收地方政府债券转贷款”，并设置“应收地方政府一般债券转贷款”和“应收地方政府专项债券转贷款”明细科目，其下分别设置“应收本金”和“应收利息”两个明细科目，并按照转贷对象进行明细核算。期末借方余额反映政府财政应收未收的地方政府债券转贷款本金和利息。

（1）向下级政府财政转贷地方政府债券资金时，按照转贷的金额，借记“债务转贷支出”科目，贷记“国库存款”科目；根据债务管理部门转来的相关资料，按照到期应收回的转贷本金金额，借记本科目，贷记“资产基金——应收地方政府债券转贷款”科目。

（2）期末确认地方政府债券转贷款的应收利息时，根据债务管理部门计算出的转贷款本期应收未收利息金额，借记本科目，贷记“资产基金——应收地方政府债券转贷款”科目。

（3）收回下级政府财政偿还的转贷款本息时，按照收回的金额，借记“国库存款”等科目，贷记“其他应付款”或“其他应收款”科目；根据债务管理部门转来的相关资料，按照收回的转贷款本金及已确认的应收利息金额，借记“资产基金——应收地方政府债券转贷款”科目，贷记本科目。

（4）扣缴下级政府财政的转贷款本息时，按照扣缴的金额，借记“与下级往来”科目，贷记“其他应付款”或“其他应收款”科目；根据债务管理部门转来的相关资料，按照扣缴的转贷款本金及已确认的应收利息金额，借记“资产基金——应收地方政府债券转贷款”科目，贷记本科目。

【例 4-68】某市财政局 2014 年 3 月转贷县财政局地方政府债券资金 1 000 万元。

借：债务转贷支出　　10 000 000

　贷：国库存款　　10 000 000

借：应收地方政府债券转贷款　　10 000 000

　贷：资产基金——应收地方政府债券转贷款　　10 000 000

【例 4-69】接【例 4-68】，年末，确认地方政府债券转贷款的应收利息 2 万元。

借：应收地方政府债券转贷款　　20 000

　贷：资产基金——应收地方政府债券转贷款　　20 000

【例 4-70】接【例 4-68】，2016 年 3 月，县财政局偿还的转贷款本息 1 002 万元。

借：国库存款　　10 020 000

　贷：其他应收款　　10 020 000

借：资产基金——应收地方政府债券转贷款　　10 020 000

　贷：应收地方政府债券转贷款　　10 020 000

【例 4-71】××市财政局 20×6 年发生如下经济业务：

（1）本级政府财政向下级政府财政转贷地方政府债券资金（地方政府一般债务转贷支出）2 000 万元时：

借：债务转贷支出——地方政府一般债务转贷支出　　20 000 000

　贷：国库存款　　20 000 000

根据债务管理部门转来的相关资料，按照到期应收回的转贷款本金金额，

借：应收地方政府债券转贷款　　20 000 000

　贷：资产基金——应收地方政府债券转贷款　　20 000 000

（2）本级政府财政向下级政府财政转贷主权外债资金 1 000 万元，而且主权外债最终还款责任由下级政府财政承担，相关账务处理如下：

①本级政府财政支付转贷资金时，根据转贷资金支付相关资料：

借：债务转贷支出　　10 000 000

　贷：其他财政存款　　10 000 000

根据债务管理部门转来的相关资料，按照实际持有的债权金额：

借：应收主权外债转贷款　　10 000 000

　贷：资产基金——应收主权外债转贷款　　10 000 000

②外方将贷款资金直接支付给用款单位或供应商时，本级政府财政根据转贷资金支付相关资料时：

借：债务转贷支出　　10 000 000

　贷：“债务收入”“债务转贷收入”科目　　10 000 000

根据债务管理部门转来的相关资料，按照实际持有的债权金额：

借：应收主权外债转贷款　10 000 000

　贷：资产基金——应收主权外债转贷款　10 000 000

同时，

借：待偿债净资产　10 000 000

　贷："借入款项""应付主权外债转贷款"等科目　10 000 000

（3）年终转账时，本科目下"地方政府一般债务转贷支出"明细科目的借方余额5 000万元全数转入"一般公共预算结转结余"科目。

借：一般公共预算结转结余　50 000 000

　贷：债务转贷支出——地方政府一般债务转贷支出　50 000 000

本科目下"地方政府专项债务转贷支出"明细科目的借方余额3 000万元全数转入"政府性基金预算结转结余"科目时：

借：政府性基金预算结转结余　30 000 000

　贷：债务转贷支出——地方政府专项债务转贷支出　30 000 000

结转后，本科目无余额。

二、应收主权外债转贷款的核算

（一）应收主权外债转贷款概述

1. 应收主权外债转贷款的概念

应收主权外债转贷款是指本级政府财政转贷给下级政府财政的外国政府和国际金融组织贷款等主权外债资金的本金及利息。

2. 主权外债的概念

主权外债是主权国家对外的债务。具体来说，可以利用的主权外债主要有以下两种：

（1）外国政府贷款。外国政府贷款是指外国政府向发展中国家提供的长期优惠性贷款。它具有政府间开发援助或部分赠与性质，在国际统计上又叫双边贷款，与多边贷款共同组成官方信贷。外国政府贷款主要用于基础设施建设、环境保护等公共财政领域。外国政府贷款利息很低，期限在30年左右，申请期限在1年以内。

（2）国际金融组织贷款。向我国提供多边贷款的国际金融组织主要是世界银行、国际农业发展基金组织、亚洲开发银行和地区金融机构贷款。国际金融组织贷款条件比较优惠，主要表现在贷款利率低于市场利率甚至免收利息，贷款期限及宽限期均较长，借款者主要承担贷款货币汇率变动的风险。国际金融组织贷款立项认真、严格，一般与特定的工程项目相联系。要求贷款国必须提供详尽的有关贷款项目资料。要求贷款必须如期归还，不可中途改变还款日期，批准项目的手续十分严密，历时较长，一般从项目的提出到签约需1.5~2年。

我国主权外债的偿还方式有"统借统还"和"统借自还"两种。财政统借统还是指财政部统一借入并安排中央财政预算资金对外偿还；"统借自还"是指财政部统一借入，还款时由财政部或其他转贷机构对外垫付以维护国家信用，最终由实际使用贷款的部门或项目单位负责偿还。

（二）应收主权外债转贷款的核算

设置科目“应收主权外债转贷款”，并设置“应收本金”和“应收利息”两个明细科目，并按照转贷对象进行明细核算。本科目期末借方余额反映政府财政应收未收的主权外债转贷款本金和利息。

（1）本级政府财政向下级政府财政转贷主权外债资金，而且主权外债最终还款责任由下级政府财政承担，相关账务处理如下：

①本级政府财政支付转贷资金时，根据转贷资金支付相关资料，借记“债务转贷支出”科目，贷记“其他财政存款”科目；根据债务管理部门转来的相关资料，按照实际持有的债权金额，借记本科目，贷记“资产基金——应收主权外债转贷款”科目。

②外方将贷款资金直接支付给用款单位或供应商时，本级政府财政根据转贷资金支付相关资料，借记“债务转贷支出”科目，贷记“债务收入”或“债务转贷收入”科目；根据债务管理部门转来的相关资料，按照实际持有的债权金额，借记本科目，贷记“资产基金——应收主权外债转贷款”科目；同时，借记“待偿债净资产”科目，贷记“借入款项”或“应付主权外债转贷款”科目。

（2）期末确认主权外债转贷款的应收利息时，根据债务管理部门计算出转贷款的本期应收未收利息金额，借记本科目，贷记“资产基金——应收主权外债转贷款”科目。

（3）收回转贷给下级政府财政主权外债的本息时，按照收回的金额，借记“其他财政存款”科目，贷记“其他应付款”或“其他应收款”科目；根据债务管理部门转来的相关资料，按照实际收回的转贷款本金及已确认的应收利息金额，借记“资产基金——应收主权外债转贷款”科目，贷记本科目。

（4）扣缴下级政府财政的转贷款本息时，按照扣缴的金额，借记“与下级往来”科目，贷记“其他应付款”或“其他应收款”科目；根据债务管理部门转来的相关资料，按照扣缴的转贷款本金及已确认的应收利息金额，借记“资产基金——应收主权外债转贷款”科目，贷记本科目。

【例 4-72】某市财政局支付转贷资金 500 万元。

借：债务转贷支出	5 000 000	
贷：其他财政存款		5 000 000
借：应收主权外债转贷款	5 000 000	
贷：资产基金——应收主权外债转贷款		5 000 000

【例 4-73】接【例 4-72】，期末，确认主权外债转贷款的应收利息 5 000 元。

借：应收主权外债转贷款	5 000	
贷：资产基金——应收主权外债转贷款		5 000

【例 4-74】接【例 4-72】，收回转贷给下级政府财政主权外债的本息共计 5 005 000 元。

借：其他财政存款	5 005 000	
贷：其他应收款		5 005 000
借：资产基金——应收主权外债转贷款	5 005 000	

贷：应收主权外债转贷款　　5 005 000

【例 4-75】按照中国政府与世界银行签订的借款协议，世界银行为某省某市某普通干线公路建设项目提供了 250 万美元的贷款，并直接支付给了项目建设单位。该建设单位属于市级预算单位。如果该项借款的期限为 3 年，从 2016 年 6 月 1 日开始计算利息，借款利息于每年 5 月 31 日支付；年利率为 3%；最后一年利息和本金一起偿付。按照财政部的要求，下级政府财政应当在每年 5 月 30 日将应支付的利息以及最后一年应偿还的本金结清；中央财政在每年 5 月 31 日将应支付的借款利息和最后一年应偿还的本金与世界银行结清。假设汇率为 1 美元折合 6.5 美元，在使用世界银行借款期间汇率保持不变。

（1）中央财政的账务处理

①按照 1∶6.5 的汇率折算，250 万美元折合人民币 1 625 万元。中央财政根据贷款资金支付相关资料进行的账务处理为：

借：债务转贷支出　　1 625 000
　贷：债务收入　　1 625 000
借：待偿债净资产——借入款项　　1 625 000
　贷：借入款项　　1 625 000

中央政府将该项借款转贷给省财政的账务处理为：

借：应收主权外债转贷款　　1 625 000
　贷：资产基金——应收主权外债转贷款　　1 625 000

②截至 2016 年 12 月 31 日，当年使用该项资金的时间为 7 个月。按照 3%的利率计算，本年度应付利息为 18 484.38 元。账务处理为：

借：待偿债净资产——借入款项　　28 437.50
　贷：借入款项——应付利息　　28 437.50

2017 年 5 月 30 日收到省财政支付的第一年转贷利息 48 750 元（1 625 000×3%）的账务处理为：

借：其他财政存款　　48 750
　贷：其他应付款——应付利息　　48 750

2017 年 5 月 31 日向世界银行支付第一年利息的账务处理为：

借：其他应付款——应付利息　　48 750
　贷：其他财政存款　　48 750

同时，需要作出冲减应付利息的账务处理如下：

借：借入款项——应付利息　　48 750
　贷：待偿债净资产——借入款项　　48 750

③ 2019 年 5 月 30 日收到省财政支付的借款本金和最后一年转贷利息的账务处理为：

借：其他财政存款　　1 673 750
　贷：其他应付款——应付本金　　1 625 000
　　　　　　　　——应付利息　　48 750

2019 年 5 月 31 日偿还世界银行借款本息的账务处理为：

借：其他应付款——应付本金　　1 625 000
　　　　　　——应付利息　　48 750
　贷：其他财政存款　　1 673 750
同时，需要作出冲减借入款项的以下账务处理：
借：借入款项——应付本金　　1 625 000
　　　　　——应付利息　　28 437.50
　贷：待偿债净资产——借入款项　　1 653 437.50
（2）省财政的账务处理
①省财政根据贷款资金支付相关资料进行的账务处理为：
借：债务转贷支出　　1 625 000
　贷：债务转贷收入　　1 625 000
借：待偿债净资产——借入款项　　1 625 000
　贷：应付主权债务转贷款　　1 625 000
② 2016 年 12 月 31 日确认本年度应付利息的账务处理为：
借：待偿债净资产——借入款项　　28 437.5
　贷：借入款项——应付利息　　28 437.5
2017 年 5 月 30 日收到市财政支付的第一年转贷利息的账务处理为：
借：其他财政存款　　48 750
　贷：其他应付款——应付利息　　48 750
2017 年 5 月 30 日向中央财政支付第一年利息的账务处理为：
借：其他应付款——应付利息　　48 750
　贷：其他财政存款　　48 750
同时，需要作出冲减应付利息的账务处理如下：
借：借入款项——应付利息　　48 750
　贷：待偿债净资产——借入款项　　48 750
③ 2019 年 5 月 30 日收到市财政偿还的转贷资金本息时的账务处理为：
借：其他财政存款　　1 673 750
　贷：其他应付款——应付本金　　1 625 000
　　　　　　　——应付利息　　48 750
2019 年 5 月 30 日将转贷资金本息偿还给省财政的账务处理为：
借：其他应付款——应付本金　　1 625 000
　　　　　　——应付利息　　48 750
　贷：其他财政存款　　1 673 750
同时，需要作出冲减借入款项的以下账务处理：
借：借入款项——应付本金　　1 625 000
　　　　　——应付利息　　28 437.5
　贷：待偿债净资产——借入款项　　1 653 437.5
（3）市财政的账务处理
① 市财政根据贷款资金支付相关资料进行的账务处理为：

借：一般公共预算本级支出　　1 625 000
　贷：债务转贷收入　　1 625 000

② 2016 年 12 月 31 日确认应付利息的账务处理为：

借：待偿债净资产——借入款项　　28 437.5
　贷：借入款项——应付利息　　28 437.5

2017 年 5 月 30 日向省财政支付第一年利息的账务处理为：

借：一般公共预算本级支出　　48 750
　贷：其他财政存款　　48 750

同时，需要作出冲减应付利息的账务处理如下：

借：借入款项——应付利息　　48 750
　贷：待偿债净资产——借入款项　　48 750

③ 2019 年 5 月 30 日将转贷资金本息偿还给省财政的账务处理为：

借：债务还本支出　　1 625 000
　　一般公共预算本级支出　　48 750
　贷：其他财政存款　　1 673 750

同时，需要作出冲减借入款项的以下账务处理：

借：借入款项——应付本金　　1 625 000
　　　　　　——应付利息　　28 437.5
　贷：待偿债净资产——借入款项　　1 653 437.5

注：如果中央财政承担了偿还借款本息的责任，中央财政确认债务的账务处理需要调整如下：

①由于中央政府承担的偿债责任，意味着中央政府将该笔款项转移支付给了省财政。故中央财政应根据贷款资金支付相关资料进行的账务处理为：

借：补助支出　　1 625 000
　贷：债务收入　　1 625 000

同时，确认一项债务的账务处理为：

借：待偿债净资产——借入款项　　1 625 000
　贷：借入款项　　1 625 000

②省财政相当于确认了一项补助收入，并将该项收入进一步补助给了市财政。对此，应根据贷款资金支付相关资料进行的账务处理为：

借：补助支出　　1 625 000
　贷：补助收入　　1 625 000

③市财政相当于取得了一项补助收入，并将该项收入拨付给项目单位用于普通干线公路建设。其账务处理为：

借：一般公共预算本级支出　　1 625 000
　贷：补助收入　　1 625 000

第七节　待发国债的核算

一、待发国债的概念

待发国债是指为弥补中央财政预算收支差额，中央财政预计发行国债与实际发行国债之间的差额。

二、待发国债的账务处理

应设置科目“待发国债”。年度终了，实际发行国债收入用于债务还本支出后，余额小于为弥补中央财政预算收支差额中央财政预计发行国债时，按两者的差额，借记本科目，贷记相关科目；实际发行国债收入用于债务还本支出后，余额大于为弥补中央财政预算收支差额中央财政预计发行国债时，按两者的差额，借记相关科目，贷记本科目。本科目借方余额反映中央财政尚未使用的国债发行额度。

【例 4-76】为弥补中央财政预算收支差额，预计发行国债 10 亿元。

借：待发国债　　1 000 000 000

　贷：应付长期政府债券　　1 000 000 000

实际发行国债收入用于债务还本支出后，余额大于为弥补中央财政预算收支差额 1 000 万元。

借：应付长期政府债券　　10 000 000

　贷：待发国债　　10 000 000

第五章
财政总预算会计负债的核算

财政总预算会计负债是指政府财政承担的能以货币计量、需以资产偿付的债务。总会计核算的负债按照流动性，分为流动负债和非流动负债。流动负债是指预计在1年内（含1年）偿还的负债；非流动负债是指流动负债以外的负债。负债具体包括应付国库集中支付结余、暂收及应付款项、应付政府债券、借入款项、应付转贷款、其他负债、应付代管资金等。负债应当在对其承担偿还责任，并且能够可靠地进行货币计量时确认。政府财政承担或有责任（偿债责任需要通过未来不确定事项的发生或不发生予以证实）的负债，不列入资产负债表，但应当在报表附注中披露。负债应当按照承担的相关合同金额或实际发生金额进行计量。

第一节　应付国库集中支付结余的核算

一、应付国库集中支付结余的概念

应付国库集中支付结余是指国库集中支付中，按照财政部门批复的部门预算，当年未支而需结转下一年度支付的款项采用权责发生制列支后形成的债务。

二、应付国库集中支付结余的账务处理

设置“应付国库集中支付结余”科目，并按照政府收支分类科目等进行相应明细核算，期末贷方余额反映政府财政尚未支付的国库集中支付结余。

（1）年末，对当年形成的国库集中支付结余采用权责发生制列支时，借记有关支出科目，贷记本科目。

（2）以后年度实际支付国库集中支付结余资金时，分以下情况处理：

①按原结转预算科目支出的，借记本科目，贷记“国库存款”科目。

②调整支出预算科目的，应当按原结转预算科目作冲销处理，借记本科目，贷记有关支出科目。同时，按实际支出预算科目作列支账务处理，借记有关支出科目，贷记“国库存款”科目。

【例5-1】某市财政局结转预算科目支出50万元。

借：应付国库集中支付结余　　500 000

　贷：国库存款　　500 000

【例 5-2】经省财政厅批准，市财政局调整补助支出预算 50 万元，实际补助支出预算为 100 万元。

借：应付国库集中支付结余　　500 000

　贷：补助支出　　500 000

借：补助支出　　1 000 000

　贷：国库存款　　1 000 000

第二节　暂收及应付款项的核算

暂收及应付款项是指政府财政业务活动中形成的债务，包括与上级往来和其他应付款等。暂收及应付款项应当及时清理结算。

一、与上级往来的核算

（一）与上级往来的概念

与上级往来是指本级政府财政与上级政府财政的往来待结算款项。

（二）与上级往来的核算

设置“与上级往来”科目，并按照往来款项的类别和项目等进行明细核算。本科目的期末贷方余额反映本级政府财政欠上级政府财政的款项，借方余额反映上级政府财政欠本级政府财政的款项。

（1）本级政府财政从上级政府财政借入款或体制结算中发生应上交上级政府财政款项时，借记“国库存款”“上解支出”等科目，贷记本科目。

（2）本级政府财政归还借款、转作上级补助收入或体制结算中应由上级补给款项时，借记本科目，贷记“国库存款”“补助收入”等科目。

【例 5-3】某市财政局向省财政厅申请一笔临时借款 50 万元活动经费。

借：国库存款　　500 000

　贷：与上级往来　　500 00

【例 5-4】接【例 5-3】，经省财政厅批准，将该项借入款转为对本市的补助。

借：与上级往来　　500 000

　贷：补助收入　　500 000

二、其他应付款的核算

（一）其他应付款的概念

其他应付款是指政府财政临时发生的暂收、应付和收到的不明性质款项。此外，还包括税务机关代征入库的社会保险费、项目单位使用并承担还款责任的外国政府和国际金融组织贷款。

（二）其他应付款的核算

设置科目“其他应付款”，并按照债权单位或资金来源等进行明细核算。本科目的期末贷方余额反映政府财政尚未结清的其他应付款项。

（1）收到暂存款项时，借记“国库存款”“其他财政存款”等科目，贷记本科目。

（2）将暂存款项清理退还或转作收入时，借记本科目，贷记“国库存款”“其他财政存款”或有关收入科目。

（3）社会保险费代征入库时，借记“国库存款”科目，贷记本科目。社会保险费国库缴存社保基金财政专户时，借记本科目，贷记“国库存款”科目。

（4）收到项目单位承担还款责任的外国政府和国际金融组织贷款资金时，借记“其他财政存款”科目，贷记本科目；付给项目单位时，借记本科目，贷记“其他财政存款”科目。收到项目单位偿还贷款资金时，借记“其他财政存款”科目，贷记本科目；付给外国政府和国际金融组织项目单位还款资金时，借记本科目，贷记“其他财政存款”科目。

【例 5-5】某市财政局收到某行政单位交来性质不明的款项 2 万元。

借：国库存款	20 000	
贷：其他应付款		20 000

【例 5-5】接【例 5-5】，某市财政局经查明，上述性质不明的暂收款为应缴入预算外资金专户的非税收入，予以退还。

借：其他应付款	20 000	
贷：国库存款		20 000

第三节　应付政府债券的核算

应付政府债券是指政府财政采用发行政府债券方式筹集资金而形成的负债，包括应付短期政府债券和应付长期政府债券。

一、应付短期政府债券

（一）应付短期政府债券的概念

应付短期政府债券是指政府财政部门以政府名义发行的期限不超过 1 年（含 1 年）的国债和地方政府债券。

（二）应付短期政府债券的核算

设置科目“应付短期政府债券”，并设置“应付国债”“应付地方政府一般债券”“应付地方政府专项债券”等一级明细科目，在一级明细科目下，再分别设置“应付本金”“应付利息”明细科目，分别核算政府债券的应付本金和利息。债务管理部门应当设置相应的辅助账，详细记录每期政府债券金额、种类、期限、发行日、到期日、票面利率、偿还本金及付息情况等。本科目的期末贷方余额，反映政府财政尚未偿还的短期政府债券本金和利息。

（1）实际收到短期政府债券发行收入时，按照实际收到的金额，借记“国库存款”科目，按照短期政府债券实际发行额，贷记“债务收入”科目，按照发行收入和发行额的差额，借记或贷记有关支出科目；根据债券发行确认文件等相关债券管理资料，按照到期应付的短期政府债券本金金额，借记“待偿债净资产——应付短期政府债券”科目，贷记本科目。

（2）期末确认短期政府债券的应付利息时，根据债务管理部门计算出的本期应付未付利息金额，借记“待偿债净资产——应付短期政府债券”科目，贷记本科目。

（3）实际支付本级政府财政承担的短期政府债券利息时，借记“一般公共预算本级支出”或“政府性基金预算本级支出”科目，贷记“国库存款”等科目；实际支付利息金额中属于已确认的应付利息部分，还应根据债券兑付确认文件等相关债券管理资料，借记本科目，贷记“待偿债净资产——应付短期政府债券”科目。

（4）实际偿还本级政府财政承担的短期政府债券本金时，借记“债务还本支出”科目，贷记“国库存款”等科目；根据债券兑付确认文件等相关债券管理资料，借记本科目，贷记“待偿债净资产——应付短期政府债券”科目。

（5）省级财政部门采用定向承销方式发行短期地方政府债券置换存量债务时，根据债权债务确认相关资料，按照置换本级政府存量债务的额度，借记“债务还本支出”科目，贷记“债务收入”科目；根据债务管理部门转来的相关资料，按照置换本级政府存量债务的额度，借记“待偿债净资产——应付短期政府债券”科目，贷记本科目。

【例 5-7】某市财政局按面值发行短期政府债券 2 000 万元，根据债券发行确认文件等相关债券管理资料，按照到期应付的短期政府债券本金金额为 2 010 万元。

借：国库存款	20 000 000	
贷：债务收入		20 000 000
借：待偿债净资产——应付短期政府债券	20 100 000	
贷：应付短期政府债券		20 100 000

【例 5-8】接【例 5-7】，期末确认短期政府债券的应付利息为 10 万元。

借：待偿债净资产——应付短期政府债券	100 000	
贷：应付短期政府债券		100 000

【例 5-9】接【例 5-7】，实际支付本级政府财政承担的短期政府债券利息 10 万元，该笔利息属于债券兑付确认文件等相关债券管理资料中已确认的应付利息部分。

借：一般公共预算本级支出	100 000	
贷：国库存款		100 000
借：应付短期政府债券	100 000	
贷：待偿债净资产——应付短期政府债券		100 000

【例 5-10】接【例 5-7】，债券到期，本级政府财政偿还短期政府债券本金 2 000 万元。

借：债务还本支出	20 000 000	
贷：国库存款		20 000 000
借：应付短期政府债券	20 000 000	
贷：待偿债净资产——应付短期政府债券		20 000 000

【例 5-11】某省财政部门平价发行一年期国债券 150 000 元，每半年支付一次利息 4 000 元。

①实际收到短期政府债券发行收入时：

借：国库存款	150 000	
贷：债务收入		150 000

同时，

借：待偿债净资产——应付短期政府债券　　150 000

　贷：应付短期政府债券——应付本金　　150 000

②期末计算短期政府债券应付利息时：

借：待偿债净资产——应付短期政府债券　　4 000

　贷：应付短期政府债券——应付利息　　4 000

③实际支付短期政府债券利息时：

借：一般公共预算本级支出　　4 000

　贷：国库存款　　4 000

同时，

借：应付短期政府债券——应付利息　　4 000

　贷：待偿债净资产——应付短期政府债券　　4 000

④偿还短期政府债券本金时：

借：债务还本支出　　150 000

　贷：国库存款　　150 000

同时，

借：应付短期政府债券——应付本金　　150 000

　贷：待偿债净资产——应付短期政府债券　　150 000

【例 5-12】A 省财政厅经政府批准于 2016 年 7 月 1 日，发行为期 9 个月的一般债券 1 000 万元，发行 9 个月的专项债券 2 000 万元，支付债券印刷费、发行费等 240 万元，债券利息按月计息并支付，月利率为 4‰。2017 年 3 月 31 日偿还到期一般债券本金 1 000 万元，2017 年 4 月 30 日采用定向承销方式发行短期政府专项债券置换存量债务 2 000 万元。要求：A 省政府财政总预算会计编制短期证券发行、按月计息、付息和到期债券归还等相关会计分录。

①2016 年 7 月 1 日 A 省财政收到短期政府债券发行收入时，

借：国库存款　　（1 000+2 000−240）27 600 000

　　一般公共预算本级支出　　（240/3 000×1 000）800 000

　　政府性基金预算本级支出　　（240/3 000×2 000）1 600 000

　贷：债务收入　　（1 000+2 000）30 000 000

同时，按债券本金，

借：待偿债净资产——应付短期政府债券　　30 000 000

　贷：应付短期政府债券——应付地方政府一般债券——应付本金　　10 000 000

　　　　　　　　　　——应付地方政府专项债券——应付本金　　20 000 000

②每月计提债券应付利息时，

地方政府一般债券利息 = 1 000×4‰ = 4（万元）

地方政府专项债券利息 = 2 000×4‰ = 8（万元）

借：待偿债净资产——应付短期政府债券　　120 000

　贷：应付短期政府债券——应付地方政府一般债券——应付利息　40 000

——应付地方政府专项债券——应付利息 80 000

③每月实际支付债券利息时，

借：一般公共预算本级支出 40 000

政府性基金预算本级支出 80 000

贷：国库存款 120 000

同时，

借：应付短期政府债券——应付地方政府一般债券——应付利息

40 000

——应付地方政府专项债券——应付利息

80 000

贷：待偿债净资产——应付短期政府债券 120 000

④2017 年 3 月 31 日，偿还本级短期政府一般债券本金时，

借：债务还本支出 10 000 000

贷：国库存款 10 000 000

同时，

借：应付短期政府债券——应付地方政府一般债券——应付本金

10 000 000

贷：待偿债净资产——应付短期政府债券 10 000 000

⑤2017 年 4 月 30 日地方政府短期专项债券到期时，

借：应付短期政府债券——应付地方政府专项债券——应付本金

20 000 000

贷：待偿债净资产——应付短期政府债券 20 000 000

⑥2017 年 4 月 30 日采用定向承销方式发行短期政府专项债券置换存量债务时，按置换本级政府存量债务的额度：

借：债务还本支出 20 000 000

贷：债务收入 20 000 000

同时，

借：待偿债净资产——应付短期政府债券 20 000 000

贷：应付短期政府债券——应付地方政府专项债券——应付本金

20 000 000

二、应付长期政府债券

（一）应付长期政府债券的概念

应付长期政府债券是指政府财政部门以政府名义发行的期限超过 1 年的国债和地方政府债券。

（二）应付长期政府债券的核算

设置科目“应付长期政府债券”，并设置“应付国债”“应付地方政府一般债券”“应付地方政府专项债券”等一级明细科目，在一级明细科目下，再分别设置“应付本金”“应付利息”明细科目，分别核算政府债券的应付本金和利息。债务管理部门应当设置相应的辅助账，详细记录每期政府债券金额、种类、期限、发行日、

到期日、票面利率、偿还本金及付息情况等。本科目的期末贷方余额反映政府财政尚未偿还的长期政府债券本金和利息。

（1）实际收到长期政府债券发行收入时，按照实际收到的金额，借记“国库存款”科目，按照长期政府债券实际发行额，贷记“债务收入”科目，按照发行收入和发行额的差额，借记或贷记有关支出科目；根据债券发行确认文件等相关债券管理资料，按照到期应付的长期政府债券本金金额，借记“待偿债净资产——应付长期政府债券”科目，贷记本科目。

（2）期末确认长期政府债券的应付利息时，根据债务管理部门计算出的本期应付未付利息金额，借记“待偿债净资产——应付长期政府债券”科目，贷记本科目。

（3）实际支付本级政府财政承担的长期政府债券利息时，借记“一般公共预算本级支出”或“政府性基金预算本级支出”科目，贷记“国库存款”等科目；实际支付利息金额中属于已确认的应付利息部分，还应根据债券兑付确认文件等相关债券管理资料，借记本科目，贷记“待偿债净资产——应付长期政府债券”科目。

（4）实际偿还本级政府财政承担的长期政府债券本金时，借记“债务还本支出”科目，贷记“国库存款”等科目；根据债券兑付确认文件等相关债券管理资料，借记本科目，贷记“待偿债净资产——应付长期政府债券”科目。

（5）本级政府财政偿还下级政府财政承担的地方政府债券本息时，借记“其他应付款”或“其他应收款”科目，贷记“国库存款”科目；根据债券兑付确认文件等相关债券管理资料，按照实际偿还的长期政府债券本金及已确认的应付利息金额，借记本科目，贷记“待偿债净资产——应付长期政府债券”科目。

（6）省级财政部门采用定向承销方式发行长期地方政府债券置换存量债务时，根据债权债务确认相关资料，按照置换本级政府存量债务的额度，借记“债务还本支出”科目，按照置换下级政府存量债务的额度，借记“债务转贷支出”科目，按照置换存量债务的总额度，贷记“债务收入”科目；根据债务管理部门转来的相关资料，按照置换存量债务的总额度，借记“待偿债净资产——应付长期政府债券”科目，贷记本科目。同时，按照置换下级政府存量债务额度，借记“应收地方政府债券转贷款”科目，贷记“资产基金——应收地方政府债券转贷款”科目。

【例 5-13】财政部根据国家法律和有关规定，发行两年期国债 1 000 万元。

借：国库存款	10 000 000	
贷：债务收入		10 000 000
借：待偿债净资产——应付长期政府债券	10 000 000	
贷：应付长期政府债券		10 000 000

【例 5-14】接【例 5-13】，期末，财政部计算出应支付国债利息 50 万元。

借：待偿债净资产——应付长期政府债券	500 000	
贷：应付长期政府债券		500 000

【例 5-15】接【例 5-13】，国债到期，财政部还本付息。

借：债务还本支出	10 000 000	
贷：国库存款		10 000 000
借：应付长期政府债券	10 500 000	

贷：待偿债净资产——应付长期政府债券　　10 500 000

【例5-16】B省财政厅2016年1月1日发行2年期一般债券3 000万元，发行3年期专项债券4 000万元，其中800万元属于代发下级政府财政债券，共计支付债券发行费用630万元，按年于每年年末支付利息，年利率为4.5%。2017年年底偿还到期政府一般债券本金3 000万元，2018年年底专项债券4 000万元，由省财政厅采用定向承销方式发行地方政府长期专项债券置换存量债务。要求：省财政厅总预算会计编制长期债券发行、付息、到期归还等相关会计分录。

① 2016年1月1日收到长期政府债券发行收入时：

借：国库存款　　（3 000+4 000-630）63 700 000

　　一般公共预算本级支出　　（630/7 000×3 000）2 700 000

　　政府性基金预算本级支出　　（630/7 000×4 000）3 600 000

　贷：债务收入　　（3 000+4 000）70 000 000

同时，

借：待偿债净资产——应付长期政府债券　　70 000 000

　贷：应付长期政府债券——应付地方政府一般债券——应付本金　　30 000 000

　　　　　　——应付地方政府专项债券——应付本金　　40 000 000

②向下级政府财政转贷地方政府专项债券款时：

借：债务转贷支出　　8 000 000

　贷：国库存款　　8 000 000

同时，按到期应收回的转贷本金，

借：应收地方政府债券转贷款——专项债券转贷款——应收本金　　8 000 000

　贷：资产基金——应收地方政府债券转贷款　　8 000 000

③每年年末计提长期政府债券的应付利息时：

地方政府一般债券利息=3 000×4.5%=135（万元）

地方政府专项债券利息=（4 000-800）×4.5%=144（万元）

地方政府专项债券转贷利息=800×4.5%=36（万元）

借：待偿债净资产——应付长期政府债券　　3 150 000

　贷：应付长期政府债券——应付地方政府一般债券——应付利息　　1 350 000

　　　　　　——应付地方政府专项债券——应付利息　　1 800 000

同时，

借：应收地方政府债券转贷款——专项债券转贷款——应收利息　　360 000

　贷：资产基金——应收地方政府债券转贷款　　360 000

④每年年末支付债券利息时：

借：一般公共预算本级支出　　1 350 000

政府性基金预算本级支出　　1 800 000
贷：国库存款　　3 150 000
同时，
借：应付长期政府债券——应付地方政府一般债券——应付利息　　1 350 000
——应付地方政府专项债券——应付利息　　1 800 000
贷：待偿债净资产——应付长期政府债券　　3 150 000
⑤收到下级政府财政债券转贷利息时：
借：国库存款　　360 000
贷：债务转贷收入　　360 000
同时，
借：资产基金——应收地方政府债券转贷款　　360 000
贷：应收地方政府债券转贷款——专项债券转贷款——应收利息　　360 000
⑥ 2017 年年底归还地方政府一般债券本金时：
借：债务还本支出　　30 000 000
贷：国库存款　　30 000 000
同时，
借：应付长期政府债券——应付地方政府一般债券——应付本金　　30 000 000
贷：待偿债净资产——应付长期政府债券　　30 000 000
⑦ 2018 年年末，政府专项债券到期时：
借：应付长期政府债券——应付地方政府专项债券——应付本金　　40 000 000
贷：待偿债净资产——应付长期政府债券　　40 000 000
借：资产基金——应收地方政府债券转贷款　　8 000 000
贷：应收地方政府债券转贷款　　8 000 000
⑧省财政采用定向承销方式发行政府专项债券置换存量专项债券时：
借：债务还本支出（本级政府存量债务）　　32 000 000
债务转贷支出（下级政府存量债务）　　8 000 000
贷：债务收入　　40 000 000
同时，按置换存量债务总额度，
借：待偿债净资产——应付长期政府债券　　40 000 000
贷：应付长期政府债券——应付地方政府专项债券——应付本金　　40 000 000
同时，按置换下级政府存量债务额度，
借：应收地方政府债券转贷款　　8 000 000
贷：资产基金——应收地方政府债券转贷款　　8 000 000

第四节　借入款项的核算

一、借入款项的概念

借入款项是指政府财政部门以政府名义向外国政府、国际金融组织等借入的款项，以及通过经国务院批准的其他方式借款形成的负债。

二、借入款项的账务处理

设置科目“借入款项”，并设置“应付本金”“应付利息”明细科目，分别对借入款项的应付本金和利息进行明细核算，还应当按照债权人进行明细核算。债务管理部门应当设置相应的辅助账，详细记录每笔借入款项的期限、借入日期、偿还及付息情况等。本科目的期末贷方余额反映本级政府财政尚未偿还的借入款项本金和利息。

（1）本级政府财政收到借入的主权外债资金时，借记“其他财政存款”科目，贷记“债务收入”科目；根据债务管理部门转来的相关资料，按照实际承担的债务金额，借记“待偿债净资产——借入款项”科目，贷记本科目。

（2）本级政府财政借入主权外债，且由外方将贷款资金直接支付给用款单位或供应商时，应根据以下情况分别处理：

①本级政府财政承担还款责任，贷款资金由本级政府财政同级部门（单位）使用的，本级政府财政部门根据贷款资金支付相关资料，借记“一般公共预算本级支出”等科目，贷记“债务收入”科目；根据债务管理部门转来的相关资料，按照实际承担的债务金额，借记“待偿债净资产——借入款项”科目，贷记本科目。

②本级政府财政承担还款责任，贷款资金由下级政府财政同级部门（单位）使用的，本级政府财政部门根据贷款资金支付相关资料及预算指标文件，借记“补助支出”科目，贷记“债务收入”科目；根据债务管理部门转来的相关资料，按照实际承担的债务金额，借记“待偿债净资产——借入款项”科目，贷记本科目。

（3）下级政府财政承担还款责任，贷款资金由下级政府财政同级部门（单位）使用的，本级政府财政部门根据贷款资金支付相关资料，借记“债务转贷支出”科目，贷记“债务收入”科目；根据债务管理部门转来的相关资料，按照实际承担的债务金额，借记“待偿债净资产——借入款项”科目，贷记本科目；同时，借记“应收主权外债转贷款”科目，贷记“资产基金——应收主权外债转贷款”科目。

（3）期末确认借入主权外债的应付利息时，根据债务管理部门计算出的本期应付未付利息金额，借记“待偿债净资产——借入款项”科目，贷记本科目。

（4）偿还本级政府财政承担的借入主权外债本金时，借记“债务还本支出”科目，贷记“国库存款”“其他财政存款”等科目；根据债务管理部门转来的相关资料，按照实际偿还的本金金额，借记本科目，贷记“待偿债净资产——借入款项”科目。

（5）偿还本级政府财政承担的借入主权外债利息时，借记“一般公共预算本级支出”等科目，贷记“国库存款”“其他财政存款”等科目；实际偿还利息金额中属于已确认的应付利息部分，还应根据债务管理部门转来的相关资料，借记本科目，贷记“待偿债净资产——借入款项”科目。

（6）偿还下级政府财政承担的借入主权外债的本息时，借记“其他应付款”或“其他应收款”科目，贷记“国库存款”“其他财政存款”等科目；根据债务管理部门转来的相关资料，按照实际偿还的本金及已确认的应付利息金额，借记本科目，贷记“待偿债净资产——借入款项”科目。

（7）被上级政府财政扣缴借入主权外债的本息时，借记“其他应收款”科目，贷记“与上级往来”科目；根据债务管理部门转来的相关资料，按照实际扣缴的本金及已确认的应付利息金额，借记本科目，贷记“待偿债净资产——借入款项”科目。列报支出时，对应由本级政府财政承担的还本支出，借记“债务还本支出”科目，贷记“其他应收款”科目；对应由本级政府财政承担的利息支出，借记“一般公共预算本级支出”等科目，贷记“其他应收款”科目。

（8）债权人豁免本级政府财政承担偿还责任的借入主权外债本息时，根据债务管理部门转来的相关资料，按照被豁免的本金及已确认的应付利息金额，借记本科目，贷记“待偿债净资产——借入款项”科目。

债权人豁免下级政府财政承担偿还责任的借入主权外债本息时，根据债务管理部门转来的相关资料，按照被豁免的本金及已确认的应付利息金额，借记本科目，贷记“待偿债净资产——借入款项”科目；同时，借记“资产基金——应收主权外债转贷款”科目，贷记“应收主权外债转贷款”科目。

（9）其他借入款项账务处理参照本科目使用说明中借入主权外债业务的账务处理。

【例 5-17】财政部收到借入的主权外债资金 2 000 万元。

借：其他财政存款　　20 000 000
　贷：债务收入　　20 000 000
借：待偿债净资产——借入款项　　20 000 000
　贷：借入款项　　20 000 000

【例 5-18】接【例 5-17】，财政部计算出借入主权外债的应付利息为 100 万元。

借：待偿债净资产——借入款项　　1 000 000
　贷：借入款项　　1 000 000

【例 5-19】接【例 5-17】，财政部偿还本金 2 000 万元。

借：债务还本支出　　20 000 000
　贷：其他财政存款　　20 000 000
借：借入款项　　20 000 000
　贷：待偿债净资产——借入款项　　20 000 000

【例 5-20】接【例 5-17】，财政部还本付息。

借：一般公共预算本级支出　　1 000 000
　贷：其他财政存款　　1 000 000
借：借入款项　　1 000 000
　贷：待偿债净资产——借入款项　　1 000 000

第五节　应付转贷款的核算

应付转贷款是指地方政府财政向上级政府财政借入转贷资金而形成的负债，包括应付地方政府债券转贷款和应付主权外债转贷款等。

一、应付地方政府债券转贷款的核算

（一）应付地方政府债券转贷款的概念

应付地方政府债券转贷款是指地方政府财政从上级政府财政借入的地方政府债券转贷款。

（二）应付地方政府债券转贷款的核算

设置科目“应付地方政府债券转贷款”，并设置“应付地方政府一般债券转贷款”和“应付地方政府专项债券转贷款”一级明细科目，在一级明细科目下再分别设置“应付本金”和“应付利息”两个明细科目，分别对应付本金和利息进行明细核算。本科目的期末贷方余额反映本级政府财政尚未偿还的地方政府债券转贷款的本金和利息。

（1）收到上级政府财政转贷的地方政府债券资金时，借记“国库存款”科目，贷记“债务转贷收入”科目；根据债务管理部门转来的相关资料，按照到期应偿还的转贷款本金金额，借记“待偿债净资产——应付地方政府债券转贷款”科目，贷记本科目。

（2）期末确认地方政府债券转贷款的应付利息时，根据债务管理部门计算出的本期应付未付利息金额，借记“待偿债净资产——应付地方政府债券转贷款”科目，贷记本科目。

（3）偿还本级政府财政承担的地方政府债券转贷款本金时，借记“债务还本支出”科目，贷记“国库存款”等科目；根据债务管理部门转来的相关资料，按照实际偿还的本金金额，借记本科目，贷记“待偿债净资产——应付地方政府债券转贷款”科目。

（4）偿还本级政府财政承担的地方政府债券转贷款的利息时，借记“一般公共预算本级支出”或“政府性基金预算本级支出”科目，贷记“国库存款”等科目；实际支付利息金额中属于已确认的应付利息部分，还应根据债务管理部门转来的相关资料，借记本科目，贷记“待偿债净资产——应付地方政府债券转贷款”科目。

（5）偿还下级政府财政承担的地方政府债券转贷款的本息时，借记“其他应付款”或“其他应收款”科目，贷记“国库存款”等科目；根据债务管理部门转来的相关资料，按照实际偿还的本金及已确认的应付利息金额，借记本科目，贷记“待偿债净资产——应付地方政府债券转贷款”科目。

（6）被上级政府财政扣缴地方政府债券转贷款本息时，借记“其他应收款”科目，贷记“与上级往来”科目；根据债务管理部门转来的相关资料，按照实际扣缴的本金及已确认的应付利息金额，借记本科目，贷记“待偿债净资产——应付地方政府债券转贷款”科目。列报支出时，对本级政府财政承担的还本支出，借记“债

务还本支出”科目，贷记“其他应收款”科目；对本级政府财政承担的利息支出，借记“一般公共预算本级支出”或“政府性基金预算本级支出”科目，贷记“其他应收款”科目。

（7）采用定向承销方式发行地方政府债券置换存量债务时，省级以下（不含省级）财政部门根据上级财政部门提供的债权债务确认相关资料，按照置换本级政府存量债务的额度，借记“债务还本支出”科目，按照置换下级政府存量债务的额度，借记“债务转贷支出”科目，按照置换存量债务的总额度，贷记“债务转贷收入”科目；根据债务管理部门转来的相关资料，按照置换存量债务的总额度，借记“待偿债净资产——应付地方政府债券转贷款”科目，贷记本科目。同时，按照置换下级政府存量债务额度，借记“应收地方政府债券转贷款”科目，贷记“资产基金——应收地方政府债券转贷款”科目。

【例 5-21】收到上级政府财政转贷的地方政府债券资金 500 万元。

借：国库存款　　5 000 000
　贷：债务转贷收入　　5 000 000
借：待偿债净资产——应付地方债券转贷款　　5 000 000
　贷：应付地方债券转贷款　　5 000 000

【例 5-22】接【例 5-21】，期末确认地方政府债券转贷款的应付利息 10 万元。

借：待偿债净资产——应付地方政府债券转贷款　　100 000
　贷：应付地方政府债券转贷款　　100 000

【例 5-23】接【例 5-21】，偿还本级政府财政承担的地方政府债券转贷款本金 500 万元。

借：债务还本支出　　5 000 000
　贷：国库存款　　5 000 000
借：应付地方债券转贷款　　5 000 000
　贷：待偿债净资产——应付地方债券转贷款　　5 000 000

【例 5-24】接【例 5-21】，偿还本级政府财政承担的借入主权外债利息 10 万元。

借：一般公共预算本级支出　　100 000
　贷：国库存款　　100 000
借：应付地方政府债券转贷款　　100 000
　贷：待偿债净资产——应付地方政府债券转贷款　　100 000

二、应付主权外债转贷款的核算

（一）应付主权外债转贷款的概念

应付主权外债转贷款是指本级政府财政从上级政府财政借入的主权外债转贷款。

（二）应付主权外债转贷款的核算

设置科目“应付主权外债转贷款”，并设置“应付本金”和“应付利息”两个明细科目，分别对应付本金和利息进行明细核算。本科目的期末贷方余额反映本级政府财政尚未偿还的主权外债转贷款本金和利息。

（1）收到上级政府财政转贷的主权外债资金时，借记“其他财政存款”科目，贷记“债务转贷收入”科目；根据债务管理部门转来的相关资料，按照实际承担的债务金额，借记“待偿债净资产——应付主权外债转贷款”科目，贷记本科目。

（2）从上级政府财政借入主权外债转贷款，且由外方将贷款资金直接支付给用款单位或供应商时，应根据以下情况分别处理：

①本级政府财政承担还款责任，贷款资金由本级政府财政同级部门（单位）使用的，本级政府财政根据贷款资金支付相关资料，借记“一般公共预算本级支出”等科目，贷记“债务转贷收入”科目；根据债务管理部门转来的相关资料，按照实际承担的债务金额，借记“待偿债净资产——应付主权外债转贷款”科目，贷记本科目。

②本级政府财政承担还款责任，贷款资金由下级政府财政同级部门（单位）使用的，本级政府财政部门根据贷款资金支付相关资料及预算指标文件，借记“补助支出”科目，贷记“债务转贷收入”科目；根据债务管理部门转来的相关资料，按照实际承担的债务金额，借记“待偿债净资产——应付主权外债转贷款”科目，贷记本科目。

③下级政府财政承担还款责任，贷款资金由下级政府财政同级部门（单位）使用的，本级政府财政部门根据贷款资金支付相关资料，借记“债务转贷支出”科目，贷记“债务转贷收入”；根据债务管理部门转来的相关资料，按照实际承担的债务金额，借记“待偿债净资产——应付主权外债转贷款”科目，贷记本科目；同时，借记“应收主权外债转贷款”科目，贷记“资产基金——应收主权外债转贷款”科目。

（3）期末确认主权外债转贷款的应付利息时，按照债务管理部门计算出的本期应付未付利息金额，借记“待偿债净资产——应付主权外债转贷款”科目，贷记本科目。

（4）偿还本级政府财政承担的借入主权外债转贷款的本金时，借记“债务还本支出”科目，贷记“其他财政存款”等科目；根据债务管理部门转来的相关资料，按照实际偿还的本金金额，借记本科目，贷记“待偿债净资产——应付主权外债转贷款”科目。

（5）偿还本级政府财政承担的借入主权外债转贷款的利息时，借记“一般公共预算本级支出”等科目，贷记“其他财政存款”等科目；实际偿还利息金额中属于已确认的应付利息部分，还应根据债务管理部门转来的相关资料，借记本科目，贷记“待偿债净资产——应付主权外债转贷款”科目。

（6）偿还下级政府财政承担的借入主权外债转贷款的本息时，借记“其他应付款”或“其他应收款”科目，贷记“其他财政存款”等科目；根据债务管理部门转来的相关资料，按照实际偿还的本金及已确认的应付利息金额，借记本科目，贷记“待偿债净资产——应付主权外债转贷款”科目。

（7）被上级政府财政扣缴借入主权外债转贷款的本息时，借记“其他应收款”科目，贷记“与上级往来”科目；根据债务管理部门转来的相关资料，按照被扣缴的本金及已确认的应付利息金额，借记本科目，贷记“待偿债净资产——应付主权外债转贷款”科目。列报支出时，对本级政府财政承担的还本支出，借记“债务还本支出”科目，贷记“其他应收款”科目；对本级政府财政承担的利息支出，借记

"一般公共预算本级支出"等科目，贷记"其他应收款"科目。

（8）上级政府财政豁免主权外债转贷款本息时，根据以下情况分别处理：

①豁免本级政府财政承担偿还责任的主权外债转贷款本息时，根据债务管理部门转来的相关资料，按照豁免转贷款的本金及已确认的应付利息金额，借记本科目，贷记"待偿债净资产——应付主权外债转贷款"科目。

②豁免下级政府财政承担偿还责任的主权外债转贷款本息时，根据债务管理部门转来的相关资料，按照豁免转贷款的本金及已确认的应付利息金额，借记本科目，贷记"待偿债净资产——应付主权外债转贷款"科目；同时，借记"资产基金——应收主权外债转贷款"科目，贷记"应收主权外债转贷款"科目。

【例5-25】收到上级政府财政转贷的主权外债资金300万元。

借：其他财政存款	3 000 000	
贷：债务转贷收入		3 000 000
借：待偿债净资产——应付主权外债转贷款	3 000 000	
贷：应付主权外债转贷款		3 000 000

【例5-26】期末确认主权外债转贷款的应付利息8万元。

借：待偿债净资产——应付主权外债转贷款	80 000	
贷：应付主权外债转贷款		80 000

【例5-27】偿还本级政府财政承担的借入主权外债转贷款的本金300万元。

借：债务还本支出	3 000 000	
贷：其他财政存款		3 000 000
借：应付主权外债转贷款	3 000 000	
贷：待偿债净资产——应付主权外债转贷款		3 000 000

【例5-28】偿还本级政府财政承担的借入主权外债转贷款的利息8万元。

借：一般公共预算本级支出	80 000	
贷：其他财政存款		80 000
借：应付主权外债转贷款	80 000	
贷：待偿债净资产——应付主权外债转贷款		80 000

第六节　应付代管资金的核算

一、应付代管资金的概念

应付代管资金是指政府财政代为管理的，使用权属于被代管主体的资金。

二、财政代管资金管理

（一）财政代管资金的范围

财政代管资金是指预算单位实行国库集中支付改革取消其实有资金银行账户后，收到的除本级财政拨款以外纳入财政为各预算单位统一开设的银行账户由财政代为管理的其他资金。

按资金性质具体分为：

（1）上级主管部门补助资金，是指上级主管部门直接拨给预算单位具有指定用途的补助资金，单位应按照指定用途使用。

（2）其他单位转来专项资金，是指其他单位转付给预算单位具有指定用途、按规定不应上缴财政的资金，单位应按照指定用途使用。

（3）收回或扣回本单位暂付或垫付款项，如收回单位垫付的水电费等，单位应按照原暂付或垫付资金的规定用途使用。

（4）暂存往来资金，如代扣代缴款项、代收代缴款项、应缴未缴款项、抵押金等，单位应按照暂存资金的用途及性质支付，不得用于本单位的支出，其中应缴未缴财政款项应当按规定及时上缴财政。

（5）其他收入类资金，是指按照新行政事业单位财务规则、会计准则及财务、会计制度规定纳入预算单位其他收入核算的资金，包括投资收益、利息收入、捐赠收入等，以及单位的经营性收入。

（6）代管结余资金，是指预算单位年末结存在财政代管资金账户经财政部门批复下年可以继续使用的资金。

（二）财政代管资金账户

（1）财政代管资金账户是指由财政部门在代理银行开设的为预算单位核算代管资金的银行账户。在该账户下为每个预算单位开设了一个子账户，各预算单位的财政代管资金统一纳入该银行账户由财政代为管理并分账进行银行存款收支业务核算。

（2）财政代管资金账户按财政专户管理办法进行管理。财政部门、预算单位和代理银行各方应加强对账管理，发现问题及时互相告知，确保财政代管资金的安全、完整。

（三）财政代管资金业务流程

（1）预算单位给汇款单位提供准确的收款银行账户信息，并要求汇款方按规定填制汇款单据进行资金划转。

（2）代理银行录入收款信息。

（3）财政国库部门和预算单位确认收款信息。

（4）财政代管资金预算指标和用款计划申报。

（5）财政代管资金支付。

（6）财政代管资金清算及账务处理。

（四）财政代管资金管理职责分工

（1）预算单位是财政代管资金的所有者和使用者。

①预算单位要对本单位财政代管资金收款信息的真实性、准确性和合规性负责，收到不属于财政代管资金范围的应缴未缴财政资金应及时上缴，收到不属于本单位的款项应及时告知财政部门予以调整。

②预算单位要真实、准确确认每笔财政代管资金的资金性质、用途和功能分类科目，对每笔财政代管资金支付的合法法、合理法、合规性负责。

③预算单位要对财政代管资金经济业务或事项进行及时、真实和完整的会计核算，及时与财政部门对账。

（2）财政部门负责管理预算单位财政代管资金银行账户及存款，为预算单位财政代管资金收支业务提供服务并进行监督。

三、应付代管资金的账务处理

设置科目“应付代管资金”，并根据管理需要进行相关明细核算。本科目的期末贷方余额反映政府财政尚未支付的代管资金。

（1）收到代管资金时，借记“其他财政存款”等科目，贷记本科目。

（2）支付代管资金时，借记本科目，贷记“其他财政存款”等科目。

（3）代管资金产生的利息收入按照相关规定仍属于代管资金的，借记“其他财政存款”等科目，贷记本科目。

【例 5-29】某市财政局收到代管资金 1 000 万元。

借：其他财政存款	10 000 000	
贷：应付代管资金		10 000 000

【例 5-30】市财政局支付代管资金 1 000 万元。

借：应付代管资金	10 000 000	
贷：其他财政存款		10 000 000

第七节　已结报支出的核算

一、已结报支出的概念

已结报支出是指政府财政国库支付执行机构已清算的国库集中支付支出数额。财政国库支付执行机构未单设的地区，不使用该科目。

二、已结报支出的账务处理

设置科目“已结报支出”。本科目年终转账后无余额。

（1）每日汇总清算后，财政国库支付执行机构会计根据有关划款凭证回执联和按部门分“类”“款”“项”汇总的《预算支出结算清单》，对于财政直接支付，借记“财政零余额账户存款”科目，贷记本科目；对于财政授权支付，借记“一般公共预算本级支出”“政府性基金预算本级支出”“国有资本经营预算本级支出”等科目，贷记本科目。

（2）年终财政国库支付执行机构按照累计结清的支出金额，与有关方面核对一致后转账时，借记本科目，贷记“一般公共预算本级支出”“政府性基金预算本级支出”“国有资本经营预算本级支出”等科目。

【例 5-31】2016 年年末，某市财政局国库处与预算处核对本年支出一致无误后，冲销国库支付执行会计机构会计的“已结报支出”账户、本年一般预算支出 5 亿元，基金预算支出 8 亿元。

借：已结报支出——财政直接支付	1 300 000 000	
贷：一般公共预算本级支出		500 000 000
政府性基金预算本级支出		800 000 000

【例 5-32】某市财政国库支付执行机构为预算单位直接支付以一般预算资金安排的支出 1 000 000 元。

借：一般公共预算本级支出　　1 000 000

　贷：财政零余额账户存款　　1 000 000

【例 5-33】某市财政国库支付执行机构当日汇总“预算支出结算清单”，其中财政直接支付金额 1 000 000 元，该清单已送财政总预算会计结算资金。

借：财政零余额账户存款　　1 000 000

　贷：已结报支出——财政直接支付　　1 000 000

【例 5-34】某市财政国库支付中心收到财政授权支付下代理银行报来的“财政支出日报表”，列示当日一般预算支出 500 000 元、基金预算支出 300 000 元。

借：一般公共预算本级支出　　500 000

　　政府性基金预算本级支出　　300 000

　贷：已结报支出———财政授权支付　　800 000

【例 5-35】某县财政国库支付执行机构年终将预算支出与有关方面核对一致后转账，其中一般预算支出 10 000 000 元，基金预算支出 6 000 000 元。

借：已结报支出　　16 000 000

　贷：一般公共预算本级支出　　10 000 000

　　　政府性基金预算本级支出　　6 000 000

第八节 其他负债的核算

一、其他负债的概念

其他负债是指政府财政因有关政策明确要求其承担支出责任的事项而形成的应付未付款项。

二、其他负债的账务处理

设置科目“其他负债”，并按照债权单位和项目等进行明细核算。本科目的贷方余额反映政府财政承担的尚未支付的其他负债余额。

（1）有关政策已明确政府财政承担的支出责任，按照确定应承担的负债金额，借记“待偿债净资产”科目，贷记本科目。

（2）实际偿还负债时，借记有关支出等科目，贷记“国库存款”等科目；同时，按照相同的金额，借记本科目，贷记“待偿债净资产”科目。

【例 5-37】某市财政局有关政策已明确政府财政承担的支出责任，确定应承担的负债金额为 20 万元。

借：待偿债净资产　　200 000

　贷：其他负债　　200 000

第六章
财政总预算会计净资产的核算

财政总预算会计净资产是指政府财政资产减去负债的差额，包括一般公共预算结转结余、政府性基金预算结转结余、国有资本经营预算结转结余、财政专户管理资金结余、专用基金结余、预算稳定调节基金、预算周转金、资产基金和待偿债净资产。核算管理上，各项结转结余应每年结算一次。

第一节　一般公共预算结转结余的核算

一、一般公共预算结转结余的概念

一般公共预算结转结余是指一般公共预算收支的执行结果，即政府财政纳入一般公共预算管理的收支相抵形成的结转结余。

二、一般公共预算结转结余的账务处理

设置科目"一般公共预算结转结余"，年终贷方余额反映一般公共预算收支相抵后的滚存结转结余。

（1）年终转账时，将一般公共预算的有关收入科目贷方余额转入本科目的贷方，借记"一般公共预算本级收入""补助收入——一般公共预算补助收入""上解收入——一般公共预算上解收入""地区间援助收入""调入资金——一般公共预算调入资金""债务收入（一般债务收入）""债务转贷收入（地方政府一般债务转贷收入）""动用预算稳定调节基金"等科目，贷记本科目；将一般公共预算的有关支出科目借方余额转入本科目的借方，借记本科目，贷记"一般公共预算本级支出""上解支出——一般公共预算上解支出""补助支出——一般公共预算补助支出""地区间援助支出""调出资金——一般公共预算调出资金""安排预算稳定调节基金""债务转贷支出（地方政府一般债务转贷支出）""债务还本支出（一般债务还本支出）"等科目。

（2）设置和补充预算周转金时，借记本科目，贷记"预算周转金"科目。

【例 6-1】××市财政局 20×6 年发生如下经济业务（金额单位：元）：

①年终转账前一般预算类收入贷方余额表：

一般公共预算本级收入	15 900 000 000
税收收入	13 900 000 000

税收收入——增值税	2 800 000 000
税收收入——营业税	2 900 000 000
税收收入——企业所得税	2 500 000 000
税收收入——个人所得税	1 300 000 000
税收收入——城市维护建设税	900 000 000
税收收入——房产税	1 100 000 000
税收收入——土地增值税	1 400 000 000
税收收入——契税	1 000 000 000
非税收入	2 000 000 000
非税收入——专项收入	600 000 000
非税收入——行政事业性收费收入	800 000 000
非税收入——罚没收入	200 000 000
非税收入——国有资产（资源）有偿使用收入	300 000 000
非税收入——其他收入	100 000 000
补助收入	200 000 000
一般性转移支付收入	200 000 000
一般性转移支付收入——体制补助收入	200 000 000
上解收入	150 000 000
一般性转移支付收入	100 000 000
一般性转移支付收入——体制上解收入	100 000 000
专项转移支付收入	50 000 000
专项转移支付收入——专项上解收入	50 000 000
调入资金	150 000 000
一般预算调入资金	150 000 000

会计分录如下：

借：一般公共预算本级收入	15 900 000 000	
补助收入——一般公共预算补助收入	200 000 000	
上解收入——一般公共预算上解收入	150 000 000	
调入资金——一般公共预算调入资金	150 000 000	
贷：一般公共预算结转结余		16 400 000 000

同时，在一般公共预算本级收入明细账的借方登记如下：

税收收入——增值税	2 800 000 000
税收收入——营业税	2 900 000 000
税收收入——企业所得税	2 500 000 000
税收收入——个人所得税	1 300 000 000
税收收入——城市维护建设税	900 000 000
税收收入——房产税	1 100 000 000
税收收入——土地增值税	1 400 000 000
税收收入——契税	1 000 000 000
非税收入——专项收入	600 000 000

非税收入——行政事业性收费收入	800 000 000
非税收入——罚没收入	200 000 000
非税收入——国有资产（资源）有偿使用收入	300 000 000
非税收入——其他收入	100 000 000

在“补助收入”明细账的借方登记如下：

一般性转移支付收入——体制补助收入	200 000 000

在“上解收入”明细账的借方登记如下：

一般性转移支付收入——体制上解收入	100 000 000
专项转移支付收入——专项上解收入	50 000 000

在“调入资金”明细账的借方登记如下：

一般预算调入资金	150 000 000

②年终转账前一般公共预算本级支出余额表：

一般公共预算本级支出	14 700 000 000
一般公共服务	700 000 000
一般公共服务——人大事务	100 000 000
一般公共服务——政协事务	100 000 000
一般公共服务——财政事务	100 000 000
一般公共服务——税务事务	300 000 000
一般公共服务——人力资源事务	100 000 000
国防	100 000 000
国防支出——国防动员——民兵	100 000 000
公共安全支出	1 600 000 000
公共安全支出——公安	1 400 000 000
公共安全支出——法院	200 000 000
教育支出	1 500 000 000
教育支出——普通教育	1 500 000 000
文化体育与传媒支出	200 000 000
文化体育与传媒支出——文化	200 000 000
社会保障和就业支出	1 000 000 000
社会保障和就业支出——行政事业单位离退休	1 000 000 000
医疗卫生与计划生育支出	1 500 000 000
医疗卫生与计划生育支出——公立医院	700 000 000
医疗卫生与计划生育支出——医疗保障	800 000 000
节能环保支出	300 000 000
节能环保支出——污染防治	300 000 000
城乡社区事务支出	2 000 000 000
城乡社区事务支出——其他城乡社区支出	2 000 000 000
农林水支出	400 000 000
农林水支出——农业	400 000 000
交通运输支出	5 400 000 000

交通运输支出——其他交通运输支出	5 400 000 000
补助支出	400 000 000
返还性支出	60 000 000
返还性支出——所得税基数返还支出	60 000 000
一般性转移支付	300 000 000
一般性转移支付——体制补助支出	200 000 000
一般性转移支付——结算补助支出	100 000 000
专项转移支付	40 000 000
专项转移支付——一般公共服务	40 000 000
上解支出	1 100 000 000
一般性转移支付	100 000 000
一般性转移支付——出口退税专项上解支出	100 000 000
专项转移支付	1 000 000 000
专项转移支付——专项上解支出	1 000 000 000

会计分录如下：

借：一般公共预算结转结余　　16 200 000 000

　贷：一般公共预算本级支出　　14 700 000 000

　　　补助支出　　400 000 000

　　　上解支出　　1 100 000 000

同时，在一般公共预算本级支出明细账的贷方登记如下：

一般公共服务——人大事务	100 000 000
一般公共服务——政协事务	100 000 000
一般公共服务——财政事务	100 000 000
一般公共服务——税务事务	300 000 000
一般公共服务——人力资源事务	100 000 000
国防支出——国防动员——民兵	100 000 000
公共安全支出——公安	1 400 000 000
公共安全支出——法院	200 000 000
教育支出——普通教育	1 500 000 000
文化体育与传媒支出——文化	200 000 000
社会保障和就业支出——行政事业单位离退休	1 000 000 000
医疗卫生与计划生育支出——公立医院	700 000 000
医疗卫生与计划生育支出——医疗保障	800 000 000
节能环保支出——污染防治	300 000 000
城乡社区事务支出——其他城乡社区支出	2 000 000 000
农林水支出——农业	400 000 000
交通运输支出——其他交通运输支出	5 400 000 000

在“补助支出”明细账的贷方登记如下：

返还性支出——所得税基数返还支出	60 000 000
一般性转移支付——体制补助支出	200 000 000

一般性转移支付——结算补助支出　　100 000 000
专项转移支付——一般公共服务　　40 000 000
在“上解支出”明细账的贷方登记如下：
一般性转移支付——出口退税专项上解支出　　100 000 000
专项转移支付——专项上解支出　　1 000 000 000

第二节　政府性基金预算结转结余的核算

一、政府性基金预算结转结余的概念

政府性基金预算结转结余是指政府性基金预算收支的执行结果，即政府财政纳入政府性基金预算管理的收支相抵形成的结转结余。

二、政府性基金预算结转结余的账务处理

设置科目“政府性基金预算结转结余”，并按照政府性基金的种类进行明细核算。本科目的年终贷方余额反映政府性基金预算收支相抵后的滚存结转结余。

年终转账时，应将政府性基金预算的有关收入科目贷方余额按照政府性基金种类分别转入本科目下相应明细科目的贷方，借记“政府性基金预算本级收入”“补助收入——政府性基金预算补助收入”“上解收入——政府性基金预算上解收入”“调入资金——政府性基金预算调入资金”“债务收入——专项债务收入”“债务转贷收入——地方政府专项债务转贷收入”等科目，贷记本科目；将政府性基金预算的有关支出科目借方余额按照政府性基金种类分别转入本科目下相应明细科目的借方，借记本科目，贷记“政府性基金预算本级支出”“上解支出——政府性基金预算上解支出”“补助支出——政府性基金预算补助支出”“调出资金——政府性基金预算调出资金”“债务还本支出——专项债务还本支出”“债务转贷支出——地方政府专项债务转贷支出”等科目。

【例 6-2】××市财政局 20×6 年发生如下经济业务：

（1）年终转账时，政府性基金预算类收入账户贷方余额为 37 亿元，具体科目如下：非税收入——政府性基金收入——新菜地开发建设基金收入 1 亿元；非税收入——政府性基金收入——民航基础设施建设基金收入 8 亿元；非税收入——政府性基金收入——政府住房基金收入 15 亿元；非税收入——政府性基金收入——城市公用事业附加收入 3 亿元。

转移性收入——政府性基金补助收入 6 亿元；转移性收入——政府性基金上解收入 4 亿元。

会计分录如下：

借：政府性基金预算本级收入　　2 700 000 000
　　补助收入　　600 000 000
　　上解收入　　400 000 000
　贷：政府性基金预算结转结余　　3 700 000 000

同时，在政府性基金预算本级收入明细账的借方登记如下：

新菜地开发建设基金收入　100 000 000
民航基础设施建设基金收入　800 000 000
政府住房基金收入——廉租住房租金收入　1 500 000 000
城市公用事业附加收入　300 000 000
在补助收入明细账的借方登记如下：
政府性基金补助收入　600 000 000
在上解收入明细账的借方登记如下：
政府性基金上解收入　400 000 000

（2）年终转账时，政府性基金预算类支出账户贷方余额为 35 亿元，具体科目如下：农林水事务——新菜地开发建设基金支出 1 亿元；交通运输——民航基础设施建设基金支出 7 亿元；城乡社区事务——政府住房基金支出 13 亿元。城乡社区事务——城市公用事业附加安排的支出 5 亿元；转移性支出——政府性基金转移支付——政府性基金补助支出 5 亿元；转移性支出——政府性基金转移支付——政府性基金上解支出 3.5 亿元；转移性支出——调出资金——政府性基金预算调出资金 0.5 亿元。

会计分录如下：
借：政府性基金预算结转结余　3 500 000 000
　贷：政府性基金预算本级支出　2 600 000 000
　　　补助支出　500 000 000
　　　上解支出　350 000 000
　　　调出资金　50 000 000
同时，在政府性基金预算本级支出明细账的贷方登记如下：
农林水事务——新菜地开发建设基金支出　100 000 000
交通运输——民航基础设施建设基金支出　700 000 000
城乡社区事务——政府住房基金支出　1 300 000 000
城乡社区事务——城市公用事业附加安排的支出　500 000 000
在补助支出明细账的贷方登记如下：
政府性基金补助支出　500 000 000
在上解支出明细账的贷方登记如下：
政府性基金上解支出　350 000 000
在调出资金明细账的贷方登记如下：
政府性基金预算调出资金　50 000 000

第三节　国有资本经营预算结转结余的核算

一、国有资本经营预算结转结余的概念

国有资本经营预算结转结余是指国有资本经营预算收支的执行结果，即政府财政纳入国有资本经营预算管理的收支相抵形成的结转结余。

二、国有资本经营预算结转结余的账务处理

设置科目“国有资本经营预算结转结余”，年终贷方余额反映国有资本经营预算收支相抵后的滚存结转结余。

年终转账时，应将国有资本经营预算的有关收入科目贷方余额转入本科目贷方，借记“国有资本经营预算本级收入”等科目，贷记本科目；将国有资本经营预算的有关支出科目借方余额转入本科目借方，借记本科目，贷记“国有资本经营预算本级支出”“调出资金——国有资本经营预算调出资金”等科目。

【例 6-3】××市财政局 20×6 年发生如下经济业务：

（1）年终转账时，国有资本经营预算收入账户贷方余额为 7 亿元，具体科目如下：利润收入 6.5 亿元；股利、股息收入 0 亿元；产权转让收入 0 亿元；其他国有资本经营收入 0.5 亿元。

会计分录如下：

借：国有资本经营预算本级收入	700 000 000	
贷：国有资本经营预算结转结余		700 000 000

同时，在国有资本经营预算本级收入明细账的借方登记如下：

利润收入	650 000 000
股利、股息收入	
产权转让收入	
其他国有资本经营收入	50 000 000

（2）年终转账时，国有资本经营预算支出账户贷方余额为 6 亿元，具体科目如下：资源勘探信息等支出——国有资本经营预算支出 4 亿元；商业服务业等事务支出——国有资本经营预算支出 2 亿元。

会计分录如下：

借：国有资本经营预算结转结余	600 000 000	
贷：国有资本经营预算本级支出		600 000 000

同时，在“国有资本预算支出”明细账的贷方登记如下：

资源勘探信息等支出——其他资源勘探信息等支出	500 000 000
商业服务业等事务支出——其他商业服务业等事务支出	200 000 000

（3）年终转账时，国有资本经营预算调出资金科目借方余额 1 亿元。

会计分录如下：

借：国有资本经营预算结转结余	100 000 000	
贷：调出资金——国有资本经营预算调出资金		100 000 000

第四节 财政专户管理资金结余的核算

一、财政专户管理资金结余的概念

财政专户管理资金结余是指纳入财政专户管理的教育收费等资金收支的执行结果，即政府财政纳入财政专户管理的教育收费等资金收支相抵后形成的结余。

二、财政专户管理资金结余的账务处理

设置科目“财政专户管理资金结余”，并根据管理的需要，按照部门（单位）等进行明细核算。本科目的年终贷方余额反映政府财政纳入财政专户管理的资金收支相抵后的滚存结余。

年终转账时，将财政专户管理资金的有关收入科目贷方余额转入本科目贷方，借记“财政专户管理资金收入”等科目，贷记本科目；将财政专户管理资金的有关支出科目借方余额转入本科目借方，借记本科目，贷记“财政专户管理资金支出”等科目。

【例 6-4】××市财政局 20×6 年发生如下经济业务：

（1）年终结账时，财政专户管理资金收入贷方余额 150 万元转入财政专户管理资金结余科目。

会计分录如下：

借：财政专户管理资金收入　　　　1 500 000

　贷：财政专户管理资金结余　　　　1 500 000

同时，在财政专户管理资金收入明细账户的借方登记。

（2）年终结账时，财政专户管理资金支出借方余额 100 万元转入财政专户管理资金结余科目。

会计分录如下：

借：财政专户管理资金结余　　　　1 000 000

　贷：财政专户管理资金支出　　　　1 000 000

同时，在财政专户管理资金支出明细账户的贷方登记。

【例 6-5】某市财政年终结转“财政专户管理资金收入”账户，结转前“财政专户管理资金收入”账户贷方余额为 20 000 000 元。

借：财政专户管理资金收入　　　　20 000 000

　贷：财政专户管理资金结余　　　　20 000 000

同时，财政总预算会计应结清所有财政专户管理资金收入明细账的余额。

【例 6-6】某市财政年终结转财政专户管理资金支出账户，结转前“财政专户管理资金支出”账户借方余额为 15 000 000 元。

借：财政专户管理资金结余　　　　15 000 000

　贷：财政专户管理资金支出　　　　15 000 000

同时，财政总预算会计应结清所有财政专户管理资金支出明细账的余额。

第五节　专用基金结余的核算

一、专用基金结余的概念

专用基金结余是指专用基金收支的执行结果，即政府财政管理的专用基金收支相抵形成的结余。

二、专用基金结余的账务处理

设置科目“专用基金结余”，并根据专用基金的种类进行明细核算。本科目的年终贷方余额反映政府财政管理的专用基金收支相抵后的滚存结余。

年终转账时，将专用基金的有关收入科目贷方余额转入本科目贷方，借记“专用基金收入”等科目，贷记本科目；将专用基金的有关支出科目借方余额转入本科目借方，借记本科目，贷记“专用基金支出”等科目。

【例 6-7】××市财政局 20×6 年发生如下经济业务：

（1）年终结账时，专用基金收入贷方余额 400 万元。

会计分录如下：

借：专用基金收入——粮食风险基金收入　　　　4 000 000

　贷：专用基金结余——粮食风险基金　　　　　　4 000 000

（2）年终结账时，将专用基金支出——粮食风险基金支出账户借方余额 380 万元全部转入“专用基金结余”账户。

会计分录如下：

借：专用基金结余　　　　3 800 000

　贷：专用基金支出——粮食风险基金支出　　　　3 800 000

第六节　预算稳定调节基金的核算

一、预算稳定调节基金的概念

预算稳定调节基金是指政府财政安排用于弥补以后年度预算资金不足的储备资金。

二、预算稳定调节基金的账务处理

设置科目“预算稳定调节基金”，期末贷方余额反映预算稳定调节基金的规模。

（1）使用超收收入或一般公共预算结余补充预算稳定调节基金时，借记“安排预算稳定调节基金”科目，贷记本科目。

（2）将预算周转金调入预算稳定调节基金时，借记“预算周转金”科目，贷记本科目。

（3）调用预算稳定调节基金时，借记本科目，贷记“动用预算稳定调节基金”科目。

【例 6-8】××市财政局 20×6 年发生如下经济业务：

（1）年度终了，根据当年可支配财力和当年一般预算超收情况，报经市政府批准，从财政超收收入中安排预算稳定调节基金 2 000 万元。

会计分录如下：

借：安排预算稳定调节基金　　　　20 000 000

　贷：预算稳定调节基金　　　　20 000 000

同时，

借：一般公共预算结转结余　　20 000 000
　贷：安排预算稳定调节基金　　20 000 000

（2）年度终了，为弥补财政短收年份预算执行收支缺口，经市政府批准，调用预算稳定调节基金 1 000 万元。

会计分录如下：

借：预算稳定调节基金　　10 000 000
　贷：动用预算稳定调节基金　　10 000 000

同时，

借：动用预算稳定调节基金　　10 000 000
　贷：一般公共预算结转结余　　10 000 000

第七节　预算周转金的核算

一、预算周转金的概念

预算周转金是指根据《中华人民共和国预算法》的要求，政府财政为调剂预算年度内季节性收支差额，保证及时用款而设置的库款周转资金。

二、预算周转金的账务处理

设置科目“预算周转金”，期末贷方余额反映预算周转金的规模。

（1）设置和补充预算周转金时，借记“一般公共预算结转结余”科目，贷记本科目。

（2）将预算周转金调入预算稳定调节基金时，借记本科目，贷记“预算稳定调节基金”科目。

【例 6-9】××市财政局 20×6 年发生如下经济业务：经上级批准核定的数额，从一般预算结余中补充预算周转金 100 万元。

会计分录如下：

借：一般公共预算结转结余　　1 000 000
　贷：预算周转金　　1 000 000

第八节　资产基金与待偿债净资产的核算

一、资产基金的核算

资产基金是指政府财政持有的债权和股权投资等资产（与其相关的资金收支纳入预算管理）在净资产中占用的金额。

设置科目“资产基金”，并设置“应收地方政府债券转贷款”“应收主权外债转贷款”“股权投资”“应收股利”等明细科目，进行明细核算。期末贷方余额，反映政府财政持有应收地方政府债券转贷款、应收主权外债转贷款、股权投资和应收股利等资产（与其相关的资金收支纳入预算管理）在净资产中占用的金额。

资产基金的账务处理参见“应收地方政府债券转贷款”“应收主权外债转贷款”“股权投资”和“应收股利”等科目的使用说明。

二、待偿债净资产的账务处理

待偿债净资产是指政府财政承担应付短期政府债券、应付长期政府债券、借入款项、应付地方政府债券转贷款、应付主权外债转贷款、其他负债等负债（与其相关的资金收支纳入预算管理）而相应需在净资产中冲减的金额。

设置科目“待偿债净资产”，并设置“应付短期政府债券”“应付长期政府债券”“借入款项”“应付地方政府债券转贷款”“应付主权外债转贷款”“其他负债”等明细科目，进行明细核算。本科目的期末借方余额，反映政府财政承担应付政府债券、借入款项、应付地方政府债券转贷款、应付主权外债转贷款和其他负债等负债（与其相关的资金收支纳入预算管理）而相应需冲减净资产的金额。

待偿债净资产的账务处理参见“应付短期政府债券”“应付长期政府债券”“借入款项”“应付地方政府债券转贷款”“应付主权外债转贷款”和“其他负债”等科目的使用说明。

第七章
财政总预算会计收入的核算

财政总预算会计收入是指政府财政为实现政府职能，根据法律法规等所筹集的资金，包括一般公共预算本级收入、政府性基金预算本级收入、国有资本经营预算本级收入、财政专户管理资金收入、专用基金收入、转移性收入、债务收入、债务转贷收入等。

一般公共预算本级收入、政府性基金预算本级收入、国有资本经营预算本级收入、财政专户管理资金收入和专用基金收入应当按照实际收到的金额入账。转移性收入应当按照财政体制的规定或实际发生的金额入账。债务收入应当按照实际发行额或借入的金额入账，债务转贷收入应当按照实际收到的转贷金额入账。已建乡（镇）国库的地区，乡（镇）财政的本级收入以乡（镇）国库收到数为准。县（含县本级）以上各级财政的各项预算收入（含固定收入与共享收入）以缴入基层国库数额为准。未建乡（镇）国库的地区，乡（镇）财政的本级收入以乡（镇）总会计收到县级财政返回数额为准。

财政总预算会计应当加强各项收入的管理，严格会计核算手续。对于各项收入的账务处理必须以审核无误的国库入库凭证、预算收入日报表和其他合法凭证为依据。发现错误，应当按照相关规定及时通知有关单位共同更正。对于已缴入国库和财政专户的收入退库（付），要严格把关，强化监督。凡不属于国家规定的退库（付）项目，一律不得冲退收入。属于国家规定的退库（付）事项，具体退库（付）程序按财政部的有关规定办理。

第一节　一般公共预算本级收入的核算

一、一般公共预算本级收入的概念

一般公共预算本级收入是指政府财政筹集的纳入本级一般公共预算管理的税收收入和非税收入。

（一）范围

（1）工商税收，包括增值税、消费税、专项调节税、个人所得税、证券交易税、遗产税、土地增值税、外商投资企业和外国企业所得税、城市维护建设税、车船使用税、房产税、屠宰税、资源税、印花税等；

（2）关税；

(3) 农牧业税和耕地占用税;

(4) 企业所得税;

(5) 国有企业上缴利润;

(6) 国有企业计划亏损补贴;

(7) 债务收入，包括中央政府和地方政府向外国政府或国际组织借款收入、国库券收入等;

(8) 基本建设贷款归还收入;

(9) 其他收入，包括事业收入、外事服务收入等;

(10) 预算调剂收入，包括税收返还收入、上年结余收入、调入资金等;

(11) 企业所得税退税，指企业按“先征后退”政策退还的所得税;

(12) 罚没收入;

(13) 行政性收费收入。

(二) 缴库方式

(1) 就地缴库，指由基层缴库单位（缴款人）按征收机关规定的缴款期限，直接向当地国库或国库经收处缴纳。

(2) 集中缴库，指由基层缴款单位将应缴的预算收入通过银行汇解到上级主管部门，由主管部门汇总后按征收机关规定的缴款期限向国库或国库经收处缴纳。

(3) 自缴自汇，指由缴款单位直接向基层税务机关、海关缴纳税款，由税务机关、海关将所收的款项汇总缴国库或国库经收处。国库收到预算收入后，按照财政管理体制规定的预算级次和收入划分，将入库款项分别划解入各级国库。

二、一般公共预算本级收入的账务处理

设置科目“一般公共预算本级收入”，并根据《政府收支分类科目》中“一般公共预算收入科目”的规定进行明细核算。本科目的贷方余额反映一般公共预算本级收入的累计数。

(1) 收到款项时，根据当日预算收入日报表所列一般公共预算本级收入数，借记“国库存款”等科目，贷记本科目。

(2) 年终转账时，本科目贷方余额全数转入“一般公共预算结转结余”科目，借记本科目，贷记“一般公共预算结转结余”科目。结转后，本科目无余额。

【例 7-1】根据国库报来的“预算收入日报表”可知当日税收收入共计 200 万元。

借：国库存款	2 000 000	
贷：一般公共预算本级收入		2 000 000

【例 7-2】某市财政总会计收到国库报来的预算收入日报表，当日营业税收入 15 万元，个人所得税收入 10 万元，国有企业计划亏损补贴退库 28 万元，企业所得税退税 12 万元。

借：国库存款	650 000	
贷：一般公共预算本级收入——营业税		150 000
——个人所得税		100 000
——国有企业计划亏损补贴		280 000
——企业所得税退税		120 000

【例7-3】年终，将“一般公共预算本级收入”账户贷方余额265万元转入“一般公共预算结转结余”账户。

借：一般公共预算本级收入　　2 650 000

　贷：一般公共预算结转结余　　2 650 000

第二节　政府性基金预算本级收入的核算

一、政府性基金预算本级收入的概念

政府性基金预算本级收入是指政府财政筹集的纳入本级政府性基金预算管理的非税收入。

（一）范围

1. 工业交通部门基金收入

工业交通部门基金收入包括：电力建设基金收入、三峡工程建设基金收入、养路费收入、车辆购置附加费收入、铁路建设基金收入、公路建设基金收入、民航基础设施建设基金收入、邮电附加费基金收入、港口建设费收入、市话初装基金收入、民航机场管理建设费收入、下放港口以港养港收入、烟草商业专营利润收入、碘盐基金收入、散装水泥专项资金收入、贴费收入、邮政补贴专项资金收入、墙体材料专项基金收入、铁路建设附加费收入和适航基金收入。

2. 商贸部门基金收入

商贸部门基金收入包括外贸发展基金收入和国家茧丝绸发展风险基金收入。

3. 文教部门基金收入

文教部门基金收入包括农村教育附加费收入、文化事业建设费收入、地方教育附加收入和地方教育基金收入。

4. 农业部门基金收入

农业部门基金收入包括新菜地开发基金收入、育林基金收入、灌溉水源灌排工程补偿费收入、中央水利建设基金收入和地方水利建设基金收入。

5. 土地有偿使用收入

土地有偿使用收入包括国有土地使用权有偿使用收入和新增建设用地土地有偿使用费收入。

6. 其他财政税费附加收入

其他财政税费附加收入包括农牧业税附加收入、城镇公用事业附加收入、渔业建设附加收入和其他附加收入。

7. 基金预算调拨

基金预算调拨包括基金预算补助收入、基金预算上解收入、基金预算调入资金和基金预算上年结余收入。

（二）缴库方式

基金预算收入按预算级次划分为中央基金预算收入、地方基金预算收入和中央与地方共享基金收入。其缴库方式与管理要求与一般预算收入的缴库方式和管理要求基本相同。

中央基金收入由财政部各地专员办事机构就地监缴入库或由中央主管部门集中收缴入库；地方基金预算收入由地方部门收缴入库；中央与地方共享基金收入由地方收缴后按基金所属的预算级次分别解缴入库。

二、政府性基金预算本级收入的账务处理

设置科目“政府性基金预算本级收入”，并根据《政府收支分类科目》中“政府性基金预算收入科目”的规定进行明细核算。本科目的贷方余额反映政府性基金预算本级收入的累计数。

（1）收到款项时，根据当日预算收入日报表所列政府性基金预算本级收入数，借记“国库存款”等科目，贷记本科目。

（2）年终转账时，本科目贷方余额全数转入“政府性基金预算结转结余”科目，借记本科目，贷记“政府性基金预算结转结余”科目。结转后，本科目无余额。

【例 7-4】根据国库报来的“政府性基金预算本级收入”当日收入共计 300 万元。

借：国库存款　　3 000 000

　贷：政府性基金预算本级收入　　3 000 000

【例 7-5】年终，将“政府性基金预算本级收入”账户贷方余额 300 万元转入“政府性基金预算结转结余”账户。

借：政府性基金预算本级收入　　3 000 000

　贷：政府性基金预算结转结余　　3 000 000

第三节　国有资本经营预算本级收入的核算

一、国有资本经营预算本级收入的概念

国有资本经营预算本级收入是指政府财政筹集的纳入本级国有资本经营预算管理的非税收入。主要包括：①国有独资企业按规定上缴国家的利润；②国有控股、参股企业国有股权股份获得的股利股息；③企业国有产权、国有股份的转让收入；④国有独资企业清算净收入，以及国有控股、参股企业国有股权股份分享的公司清算净收入；⑤其他收入。

二、国有资本经营预算本级收入的账务处理

设置科目“国有资本经营预算本级收入”，并根据《政府收支分类科目》中“国有资本经营预算收入科目”的规定进行明细核算。本科目的贷方余额反映国有资本经营预算本级收入的累计数。

（1）收到款项时，根据当日预算收入日报表所列国有资本经营预算本级收入数，借记“国库存款”等科目，贷记本科目。

（2）年终转账时，本科目贷方余额全数转入“国有资本经营预算结转结余”科目，借记本科目，贷记“国有资本经营预算结转结余”科目。结转后，本科目无余额。

【例 7-6】根据国库报来的“国有资本经营预算本级收入”当日收入共计 100 万元。

借：国库存款　　　　　　　　　　　　　　　　　　　1 000 000

　贷：国有资本经营预算本级收入　　　　　　　　　　　　1 000 000

【例 7-7】年终，将“国有资本经营预算本级收入”账户贷方余额 100 万元转入“国有资本经营预算结转结余”账户。

借：国有资本经营预算本级收入　　　　　　　　　　　1 000 000

　贷：国有资本经营预算结转结余　　　　　　　　　　　　1 000 000

第四节　财政专户管理资金收入的核算

一、财政专户管理资金收入的概念

财政专户管理资金收入，是指政府财政纳入财政专户管理的教育收费等资金收入。

财政专户，是指财政部门为履行财政管理职能，在银行业金融机构开设用于管理核算特定资金的银行结算账户。

特定资金，包括社会保险基金、国际金融组织和外国政府贷款赠款、偿债准备金、待缴国库单一账户的非税收入、教育收费、彩票发行机构和销售机构业务费、代管预算单位资金等。

银行业金融机构，是指在中华人民共和国境内依法设立的商业银行、城市信用合作社、农村信用合作社等吸收公众存款的金融机构以及政策性银行。

二、财政专户管理

（一）开户银行选择与管理

（1）财政部门应选择同城银行经办机构作为财政专户开户银行，不得在非银行业金融机构、异地银行经办机构开设财政专户。

（2）财政部门应采取招投标方式选择财政专户开户银行。有以下情形之一，不具备招投标条件的，应采取集体决策方式选择开户银行：

①满足资金管理核算要求的银行数量少于 3 家；

②资金量较小，采取招投标方式成本相对较高；

③发生不可预见紧急情况，采用招投标方式所需时间不能满足急需。

（3）采取集体决策方式选择财政专户开户银行的，应通过财政厅（局）领导办公会议讨论确定，并在会议记录中反映采用集体决策方式的原因、对备选银行的评比情况、会议表决情况和最后决定等。

（4）选择财政专户开户银行过程中，应采取综合评分法对投标银行或集体决策备选银行进行评分，根据评分结果选择开户银行。综合评分法由评分指标和评分标准两部分构成。

①评分指标至少包括经营状况和服务水平两方面，财政部门可以结合当地实际情况和管理要求设定相关具体指标。经营状况指标主要反映开户银行的资产质量、

偿付能力、运营能力、内部控制水平等方面。服务水平指标主要反映开户银行信息系统建设、对账服务、分账核算服务、以往提供财政服务履约情况等方面。

②评分标准主要明确各项评分指标的权重和计分公式。经营状况指标所占权重不应低于40%。

（5）财政部门应根据本办法制定财政专户开户银行选择办法，细化开户银行招投标程序、集体决策程序、评分指标、评分标准等规定。地方财政专户开户银行选择办法由省级财政部门统一制定，并报财政部备案。

（6）财政部门应与财政专户开户银行签订规范的银行账户管理协议，全面、清晰界定双方的权利义务关系。权利义务关系包括开户银行应提供的具体服务事项、违约责任的处理、财政部门和开户银行在保证财政专户资金安全中的职责、协议变更和终止条件等。

（7）财政部门应建立财政专户开户银行业务综合考评机制，定期对开户银行进行评估，对于评分结果不合格，或出现运营风险、内控制度不健全、管理不善的开户银行，应及时更换。

（二）资金管理

（1）财政部门应对财政专户资金实行集中管理、分账核算，确保资金安全，提高资金使用效益。

（2）财政专户中用于支出（或退付）的资金，原则上应按照预算、用款计划、项目进度和规定程序支付，具备条件的地区可比照国库集中支付制度支付。

（3）财政部门应积极创造条件，实现非税收入资金直接缴入国库单一账户。暂未实现非税收入资金直接缴入国库单一账户的，应按规定时限将应上缴国库单一账户的非税收入资金足额缴库，禁止将非税收入资金坐支和用于调节收入进度。

通过财税库银税收收入电子缴库横向联网方式收缴社会保险基金的，要及时足额将资金划入社会保险基金财政专户。

（4）除依照法律法规和国务院、财政部的规定纳入财政专户管理的资金外，预算安排的资金应全部实行国库集中支付制度，不得转入财政专户。禁止将非财政专户管理的资金违规调入财政专户，禁止将财政专户资金借出周转使用，禁止违规改变财政专户资金用途，禁止利用财政专户资金对外提供担保质押。

（5）除应及时缴入国库单一账户的非税收入资金以及国家另有规定外，财政专户资金可在确保资金安全的前提下开展保值增值管理。

（6）社会保险基金按照国家的规定采取定期存款和购买国债等方式实现保值增值。其他财政专户资金采取定期存款、协定存款、通知存款实现保值增值。

（7）财政专户资金保值增值操作原则上应在开立财政专户的银行经办机构进行。确需在开户银行经办机构之外开展保值增值操作的，财政部门应制定具体的操作办法，规定开展保值增值操作的代理银行选择方法、资金安全风险防控措施等。省级财政部门应将操作办法报财政部核准，并将全年开展保值增值操作情况报财政部备案；省以下财政部门应将操作办法报省级财政部门核准，并将全年开展保值增值操作情况报省级财政部门备案。

（8）开展财政专户资金保值增值管理的财政部门应建立财政专户资金流量预测制度，科学预测财政专户资金收支流量，合理确定用于保值增值管理的资金规模和期限，确保财政专户资金支付需要。

（9）财政专户资金保值增值管理取得的收益（包括活期存款利息），除按照资金管理规定纳入本金统一核算或已指定用途外，应按规定上缴国库单一账户。对于按规定不上缴国库单一账户的保值增值管理收益，财政部门应准确区分收益的资金性质，不得改变收益的专门用途。

（10）财政部门应按照《财政总预算会计管理基础工作规定》的有关要求规范财政专户印鉴、票据、会计档案和会计核算管理，严格执行对账制度，完善内部控制机制。

（11）财政部门应将财政专户资金收付纳入信息系统管理，实现资金收付各环节之间的有效制衡。

三、财政专户管理资金收入的账务处理

设置科目“财政专户管理资金收入”，并按照《政府收支分类科目》中收入分类科目规定进行明细核算。同时，根据管理需要，按部门（单位）等进行明细核算。本科目的贷方余额反映财政专户管理资金收入的累计数。

（1）收到财政专户管理资金时，借记“其他财政存款”科目，贷记本科目。

（2）年终转账时，本科目贷方余额全数转入“财政专户管理资金结余”科目，借记本科目，贷记“财政专户管理资金结余”科目。结转后，本科目无余额。

【例 7-8】根据国库报来的“财政专户管理资金收入”当日收入共计 120 万元。

借：其他财政存款　　1 200 000

　贷：财政专户管理资金收入　　1 200 000

【例 7-9】年终，将“财政专户管理资金收入”账户贷方余额 120 万元转入“财政专户管理资金结余”账户。

借：财政专户管理资金收入　　1 200 000

　贷：财政专户管理资金结余　　1 200 000

【例 7-10】某市财政收到市教育局某中学交入财政专户的普通高中学费 200 000 元。

借：其他财政存款——未纳入预算并实行财政专户管理的资金存款

　　200 000

　贷：财政专户管理资金收入　　200 000

再在财政专户管理资金收入明细账贷方登记：

——非税收入——行政事业性收费收入——教育行政事业性收费收入

　　200 000

第五节　专用基金收入的核算

一、专用基金收入的概念

专用基金收入是指政府财政根据法律法规等规定设立的各项专用基金（包括粮食风险基金等）取得的资金收入。

二、专用基金收入的账务处理

设置科目“专用基金收入”，并按照专用基金的种类进行明细核算。本科目的贷方余额反映取得专用基金收入的累计数。

（1）通过预算支出安排取得专用基金收入转入财政专户的，借记“其他财政存款”科目，贷记本科目；同时，借记“一般公共预算本级支出”等科目，贷记“国库存款”“补助收入”等科目。退回专用基金收入时，借记本科目，贷记“其他财政存款”科目。

（2）通过预算支出安排取得专用基金收入仍存在国库的，借记“一般公共预算本级支出”等科目，贷记“专用基金收入”科目。

3. 年终转账时，本科目贷方余额全数转入“专用基金结余”科目，借记本科目，贷记“专用基金结余”科目。结转后，本科目无余额。

【例 7-11】收到市财政安排的专用基金收入 20 000 元。

借：其他财政存款　　20 000

　贷：专用基金收入　　20 000

【例 7-12】某市财政年终将“专用基金收入”的贷方余额 20 000 元转入“专用基金结余”。

借：专用基金收入　　20 000

　贷：专用基金结余　　20 000

第六节　转移性收入的核算

转移性收入是指在各级政府财政之间进行资金调拨以及在本级政府财政不同类型资金之间调剂所形成的收入，包括补助收入、上解收入、调入资金和地区间援助收入等。

一、补助收入的核算

（一）补助收入的概念

补助收入是指上级政府财政按照财政体制规定或因专项需要补助给本级政府财政的款项，包括税收返还、转移支付等。

（二）补助收入的核算

设置科目“补助收入”，并按照不同的资金性质设置“一般公共预算补助收入”“政府性基金预算补助收入”等明细科目。本科目的贷方余额反映补助收入的累计数。

（1）收到上级政府财政拨入的补助款时，借记“国库存款”“其他财政存款”等科目，贷记本科目。

（2）专项转移支付资金实行特设专户管理的，政府财政应当根据上级政府财政下达的预算文件确认补助收入。年度当中收到资金时，借记“其他财政存款”科目，贷记“与上级往来”等科目；年度终了，根据专项转移支付资金预算文件，借记“与上级往来”科目，贷记本科目。

（3）从“与上级往来”科目转入本科目时，借记“与上级往来”科目，贷记本科目。

（4）有主权外债业务的财政部门，贷款资金由本级政府财政同级部门（单位）使用，且贷款的最终还款责任由上级政府财政承担的，本级政府财政部门收到贷款资金时，借记“其他财政存款”科目，贷记本科目；外方将贷款资金直接支付给供应商或用款单位时，借记“一般公共预算本级支出”，贷记本科目。

（5）年终与上级政府财政结算时，根据预算文件，按照尚未收到的补助款金额，借记“与上级往来”科目，贷记本科目。退还或核减补助收入时，借记本科目，贷记“国库存款”“与上级往来”等科目。

（6）年终转账时，本科目贷方余额应根据不同资金性质分别转入对应的结转结余科目，借记本科目，贷记“一般公共预算结转结余”“政府性基金预算结转结余”等科目。结转后，本科目无余额。

【例 7-13】某市收到上级拨入的一般预算补助款 6 万元和基金预算补助款 10 万元，并按规定存入指定银行。

借：国库存款	60 000	
贷：补助收入		60 000
借：其他财政存款	100 000	
贷：补助收入		100 000

二、上解收入的核算

（一）上解收入的概念

上解收入是指按照体制规定由下级政府财政上交给本级政府财政的款项。

（二）上解收入的账务处理

设置科目“上解收入”，并按照不同资金性质设置“一般公共预算上解收入”“政府性基金预算上解收入”等明细科目。同时，还应当按照上解地区进行明细核算。本科目的贷方余额反映上解收入的累计数。

（1）收到下级政府财政的上解款时，借记“国库存款”等科目，贷记本科目。

（2）年终与下级政府财政结算时，根据预算文件，按照尚未收到的上解款金额，借记“与下级往来”科目，贷记本科目。退还或核减上解收入时，借记本科目，贷记“国库存款”“与下级往来”等科目。

（3）年终转账时，本科目贷方余额应根据不同资金性质分别转入对应的结转结余科目，借记本科目，贷记“一般公共预算结转结余”“政府性基金预算结转结余”等科目。结转后，本科目无余额。

【例 7-14】某市收到所属县财政上交的上解收入 30 万元。

借：国库存款	300 000	
贷：上解收入		300 000

三、调入资金的核算

（一）调入资金的概念

调入资金是指政府财政为平衡某类预算收支、从其他类型预算资金及其他渠道调入的资金。

（二）调入资金的账务处理

设置科目“调入资金”，并按照不同资金性质设置“一般公共预算调入资金”“政府性基金预算调入资金”等明细科目。本科目的贷方余额反映调入资金的累计数。

（1）从其他类型预算资金及其他渠道调入一般公共预算时，按照调入的资金金额，借记“调出资金——政府性基金预算调出资金”“调出资金——国有资本经营预算调出资金”“国库存款”等科目，贷记本科目（一般公共预算调入资金）。

2. 从其他类型预算资金及其他渠道调入政府性基金预算时，按照调入的资金金额，借记“调出资金——一般公共预算调出资金”“国库存款”等科目，贷记本科目（政府性基金预算调入资金）。

3. 年终转账时，本科目贷方余额分别转入相应的结转结余科目，借记本科目，贷记“一般公共预算结转结余”“政府性基金预算结转结余”等科目。结转后，本科目无余额。

【例 7-15】某市财政 2016 年 3 月从地方财政附加税费结余中调入资金 10 万元，用于平衡预算收支。

借：国库存款　　100 000

　贷：调入资金　　100 000

借：调出资金　　100 000

　贷：国库存款　　100 000

四、地区间援助收入的核算

（一）地区间援助收入的概念

地区间援助收入是指受援方政府财政收到援助方政府财政转来的可统筹使用的各类援助、捐赠等资金收入。

（二）地区间援助收入的账务处理

设置科目“地区间援助收入”，并按照援助地区及管理需要进行相应的明细核算。本科目的贷方余额反映地区间援助收入的累计数。

（1）收到援助方政府财政转来的资金时，借记“国库存款”科目，贷记本科目。

（2）年终转账时，本科目贷方余额全数转入“一般公共预算结转结余”科目，借记本科目，贷记“一般公共预算结转结余”科目。结转后，本科目无余额。

【例 7-16】某市财政 2016 年 7 月收到援助方政府财政转来的资金 10 万元。

借：国库存款　　100 000

　贷：地区间援助收入　　100 000

第七节　债务收入的核算

一、债务收入的概念

债务收入是指政府财政按照国家法律、国务院规定以发行债券等方式取得的，以及向外国政府、国际金融组织等机构借款取得的纳入预算管理的债务收入。

二、债务收入的账务处理

设置科目“债务收入”，并按照《政府收支分类科目》中“债务收入”科目的规定进行明细核算。本科目的贷方余额反映债务收入的累计数。

（1）省级以上政府财政收到政府债券发行收入时，按照实际收到的金额，借记“国库存款”科目，按照政府债券实际发行额，贷记本科目，按照发行收入和发行额的差额，借记或贷记有关支出科目；根据债务管理部门转来的债券发行确认文件等相关资料，按照到期应付的政府债券本金金额，借记“待偿债净资产——应付短期政府债券/应付长期政府债券”科目，贷记“应付短期政府债券”“应付长期政府债券”等科目。

（2）政府财政向外国政府、国际金融组织等机构借款时，按照借入的金额，借记“国库存款”“其他财政存款”等科目，贷记本科目；根据债务管理部门转来的相关资料，按照实际承担的债务金额，借记“待偿债净资产——借入款项”科目，贷记“借入款项”科目。

（3）本级政府财政借入主权外债，且由外方将贷款资金直接支付给用款单位或供应商时，应根据以下情况分别处理：

①本级政府财政承担还款责任，贷款资金由本级政府财政同级部门（单位）使用的，本级政府财政根据贷款资金支付相关资料，借记“一般公共预算本级支出”科目，贷记本科目；根据债务管理部门转来的相关资料，按照实际承担的债务金额，借记“待偿债净资产——借入款项”科目，贷记“借入款项”科目。

②本级政府财政承担还款责任，贷款资金由下级政府财政同级部门（单位）使用的，本级政府财政根据贷款资金支付相关资料及预算指标文件，借记“补助支出”科目，贷记本科目；根据债务管理部门转来的相关资料，按照实际承担的债务金额，借记“待偿债净资产——借入款项”科目，贷记“借入款项”科目。

③下级政府财政承担还款责任，贷款资金由下级政府财政同级部门（单位）使用的，本级政府财政根据贷款资金支付相关资料，借记“债务转贷支出”科目，贷记本科目；根据债务管理部门转来的相关资料，按照实际承担的债务金额，借记“待偿债净资产——借入款项”科目，贷记“借入款项”科目；同时，借记“应收主权外债转贷款”科目，贷记“资产基金——应收主权外债转贷款”科目。

（4）年终转账时，本科目下“专项债务收入”明细科目的贷方余额应按照对应的政府性基金种类分别转入“政府性基金预算结转结余”相应明细科目，借记本科目（专项债务收入明细科目），贷记“政府性基金预算结转结余”科目；本科目下其他明细科目的贷方余额全数转入“一般公共预算结转结余”科目，借记本科目（其他明细科目），贷记“一般公共预算结转结余”科目。结转后，本科目无余额。

【例 7-17】某省财政收到中国人民银行国库报来的公共财政预算收入日报表，当日共收到债券发行收入 300 000 元。

借：国库存款	300 000	
贷：债务收入		300 000

第八节　债务转贷收入的核算

一、债务转贷收入的概念

债务转贷收入是指省级以下（不含省级）政府财政收到上级政府财政转贷的债务收入。

二、债务转贷收入的账务处理

设置科目“债务转贷收入”，并当设置“地方政府一般债务转贷收入”“地方政府专项债务转贷收入”明细科目。本科目的贷方余额反映债务转贷收入的累计数。

（1）省级以下（不含省级）政府财政收到地方政府债券转贷收入时，按照实际收到的金额，借记“国库存款”科目，贷记本科目；根据债务管理部门转来的相关资料，按照到期应偿还的转贷款本金金额，借记“待偿债净资产——应付地方政府债券转贷款”科目，贷记“应付地方政府债券转贷款”科目。

（2）省级以下（不含省级）政府财政收到主权外债转贷收入的具体账务处理如下：

①本级财政收到主权外债转贷资金时，借记“其他财政存款”科目，贷记本科目；根据债务管理部门转来的相关资料，按照实际承担的债务金额，借记“待偿债净资产——应付主权外债转贷款”科目，贷记“应付主权外债转贷款”科目。

②从上级政府财政借入主权外债转贷款，且由外方将贷款资金直接支付给用款单位或供应商时，应根据以下情况分别处理：

第一，本级政府财政承担还款责任，贷款资金由本级政府财政同级部门（单位）使用的，本级政府财政根据贷款资金支付相关资料，借记“一般公共预算本级支出”科目，贷记本科目；根据债务管理部门转来的相关资料，按照实际承担的债务金额，借记“待偿债净资产——应付主权外债转贷款”科目，贷记“应付主权外债转贷款”科目。

第二，本级政府财政承担还款责任，贷款资金由下级政府财政同级部门（单位）使用的，本级政府财政根据贷款资金支付相关资料及预算文件，借记“补助支出”科目，贷记本科目；根据债务管理部门转来的相关资料，按照实际承担的债务金额，借记“待偿债净资产——应付主权外债转贷款”科目，贷记“应付主权外债转贷款”科目。

第三，下级政府财政承担还款责任，贷款资金由下级政府财政同级部门（单位）使用的，本级政府财政根据转贷资金支付相关资料，借记“债务转贷支出”科目，贷记本科目；根据债务管理部门转来的相关资料，按照实际承担的债务金额，借记“待偿债净资产——应付主权外债转贷款”科目，贷记“应付主权外债转贷款”科目；同时，借记“应收主权外债转贷款”科目，贷记“资产基金——应收主权外债转贷款”科目。下级政府财政根据贷款资金支付相关资料，借记“一般公共预算本级支出”科目，贷记本科目；根据债务管理部门转来的相关资料，按照实际承担的债务金额，借记“待偿债净资产——应付主权外债转贷款”科目，贷记“应付主权外债转贷款”科目。

（3）年终转账时，本科目下“地方政府一般债务转贷收入”明细科目的贷方余额全数转入“一般公共预算结转结余”科目，借记本科目，贷记“一般公共预算结转结余”科目。本科目下“地方政府专项债务转贷收入”明细科目的贷方余额按照对应的政府性基金种类分别转入“政府性基金预算结转结余”相应明细科目，借记本科目，贷记“政府性基金预算结转结余”科目。结转后，本科目无余额。

【例 7-18】某省政府财政收到地方政府财政转贷的债务收入 400 000 元。

借：国库存款　　400 000

　贷：债务转贷收入　　400 000

第九节　动用预算稳定调节基金的核算

一、动用预算稳定调节基金的概念

动用预算稳定调节基金是指政府财政为弥补本年度预算资金的不足，调用的预算稳定调节基金。

根据 2014 年新修订的《中华人民共和国预算法》《国务院办公厅关于进一步做好盘活财政存量资金工作的通知》以及《财政部关于推进地方盘活财政存量资金有关事项的通知》，预算稳定调节基金的来源为：

（1）各级一般公共预算年度执行中的超收收入。

（2）各级一般公共预算两年及以上的结转资金，应当作为结余资金管理，补充预算稳定调节基金。

（3）政府性基金结转资金规模超过该项基金当年收入的 30%的部分，应调入一般公共预算统筹使用，补充预算稳定调节基金。

（4）各级政府预算周转金额度超过本级政府预算支出总额的 4%的规定比例，应补充预算稳定调节基金。

（5）各地政府批准的其他收入。

二、动用预算稳定调节基金的账务处理

设置科目“动用预算稳定调节基金”，平时贷方余额反映动用预算稳定调节基金的累计数。

（1）调用预算稳定调节基金时，借记“预算稳定调节基金”科目，贷记本科目。

（2）年终转账时，本科目贷方余额全数转入“一般公共预算结转结余”科目，借记本科目，贷记“一般公共预算结转结余”科目。结转后，本科目无余额。

【例 7-19】某市财政 2016 年 10 月为弥补本年度预算资金的不足，调用预算稳定调节基金 15 万元。

借：预算稳定调节基金　　150 000

　贷：动用预算稳定调节基金　　150 000

第八章
财政总预算会计支出的核算

财政总预算会计支出是指政府财政为实现政府职能，对财政资金的分配和使用，包括一般公共预算本级支出、政府性基金预算本级支出、国有资本经营预算本级支出、财政专户管理资金支出、专用基金支出、转移性支出、债务还本支出、债务转贷支出等。

一般公共预算本级支出、政府性基金预算本级支出、国有资本经营预算本级支出一般应当按照实际支付的金额入账，年末可采用权责发生制将国库集中支付结余列支入账。从本级预算支出中安排提取的专用基金，按照实际提取金额列支入账。财政专户管理资金支出、专用基金支出应当按照实际支付的金额入账。转移性支出应当按照财政体制的规定或实际发生的金额入账。债务转贷支出应当按照实际转贷的金额入账。债务还本支出应当按照实际偿还的金额入账。凡是属于预拨经费的款项，到期转列支出时，应当按本条前款规定列报口径转列支出。对于收回当年已列支出的款项，应冲销当年支出。对于收回以前年度已列支出的款项，除财政部门另有规定外，应冲销当年支出。

财政总预算会计应当加强支出管理，科学预测和调度资金，严格按照批准的年度预算和用款计划办理支出，严格审核拨付申请，严格按预算管理规定和拨付实际列报支出，不得办理无预算、无用款计划、超预算、超用款计划的支出，不得任意调整预算支出科目。对于各项支出的账务处理必须以审核无误的国库划款清算凭证、资金支付凭证和其他合法凭证为依据。地方各级财政部门除国库集中支付结余外，不得采用权责发生制列支。权责发生制列支只限于年末采用，平时不得采用。

第一节　一般公共预算本级支出的核算

一、一般公共预算本级支出的概念

一般公共预算本级支出是指政府财政管理的由本级政府使用的列入一般公共预算的支出。

（一）范围

1. 基本建设支出

基本建设支出反映按照国家有关规定，属于基本建设范围的基建有偿使用支出、基建拨款支出、国家资本金、基建贷款贴息支出和专项基建支出等。

2. 企业挖潜改造资金

企业挖潜改造资金反映由国家预算拨款，用于企业挖潜、革新和改造方面的资金。

3. 地质勘探费

地质勘探费反映地质勘探机构的勘探工作费用。

4. 科技三项费用

科技三项费用反映由国家预算安排的新产品试制费、中间试验费、重要科学研究补助费等科学技术三项费用。

5. 流动资金

流动资金反映按规定列入国家预算支出的流动资金，主要包括中央对核工业、航天航空工业企业的流动资金拨款和地方财政对用自筹资金建设的并纳入预算的企业拨付的自有流动资金。

6. 支援农村生产支出

支援农村生产支出反映国家财政支援农村集体（户）的各项生产支出。

7. 农业综合开发支出

农业综合开发支出反映国家财政用于农业综合开发投资和配套资金的支出。

8. 农林水利气象等部门的事业费

农林水利气象等部门的事业费反映农、林、水、牧、副、渔以及乡镇企业等的事业费支出。

9. 工业交通等部门的事业费

工业交通等部门的事业费反映工业、交通等部门进行业务活动的各项事业费开支，如勘察设计费、干部训练费等。

10. 流通部门事业费

流通部门事业费反映商业、粮食、外贸等部门的各项事业费支出。

11. 文体广播事业费

文体广播事业费反映文化、医疗、卫生、广播、通信等事业费支出。

12. 教育事业费

教育事业费专门用于反映各类教育部门的事业费支出，包括高等学校、中学、小学、中专、技校等的教育经费。

13. 科学事业费

科学事业费反映由各级科技行政主管部门归口管理的事业费以及中国社会科学院系统和高技术研究计划的经费。

14. 卫生经费

卫生经费反映卫生部及地方卫生部门的事业费。

15. 税务等部门的事业费

税务等部门的事业费反映税务、统计、财政、工商管理、华侨、旅游等事业费。

16. 抚恤和社会福利救济费

抚恤和社会福利救济费反映国家用于帮助城乡人民解决生产和生活困难的各项有关预算支出，如按规定由民政部门开支的各项抚恤金和救济费等。

17. 行政事业单位离退休经费

行政事业单位离退休经费反映实行归口管理的行政事业单位离退休经费。

18. 社会保障补助支出

社会保障补助支出反映财政对社会保险基金不足时所给予的补贴支出、对社会保险经办机构的经费补助以及对国有企业下岗职工基本生活保障补助支出等。

19. 国防支出

国防支出反映国防建设、民兵建设以及国家专项工程等开支。

20. 行政管理费

行政管理费反映国家为保证国家权力机关和行政管理机关领导和组织政治、经济、文化等活动所支付的费用。

21. 公检法司支出

公检法司支出反映国家用于各级公安、检察、法院、司法等经费和业务费支出。

22. 城市维护费

城市维护费反映用于城市维护的设施费，中、小学校维修补助费，公共环境卫生补助费以及城市其他公共事业的维护费等。

23. 政策性补贴支出

政策性补贴支出反映国家批准的原作为收入退库处理的价格补贴项目，如粮、棉的价差补贴等。

24. 支援不发达地区支出

支援不发达地区支出反映国家支援不发达地区的发展资金和专项补助资金，以及边境建设事业补助费和少数民族地区补助费支出。

25. 专项支出

专项支出反映用排污费、城市水资源、教育费附加、矿产资源补偿费以及改烧油为烧煤专项收入安排的支出。

26. 其他支出

其他支出反映以上各项支出未包括的必要开支。

27. 总预备费

总预备费反映国家财政的当年后备资金，用以解决临时急需和难以预料的开支。

28. 一般预算调拨支出

一般预算调拨支出反映各级财政之间在执行预算过程中，发生的补助或上解支出。此类支出只是财政上下级之间财政资金的转移，而不反映预算支出的实际增加。

（二）列报口径

从拨付到实际耗费须经过三个阶段。

第一阶段为拨款阶段，即财政按预算将款项从国库中拨付给主管部门，再从主管部门拨到用款单位；

第二阶段为银行支出阶段，即用款单位从银行支出取存款，用于形成备用现金、材料储备或暂付资金；

第三阶段为实际支出阶段，即用款单位直接支取款项用于消费或将材料、现金投入使用。对于已拨付到用款单位的款项，用款单位已从银行提取的部分即使未被实际消耗，财政部门也无法重新进行分配；在实行经费包干的情况下，财政部门拨出的经费，即使用款单位未从银行提取，也不能作为预算资金重新分配。因此，按收付实现制原则，一般预算支出的列报口径有以下两种：以银行支出数为标准列报预算支出和以拨款数为标准列报预算支出。在行政事业经费普遍实行包干以后，除下述情况以外，一般预算支出以拨款数列报支出。

（1）实行限额管理的基本建设支出按用款单位银行支出数列报。

（2）对行政事业单位的非包干支出和专项支出，平时按财政拨款列报，年终清理结算收回拨款时再冲销已列支出。对于收回以前年度已列支出的款项，除财政部门另有规定外，冲销当年支出。

（3）凡预算执行过程中以预算资金预算拨以后各期经费以及会计年度终了前预拨给用款单位的下年度经费，拨付时均作为预拨款处理，到期再按规定的列报口径列报预算支出。

二、一般公共预算本级支出的账务处理

设置科目“一般公共预算本级支出”，并根据《政府收支分类科目》中的支出功能分类科目设置明细科目。同时，根据管理需要，按照支出经济分类科目、部门等进行明细核算。本科目的借方余额反映一般公共预算本级支出的累计数

（1）实际发生一般公共预算本级支出时，借记本科目，贷记“国库存款”“其他财政存款”等科目。

（2）年度终了，对纳入国库集中支付管理的、当年未支而需结转下一年度支付的款项（国库集中支付结余），采用权责发生制确认支出时，借记本科目，贷记“应付国库集中支付结余”科目。

（3）年终转账时，本科目借方余额应全数转入“一般公共预算结转结余”科目，借记“一般公共预算结转结余”科目，贷记本科目。结转后，本科目无余额。

【例 8-1】××市财政局 20×6 年发生如下经济业务：以财政直接支付方式支付一般公共预算资金共计 525 000 元。具体支出科目如下：“一般公共服务支出——人大事务——行政运行”200 000 元；“一般公共服务支出——人大事务——一般行政管理事务”50 000 元；“一般公共服务支出——人大事务——机关服务”30 000 元；“一般公共服务支出——人大事务——人大会议”20 000 元；“公共安全支出——公安——行政运行”150 000 元；“公共安全支出——公安——一般行政管理事务”45 000 元；“公共安全支出——公安——机关服务”18 000 元；“公共安全支出——公安——刑事侦查”12 000 元。

借：一般公共预算本级支出	525 000	
贷：国库存款		525 000

同时，在一般公共预算本级支出明细账的借方登记如下：

一般公共服务支出——人大事务——行政运行	200 000
一般公共服务支出——人大事务——一般行政管理事务	50 000
一般公共服务支出——人大事务——机关服务	30 000
一般公共服务支出——人大事务——人大会议	20 000
公共安全支出——公安——行政运行	150 000
公共安全支出——公安——一般行政管理事务	45 000
公共安全支出——公安——机关服务	18 000
公共安全支出——公安——刑事侦查	12 000

【例 8-2】××市财政局 20×6 年发生如下经济业务：

以财政授权支付方式支付一般公共预算资金共计 530 000 元，具体支出科目如下："一般公共服务支出——税收事务——行政运行" 250 000 元；"一般公共服务支出——税收事务——税务办案" 10 000 元；"教育支出——教育管理事务——行政运行" 150 000 元；"文化体育与传媒支出——体育——体育场馆" 50 000 元；"城乡社区事务支出——城乡社区管理事务——城管执法" 30 000 元；"农林水支出——农业——技术推广" 40 000 元。

借：一般公共预算本级支出	530 000	
贷：国库存款		530 000

同时，在一般公共预算本级支出明细账的借方登记如下：

一般公共服务支出——税收事务——行政运行	250 000
一般公共服务支出——税收事务——税务办案	10 000
教育支出——教育管理事务——行政运行	150 000
文化体育与传媒支出——体育——体育场馆	50 000
城乡社区事务支出——城乡社区管理事务——城管执法	30 000
农林水支出——农业——技术推广	40 000

第二节　政府性基金预算本级支出的核算

一、政府性基金预算本级支出的概念

政府性基金预算本级支出是指政府财政管理的由本级政府使用的列入政府性基金预算的支出。

（一）范围

（1）工业交通部门基金支出，包括三峡工程基金、电力建设基金、车辆购置费、养路费、铁路建设基金、公路建设基金、民航基础设施建设基金、邮电附加费、港口建设费等项支出；

（2）商贸部门基金支出，包括中央外贸发展基金支出；

（3）文教部门基金支出，包括城市教育费附加支出、农村教育费附加支出、文化事业建设费等项支出；

（4）社会保障基金支出，包括企业职工基本养老金保险基金、职工医疗保险基金、企业职工失业保险基金、企业女生育保险基金等项支出；

（5）农业部门基金支出，包括灌溉水源灌排工程补助支出、育林基金专项支出等；

（6）其他部门基金支出，包括旅游发展基金支出、矿产资源补偿费支出、排污费支出、城市水资源费支出等；

（7）地方财政税费附加支出，包括基本建设支出、挖潜改造支出、城市维护支出、行政事业经费支出等。

（二）特点

各项基金都有特定的来源和用途，因此，总预算会计对其进行核算时应本着先

收后支、分项核算的原则。所谓先收后支是指总预算会计必须在认真确认单位调拨的项目是否有足够的资金来源的情况下，才能予以拨款；分项核算是指总预算会计必须按国家预算基金收支科目的规定对不同基金项目进行分别核算。

二、政府性基金预算本级支出的账务处理

设置科目“政府性基金预算本级支出”，并按照《政府收支分类科目》中的支出功能分类科目设置明细科目。同时，根据管理的需要，按照支出经济分类科目、部门等进行明细核算。本科目的借方余额反映政府性基金预算本级支出的累计数。

（1）实际发生政府性基金预算本级支出时，借记本科目，贷记“国库存款”科目。

（2）年度终了，对纳入国库集中支付管理的、当年未支而需结转下一年度支付的款项（国库集中支付结余），采用权责发生制确认支出时，借记本科目，贷记“应付国库集中支付结余”科目。

（3）年终转账时，本科目借方余额应全数转入“政府性基金预算结转结余”科目，借记“政府性基金预算结转结余”科目，贷记本科目。结转后，本科目无余额。

【例 8-3】××市财政局 20×6 年发生如下经济业务：

（1）以财政直接支付方式支付政府性基金预算资金共计 1 110 000 元。具体支出科目如下：“城乡社区事务——政府住房基金支出——廉租住房支出”600 000 元；“商业服务业等事务——旅游发展基金支出——宣传促销”100 000 元；“一般公共服务——商贸事务——贸促会收费安排的支出”20 000 元；“社会保障和就业支出——小型水库移民扶助基金支出——移民补助”50 000 元；“农林水支出——新菜地开发建设基金支出——开发新菜地工程”40 000 元；“交通运输支出——民航发展基金支出——民航机场建设”300 000 元。

借：政府性基金预算本级支出　　1 110 000

　贷：国库存款　　1 110 000

同时，在政府性基金预算本级支出明细账的借方登记如下：

城乡社区事务——政府住房基金支出——廉租住房支出	600 000
商业服务业等事务——旅游发展基金支出——宣传促销	100 000
一般公共服务——商贸事务——贸促会收费安排的支出	20 000
社会保障和就业支出——小型水库移民扶助基金支出——移民补助	50 000
农林水支出——新菜地开发建设基金支出——开发新菜地工程	40 000
交通运输支出——民航发展基金支出——民航机场建设	300 000

（2）以财政授权支付方式支付基金预算资金共计 160 000 元，具体支出科目如下：“文化体育与传媒——体育——车手等级认定费安排的支出”10 000 元；“科学技术——核电站乏燃料处理处置基金支出——乏燃料运输”50 000 元；“资源勘探电力信息等事务——新型墙体材料专项基金支出——技术研发和推广”100 000 元。

借：政府性基金预算本级支出　　160 000

　贷：国库存款　　160 000

同时，在政府性基金预算本级支出明细账的借方登记如下：

文化体育与传媒——体育——车手等级认定费安排的支出　　10 000
科学技术——核电站乏燃料处理处置基金支出——乏燃料运输　　50 000
资源勘探电力信息等事务——新型墙体材料专项基金支出——技术研发和推广　　100 000

（3）年终结账时，将“政府性基金预算本级支出”账户借方余额26亿元全部转入“政府性基金预算结转结余”账户。

借：政府性基金预算结转结余　　2 600 000 000
　贷：政府性基金预算本级支出　　2 600 000 000

同时，结清所有政府性基金预算本级支出科目的明细账。

第三节　国有资本经营预算本级支出的核算

一、国有资本经营预算本级支出的概念

国有资本经营预算本级支出是指政府财政管理的由本级政府使用的列入国有资本经营预算的支出。

国有资本经营预算支出主要用于国有经济和产业结构调整、中央企业灾后恢复生产重建、中央企业重大技术创新、节能减排、境外矿产资源权益投资以及改革重组补助支出等。

二、国有资本经营预算本级支出的账务处理

设置科目“国有资本经营预算本级支出”，并按照《政府收支分类科目》中的支出功能分类科目设置明细科目；同时，根据管理的需要，按照支出经济分类科目、部门等进行明细核算。本科目的借方余额反映国有资本经营预算本级支出的累计数。

（1）实际发生国有资本经营预算本级支出时，借记本科目，贷记“国库存款”科目。

（2）年度终了，对纳入国库集中支付管理的、当年未支而需结转下一年度支付的款项（国库集中支付结余），采用权责发生制确认支出时，借记本科目，贷记“应付国库集中支付结余”科目。

（3）年终转账时，本科目借方余额应全数转入“国有资本经营预算结转结余”科目，借记“国有资本经营预算结转结余”科目，贷记本科目。结转后，本科目无余额。

【例8-4】××市财政局20×6年发生如下经济业务：

（1）根据经批准国有资本经营预算向市某国有资本经营预算资金使用单位拨付预算资金2 000 000元。具体支出科目如下：“农林水支出——国有资本经营预算支出——产业升级与发展支出”600 000元；“交通运输支出——国有资本经营预算支出——国有经济结构调整支出”400 000元；“商业服务业等事务支出——国有资本经营预算支出——重点项目支出”1 000 000元。

借：国有资本经营预算本级支出　　2 000 000
　贷：国库存款　　2 000 000

同时，在国有资本经营预算本级支出明细账的借方登记如下：
农林水支出——国有资本经营预算支出——产业升级与发展支出　600 000
交通运输支出——国有资本经营预算支出——国有经济结构调整支出　400 000
商业服务业等事务支出——国有资本经营预算支出——重点项目支出 1 000 000

（2）年终转账时，国有资本经营预算本级支出科目借方余额 7 亿元全数转入“国有资本经营预算结转结余”科目。

借：国有资本经营预算结转结余　700 000 000
　贷：国有资本经营预算本级支出　700 000 000

同时，结清所有国有资本经营预算本级支出科目的明细账。

第四节　财政专户管理资金支出的核算

一、财政专户管理资金支出的概念

财政专户管理资金支出是指政府财政用纳入财政专户管理的教育收费等资金安排的支出。

二、财政专户管理资金支出的账务处理

设置科目“财政专户管理资金支出”，并按照《政府收支分类科目》中的支出功能分类科目设置相应明细科目；同时，根据管理的需要，按照支出经济分类科目、部门（单位）等进行明细核算。本科目的借方余额反映财政专户管理资金支出的累计数。

（1）发生财政专户管理资金支出时，借记本科目，贷记“其他财政存款”等有关科目。

（2）年终转账时，本科目借方余额全数转入“财政专户管理资金结余”科目，借记“财政专户管理资金结余”科目，贷记本科目。结转后，本科目无余额。

【例 8-5】××市财政局 20×6 年发生如下经济业务：

（1）财政部门根据部门预算和用款申请，从财政专户中核拨教育收费的资金 20 000 元，款项已经拨付。

借：财政专户管理资金支出　20 000
　贷：其他财政存款——财政专户存款　20 000

同时，在财政专户管理资金支出明细账户的借方登记如下：
教育支出——普通教育——高中教育　20 000

（2）年终转账时，财政专户管理资金支出借方余额 100 万元转入财政专户管理资金结余科目。

借：财政专户管理资金结余　1 000 000
　贷：财政专户管理资金支出　1 000 000

同时，在财政专户管理资金支出明细账户的贷方登记。

【例 8-6】某市财政从预算外财政专户拨付某福利彩票销售机构业务费用支出 20 000 元。

借：财政专户管理资金支出　　20 000
　贷：其他财政存款——未纳入预算并实行财政专户管理的资金存款　　20 000

再在财政专户管理资金支出明细账的借方登记：

——其他支出——彩票发行销售机构业务费安排的支出　　20 000

第五节　专用基金支出的核算

一、专用基金支出的概念

专用基金支出是指政府财政用专用基金收入安排的支出。

二、专用基金支出的账务处理

设置科目“专用基金支出”，并根据专用基金的种类设置明细科目；同时，根据管理需要，按部门等进行明细核算。本科目的借方余额反映专用基金支出的累计数。

（1）发生专用基金支出时，借记本科目，贷记“其他财政存款”等有关科目。退回专用基金支出时，作相反的会计分录。

（2）年终转账时，本科目借方余额全数转入“专用基金结余”科目，借记“专用基金结余”科目，贷记本科目。结转后，本科目无余额。

【例 8-7】××市财政局 20×6 年发生如下经济业务：

（1）根据项目预算和用款计划拨出粮食风险基金支出 400 000 元。

借：专用基金支出——粮食风险基金支出　　400 000
　贷：其他财政存款——专用基金存款　　400 000

（2）年终结账时，将专用基金支出——粮食风险基金支出账户借方余额 380 万元全部转入“专用基金结余”账户

借：专用基金结余　　3 800 000
　贷：专用基金支出——粮食风险基金支出　　3 800 000

第六节　转移性支出的核算

转移性支出是指在各级政府财政之间进行资金调拨以及在本级政府财政不同类型资金之间调剂所形成的支出，包括补助支出、上解支出、调出资金、地区间援助支出等。

一、补助支出的核算

（一）补助支出的概念

补助支出是指本级政府财政按财政体制规定或因专项需要补助给下级政府财政的款项，包括对下级的税收返还、转移支付等。

（二）补助支出的账务处理

设置科目“补助支出”，并按照不同资金性质设置“一般公共预算补助支出”“政府性基金预算补助支出”等明细科目，同时还应当按照补助地区进行明细核算。本科目的借方余额反映补助支出的累计数。

（1）发生补助支出或从“与下级往来”科目转入时，借记本科目，贷记“国库存款”“其他财政存款”“与下级往来”等科目。

（2）专项转移支付资金实行特设专户管理的，本级政府财政应当根据本级政府财政下达的预算文件确认补助支出，借记本科目，贷记“国库存款”“与下级往来”等科目。

（3）有主权外债业务的财政部门，贷款资金由下级政府财政同级部门（单位）使用，且贷款最终还款责任由本级政府财政承担的，本级政府财政部门支付贷款资金时，借记本科目，贷记“其他财政存款”科目；外方将贷款资金直接支付给用款单位或供应商时，借记本科目，贷记“债务收入”“债务转贷收入”等科目；根据债务管理部门转来的相关外债转贷管理资料，按照实际支付的金额，借记“待偿债净资产”科目，贷记“借入款项”“应付主权外债转贷款”等科目。

（4）年终与下级政府财政结算时，按照尚未拨付的补助金额，借记本科目，贷记“与下级往来”科目。退还或核减补助支出时，借记“国库存款”“与下级往来”等科目，贷记本科目。

（5）年终转账时，本科目借方余额应根据不同资金性质分别转入对应的结转结余科目，借记“一般公共预算结转结余”“政府性基金预算结转结余”等科目，贷记本科目。结转后，本科目无余额。

【例 8-8】××市财政局 20×6 年发生如下经济业务：

（1）根据规定向所属区县财政拨付一般预算补助款项共计 600 000 元，具体科目如下：“转移性支出——返还性支出——所得税基数返还支出”60 000 元；“转移性支出——一般性转移支付——体制补助支出”500 000 元；“转移性支出——专项转移支付——一般公共服务”40 000 元；

借：补助支出	600 000	
贷：国库存款		600 000

同时，在补助支出明细账的借方登记如下：

返还性支出——所得税基数返还支出	60 000
一般性转移支付——体制补助支出	500 000
专项转移支付——一般公共服务	40 000

（2）向所属区县财政拨付基金预算补助款项共计 100 000 元，具体科目如下：“转移性支出——政府性基金转移支付——政府性基金补助支出”100 000 元。

借：补助支出	100 000	
贷：国库存款		100 000

同时，在补助支出明细账的借方登记如下：

政府性基金转移支付——政府性基金补助支出	100 000

（3）年终结账时，补助支出借方余额 3 000 000 元，其中：“转移性支出——返还性支出——所得税基数返还支出”0.6 亿元；“转移性支出——一般性转移支付

——体制补助支出”2亿元；“一般性转移支付——结算补助支出1亿元”；“转移性支出——专项转移支付——一般公共服务”0.4亿元；“转移性支出——政府性基金转移支付——政府性基金补助支出”5亿元。

借：一般公共预算结转结余　　400 000 000

　　政府性基金预算结转结余　　500 000 000

　贷：补助支出　　900 000 000

同时，财政总预算会计应结清所有补助支出科目的明细账。

返还性支出——所得税基数返还支出　　60 000 000

一般性转移支付——体制补助支出　　200 000 000

一般性转移支付——结算补助支出　　100 000 000

专项转移支付——一般公共服务　　40 000 000

政府性基金补助支出　　500 000 000

二、上解支出的核算

（一）上解支出的概念

上解支出是指按照财政体制规定由本级政府财政上交给上级政府财政的款项。

（二）上解支出的账务处理

设置科目“上解支出”，并按照不同资金性质设置“一般公共预算上解支出”“政府性基金预算上解支出”等明细科目。本科目的借方余额反映上解支出的累计数。

（1）发生上解支出时，借记本科目，贷记“国库存款”“与上级往来”等科目。

（2）年终与上级政府财政结算时，按照尚未支付的上解金额，借记本科目，贷记“与上级往来”科目。退还或核减上解支出时，借记“国库存款”“与上级往来”等科目，贷记本科目。

（3）年终转账时，本科目借方余额应根据不同资金性质分别转入对应的结转结余科目，借记“一般公共预算结转结余”“政府性基金预算结转结余”等科目，贷记本科目。结转后，本科目无余额。

【例8-9】××市财政局20×6年发生如下经济业务：

（1）按财政管理体制规定计算出应向上级省财政部门上解一般预算款项共计50 000元，款项未付。具体科目如下：“转移性支出——一般性转移支付——出口退税专项上解支出”10 000元；“转移性支出——专项转移支付——专项上解支出”40 000元。

借：上解支出　　50 000

　贷：与上级往来　　50 000

同时，在上解支出明细账的借方登记如下：

一般性转移支付——出口退税专项上解支出　　10 000

专项转移支付——专项上解支出　　40 000

（2）按财政管理体制规定计算出应向上级财政部门上解基金预算款项共计30 000元，款项未付。具体科目如下：“转移性支出——政府性基金转移支付——

政府性基金上解支出”30 000 元。

借：上解支出　　50 000

　贷：与上级往来　　50 000

同时，在上解支出明细账的借方登记如下：

政府性基金转移支付——政府性基金上解支出　　30 000

（3）年终结账时，上解支出借方余额 15 亿元。其中：具体科目如下：“转移性支出——一般性转移支付——出口退税专项上解支出”1 亿元；“转移性支出——专项转移支付——专项上解支出”10 亿元；“转移性支出——政府性基金转移支付——政府性基金上解支出”4 亿元。

借：一般公共预算结转结余　　1 100 000 000

　　政府性基金预算结转结余　　400 000 000

　贷：上解支出　　1 500 000 000

同时，财政总预算会计应结清所有上解支出科目的明细账。

一般性转移支付——出口退税专项上解支出　　100 000 000

专项转移支付——专项上解支出　　1 000 000 000

政府性基金上解支出　　400 000 000

三、调出资金的核算

（一）调出资金的概念

调出资金是指政府财政为平衡预算收支、从某类资金向其他类型预算调出的资金。

（二）调出资金的账务处理

设置科目“调出资金”，并设置“一般公共预算调出资金”“政府性基金预算调出资金”和“国有资本经营预算调出资金”等明细科目。本科目的借方余额反映调出资金的累计数。

（1）从一般公共预算调出资金时，按照调出的金额，借记本科目（一般公共预算调出资金），贷记“调入资金”相关明细科目。

（2）从政府性基金预算调出资金时，按照调出的金额，借记本科目（政府性基金预算调出资金），贷记“调入资金”相关明细科目。

（3）从国有资本经营预算调出资金时，按照调出的金额，借记本科目（国有资本经营预算调出资金），贷记“调入资金”相关明细科目。

（4）年终转账时，本科目借方余额分别转入相应的结转结余科目，借记“一般公共预算结转结余”“政府性基金预算结转结余”和“国有资本经营预算结转结余”等科目，贷记本科目。结转后，本科目无余额。

【例 8-10】××市财政局 20×6 年发生如下经济业务：

（1）为了平衡一般公共预算，经批准从政府性基金预算结余中调出资金 4 600 000 元到一般公共预算存款账户。具体科目如下：“转移性支出——调出资金——政府性基金预算调出资金”4 600 000 元。

借：调出资金——政府性基金预算调出资金　　4 600 000

　贷：国库存款——基金预算存款　　4 600 000

同时，在调出资金明细账的借方登记如下：

政府性基金预算调出资金　　4 600 000

同时，

借：国库存款——一般预算存款　　4 600 000

　贷：调入资金　　4 600 000

（2）年终结账时，调出资金账户中属于政府性基金预算调出资金借方余额 0.5 亿元转入政府性基金预算结转结余账户。

借：政府性基金预算结转结余　　50 000 000

　贷：调出资金——政府性基金预算调出资金　　50 000 000

同时，在调出资金明细账的贷方登记如下：

政府性基金预算调出资金　　50 000 000

四、地区间援助支出的核算

（一）地区间援助支出的概念

地区间援助支出是指援助方政府财政安排用于受援方政府财政统筹使用的各类援助、捐赠等资金支出。

（二）地区间援助支出的账务处理

设置科目“地区间援助支出”，并按照受援地区及管理需要进行相应明细核算。本科目的借方余额反映地区间援助支出的累计数。

（1）发生地区间援助支出时，借记本科目，贷记“国库存款”科目。

（2）年终转账时，本科目借方余额全数转入“一般公共预算结转结余”科目，借记“一般公共预算结转结余”科目，贷记本科目。结转后，本科目无余额。

【例 8-11】××市财政局 20×6 年发生如下经济业务：

某市财政按本级政府批准援助计划，在一般公共预算中安排向西藏林芝地区对口援助 500 万元。

借：地区援助支出　　5 000 000

　贷：国库存款　　5 000 000

年终转账时，

借：一般公共预算结转结余　　5 000 000

　贷：地区援助支出　　5 000 000

第七节　债务还本支出的核算

一、债务还本支出的概念

债务还本支出是指政府财政偿还本级政府承担的债务本金支出。

二、债务还本支出的账务处理

设置科目“债务还本支出”，并根据《政府收支分类科目》中的“债务还本支出”有关规定设置明细科目。本科目的借方余额反映本级政府财政债务还本支出的累计数。

（1）偿还本级政府财政承担的政府债券、主权外债等纳入预算管理的债务本金时，借记本科目，贷记“国库存款”“其他财政存款”等科目；根据债务管理部门转来相关资料，按照实际偿还的本金金额，借记“应付短期政府债券”“应付长期政府债券”“借入款项”“应付地方政府债券转贷款”“应付主权外债转贷款”等科目，贷记“待偿债净资产”科目。

（2）偿还截至2014年12月31日本级政府财政承担的存量债务本金时，借记本科目，贷记“国库存款”“其他财政存款”等科目。

（3）年终转账时，本科目下“专项债务还本支出”明细科目的借方余额应按照对应的政府性基金种类分别转入“政府性基金预算结转结余”相应明细科目，借记“政府性基金预算结转结余”科目，贷记本科目（专项债务还本支出）。本科目下其他明细科目的借方余额全数转入“一般公共预算结转结余”科目，借记“一般公共预算结转结余”科目，贷记本科目（其他明细科目）。结转后，本科目无余额。

【例8-12】××市财政局20×6年发生如下经济业务：

（1）偿还本级政府财政承担的政府债券、主权外债等纳入预算管理的债务本金1 000万元时：

借：债务还本支出　　10 000 000

　贷：“国库存款”“其他财政存款”等科目　　10 000 000

根据债务管理部门转来相关资料，按照实际偿还的本金金额时：

借：“应付短期政府债券”“应付长期政府债券”“借入款项”“应付地方政府债券转贷款”“应付主权外债转贷款”等科目　　10 000 000

　贷：待偿债净资产　　10 000 000

（2）偿还截至2014年12月31日本级政府财政承担的存量债务本金500万元时：

借：债务还本支出　　5 000 000

　贷：“国库存款”“其他财政存款”等科目　　5 000 000

（3）年终转账时，本科目下“专项债务还本支出”明细科目的借方余额应按照对应的政府性基金种类分别转入“政府性基金预算结转结余”相应明细科目时：

借：政府性基金预算结转结余　　40 000 000

　贷：债务还本支出——专项债务还本支出　　40 000 000

本科目下其他明细科目的借方余额2 000万元全数转入“一般公共预算结转结余”科目时：

借：一般公共预算结转结余　　20 000 000

　贷：债务还本支出（其他明细科目）　　20 000 000

结转后，本科目无余额。

第八节　债务转贷支出的核算

一、债务还本支出的概念

债务转贷支出是指本级政府财政向下级政府财政转贷的债务支出。

二、债务转贷支出的账务处理

设置科目“债务还本支出”，并设置“地方政府一般债务转贷支出”“地方政府专项债务转贷支出”明细科目，同时还应当按照转贷地区进行明细核算。本科目的借方余额反映债务转贷支出的累计数。

（1）本级政府财政向下级政府财政转贷地方政府债券资金时，借记本科目，贷记“国库存款”科目；根据债务管理部门转来的相关资料，按照到期应收回的转贷款本金金额，借记“应收地方政府债券转贷款”科目，贷记“资产基金——应收地方政府债券转贷款”科目。

（2）本级政府财政向下级政府财政转贷主权外债资金，且主权外债最终还款责任由下级政府财政承担的，相关账务处理如下：

①本级政府财政支付转贷资金时，根据转贷资金支付相关资料，借记“债务转贷支出”科目，贷记“其他财政存款”科目；根据债务管理部门转来的相关资料，按照实际持有的债权金额，借记“应收主权外债转贷款”科目，贷记“资产基金——应收主权外债转贷款”科目。

②外方将贷款资金直接支付给用款单位或供应商时，本级政府财政根据转贷资金支付相关资料，借记本科目，贷记“债务收入”“债务转贷收入”科目；根据债务管理部门转来的相关资料，按照实际持有的债权金额，借记“应收主权外债转贷款”科目，贷记“资产基金——应收主权外债转贷款”科目；同时，借记“待偿债净资产”科目，贷记“借入款项”“应付主权外债转贷款”等科目。

（3）年终转账时，本科目下“地方政府一般债务转贷支出”明细科目的借方余额全数转入“一般公共预算结转结余”科目，借记“一般公共预算结转结余”科目，贷记“债务转贷支出（地方政府一般债务转贷支出）”科目。本科目下“地方政府专项债务转贷支出”明细科目的借方余额全数转入“政府性基金预算结转结余”科目，借记“政府性基金预算结转结余”科目，贷记“债务转贷支出（地方政府专项债务转贷支出）”科目。结转后，本科目无余额。

【例 8-13】××市财政局 20×6 年发生如下经济业务：

（1）本级政府财政向下级政府财政转贷地方政府债券资金（地方政府一般债务转贷支出）2 000 万元时：

借：债务转贷支出——地方政府一般债务转贷支出　　20 000 000

　贷：国库存款　　20 000 000

根据债务管理部门转来的相关资料，按照到期应收回的转贷款本金金额，

借：应收地方政府债券转贷款　　20 000 000

　贷：资产基金——应收地方政府债券转贷款　　20 000 000

（2）本级政府财政向下级政府财政转贷主权外债资金 1 000 万元，且主权外债最终还款责任由下级政府财政承担的，相关账务处理如下：

①本级政府财政支付转贷资金时，根据转贷资金支付相关资料时：

借：债务转贷支出　　10 000 000

　贷：其他财政存款　　10 000 000

根据债务管理部门转来的相关资料，按照实际持有的债权金额，

借：应收主权外债转贷款　　10 000 000

　贷：资产基金——应收主权外债转贷款　　10 000 000

②外方将贷款资金直接支付给用款单位或供应商时，本级政府财政根据转贷资金支付相关资料时：

借：债务转贷支出　　10 000 000

　贷："债务收入""债务转贷收入"科目　　10 000 000

根据债务管理部门转来的相关资料，按照实际持有的债权金额，

借：应收主权外债转贷款　　10 000 000

　贷：资产基金——应收主权外债转贷款　　10 000 000

同时，

借：待偿债净资产　　10 000 000

　贷："借入款项""应付主权外债转贷款"等科目　　10 000 000

（3）年终转账时，本科目下"地方政府一般债务转贷支出"明细科目的借方余额 5 000 万元全数转入"一般公共预算结转结余"科目。

借：一般公共预算结转结余　　50 000 000

　贷：债务转贷支出——地方政府一般债务转贷支出　　50 000 000

本科目下"地方政府专项债务转贷支出"明细科目的借方余额 3 000 万元全数转入"政府性基金预算结转结余"科目时：

借：政府性基金预算结转结余　　30 000 000

　贷：债务转贷支出——地方政府专项债务转贷支出　　30 000 000

结转后，本科目无余额。

第九节　安排预算稳定调节基金

一、安排预算稳定调节基金的概念

安排预算稳定调节基金是指政府财政按照有关规定安排的预算稳定调节基金。

二、安排预算稳定调节基金的账务处理

设置科目"安排预算稳定调节基金"，平时借方余额反映安排预算稳定调节基金的累计数。

（1）补充预算稳定调节基金时，借记本科目，贷记"预算稳定调节基金"科目。

（2）年终转账时，本科目借方余额全数转入"一般公共预算结转结余"科目，借记"一般公共预算结转结余"科目，贷记本科目。结转后，本科目无余额。

【例 8-14】××市财政局 20×6 年发生如下经济业务：

年度终了，根据当年可支配财力和当年一般预算超收情况，报经市政府批准，从当年财政超收收入中安排预算稳定调节基金 2 000 万元。

借：安排预算稳定调节基金　　20 000 000

　贷：预算稳定调节基金　　20 000 000

同时，

借：一般公共预算结转结余　　20 000 000

　贷：安排预算稳定调节基金　　20 000 000

第九章
财政总预算会计报表

财政总预算会计报表是反映政府财政预算执行结果和财务状况的书面文件，包括资产负债表、收入支出表、一般公共预算执行情况表、政府性基金预算执行情况表、国有资本经营预算执行情况表、财政专户管理资金收支情况表、专用基金收支情况表等会计报表和附注。

一、财政总预算报表的内容

（一）资产负债表

资产负债表是反映政府财政在某一特定日期财务状况的报表。资产负债表应当按照资产、负债和净资产分类、分项列示。

（二）收入支出表

收入支出表是反映政府财政在某一会计期间各类财政资金收支余情况的报表。收入支出表根据资金性质按照收入、支出、结转结余的构成分类、分项列示。

（三）一般公共预算执行情况表

一般公共预算执行情况表是反映政府财政在某一会计期间一般公共预算收支执行结果的报表，按照《政府收支分类科目》中的一般公共预算收支科目列示。

（四）政府性基金预算执行情况表

政府性基金预算执行情况表是反映政府财政在某一会计期间政府性基金预算收支执行结果的报表，按照《政府收支分类科目》中的政府性基金预算收支科目列示。

（五）国有资本经营预算执行情况表

国有资本经营预算执行情况表是反映政府财政在某一会计期间国有资本经营预算收支执行结果的报表，按照《政府收支分类科目》中的国有资本经营预算收支科目列示。

（六）财政专户管理资金收支情况表

财政专户管理资金收支情况表是反映政府财政在某一会计期间纳入财政专户管理的财政专户管理资金全部收支情况的报表，按照相关政府收支分类科目列示。

（七）专用基金收支情况表

专用基金收支情况表是反映政府财政在某一会计期间专用基金全部收支情况的报表，按照不同类型的专用基金分别列示。

（八）附注

附注是指对在会计报表中列示项目的文字描述或明细资料，以及对未能在会计报表中列示项目的说明。

二、财政总预算会计报表的编制要求

（1）一般公共预算执行情况表、政府性基金预算执行情况表、国有资本经营预算执行情况表应当按旬、月度和年度编制，财政专户管理资金收支情况表和专用基金收支情况表应当按月度和年度编制，收入支出表按月度和年度编制，资产负债表和附注应当至少按年度编制。旬报、月报的报送期限及编报内容应当根据上级政府财政具体要求和本行政区域预算管理的需要办理。

（2）财政总预算会计应当根据本制度编制并提供真实、完整的会计报表，切实做到账表一致，不得估列代编，弄虚作假。

（3）财政总预算会计要严格按照统一规定的种类、格式、内容、计算方法和编制口径填制会计报表，以保证全国统一汇总和分析。汇总报表的单位，要把所属单位的报表汇集齐全，防止漏报。

三、资产负债表的编制说明

表 9-1 **资产负债表**

会财政 01 表

编制单位： ____年__月__日 单位：元

资　产	年初余额	期末余额	负债和净资产	年初余额	期末余额
流动资产：			流动负债：		
国库存款			应付短期政府债券		
国库现金管理存款			应付利息		
其他财政存款			应付国库集中支付结余		
有价证券			与上级往来		
在途款			其他应付款		
预拨经费			应付代管资金		
借出款项			一年内到期的非流动负债		
应收股利			流动负债合计		
应收利息			非流动负债：		
与下级往来			应付长期政府债券		
其他应收款			借入款项		
流动资产合计			应付地方政府债券转贷款		
非流动资产：			应付主权外债转贷款		
应收地方政府债券转贷款			其他负债		
应收主权外债转贷款			非流动负债合计		

表(续)

资 产	年初余额	期末余额	负债和净资产	年初余额	期末余额
股权投资			**负债合计**		
待发国债			一般公共预算结转结余		
非流动资产合计			政府性基金预算结转结余		
			国有资本经营预算结转结余		
			财政专户管理资金结余		
			专用基金结余		
			预算稳定调节基金		
			预算周转金		
			资产基金		
			减：待偿债净资产		
			净资产合计		
资产总计			**负债和净资产总计**		

（一）本表“年初余额”栏内各项数字的填列方法

本表“年初余额”栏内各项数字，应当根据上年末资产负债表“期末余额”栏内数字填列。如果本年度资产负债表规定的各个项目的名称和内容同上年度不相一致，应对上年年末资产负债表各项目的名称和数字按照本年度的规定进行调整，填入本表“年初余额”栏内。

（二）本表“期末余额”栏各项目的内容和填列方法

1. 资产类项目。

(1)“国库存款”项目，反映政府财政期末存放在国库单一账户的款项金额。本项目应当根据“国库存款”科目的期末余额填列。

(2)“国库现金管理存款”项目，反映政府财政期末实行国库现金管理业务持有的存款金额。本项目应当根据“国库现金管理存款”科目的期末余额填列。

(3)“其他财政存款”项目，反映政府财政期末持有的其他财政存款金额。本项目应当根据“其他财政存款”科目的期末余额填列。

(4)“有价证券”项目，反映政府财政期末持有的有价证券金额。本项目应当根据“有价证券”科目的期末余额填列。

(5)“在途款”项目，反映政府财政期末持有的在途款金额。本项目应当根据“在途款”科目的期末余额填列。

(6)“预拨经费”项目，反映政府财政期末尚未转列支出或尚待收回的预拨经费金额。本项目应当根据“预拨经费”科目的期末余额填列。

(7)“借出款项”项目，反映政府财政期末借给预算单位尚未收回的款项金额。本项目应当根据“借出款项”科目的期末余额填列。

(8)“应收股利”项目，反映政府期末尚未收回的现金股利或利润金额。本项目应当根据“应收股利”科目的期末余额填列。

（9）“应收利息”项目，反映政府财政期末尚未收回应收利息金额。本项目应当根据“应收地方政府债券转贷款”科目和“应收主权外债转贷款”科目下“应收利息”明细科目的期末余额合计数填列。

（10）“与下级往来”项目，正数反映下级政府财政欠本级政府财政的款项金额；负数反映本级政府财政欠下级政府财政的款项金额。本项目应当根据“与下级往来”科目的期末余额填列，期末余额如为借方则以正数填列；如为贷方则以“-”号填列。

（11）“其他应收款”项目，反映政府财政期末尚未收回的其他应收款的金额。本项目应当根据“其他应收款”科目的期末余额填列。

（12）“应收地方政府债券转贷款”项目，反映政府财政期末尚未收回的地方政府债券转贷款的本金金额。本项目应当根据“应收地方政府债券转贷款”科目下的“应收本金”明细科目的期末余额填列。

（13）“应收主权外债转贷款”项目，反映政府财政期末尚未收回的主权外债转贷款的本金金额。本项目应当根据“应收主权外债转贷款”科目下的“应收本金”明细科目的期末余额填列。

（14）“股权投资”项目，反映政府期末持有的股权投资的金额。本项目应当根据“股权投资”科目的期末余额填列。

（15）“待发国债”项目，反映中央政府财政期末尚未使用的国债发行额度。本项目应当根据“待发国债”科目的期末余额填列。

2. 负债类项目

（16）“应付短期政府债券”项目，反映政府财政期末尚未偿还的发行期限不超过 1 年（含 1 年）的政府债券的本金金额。本项目应当根据“应付短期政府债券”科目下的“应付本金”明细科目的期末余额填列。

（17）“应付利息”项目，反映政府财政期末尚未支付的应付利息金额。本项目应当根据“应付短期政府债券”“借入款项”“应付地方政府债券转贷款”“应付主权外债转贷款”科目下的“应付利息”明细科目期末余额，以及属于分期付息到期还本的“应付长期政府债券”的“应付利息”明细科目期末余额计算填列。

（18）“应付国库集中支付结余”项目，反映政府财政期末尚未支付的国库集中支付结余金额。本项目应当根据“应付国库集中支付结余”科目的期末余额填列。

（19）“与上级往来”项目，正数反映本级政府财政期末欠上级政府财政的款项金额；负数反映上级政府财政欠本级政府财政的款项金额。本项目应当根据“与上级往来”科目的期末余额填列，如为借方余额则以“-”号填列。

（20）“其他应付款”项目，反映政府财政期末尚未支付的其他应付款的金额。本项目应当根据“其他应付款”科目的期末余额填列。

（21）“应付代管资金”项目，反映政府财政期末尚未支付的代管资金金额。本项目应当根据“应付代管资金”科目的期末余额填列。

（22）“一年内到期的非流动负债”项目，反映政府财政期末承担的 1 年以内（含 1 年）到偿还期的非流动负债。本项目应当根据“应付长期政府债券”“借入款项”“应付地方政府债券转贷款”“应付主权外债转贷款”“其他负债”等科目的期末余额及债务管理部门提供的资料分析填列。

（23）“应付长期政府债券”项目，反映政府财政期末承担的偿还期限超过 1 年的长期政府债券的本金金额及到期一次还本付息的长期政府债券的应付利息金额。本项目应当根据“应付长期政府债券”科目的期末余额分析填列。

（24）“应付地方政府债券转贷款”项目，反映政府财政期末承担的偿还期限超过 1 年的地方政府债券转贷款的本金金额。本项目应当根据“应付地方政府债券转贷款”科目下的“应付本金”明细科目的期末余额分析填列。

（25）“应付主权外债转贷款”项目，反映政府财政期末承担的偿还期限超过 1 年的主权外债转贷款的本金金额。本项目应当根据“应付主权外债转贷款”科目下的“应付本金”明细科目的期末余额分析填列。

（26）“借入款项”项目，反映政府财政期末承担的偿还期限超过 1 年的借入款项的本金金额。本项目应当根据“借入款项”科目下的“应付本金”明细科目的期末余额分析填列。

（27）“其他负债”项目，反映政府财政期末承担的偿还期限超过 1 年的其他负债金额。本项目应当根据“其他负债”科目的期末余额分析填列。

3. 净资产类项目

（28）“一般公共预算结转结余”项目，反映政府财政期末滚存的一般公共预算结转金额。本项目应当根据“一般公共预算结转结余”科目的期末余额填列。

（29）“政府性基金预算结转结余”项目，反映政府财政期末滚存的政府性基金预算结转结余金额。本项目应当根据“政府性基金预算结转结余”科目的期末余额填列。

（30）“国有资本经营预算结转结余”项目，反映政府财政期末滚存的国有资本经营预算结转结余金额。本项目应当根据“国有资本经营预算结转结余”科目的期末余额填列。

（31）“财政专户管理资金结余”项目，反映政府财政期末滚存的财政专户管理资金结余金额。本项目应当根据“财政专户管理资金结余”科目的期末余额填列。

（32）“专用基金结余”项目，反映政府财政期末滚存的专用基金结余金额。本项目应当根据“专用基金结余”科目的期末余额填列。

（33）“预算稳定调节基金”项目，反映政府财政期末预算稳定调节基金的余额。本项目应当根据“预算稳定调节基金”科目的期末余额填列。

（34）“预算周转金”项目，反映政府财政期末预算周转金的余额。本项目应当根据“预算周转金”科目的期末余额填列。

（35）“资产基金”项目，反映政府财政期末持有的应收地方政府债券转贷款、应收主权外债转贷款、股权投资和应收股利等资产在净资产中占用的金额。本项目应当根据“资产基金”科目的期末余额填列。

（36）“待偿债净资产”项目，反映政府财政期末因承担应付短期政府债券、应付长期政府债券、借入款项、应付地方政府债券转贷款、应付主权外债转贷款、其他负债等负债相应需在净资产中冲减的金额。本项目应当根据“待偿债净资产”科目的期末借方余额以“-”号填列。

四、收入支出表的编制说明

表 9-2 **收入支出表**

会财政 02 表

编制单位：　　　　　　　　　　　　　＿＿＿年＿月　　　　　　　　　　　　　单位：元

项目	一般公共预算		政府性基金预算		国有资本经营预算		财政专户管理资金		专用基金	
	本月数	本年累计数	本月数	本年累计数	本月数	本年累计数	本月数	本年累计数	本月数	本年累计数
年初结转结余										
收入合计										
本级收入										
其中：来自预算安排的收入	—	—	—	—	—	—	—	—		
补助收入					—	—	—	—	—	—
上解收入					—	—	—	—	—	—
地区间援助收入			—	—	—	—	—	—	—	—
债务收入					—	—	—	—	—	—
债务转贷收入					—	—	—	—	—	—
动用预算稳定调节基金			—	—	—	—	—	—	—	—
调入资金					—	—	—	—	—	—
支出合计										
本级支出										
其中：权责发生制列支							—	—	—	—
预算安排专用基金的支出			—	—	—	—	—	—	—	—
补助支出					—	—	—	—	—	—
上解支出					—	—	—	—	—	—
地区间援助支出			—	—	—	—	—	—	—	—
债务还本支出					—	—	—	—	—	—
债务转贷支出					—	—	—	—	—	—
安排预算稳定调节基金			—	—	—	—	—	—	—	—
调出资金							—	—	—	—
结余转出			—	—	—	—	—	—	—	—
其中：增设预算周转金			—	—	—	—	—	—	—	—
年末结转结余										

注：表中有“-”的部分不必填列。

（1）本表“本月数”栏反映各项目的本月实际发生数。在编制年度收入支出表时，应将本栏改为“上年数”栏，反映上年度各项目的实际发生数；如果本年度收入支出表规定的各个项目的名称和内容同上年度不一致，应对上年度收入支出表各项目的名称和数字按照本年度的规定进行调整，填入本年度收入支出表的“上年数”栏。

本表“本年累计数”栏反映各项目自年初起至报告期末止的累计实际发生数。编制年度收入支出表时，应当将本栏改为“本年数”。

（2）本表“本月数”栏各项目的内容和填列方法：

①“年初结转结余”项目，反映政府财政本年初各类资金结转结余金额。其中：一般公共预算的“年初结转结余”应当根据“一般公共预算结转结余”科目的年初余额填列；政府性基金预算的“年初结转结余”应当根据“政府性基金预算结转结余”科目的年初余额填列；国有资本经营预算的“年初结转结余”应当根据“国有资本经营预算结转结余”科目的年初余额填列；财政专户管理资金的“年初结转结余”应当根据“财政专户管理资金结余”科目的年初余额填列；专用基金的“年初结转结余”应当根据“专用基金结余”科目的年初余额填列。

②“收入合计”项目，反映政府财政本期取得的各类资金的收入合计金额。其中：一般公共预算的“收入合计”应当根据属于一般公共预算的“本级收入”“补助收入”“上解收入”“地区间援助收入”“债务收入”“债务转贷收入”“动用预算稳定调节基金”和“调入资金”各行项目金额的合计填列；政府性基金预算的“收入合计”应当根据属于政府性基金预算的“本级收入”“补助收入”“上解收入”“债务收入”“债务转贷收入”和“调入资金”各行项目金额的合计填列；国有资本经营预算的“收入合计”应当根据属于国有资本经营预算的“本级收入”项目的金额填列；财政专户管理资金的“收入合计”应当根据属于财政专户管理资金的“本级收入”项目的金额填列；专用基金的“收入合计”应当根据属于专用基金的“本级收入”项目的金额填列。

③“本级收入”项目，反映政府财政本期取得的各类资金的本级收入金额。其中：一般公共预算的“本级收入”应当根据“一般公共预算本级收入”科目的本期发生额填列；政府性基金预算的“本级收入”应当根据“政府性基金预算本级收入”科目的本期发生额填列；国有资本经营预算的“本级收入”应当根据“国有资本经营预算本级收入”科目的本期发生额填列；财政专户管理资金的“本级收入”应当根据“财政专户管理资金收入”科目的本期发生额填列；专用基金的“本级收入”应当根据“专用基金收入”科目的本期发生额填列。

④“补助收入”项目，反映政府财政本期取得的各类资金的补助收入金额。其中：一般公共预算的“补助收入”应当根据“补助收入”科目下的“一般公共预算补助收入”明细科目的本期发生额填列；政府性基金预算的“补助收入”应当根据“补助收入”科目下的“政府性基金预算补助收入”明细科目的本期发生额填列。

⑤“上解收入”项目，反映政府财政本期取得的各类资金的上解收入金额。其中：一般公共预算的“上解收入”应当根据“上解收入”科目下的“一般公共预算上解收入”明细科目的本期发生额填列；政府性基金预算的“上解收入”应当根据“上解收入”科目下的“政府性基金预算上解收入”明细科目的本期发生额填列。

⑥“地区间援助收入”项目，反映政府财政本期取得的地区间援助收入金额。本项目应当根据“地区间援助收入”科目的本期发生额填列。

⑦“债务收入”项目，反映政府财政本期取得的债务收入金额。其中：一般公

共预算的“债务收入”应当根据“债务收入”科目下除“专项债务收入”以外的其他明细科目的本期发生额填列；政府性基金预算的“债务收入”应当根据“债务收入”科目下的“专项债务收入”明细科目的本期发生额填列。

⑧“债务转贷收入”项目，反映政府财政本期取得的债务转贷收入金额。其中：一般公共预算的“债务转贷收入”应当根据“债务转贷收入”科目下“地方政府一般债务转贷收入”明细科目的本期发生额填列；政府性基金预算的“债务转贷收入”应当根据“债务转贷收入”科目下的“地方政府专项债务转贷收入”明细科目的本期发生额填列。

⑨“动用预算稳定调节基金”项目，反映政府财政本期调用的预算稳定调节基金金额。本项目应当根据“动用预算稳定调节基金”科目的本期发生额填列。

⑩“调入资金”项目，反映政府财政本期取得的调入资金金额。其中：一般公共预算的“调入资金”应当根据“调入资金”科目下“一般公共预算调入资金”明细科目的本期发生额填列；政府性基金预算的“调入资金”应当根据“调入资金”科目下“政府性基金预算调入资金”明细科目的本期发生额填列。

⑪“支出合计”项目，反映政府财政本期发生的各类资金的支出合计金额。其中：一般公共预算的“支出合计”应当根据属于一般公共预算的“本级支出”“补助支出”“上解支出”“地区间援助支出”“债务还本支出”“债务转贷支出”“安排预算稳定调节基金”和“调出资金”各行项目金额的合计填列；政府性基金预算的“支出合计”应当根据属于政府性基金预算的“本级支出”“补助支出”“上解支出”“债务还本支出”“债务转贷支出”和“调出资金”各行项目金额的合计填列；国有资本经营预算的“支出合计”应当根据属于国有资本经营预算的“本级支出”和“调出资金”项目金额的合计填列；财政专户管理资金的“支出合计”应当根据属于财政专户管理资金的“本级支出”项目的金额填列；专用基金的“支出合计”应当根据属于专用基金的“本级支出”项目的金额填列。

⑫“补助支出”项目，反映政府财政本期发生的各类资金的补助支出金额。其中：一般公共预算的“补助支出”应当根据“补助支出”科目下的“一般公共预算补助支出”明细科目的本期发生额填列；政府性基金预算的“补助支出”应当根据“补助支出”科目下的“政府性基金预算补助支出”明细科目的本期发生额填列。

⑬“上解支出”项目，反映政府财政本期发生的各类资金的上解支出金额。其中：一般公共预算的“上解支出”应当根据“上解支出”科目下的“一般公共预算上解支出”明细科目的本期发生额填列；政府性基金预算的“上解支出”应当根据“上解支出”科目下的“政府性基金预算上解支出”明细科目的本期发生额填列。

⑭“地区间援助支出”项目，反映政府财政本期发生的地区间援助支出金额。本项目应当根据“地区间援助支出”科目的本期发生额填列。

⑮“债务还本支出”项目，反映政府财政本期发生的债务还本支出金额。其中：一般公共预算的“债务还本支出”应当根据“债务还本支出”科目下除“专项债务还本支出”以外的其他明细科目的本期发生额填列；政府性基金预算的“债务还本支出”应当根据“债务还本支出”科目下的“专项债务还本支出”明细科目的本期发生额填列。

⑯“债务转贷支出”项目，反映政府财政本期发生的债务转贷支出金额。其

中：一般公共预算的“债务转贷支出”应当根据“债务转贷支出”科目下“地方政府一般债务转贷支出”明细科目的本期发生额填列；政府性基金预算的“债务转贷支出”应当根据“债务转贷支出”科目下的“地方政府专项债务转贷支出”明细科目的本期发生额填列。

⑰“安排预算稳定调节基金”项目，反映政府财政本期安排的预算稳定调节基金金额。本项目根据“安排预算稳定调节基金”科目的本期发生额填列。

⑱“调出资金”项目，反映政府财政本期发生的各类资金的调出资金金额。其中：一般公共预算的“调出资金”应当根据“调出资金”科目下“一般公共预算调出资金”明细科目的本期发生额填列；政府性基金预算的“调出资金”应当根据“调出资金”科目下“政府性基金预算调出资金”明细科目的本期发生额填列；国有资本经营预算的“调出资金”应当根据“调出资金”科目下的“国有资本经营预算调出资金”明细科目的本期发生额填列。

⑲“增设预算周转金”项目，反映政府财政本期设置和补充预算周转金的金额。本项目应当根据“预算周转金”科目的本期贷方发生额填列。

⑳“年末结转结余”项目，反映政府财政本年末的各类资金的结转结余金额。其中：一般公共预算的“年末结转结余”应当根据“一般公共预算结转结余”科目的年末余额填列；政府性基金预算的“年末结转结余”应当根据“政府性基金预算结转结余”科目的年末余额填列；国有资本经营预算的“年末结转结余”应当根据“国有资本经营预算结转结余”科目的年末余额填列；财政专户管理资金的“年末结转结余”应当根据“财政专户管理资金结余”科目的年末余额填列；专用基金的“年末结转结余”应当根据“专用基金结余”科目的年末余额填列。

五、一般公共预算执行情况表的编制说明

表 9-3　　**一般公共预算执行情况表**

会财政 03-1 表

编制单位：　　____年__月__旬　　单位：元

项　目	本月(旬)数	本年(月)累计数
一般公共预算本级收入		
101　税收收入		
10101 增值税		
1010101 国内增值税		
……		
一般公共预算本级支出		
201 一般公共服务支出		
20101 人大事务		
2010101 行政运行		
……		

(1)“一般公共预算本级收入”项目及所属各明细项目，应当根据“一般公共预算本级收入”科目及所属各明细科目的本期发生额填列。

(2)“一般公共预算本级支出”项目及所属各明细项目，应当根据“一般公共预算本级支出”科目及所属各明细科目的本期发生额填列。

六、政府性基金预算执行情况表的编制说明

表 9-4　　政府性基金预算执行情况表

会财政 03-2 表

编制单位：　　____年__月__旬　　单位：元

项　目	本月(旬)数	本年(月)累计数
政府性基金预算本级收入		
10301 政府性基金收入		
1030102 农网还贷资金收入		
103010201 中央农网还贷资金收入		
……		
政府性基金预算本级支出		
206 科学技术支出		
20610 核电站乏燃料处理处置基金支出		
2061001 乏燃料运输		
……		

(1)“政府性基金预算本级收入”项目及所属各明细项目，应当根据“政府性基金预算本级收入”科目及所属各明细科目的本期发生额填列。

(2)“政府性基金预算本级支出”项目及所属各明细项目，应当根据“政府性基金预算本级支出”科目及所属各明细科目的本期发生额填列。

七、国有资本经营预算执行情况表的编制说明

表 9-5　　国有资本经营预算执行情况表

会财政 03-3 表

编制单位：　　____年__月__旬　　单位：元

项　目	本月(旬)数	本年(月)累计数
国有资本经营预算本级收入		
10306 国有资本经营收入		
1030601 利润收入		
103060103 烟草企业利润收入		
……		

表9-5(续)

项　目	本月(旬)数	本年(月)累计数
国有资本经营预算本级支出		
208 社会保障和就业支出		
20804 补充全国社会保障基金		
2080451 国有资本经营预算补充社保基金支出		
……		

（1）“国有资本经营预算本级收入”项目及所属各明细项目，应当根据“国有资本经营预算本级收入”科目及所属各明细科目的本期发生额填列。

（2）“国有资本经营预算本级支出”项目及所属各明细项目，应当根据“国有资本经营预算本级支出”科目及所属各明细科目的本期发生额填列。

八、财政专户管理资金收支情况表的编制说明

表 9-6　　财政专户管理资金收支情况表

会财政 04 表

编制单位：　　　　____年__月　　　　单位：元

项　目	本月数	本年累计数
财政专户管理资金收入		
财政专户管理资金支出		

（1）“财政专户管理资金收入”项目及所属各明细项目，应当根据“财政专户管理资金收入”科目及所属各明细科目的本期发生额填列。

（2）“财政专户管理资金支出”项目及所属各明细项目，应当根据“财政专户管理资金支出”科目及所属各明细科目的本期发生额填列。

九、专用基金收支情况表的编制说明

表 9-7　　　　专用基金收支情况表

会财政 05 表

编制单位：　　　　　　____年__月　　　　　　单位：元

项　目	本月数	本年累计数
专用基金收入		
粮食风险基金		
……		
专用基金支出		
粮食风险基金		
……		

（1）“专用基金收入”项目及所属各明细项目，应当根据“专用基金收入”科目及所属各明细科目的本期发生额填列。

（2）“专用基金支出”项目及所属各明细项目，应当根据“专用基金支出”科目及所属各明细科目的本期发生额填列。

十、附注

财政总预算会计报表附注应当至少披露下列内容：

（1）遵循《财政总预算会计制度》的声明；

（2）本级政府财政预算执行情况和财务状况的说明；

（3）会计报表中列示的重要项目的进一步说明，包括其主要构成、增减变动情况等；

（4）或有负债情况的说明；

（5）有助于理解和分析会计报表的其他需要说明的事项。

第三篇
行政单位会计

第十章
行政单位会计概述

一、行政单位会计的概念

行政单位会计是指各级行政党派、政协机关核算和监督国家预算资金的取得、使用及其结果的一种非营利组织会计。这种会计的主体是中华人民共和国各级权力机关、行政机关、审判机关和检察机关以及党派、政协机关，客体是国家预算资金的取得、使用和结果；其职能是核算和监督国家预算资金款项的领报，目的是提高社会效益。

行政单位会计适用于以下组织：

（1）行政机关。行政机关是指从事国家行政工作的机关，即各级人民政府及其所属各行政部门。行政机关是国家权力机关的执行机关，通常也称政府机关。国务院是国家最高行政机关。以某市人民政府为例，国家行政机关有财政局、税务局、审计局、市政府办公厅、发展和改革委员会、统计局、工商行政管理局、公安局、教育局、文化局、卫生局、科学技术局、民政局、人力资源和社会保障局、环境保护局、国有资产管理委员会等。行政机关行使国家执法权，因此也称执法机关。

（2）国家权力机关。国家权力机关是指行使国家权力的机关，即各级人民代表大会及其常务委员会。全国人民代表大会是国家最高权力机关。国家权力机关行使国家立法权，因此也称立法机关。全国人民代表大会及其常务委员会制定全国通用的国家法律。宪法是国家的根本大法。地方各级人民代表大会及其常务委员会制定地方性法规。

（3）审判机关和检察机关。审判机关和检察机关是指行使国家审判职能和检察职能的机关，即各级人民法院和各级人民检察院。最高人民法院是国家最高审判机关，最高人民检察院是国家最高检察机关。审判机关和检察机关行使国家的司法权，因此也称司法机关。

（4）政党组织。政党组织是指中国共产党、各民主党派以及共青团、妇联、工会等组织。中国共产党是执政党，是各级人民政府和全国人民的领导核心。只有在中国共产党的领导下，国家的法律法规、依法行政和公正司法才能得到和谐统一。

以上各组织尽管名称不同，但它们都有一个共同的特点，即这些组织都属于非物质生产部门，它们本身并不能在市场上通过交换获得足够的资金来源，以满足其开展日常业务活动的需要，财政对它们的拨付或分配的预算资金是它们主要的资金来源。这些组织属于社会管理组织，其共同的目标是维护社会公共利益，促进社会经济和谐、综合、整体地向前发展。因此，对这些组织来说，执行部门预算，按照预算取得和使用财政资金，使财政资金发挥其应有的社会效益，是它们进行财务管理和组织会计核算时应当遵循的基本要求。

行政单位的会计要素有资产、负债、净资产、收入和支出五个。行政单位的会计平衡等式是：资产=负债+净资产。收入和支出的关系是：收入-支出=结余。结余构成净资产的一个组成部分。

二、新行政单位会计制度的特点

为了进一步规范行政单位的会计核算，提高会计信息质量，根据《中华人民共和国会计法》和其他有关法律、行政法规、部门规章，财政部对《行政单位会计制度》进行了修订。修订后的《行政单位会计制度》自2014年1月1日起施行。

（一）进一步明晰会计核算目标

会计核算目标是向会计信息使用者提供与行政单位财务状况、预算执行情况等有关的会计信息，反映行政单位受托责任的履行情况，从而有助于会计信息使用者进行管理、监督和决策。兼顾行政单位预算管理和财务管理的双重需求。

（二）改进会计核算方法

原制度仅对固定资产采用“双分录”核算方法，新制度进一步扩大了“双分录”核算方法应用范围，除固定资产外，增加了在建工程、无形资产、政府储备物资、公共基础设施、存货、预付账款、应付账款、长期应付款等非货币性资产和部分负债的“双分录”核算。

（三）更加完整体现财政改革对会计核算的要求

对近年来出台的有关行政单位会计核算的补充规定进行系统梳理，在新制度中增加了“零余额账户用款额度”“财政应返还额度”“应付职工薪酬”等核算内容，将分散的会计规定集中体现在新制度中。

（四）充实资产负债核算的内容

1. 资产方面

细化了有关资产的核算内容。比如将原来通过“暂付款”核算的资产内容，细分为应收账款、预付账款和其他应收款。增加了无形资产、在建工程、待处理财产损溢、受托代理资产等的核算内容。详细规定了取得资产没有支付对价情况下的资产计量原则。

2. 负债方面

细化了有关负债的核算内容。比如将原来通过“暂存款”核算的负债内容，细分为应付账款、其他应付款和长期应付款。增加了应缴税费、应付政府补贴款、受托代理负债等核算内容。

（五）新增行政单位直接负责管理的为社会提供公共服务资产的核算规定

增设了“政府储备物资”“公共基础设施”账户，单独核算反映为社会提供公共服务资产情况，与行政单位自用资产相区分。

（六）增加固定资产折旧和无形资产摊销的会计处理

新制度要求固定资产折旧和无形资产摊销时冲减相关净资产，而非计入当期支出。这种处理方法在不影响准确反映预算支出的同时，真实体现资产价值。

（七）基建会计信息要定期并入“大账”

解决了长期以来基建会计信息未在行政单位“大账”上反映的问题，有利于保证会计信息的完整性。其做法是：按月编制科目汇总表及科目对照表（多借多贷），并据以汇总记账。

（八）增加了净资产核算的内容

增设了“资产基金”和“待偿债净资产”科目。资产基金用来核算反映行政单位非货币性资产在净资产中占用的金额，不能作为以后支出的资金来源。待偿债净资产用来核算反映因发生应付账款和长期应付款而相应需在净资产中冲减的金额，分别核算财政拨款结转、结余和其他资金结转结余。

（九）进一步规范收入和支出的核算

1. 收入方面

按照行政单位取得收入的资金性质设置了“财政拨款收入”和“其他收入”科目，取消了“预算外资金收入”科目。

2. 支出方面

按照行政单位支出使用主体的不同，设置了“经费支出”和“拨出经费”科目。其中，“拨出经费”科目限定为核算向所属单位拨出的非同级财政拨款资金。但对于收入和支出的确认，仍采用收付实现制为基础。

（十）完善财务报表体系和结构

改进了资产负债表的结构，取消了原制度资产负债表中的收入和支出项目。在收入支出表中增加了反映单位结转结余调整变动的项目。增加财政拨款收入支出表，专门反映单位在某一会计期间财政拨款收入、支出、结转及结余情况的报表。

三、会计信息质量要求

新制度明确提出了六个信息质量要求：可靠性、相关性、全面性、及时性、可比性、可理解性。

（1）可靠性。行政单位应当以实际发生的经济业务或者事项为依据进行会计核算，如实反映各项会计要素的情况和结果，保证会计信息真实可靠。

（2）相关性。行政单位提供的会计信息应当与行政单位受托责任履行情况的反映、会计信息使用者的管理、监督和决策需要相关，从而有助于会计信息使用者对行政单位过去、现在或者未来的情况作出评价或者预测。

（3）全面性。行政单位应当将发生的各项经济业务或者事项全部纳入会计核算，确保会计信息能够全面反映行政单位的财务状况和预算执行情况等。

（4）及时性。行政单位对于已经发生的经济业务或者事项，应当及时进行会计核算，不得提前或者延后。

（5）可比性。行政单位提供的会计信息应当具有可比性。同一行政单位不同时期发生的相同或者相似的经济业务或者事项，应当采用一致的会计政策，不得随意变更。确需变更的，应当将变更的内容、理由和对单位财务状况、预算执行情况的影响在附注中予以说明。不同行政单位发生的相同或者相似的经济业务或者事项，应当采用统一的会计政策，确保不同行政单位会计信息口径一致、相互可比。

（6）可理解性。行政单位提供的会计信息应当清晰明了，便于会计信息使用者理解和使用。

四、行政单位会计组织系统

根据行政隶属和经费申报关系，行政单位会计组织系统分为主管会计单位、二级会计单位和基层会计单位三级。

（一）主管会计单位

主管会计单位是指向同级财政部门申报经费，并发生预算管理关系，有下级会计单位的行政单位。主管会计单位的主要任务是：

（1）编制本单位预算草案，审核所属各单位预算草案，在此基础上编制本单位和所属各单位汇总的部门预算草案，并按规定及时报送同级财政部门审核。

（2）根据同级财政部门转批的部门预算，严格监督本单位和所属各单位执行经批准的部门预算。

（3）编制本单位决算草案，审核所属各单位决算草案，在此基础上编制本单位和所属各单位汇总的部门决算草案，并按规定及时报送同级财政部门审核。

（4）核算本单位各项资产和负债，保护国有资产的安全、完整，及时清算各项待结算款项。

（二）二级会计单位

二级会计单位是指向主管会计单位或上级会计单位申报经费，并发生预算管理关系，有下级会计单位的行政单位。二级会计单位的主要任务是：

（1）编制本单位预算草案，审核所属各单位预算草案，在此基础上编制本单位和所属各单位汇总的部门预算草案，并按规定及时报送主管会计单位或上级会计单位审核。

（2）根据主管会计单位或上级会计单位转批的部门预算，严格监督本单位和所属各单位执行经批准的部门预算。

（3）编制本单位决算草案，审核所属各单位决算草案，在此基础上编制本单位和所属各单位汇总的决算草案，并按规定及时报送主管会计单位或上级会计单位审核。

（4）核算本单位各项资产和负债，保护国有资产的安全、完整，及时清算各项待结算款项。

主管会计单位和二级会计单位的主要区别在经费申报和预算管理方面。二级会计单位向主管会计单位申报经费并发生预算管理关系，主管会计单位向同级财政部门申报经费并发生预算管理关系。因此，二级会计单位的经费是通过主管会计单位向同级财政部门申报取得的。二级会计单位不能直接向财政部门申报预算经费。

（三）基层会计单位

基层会计单位是指向上级会计单位申报经费，并发生预算管理关系，没有下级会计单位的行政单位。向同级财政部门申报经费，没有下级会计单位的，视同基层会计单位。基层会计单位的主要任务是：

（1）编制本单位预算，并按规定及时报送上级会计单位或同级财政部门审核。

（2）根据上级会计单位或财政部门转批的部门预算，严格监督本单位执行经批准的部门预算。

（3）编制本单位决算草案，并按规定及时报送上级会计单位或同级财政部门审核。

（4）核算本单位各项资产和负债，保护国有资产的安全、完整，及时清算各项待结算款项。

基层会计单位视情况可能向上级会计单位申报经费并发生预算管理关系，也可能直接向同级财政部门申报经费并发生预算管理关系。具体视基层会计单位是否有上级会计单位而定。

主管会计单位、二级会计单位和基层会计单位实行独立的会计核算，即负责核算本单位所有的经济业务，并编制本单位完整的会计报表。不具备独立核算条件的行政单位实行单据报账制度，作为报销单位管理。

五、行政单位会计制度科目表

表 10-1

序号	科目编号	会计科目名称
一、资产类		
1	1001	库存现金
2	1002	银行存款
3	1011	零余额账户用款额度
4	1021 102101 102102	财政应返还额度 财政直接支付 财政授权支付
5	1212	应收账款
6	1213	预付账款
7	1215	其他应收款
8	1301	存货
9	1501	固定资产
10	1502	累计折旧
11	1511	在建工程
12	1601	无形资产
13	1602	累计摊销
14	1701	待处理财产损溢
15	1801	政府储备物资
16	1802	公共基础设施
17	1901	受托代理资产
二、负债类		
18	2001	应缴财政款
19	2101	应缴税费
20	2201	应付职工薪酬
21	2301	应付账款
22	2302	应付政府补贴款
23	2305	其他应付款

表10-1(续)

序号	科目编号	会计科目名称
24	2401	长期应付款
25	2901	受托代理负债
三、净资产类		
26	3001	财政拨款结转
27	3002	财政拨款结余
28	3101	其他资金结转结余
29	3501 350101 350111 350121 350131 350141 350151 350152	资产基金 预付款项 存货 固定资产 在建工程 无形资产 政府储备物资 公共基础设施
30	3502	待偿债净资产
四、收入类		
31	4001	财政拨款收入
32	4011	其他收入
五、支出类		
33	5001	经费支出
34	5101	拨出经费

第十一章
行政单位资产的核算

第一节 行政单位资产概述

一、行政单位资产的概念

资产是指行政单位占有或者使用的能以货币计量的经济资源。

占有是指行政单位对经济资源拥有法律上的占有权。由行政单位直接支配，供社会公众使用的政府储备物资、公共基础设施等，也属于行政单位核算的资产。

二、行政单位资产的内容

行政单位资产包括流动资产、固定资产、在建工程、无形资产等。其中，流动资产是指可以在1年以内（含1年）变现或者耗用的资产，包括库存现金、银行存款、零余额账户用款额度、财政应返还额度、应收及预付款项、存货等。

零余额账户用款额度是指实行国库集中支付的行政单位根据财政部门批复的用款计划收到和支用的零余额账户用款额度。

财政应返还额度是指实行国库集中支付的行政单位应收财政返还的资金额度。

应收及预付款项是指行政单位在开展业务活动中形成的各项债权，包括应收账款、预付账款、其他应收款等。

存货是指行政单位在工作中为耗用而储存的资产，包括材料、燃料、包装物和低值易耗品等。

固定资产是指使用期限超过1年（不含1年），单位价值在规定标准以上，并且在使用过程中基本保持原有物质形态的资产。

在建工程是指行政单位已经发生必要支出，但尚未交付使用的建设工程。

无形资产是指不具有实物形态而能够为使用者提供某种权利的非货币性资产。

三、行政单位资产的计量

行政单位的资产应当按照取得时实际成本进行计量。除国家另有规定外，行政单位不得自行调整其账面价值。

应收及预付款项应当按照实际发生额计量。

以支付对价方式取得的资产，应当按照取得资产时支付的现金或者现金等价物的金额，以及所付出的非货币性资产的评估价值等金额计量。

取得资产时没有支付对价的，其计量金额应当按照有关凭据注明的金额加上相关税费、运输费等确定；没有相关凭据但依法经过资产评估的，其计量金额应当按照评估价值加上相关税费、运输费等确定；没有相关凭据也未经评估的，其计量金额比照同类或类似资产的市场价格加上相关税费、运输费等确定；没有相关凭据也未经评估，其同类或类似资产的市场价格无法可靠取得的，所取得的资产应当按照名义金额（即人民币1元，下同）入账。

四、行政单位资产的摊销

行政单位应当对无形资产进行摊销。对无形资产计提摊销的金额，应当根据无形资产原价和摊销年限确定。

行政单位对固定资产、公共基础设施是否计提折旧由财政部另行规定；按照规定对固定资产、公共基础设施计提折旧的，折旧金额应当根据固定资产、公共基础设施原价和折旧年限确定。

第二节　流动资产的核算

一、库存现金

（一）库存现金的管理

行政单位的库存现金是行政单位在预算执行过程中为保证日常开支需要而存放在财务部门的货币资金。行政单位对库存现金的管理要求是：

1. 坚持“钱账分管，互相牵制”的原则

各行政单位出纳人员和会计要分别管理，要设专职或兼职的出纳人员管理现金出纳工作。会计和出纳人员要明确分工，各负其责，互相牵制。

2. 按国家规定的范围使用现金

根据国务院《现金管理暂行条例》的规定，除限定范围内的开支可以用现金支付以外，其他开支必须通过银行转账方式支付。按照规定，现金使用范围包括：

（1）支付给职工个人的工资、奖金、津贴；

（2）支付给个人的劳动报酬；

（3）根据国家规定颁发给个人的科学、技术、文化、教育、卫生、体育等各种奖金；

（4）各种劳保、福利费用以及国家规定对个人的其他支出；

（5）向个人收购农副产品和其他物质的价款；

（6）支付出差人员必须随身携带的差旅费；

（7）结算起点以下的零星支出；

（8）中国人民银行确定需要支付现金的其他支出。

3. 严格遵守银行核定的库存现金的限额

行政单位为了办理日常零星开支，需要经常保持一定数量的库存备用金，但为了防止现金积压，控制货币发行，国家银行规定要进行限额管理，各单位的库存现金，必须经过开户银行核定，除核定的库存限额以外，其余必须存入开户银行，不得自行保留。库存现金限额由单位提出计划，报开户银行审查批准，需要调整库存现金限额时，应再向开户银行申请报批。

4. 不准坐支现金

以本单位收入的现金直接支付支出，叫做坐支。按照银行制度规定，行政单位每天收入的现金，必须当天送存银行，不能直接支用，不许任意坐支。因特殊原因需要坐支的，应事先报经开户银行审查批准，由开户银行核定坐支范围和限额，坐支单位应定期向银行报送坐支金额和使用情况。

5. 现金收支业务必须根据合法凭证办理

单位办理任何现金收支，都必须以合法的原始凭证为依据。出纳人员付出现金后，应当在原始单据上加盖“现金付讫”戳记，并在当天入账，不准以借据抵现金不入账。收到现金后，属于各项收入的现金，都应当开给对方收款收据。现金不准借给私人，不准以白条抵库，不准套取现金，对收付现金的各种原始单据，应统一保管。在现金收付业务中，严密手续，防止漏洞。

6. 如实反映现金库存，保证账款相符

现金收支应及时入账，出纳人员应于每日终了后结清当天账目，并将账面库存现金和实际库存现金核对，不得以借据或白条抵顶现金库存。若发现长款或短款，应及时查明原因，作出处理，保证账款相符。

（二）库存现金的核算

1. 现金的明细核算

现金的明细核算采用“现金日记账”进行序时核算。现金收付必须根据经过审核无误的原始凭证办理现金收支业务，出纳人员应在有关原始凭证上加盖“收讫”或“付讫”戳记。根据已办完收付业务的原始凭证编制记账凭证，据以登记现金日记账。

编制记账凭单，原则上要求根据一项经济业务的原始凭证编制一张记账凭证。某些业务可将同一天内发生的同类会计事项的原始凭证合并汇总编制记账凭证。

现金日记账一般采用三栏式订本账。登记现金日记账的要求如下：

（1）分工明确，专人负责，由出纳人员登记；

（2）凭证齐全，内容完整；

（3）逐日、逐笔序时登记，不拖延积压；

（4）连续登记，不得跳行、隔页，不得随便更换账簿，不准撕毁账页，登记若发生错误，按规定方法更正；

（5）书写工整，摘要清楚简明，数字真实、准确；

（6）按时结账，账款相符。

2. 现金的总分类核算

为反映行政单位库存现金的收支和结存情况，应设置“库存现金”总账科目。该科目按照实际收入和支出数记账，借方反映库存现金的增加，贷方反映现金的减少，本科目期末借方余额反映行政单位库存现金的数额。每日业务终了，应计算当日的现金收入合计数、支出合计数和结余数，并将结余数与库存现金数相核定，做到账实相符。

【例11-1】某行政单位从财政部门为单位开设的单位零余额账户提取现金1 000元。

借：库存现金　　1 000

　贷：零余额账户用款额度　　1 000

【例11 2】某行政单位用现金500元购买办公用品。

借：经费支出　　500

　贷：库存现金　　500

【例11-3】该行政单位机关工作人员因公出差预支现金400元。

借：其他应收款　　400

　贷：库存现金　　400

【例11-4】该工作人员出差归来报销差旅费350元，退回现金50元。

借：经费支出　　350

　　库存现金　　50

　贷：其他应收款　　400

3. 现金的清查

每日业务终了，登记完现金日记账并结出余额之后，应盘点库存现金，并与账面余额进行核对。核对库存现金时发现有待查明原因的现金短缺或溢余，应通过“待处理财产损溢”科目核算。如果属于现金短缺，应当按照实际短缺的金额，借记“待处理财产损溢”账户，贷记本账户；如果属于现金溢余，应当按照实际溢余的金额，借记本账户，贷记“待处理财产损溢”账户。待查明原因后作如下处理：

如为现金短缺，属于应由责任人赔偿或向有关人员追回的部分，借记“其他应收款”账户，贷记“待处理财产损溢”账户；属于无法查明原因的，根据管理权限经批准后，借记“经费支出”账户，贷记“待处理财产损溢”账户。

如为现金溢余，属于应支付给有关人员或单位的，借记“待处理财产损溢”账户，贷记“其他应付款”账户；属于无法查明原因的，根据管理权限经批准后，借记“待处理财产损溢”账户，贷记“其他收入”账户。

【例11-5】某行政单位在盘点库存现金时，发现有长款2 000元，原因待查。

借：库存现金　　2 000

　贷：待处理财产损溢　　2 000

待查明原因后作如下账务处理：

借：待处理财产损溢　　2 000

　贷：其他应付款　　2 000

　或：其他收入　　2 000

若发现库存现金出现短款2 000元，则账务处理如下：

借：待处理财产损溢　　2 000

　贷：库存现金　　2 000

【例11-6】续上例，经查明，其长款为应支付给有关人员费用。

借：待处理财产损溢　　2 000

　贷：其他应付款　　2 000

行政单位有外币现金的，应当分别按照人民币、外币种类设置“现金日记账”进行明细核算。有现金为受托代理资产的行政单位，应当在本账户下设置“受托代理资产”明细账，对单位受托代理资产中的库存现金进行明细核算。

4. 受托代理现金的收付

收到受托代理的现金时：

借：库存现金

　贷：受托代理负债

支付受托代理的现金时：

借：受托代理负债

　贷：库存现金

二、银行存款

（一）银行存款的管理

行政单位按规定可保留必要的小额现金收付外，大量的资金都必须存入银行或其他金融机构，办理转账结算。单位在银行开立的存款户，只供本单位进行资金收付，不准将账户出租、出借给其他单位和个人使用。不准签发空头支票或远期支票。

行政单位开设银行存款账户，应当报同级财政部门审批，并由财务部门统一管理。银行存款的收付业务，要根据合法的原始凭证，按照银行结算制度的要求，认真履行各项手续。要按月和银行对账，保证账账相符、账款相符。

（二）银行存款的核算

行政单位应设置“银行存款”科目。该科目用来核算行政单位存入银行及其他金融机构的各种款项。该科目的借方登记收入的存款数额，贷方登记付出的存款数额，期末借方余额表示行政单位银行存款的结余数额。

行政单位应当按开户银行和其他金融机构、存款种类及币种等，分别设置“银行存款日记账”，由出纳人员根据收付款凭证，按照业务的发生顺序逐笔登记，每日终了应结出余额。“银行存款日记账”应定期与“银行对账单”核对，至少每月核对一次。月度终了，行政单位账面余额与银行对账单余额之间如有差额，必须逐笔查明原因并进行处理，按月编制银行存款余额调节表，调节相符。

行政单位发生外币业务的，应当按照业务发生当日或当期期初的即期汇率，将外币金额折算为人民币金额记账，并登记外币金额和汇率。期末，各种外币账户的期末余额，应当按照期末的即期汇率折算为人民币，作为外币账户期末人民币余额。调整后的各种外币账户人民币余额与原账面余额的差额，作为汇兑损溢计入当期支出。

有银行存款为受托代理资产的行政单位，应当在本账户下设置“受托代理资产”明细账，对单位受托代理资产中的银行存款进行明细核算。

【例 11-7】某行政单位收到财政部门拨入专项经费 50 000 元，存入银行。

借：银行存款　　50 000

　贷：财政拨款收入　　50 000

【例 11-8】该行政单位从银行转拨下属单位专项资金 30 000 元。

借：拨出经费　　30 000

　贷：银行存款　　30 000

【例 11-9】某行政单位以转账支票购置办公用品一批，价款 2 000 元。

借：经费支出　　2 000

　贷：银行存款　　2 000

收到受托代理的银行存款时：

借：银行存款

　贷：受托代理负债

支付受托代理的银行存款时：

借：受托代理负债

　贷：银行存款

行政单位发生外币业务的，应当按照业务发生当日或当期期初的即期汇率，将外币金额折算为人民币金额记账，并登记外币金额和汇率。期末，各种外币账户的期末余额，应当按照期末的即期汇率折算为人民币，作为外币账户期末人民币余额。调整后的各种外币账户人民币余额与原账面余额的差额，作为汇兑损溢计入当期支出。

（三）银行存款的清查

为保证银行存款核算准确无误，出纳人员应按月将单位的银行存款日记账与银行对账单进行核对。具体方法是：由银行将对账单送至开户单位，单位经核对无误后即将对账单的回执联加盖财务章后退还银行；如核对不符，应及时查找原因。有可能是由于存在未达账项，而使得单位银行账余额与银行对账单余额不符，需要编制银行存款余额调节表，以消除未达账项的影响，进而查明双方账目是否相符。

未达账项是指因结算凭证在传递过程中，造成单位与银行之间入账时间不一致，一方已经入账而另一方尚未入账的会计事项。一般包括以下四种情况：

（1）单位已经收款入账，但银行因尚未办妥结算划款手续而尚未将款项记入单位账户；

（2）单位已经付款入账，但银行因尚未办妥结算划款手续而尚未将款项从单位账户划出；

（3）银行已经收款入账，但单位因结算凭证未到而尚未将收款入账；

（4）银行已经付款入账，但单位因结算凭证未到而尚未付款入账。

调节未达账项，编制银行存款余额调节表的基本方法是：分别从单位银行账和银行对账单各自的余额出发，补记上对方已入账而自己未入账的未达账项，减去对方已付而自己未付的未达账项，求得调节后的余额。如果这两个调节后的余额相符，则表明双方账目相符。银行存款余额调节表见表 11-1。

表 11-1　　银行存款余额调节表

年　月　日　　单位：元

项目	金额	项目	金额
单位银行存款账面余额		银行对账单余额	
加：银行已收单位未收		加：单位已收银行未收	
减：银行已付单位未付		减：单位已付银行未付	
调节后余额：		调节后余额：	

【例 11-10】某行政单位 2014 年 8 月末收到开户银行送来对账单一张，对账单上的余额为 35 800 元，单位银行存款的账面余额为 34 300 元。经核对，发现存在下列未达账项：

（1）单位委托银行收款 2 600 元，银行已办理入账，单位尚未收到凭证故未入账；

（2）银行已划转水电费 400 元，通信费 500 元，单位尚未收到结算凭证故未入账；

（3）单位收到支票一张已经入账，金额 1 900 元，银行尚未进账；

（4）单位签发转账支票一张 1 700 元，用于支付维修费，但持票人尚未到银行办理转账划款手续，银行尚未入账。

根据上述资料编制该单位银行存款余额调节表，见表 11-2。

表 11-2　**某行政单位银行存款余额调节表**

2014 年 8 月 31 日　单位：元

项目	金额	项目	金额
单位银行存款账面余额	34 300	银行对账单余额	35 800
加：银行已收单位未收	2 600	加：单位已收银行未收	1 900
减：银行已付单位未付	900	减：单位已付银行未付	1 700
调节后余额：	36 000	调节后余额：	36 000

三、零余额账户用款额度

（一）零余额账户用款额度的概念

零余额账户用款额度是指实行国库集中支付的行政单位根据财政部门批复的用款计划收到和支用的零余额账户用款额度。

在施行国库单一账户制度改革后，纳入财政国库单一账户体系的行政单位，财政部门为其在商业银行开设单位零余额账户，用于财政部门对该单位的授权支付。行政单位根据经批准的单位预算和用款计划，自行向单位零余额账户的代理银行开具支付令，从单位零余额账户向收款人支付款项。代理银行在将行政单位开具的支付令与单位预算和用款计划核对后，向收款人支付款项。代理银行于当日通过行政单位的零余额账户与财政国库单一账户进行资金清算，清算后行政单位零余额账户的余额为零。行政单位的零余额账户是一个过渡账户，不存在实存财政资金，财政预算资金全部存放于国库单一账户。但是，由于行政单位可以随时自行开具支付令在额度内使用单位零余额账户进行支付，因此其实质是行政单位的一项特殊流动资产。

（二）零余额账户用款额度的核算

为核算行政单位在单位零余额账户用款额度中的财政授权支付业务，应设置“零余额账户用款额度”总账科目。

收到财政授权支付额度到账通知书时，根据该通知书所列数额，借记本账户，贷记“财政拨款收入”账户。按规定支用额度时，借记有关支出账户，贷记本账户。从零余额账户提取现金时，借记“库存现金”账户，贷记本账户。本账户期末借方余额，反映行政单位尚未支用的零余额账户用款额度。年度终了注销单位零余额账户用款额度后，本账户应无余额。

【例 11-11】某行政单位收到财政授权支付额度到账通知书，该通知书上列示该行政单位获得财政授权支付额度为 500 000 元。

借：零余额账户用款额度　　500 000
　贷：财政拨款收入　　500 000

【例 11-12】某行政单位通过零余额账户购买一批办公用品，花费 36 000 元，该批办公用品已经验收入库。

借：存货　　36 000
　贷：零余额账户用款额度　　36 000

【例 11-13】某行政单位经财政部门批准，从零余额账户向其他银行存款户归还使用其他资金垫付的款项 120 000 元。

借：银行存款　　120 000
　贷：零余额账户用款额度　　120 000

同时，

借：经费支出——财政拨款支出　　120 000
　贷：经费支出——其他资金支出　　120 000

年末，根据代理银行提供的对账单作银行注销额度的相关账务处理，借记“财政应返还额度——财政授权支付”账户，贷记本账户。如单位本年度财政授权支付预算指标数大于财政授权支付额度下达数，根据两者间的差额，借记“财政应返还额度——财政授权支付”账户，贷记“财政拨款收入”账户。

下年度年初，行政单位根据代理银行提供的额度恢复到账通知书作恢复额度的相关账务处理，借记本账户，贷记“财政应返还额度——财政授权支付”账户。行政单位收到财政部门批复的上年末下达零余额账户用款额度时，借记本账户，贷记“财政应返还额度——财政授权支付”账户。

具体核算，详见“财政应返还额度”。

四、财政应返还额度

（一）财政应返还额度的概念

在财政国库单一账户制度下，年度终了，在财政直接支付方式下，如果行政单位通过财政零余额账户发生的实际财政直接支付数小于财政直接支付用款额度数，行政单位就存在尚未使用的财政直接支付用款额度；在财政授权支付方式下，如果行政单位通过单位零余额账户发生的实际财政授权支付数小于财政授权支付额度数，行政单位就存在尚未使用的财政授权支付用款额度。

财政部门对行政单位尚未使用的财政直接支付用款额度和财政授权支付用款额度，采用先注销后恢复的管理办法。即年度终了，财政部门对行政单位尚未使用的用款额度进行注销；次年初，财政部门再对行政单位尚未使用的用款额度予以恢复，即上一年尚未使用的用款额度，在次年可以继续按计划使用。当年尚未使用的用款额度，构成行政单位的财政应返还额度。

对于尚未纳入财政国库单一账户制度改革的行政单位，没有财政应返还额度的业务内容。

（二）财政应返还额度的核算

为核算行政单位财政应返还额度的业务，应设置“财政应返还额度”总账科目。本科目应当设置“财政直接支付”“财政授权支付”两个明细科目，进行明细核算。本科目期末借方余额，反映行政单位尚未使用的以前年度财政资金额度。

年末，行政单位根据本年度财政直接支付预算指标数与财政直接支付实际支出数的差额，借记本账户（财政直接支付），贷记“财政拨款收入”账户。年末，财政授权支付尚未使用资金额度的账务处理，参见“零余额账户用款额度”科目。下年初恢复以前年度财政资金额度的账务处理，参见“零余额账户用款额度”科目。

行政单位使用以前年度财政资金额度的账务处理：行政单位使用以前年度财政直接支付额度发生支出时，借记有关支出账户，贷记本账户（财政直接支付）。行政单位使用以前年度财政授权支付额度发生支出时的账务处理，参见“零余额账户用款额度”科目。

【例 11-14】某行政单位已经纳入财政国库单一账户制度改革，本年度财政直接支付预算指标为 5 600 000 元，财政授权支付预算指标数为 3 500 000 元。年终，财政直接支付实际支出 5 000 000 元，财政授权支付实际支出 3 000 000 元。年末，该行政单位账务处理如下：

借：财政应返还额度——财政直接支付	600 000	
——财政授权支付	500 000	
贷：财政拨款收入		600 000
零余额账户用款额度		500 000

【例 11-15】续上例，次年初，该行政单位获得财政部门批复同意恢复上一年尚未使用的用款额度。

借：零余额账户用款额度	500 000	
贷：财政应返还额度		500 000

对恢复的财政直接支付用款额度，不用作会计处理。

【例 11-16】续上例，该行政单位使用恢复的直接支付额度支付办公经费 8 000 元。

借：经费支出	8 000	
贷：财政应返还额度		8 000

（三）财政直接支付与财政授权支付核算对比

1. 取得额度时

直接支付下，不确认。

授权支付下：

借：零余额账户用款额度

　贷：财政拨款收入

2. 使用时

直接支付下：

借：经费支出等

贷：财政拨款收入

授权支付下：

借：经费支出等

贷：零余额用账户款额度

3. 年终时，对未使用的额度

直接支付下：

借：财政应返还额度

贷：财政拨款收入

授权支付下：

借：财政应返还额度

贷：零余额账户用款额度

4. 下年初恢复时

直接支付下，不确认。

授权支付下：

借：零余额账户用额额度

贷：财政应返还额度

5. 下年使用上年额度时

直接支付下：

借：经费支出等

贷：财政应返还额度

授权支付下：

借：经费支出等

贷：零余额账户用款额度

五、应收及预付款项

应收及预付款项是指行政单位在开展业务活动中形成的各项债权，包括应收账款、预付账款、其他应收款等。

（一）应收账款

行政单位应设置“应收账款”总账科目。本科目用来核算行政单位出租资产、出售物资等应当收取的款项。行政单位收到的商业汇票，也通过本账户核算。本账户应当按照购货、接受服务单位（或个人）或开出、承兑商业汇票的单位等进行明细核算。本账户期末借方余额，反映行政单位尚未收回的应收账款。应收账款应当在资产已出租或物资已出售且尚未收到款项时确认。本账户期末借方余额，反映行政单位尚未收回的应收账款。

（1）出租资产发生的应收账款。

出租资产尚未收到款项时，按照应收未收金额，借记本账户，贷记“其他应付款”账户。收回应收账款时，借记“银行存款”等账户，贷记本账户；同时，借记“其他应付款”账户，按照应缴的税费，贷记“应缴税费”账户，按照扣除应缴税费后的净额，贷记“应缴财政款”账户。

【例 11-17】某单位出租办公用房 10 间，月租金 10 万元，每月收一次租金，房子已出租 1 个月，但仍未收到租金。

月末，尚未收到租金时：

借：应收账款 100 000

贷：其他应付款 100 000

由于国有资产出租收入应上缴财政，所以含税租金在贷方暂记入“其他应付款”。

收到租金 10 万元，应交 5%的营业税。国有资产租金收入应上缴财政。

借：银行存款 100 000

贷：应收账款 100 000

借：其他应付款 100 000

贷：应缴税费 5 000

应缴财政款 95 000

（2）出售物资发生的应收账款。

物资已发出并到达约定状态且尚未收到款项时，按照应收未收金额，借记本账户，贷记“待处理财产损溢”账户。收回应收账款时，借记“银行存款”等账户，贷记本账户。

【例 11-18】某单位出售一批旧电脑 10 台，价值 20 000 元，电脑已发出，但尚未收到款项。

电脑发出时：

借：应收账款 20 000

贷：待处理财产损溢 20 000

收到价款时：

借：银行存款 20 000

贷：应收账款 20 000

（3）收到商业汇票。

出租资产收到商业汇票，按照商业汇票的票面金额，借记本账户，贷记“其他应付款”账户。出售物资收到商业汇票，按照商业汇票的票面金额，借记本账户，贷记“待处理财产损溢”账户。

商业汇票到期收回款项时，借记“银行存款”等账户，贷记本账户。其中，出租资产收回款项的，还应当同时借记“其他应付款”账户，按照应缴的税费，贷记“应缴税费”账户，按照扣除应缴税费后的净额，贷记“应缴财政款”账户。核算见【例 11-17】。

行政单位应当设置商业汇票备查簿，逐笔登记每一笔应收商业汇票的种类、号数、出票日期、到期日、票面金额、交易合同号等相关信息资料。商业汇票到期结清票款或退票后，应当在备查簿内逐笔注销。

（4）逾期 3 年或以上、有确凿证据表明确实无法收回的应收账款，按规定报经批准后予以核销。核销的应收账款应在备查簿中保留登记。

转入待处理财产损溢时，按照待核销的应收账款金额，借记“待处理财产损溢”账户，贷记本账户。

已核销的应收账款在以后期间收回的，借记“银行存款”账户，贷记“应缴财政款”等账户。

【例 11-19】某行政单位处置账龄 4 年的应收账款一笔，金额 100 000 元。

借：待处理财产损溢　100 000

　贷：应收账款　100 000

经批准，予以核销时：

借：其他应付款　100 000

　贷：待处理财产损溢　100 000

由于应收账款发生时，并未确认收入，即对应贷方科目为“其他应付款”，所以在核销时，借“其他应付款”，予以平账。

下年度，上笔已核销的应收账款又收回了。

借：银行存款　100 000

　贷：应缴财政款　100 000

（二）预付账款

行政单位应设置“预付账款”总账科目。本科目用来核算行政单位按照购货、服务合同规定预付给供应单位（或个人）的款项。行政单位依据合同规定支付的定金，也通过本账户核算。行政单位支付可以收回的订金，不通过本账户核算，应当通过“其他应收款”账户核算。本账户应当按照供应单位（或个人）进行明细核算。预付账款应当在已支付款项且尚未收到物资或服务时确认。本账户期末借方余额，反映行政单位实际预付但尚未结算的款项。

（1）发生预付账款时，借记本账户，贷记“资产基金——预付款项”账户；同时，借记“经费支出”账户，贷记“财政拨款收入”“零余额账户用款额度”“银行存款”等账户。

（2）收到所购物资或服务时，按照相应预付账款金额，借记“资产基金——预付款项”账户，贷记本账户；发生补付款项的，按照实际补付的款项，借记“经费支出”账户，贷记“财政拨款收入”“零余额账户用款额度”“银行存款”等账户。收到物资的，同时按照收到所购物资的成本，借记有关资产账户，贷记“资产基金”及相关明细账户。

【例 11-20】某单位与某公司约定购买两台设备，每台价款 100 000 元，该单位先支付 50%的预付款。该公司收到预付款后，过 3 个月将设备运抵该单位并负责调试成功，该单位于验收合格当日支付剩余的 50%价款。

支付预付款时：

借：预付账款　100 000

　贷：资产基金——预付款项　100 000

借：经费支出　100 000

　贷：零余额账户用款额度　100 000

为什么要这样通过双分录来反映呢？从上面的账务处理可以看出：

经费支出的借方发生额，最终会导致净资产的减少，但预付账款的增加又形成了资产，所以资产基金的增加又刚好抵消了经费支出对净资产造成的影响。事实上，该项业务是资产内部的此增彼减，即零余额账户用款额度减少、预付账款增加，净资产保持不变。这样的账务处理，既满足了收付实现制对支出发生的确认要求，实现了会计信息反映预算执行的会计目标，又满足对债权的及时确认，符合会计信息要反映单位财务状况的目标。

3 个月后，收到所购设备，并支付剩余 50%的价款。

借：资产基金——预付款项　　100 000

　贷：预付账款　　100 000

借：经费支出　　100 000

　贷：零余额账户用款额度　　100 000

借：固定资产　　200 000

　贷：资产基金——固定资产　　200 000

（3）发生当年预付账款退回的，借记“资产基金——预付款项”账户，贷记本账户；同时，借记“财政拨款收入”“零余额账户用款额度”“银行存款”等账户，贷记“经费支出”账户。

发生以前年度预付账款退回的，借记“资产基金——预付款项”账户，贷记本账户；同时，借记“财政应返还额度”“零余额账户用款额度”“银行存款”等账户，贷记“财政拨款结转”“财政拨款结余”“其他资金结转结余”等账户。

（4）逾期 3 年或以上、有确凿证据表明确实无法收到所购物资和服务，且无法收回的预付账款，按照规定报经批准后予以核销。核销的预付账款应在备查簿中保留登记。

转入待处理财产损溢时，按照待核销的预付账款金额，借记“待处理财产损溢”账户，贷记本账户。

已核销的预付账款在以后期间又收回的，借记“零余额账户用款额度”“银行存款”等账户，贷记“财政拨款结转”“财政拨款结余”“其他资金结转结余”等账户。

（三）其他应收款

行政单位应设置“其他应收款”总账科目。本科目用来核算行政单位除应收账款、预付账款以外的其他各项应收及暂付款项，如职工预借的差旅费、拨付给内部有关部门的备用金、应向职工收取的各种垫付款项等。本账户期末借方余额，反映行政单位尚未收回的其他应收款。

本账户为新增账户。

（1）发生其他应收及暂付款项时，借记本账户，贷记“零余额账户用款额度”“银行存款”等账户。

【例 11-21】某行政单位人员李某出差预借差旅费 1 000 元，财务部门以现金支付。

借：其他应收款——李某　　1 000

　贷：库存现金　　1 000

（2）收回或转销上述款项时，借记“银行存款”“零余额账户用款额度”或有关支出等账户，贷记本账户。

【例 11-22】续上例，该行政单位李某出差回来，报销差旅费 800 元，交回现金 200 元。

借：库存现金　　200

经费支出　800
贷：其他应收款——李某　1 000

（3）行政单位内部实行备用金制度的，有关部门使用备用金以后应当及时到财务部门报销并补足备用金。财务部门核定并发放备用金时，借记本账户，贷记“库存现金”等账户。根据报销数用现金补足备用金定额时，借记“经费支出”账户，贷记“库存现金”等账户，报销数和拨补数都不再通过本账户核算。

（4）逾期3年或以上、有确凿证据表明确实无法收回的其他应收款，按规定报经批准后予以核销。核销的其他应收款应在备查簿中保留登记。

转入待处理财产损溢时，按照待核销的其他应收款金额，借记“待处理财产损溢”账户，贷记本账户。

已核销的其他应收款在以后期间又收回的，如属于在核销年度内收回的，借记“银行存款”等账户，贷记“经费支出”账户；如属于在核销年度以后收回的，借记“银行存款”等账户，贷记“财政拨款结转”“财政拨款结余”“其他资金结转结余”等账户。

六、存货

本账户用来核算行政单位在开展业务活动及其他活动中为耗用而储存的各种物资，包括材料、燃料、包装物和低值易耗品及未达到固定资产标准的家具、用具、装具等的实际成本。

行政单位接受委托人指定受赠人的转赠物资，应当通过“受托代理资产”账户核算，不通过本账户核算。

行政单位随买随用的零星办公用品等，可以在购进时直接列作支出，不通过本账户核算。

本账户应当按照存货的种类、规格和保管地点等进行明细核算。行政单位有委托加工存货业务的，应当在本账户下设置“委托加工存货成本”账户。出租、出借的存货，应当设置备查簿进行登记。

存货应当在其到达存放地点并验收后确认。

本账户期末借方余额，反映行政单位存货的实际成本。

（1）存货在取得时，应当按照其实际成本入账。

①购入的存货，其成本包括购买价款、相关税费、运输费、装卸费、保险费以及其他使得存货达到目前场所和状态所发生的支出。

购入的存货验收入库，按照确定的成本，借记本账户，贷记“资产基金——存货”账户；同时，按照实际支付的金额，借记“经费支出”账户，贷记“财政拨款收入”“零余额账户用款额度”“银行存款”等账户；对于尚未付款的，应当按照应付未付的金额，借记“待偿债净资产”账户，贷记“应付账款”账户。

②置换换入的存货，其成本按照换出资产的评估价值，加上支付的补价或减去收到的补价，加上为换入存货支付的其他费用（运输费等）确定。

换入的存货验收入库，按照确定的成本，借记本账户，贷记“资产基金——存货”账户；同时，按实际支付的补价、运输费等金额，借记“经费支出”账户，贷记“财政拨款收入”“零余额账户用款额度”“银行存款”等账户。

③接受捐赠、无偿调入的存货，其成本按照有关凭据注明的金额加上相关税费、运输费等确定；没有相关凭据可供取得，但依法经过资产评估的，其成本应当按照评估价值加上相关税费、运输费等确定；没有相关凭据可供取得、也未经评估的，其成本比照同类或类似存货的市场价格加上相关税费、运输费等确定；没有相关凭据也未经评估，其同类或类似存货的市场价格无法可靠取得，该存货按照名义金额入账。

接受捐赠、无偿调入的存货验收入库，按照确定的成本，借记本账户，贷记“资产基金——存货”账户；同时，按实际支付的相关税费、运输费等金额，借记“经费支出”账户，贷记“财政拨款收入”“零余额账户用款额度”“银行存款”等账户。

④委托加工的存货，其成本按照未加工存货的成本加上加工费用和往返运输费等确定。

委托加工的存货出库，借记本账户下的“委托加工存货成本”明细账户，贷记本账户下的相关明细账户。支付加工费用和相关运输费等时，借记“经费支出”账户，贷记“财政拨款收入”“零余额账户用款额度”“银行存款”等账户；同时，按照相同的金额，借记本账户下的“委托加工存货成本”明细账户，贷记“资产基金——存货”账户。委托加工完成的存货验收入库时，按照委托加工存货的成本，借记本账户下的相关明细账户，贷记本账户下的“委托加工存货成本”明细账户。

（2）存货发出时，应当根据实际情况采用先进先出法、加权平均法或者个别计价法确定发出存货的实际成本。计价方法一经确定，不得随意变更。

①开展业务活动等领用、发出存货，按照领用、发出存货的实际成本，借记“资产基金——存货”账户，贷记本账户。

②经批准对外捐赠、无偿调出存货时，按照对外捐赠、无偿调出存货的实际成本，借记“资产基金——存货”账户，贷记本账户。

对外捐赠、无偿调出存货发生由行政单位承担的运输费等支出，借记“经费支出”账户，贷记“财政拨款收入”“零余额账户用款额度”“银行存款”等账户。

（3）经批准对外出售、置换换出的存货，应当转入待处理财产损溢，按照相关存货的实际成本，借记“待处理财产损溢”账户，贷记本账户。

【例 11-23】某行政单位购入材料 100 000 元，当日收到货物并验收合格入库价款采用财政授权支付方式支付。两个月后，该单位领用这批材料中的一半。

收到材料并验收入库时：

借：存货　　100 000

　贷：资产基金——存货　　100 000

借：经费支出　　100 000

　贷：零余额账户用款额度　　100 000

根据收付实现制确认的基础，在实际发生时，全部作为支出入账。这样双分录的账务处理等同于“预付账款”的账务处理原理，这里不再赘述。

两个月后，领用材料 50 000 元。

借：资产基金——存货　　50 000

　贷：存货　　50 000

由于存货在购入时已经同时全部记入了支出，所以在实际领用时，不再记支出。

【例 11-24】某行政单位办公楼维修，从仓库领用维修材料 100 千克，加权平均单价 10 元。

借：资产基金——存货　　1 000

　贷：存货——库存材料　　1 000

【例 11-25】某行政单位先后购进 A 材料，第一批 40 件，单价 200 元/件，第二批 100 件，单价 180 元/件。以先进先出法进行计价。单位某部门领用 A 材料 100 件。

领用材料成本 = 40×200+60×180 = 18 080（元）

借：资产基金——存货　　18 080

　贷：存货——A 材料　　18 080

【例 11-26】某行政单位采用加权平均法进行计价，2012 年 5 月购入、发出、结存材料情况见表 11-3。

表 11-3

日期	摘要	入库			出库			结存		
		数量（件）	单价（元）	金额（元）	数量（件）	单价（元）	金额（元）	数量（件）	单价（元）	金额（元）
5. 1	期初库存							100	100	10 000
5. 5	购入材料	200	115	23 000				300	110	33 000
5. 15	领用材料				150			150		

当月材料加权平均单价 = （10 000+23 000）÷（100+200）

= 110（元）

当月领用材料成本 = 150×110 = 16 500（元）

账务处理如下：

借：资产基金——存货　　16 500

　贷：存货——×材料　　16 500

【例 11-27】某行政单位对外出售一批 C 材料，原成本为 120 000 元，所得价款 150 000元，款项存入银行。

借：待处理财产损溢　　120 000

　贷：存货——C 材料　　120 000

实现出售时，承担运费 400 元，以现金支付。

借：资产基金——存货　　120 000

　贷：待处理财产损溢——资产处置价值　　120 000

借：银行存款　　150 000

　贷：待处理财产损溢——处置净收入　　150 000

借：待处理财产损溢——处置净收入　　400

　贷：库存现金　　400

出售完毕时：

借：待处理财产损溢——处置净收入　　149 600
　贷：应缴财政款　　149 600

（3）报废、毁损的存货，应当转入待处理财产损溢，按照相关存货的账面余额，借记“待处理财产损溢”账户，贷记本账户。

（4）行政单位的存货应当定期进行清查盘点，每年至少盘点一次。对于发生的存货盘盈、盘亏，应当及时查明原因，按规定报经批准后进行账务处理。

①盘盈的存货，按照取得同类或类似存货的实际成本确定入账价值；没有同类或类似存货的实际成本，按照同类或类似存货的市场价格确定入账价值；同类或类似存货的实际成本或市场价格无法可靠取得，按照名义金额入账。

盘盈的存货，按照确定的入账价值，借记本账户，贷记“待处理财产损溢”账户。

②盘亏的存货，转入待处理财产损溢时，按照其账面余额，借记“待处理财产损溢”账户，贷记本账户。

【例 11-28】某行政单位月末盘点，发现甲材料盘亏 5 千克，单价 20 元，原因待查。

借：待处理财产损溢　　100
　贷：存货——库存材料　　100

【例 11-29】接上例，经批准予以核销。

借：资产基金——存货　　100
　贷：待处理财产损溢　　100

第三节　固定资产的核算

一、固定资产的标准

固定资产是指使用期限超过 1 年（不含 1 年）、单位价值在 1 000 元以上（其中，专用设备单位价值在 1 500 元以上），并在使用过程中基本保持原有物质形态的资产。单位价值虽未达到规定标准，但是耐用时间超过 1 年（不含 1 年）的大批同类物资，应当作为固定资产核算。

固定资产一般分为如下六类：

（1）房屋及构筑物；

（2）通用设备；

（3）专用设备；

（4）文物和陈列品；

（5）图书、档案；

（6）家具、用具、装具及动植物。

二、固定资产核算的有关说明

本账户核算行政单位各类固定资产的原价。

（1）固定资产的各组成部分具有不同的使用寿命、适用不同折旧率的，应当分别将各组成部分确认为单项固定资产。

（2）购入需要安装的固定资产，应当先通过“在建工程”账户核算，安装完毕交付使用时再转入本账户核算。

（3）行政单位的软件，如果其构成相关硬件不可缺少的组成部分，应当将该软件的价值包括在所属的硬件价值中，一并作为固定资产，通过本账户进行核算；如果其不构成相关硬件不可缺少的组成部分，应当将该软件作为无形资产，通过“无形资产”账户核算。

（4）行政单位购建房屋及构筑物不能够分清支付价款中的房屋及构筑物与土地使用权部分的，应当全部作为固定资产，通过本账户核算；能够分清支付价款中的房屋及构筑物与土地使用权部分的，应当将其中的房屋及构筑物部分作为固定资产，通过本账户核算，将其中的土地使用权部分作为无形资产，通过“无形资产”账户核算；境外行政单位购买具有所有权的土地，作为固定资产，通过本账户核算。

（5）行政单位借入、以经营租赁方式租入的固定资产，不通过本账户核算，应当设置备查簿进行登记。

行政单位应当根据固定资产定义、有关主管部门对固定资产的统一分类，结合本单位的具体情况，制定适合本单位的固定资产目录、具体分类方法，作为进行固定资产核算的依据。

行政单位应当设置“固定资产登记簿”和“固定资产卡片”，按照固定资产类别、项目和使用部门等进行明细核算。出租、出借的固定资产，应当设置备查簿进行登记。

三、固定资产的确认条件

（1）购入、换入、无偿调入、接受捐赠不需安装的固定资产，在固定资产验收合格时确认。

（2）购入、换入、无偿调入、接受捐赠需要安装的固定资产，在固定资产安装完成交付使用时确认。

（3）自行建造、改建、扩建的固定资产，在建造完成交付使用时确认。

四、固定资产的账务处理

固定资产的主要账务处理如下：

（1）取得固定资产时，应当按照其成本入账。

第一，购入的固定资产，其成本包括实际支付的购买价款、相关税费、使固定资产交付使用前所发生的可归属于该项资产的运输费、装卸费、安装费和专业人员服务费等。

以一笔款项购入多项没有单独标价的固定资产，按照各项固定资产同类或类似固定资产市场价格的比例对总成本进行分配，分别确定各项固定资产的入账价值。

购入不需安装的固定资产，按照确定的固定资产成本，借记本账户，贷记“资产基金——固定资产”账户；同时，按照实际支付的金额，借记“经费支出”账户，贷记“财政拨款收入”“零余额账户用款额度”“银行存款”等账户。

购入需要安装的固定资产，先通过“在建工程”账户核算。安装完工交付使用时，借记本账户，贷记“资产基金——固定资产”账户；同时，借记“资产基金——在建工程”账户，贷记“在建工程”账户。

购入固定资产分期付款或扣留质量保证金的，在取得固定资产时，按照确定的固定资产成本，借记本账户（不需安装）或“在建工程”账户（需要安装），贷记“资产基金——固定资产、在建工程”账户；同时，按照已实际支付的价款，借记“经费支出”账户，贷记“财政拨款收入”“零余额账户用款额度”“银行存款”等账户；按照应付未付的款项或扣留的质量保证金等金额，借记“待偿债净资产”账户，贷记“应付账款”或“长期应付款”账户。

【例 11-30】本单位通过政府采购购买小汽车一辆，车款 129 800 元，车辆购置税 11 033 元，共计 140 833 元，款项由财政直接支付。

借：固定资产——小汽车 140 833
　贷：资产基金——固定资产 140 833
借：经费支出——基本支出（公用支出）（交通工具购置费） 140 833
　贷：财政拨款收入——财政直接支付 140 833

【例 11-31】本单位通过政府采购购买业务用计算机 5 台，价款总计 73 100 元，验收合格，交付使用，款项由财政直接支付。

借：经费支出——基本支出（公用支出）（专用设备购置费 ） 73 100
　贷：财政拨款收入——财政直接支付（基本支出拨款） 73 100
借：固定资产 73 100
　贷：资产基金——固定资产 73 100

【例 11-32】开出财政授权支付凭证，购买文件柜 5 个，计 2 300 元，验收合格，交付使用。

借：经费支出——基本支出（公用支出）（办公设备购置费） 2 300
　贷：零余额账户用款额度 2 300
借：固定资产——文件柜 2 300
　贷：资产基金——固定资产 2 300

【例 11-33】某行政单位购入一台需安装的设备，设备价款 350 000 元，安装费用 8 000 元，已安装完成交付使用。以单位零余额账户用款额度支付。

买入时：
借：在建工程 350 000
　贷：资产基金——在建工程 350 000
借：经费支出 350 000
　贷：零余额账户用款额度 350 000

安装时：
借：在建工程 8 000
　贷：资产基金——在建工程 8 000
借：经费支出 8 000
　贷：零余额账户用款额度 8 000

安装完成交付使用时：

借：固定资产　　358 000
　贷：资产基金——固定资产　　358 000
借：资产基金——在建工程　　358 000
　贷：在建工程　　358 000

第二，自行建造的固定资产，其成本包括建造该项资产至交付使用前所发生的全部必要支出。

固定资产的各组成部分需要分别核算的，按照各组成部分固定资产造价确定其成本；没有各组成部分固定资产造价的，按照各组成部分固定资产同类或类似固定资产市场造价的比例对总造价进行分配，确定各组成部分固定资产的成本。

工程完工交付使用时，按照自行建造过程中发生的实际支出，借记本账户，贷记“资产基金——固定资产”账户；同时，借记“资产基金——在建工程”账户，贷记“在建工程”账户；已交付使用但尚未办理竣工决算手续的固定资产，按照估计价值入账，待确定实际成本后再进行调整。

【例 11-34】某行政单位采用出包方式建造房屋：

①用单位零余额账户用款额度预付工程款 3 000 000 元。

借：在建工程　　3 000 000
　贷：资产基金——在建工程　　3 000 000
借：经费支出　　3 000 000
　贷：零余额账户用款额度　　3 000 000

②工程完工，用零余额账户用款额度补付工程款 1 000 000 元。

借：在建工程　　1 000 000
　贷：资产基金——在建工程　　1 000 000
借：经费支出　　1 000 000
　贷：零余额账户用款额度　　1 000 000

③固定资产交付使用。

借：固定资产　　4 000 000
　贷：资产基金——固定资产　　4 000 000
借：资产基金——在建工程　　4 000 000
　贷：在建工程　　4 000 000

第三，自行繁育的动植物，其成本包括在达到可使用状态前所发生的全部必要支出。

①购入需要繁育的动植物，按照购入的成本，借记本账户（未成熟动植物），贷记“资产基金——固定资产”账户；同时，按照实际支付的金额，借记“经费支出”账户，贷记“财政拨款收入”“零余额账户用款额度”“银行存款”等账户。

②发生繁育费用，按照实际支付的金额，借记本账户（未成熟动植物），贷记“资产基金——固定资产”账户；同时，借记“经费支出”账户，贷记“财政拨款收入”“零余额账户用款额度”“银行存款”等账户。

③动植物达到可使用状态时，借记本账户（成熟动植物），贷记本账户（未成熟动植物）。

购入需要繁育的动植物时：

借：固定资产（未成熟动植物）
　贷：资产基金——固定资产
同时，
借：经费支出
　贷：零余额账户用款额度等
发生繁育费用时：
借：固定资产（未成熟动植物）
　贷：资产基金——固定资产
同时，
借：经费支出
　贷：零余额账户用款额度等
动植物达到可使用状态时：
借：固定资产（成熟动植物）
　贷：固定资产（未成熟动植物）

第四，在原有固定资产基础上进行改建、扩建、修缮的固定资产，其成本按照原固定资产的账面价值（“固定资产”账户账面余额减去“累计折旧”账户账面余额后的净值）加上改建、扩建、修缮发生的支出，再扣除固定资产拆除部分账面价值后的金额确定。

将固定资产转入改建、扩建、修缮时，按照固定资产的账面价值，借记“在建工程”账户，贷记“资产基金——在建工程”账户；同时，按照固定资产的账面价值，借记“资产基金——固定资产”账户，按照固定资产已计提折旧，借记“累计折旧”账户，按照固定资产的账面余额，贷记本账户。

工程完工交付使用时，按照确定的固定资产成本，借记本账户，贷记“资产基金——固定资产”账户；同时，借记“资产基金——在建工程”账户，贷记“在建工程”账户。

【例 11-35】某行政单位对一栋房屋进行重新装修，该幢房屋账面余额 1 200 000元，累计折旧 400 000 元，支付装修费 50 000 元，以银行存款支付，装修完后交付使用。

借：在建工程	600 000	
贷：资产基金——在建工程		600 000
借：资产基金——固定资产	800 000	
累计折旧	400 000	
贷：固定资产		1 200 000
支付装修费时：		
借：在建工程	50 000	
贷：资产基金——在建工程		50 000
借：经费支出	50 000	
贷：银行存款		50 000
交付使用时：		
借：固定资产	850 000	

贷：资产基金——固定资产　850 000
借：资产基金——在建工程　850 000
贷：在建工程　850 000

第五，置换取得的固定资产，其成本按照换出资产的评估价值加上支付的补价或减去收到的补价，加上为换入固定资产支付的其他费用（运输费等）确定，借记本账户（不需安装）或“在建工程”账户（需安装），贷记“资产基金——固定资产、在建工程”账户；按照实际支付的补价、相关税费、运输费等，借记“经费支出”账户，贷记“财政拨款收入”“零余额账户用款额度”“银行存款”等账户。

第六，接受捐赠、无偿调入的固定资产，其成本按照有关凭据注明的金额加上相关税费、运输费等确定；没有相关凭据可供取得，但依法经过资产评估的，其成本应当按照评估价值加上相关税费、运输费等确定；没有相关凭据可供取得、也未经评估的，其成本比照同类或类似固定资产的市场价格加上相关税费、运输费等确定；没有相关凭据也未经评估，其同类或类似固定资产的市场价格无法可靠取得，所取得的固定资产应当按照名义金额入账。

接受捐赠、无偿调入的固定资产，按照确定的成本，借记本账户（不需安装）或“在建工程”账户（需要安装），贷记“资产基金——固定资产、在建工程”账户；按照实际支付的相关税费、运输费等，借记“经费支出”账户，贷记“财政拨款收入”“零余额账户用款额度”“银行存款”等账户。

（2）固定资产计提折旧在预计使用寿命内，按照确定的方法对应折旧金额进行系统分摊。设置“累计折旧”账户，按月计提固定资产折旧时，按照实际计提的金额，借记“资产基金——固定资产”账户，贷记“累计折旧”账户。本账户期末贷方余额，反映行政单位计提的固定资产折旧累计数。

有关说明如下：

①行政单位应当根据固定资产的性质和实际使用情况，合理确定其折旧年限。省级以上财政部门、主管部门对行政单位固定资产折旧年限作出规定的，从其规定。

②行政单位一般应当采用年限平均法或工作量法计提固定资产折旧。

③行政单位固定资产的应折旧金额为其成本，计提固定资产折旧不考虑预计净残值。

④行政单位一般应当按月计提固定资产折旧。当月增加的固定资产，当月不提折旧，从下月起计提折旧；当月减少的固定资产，当月照提折旧，从下月起不提折旧。

⑤固定资产提足折旧后，无论能否继续使用，都不再计提折旧；提前报废的固定资产，也不再补提折旧；已提足折旧的固定资产，可以继续使用的，应当继续使用，规范管理。

⑥固定资产因改建、扩建或修缮等原因而提高使用效能或延长使用年限的，应当按照重新确定的固定资产成本以及重新确定的折旧年限，重新计算折旧额。

【例 11-36】某行政单位对某一设备按月计提折旧，当月计提金额 2 000 元。

借：资产基金——固定资产　2 000
贷：累计折旧　2 000

【例 11-37】某行政单位 2014 年 1 月经批准，通过政府采购购置复印机一台，货款 21 000 元，增值税为 3 570 元，验收交付使用。款项由财政直接支付。预计使用年限 5 年，计算每月应计提折旧。

借：经费支出——基本支出（公用支出）（专用设备购置费）　24 570
　贷：财政拨款收入——财政直接支付（基本支出拨款）　24 570
借：固定资产——专用设备　24 570
　贷：资产基金——固定资产　24 570

从 2014 年 2 月开始该复印机每月应计提折旧：24 570÷（12×5）= 409. 50（元）

借：资产基金——固定资产　409. 50
　贷：累计折旧　409. 50

需要注意的是，行政单位对下列固定资产不计提折旧：

①文物及陈列品；

②图书、档案；

③动植物；

④以名义金额入账的固定资产；

⑤境外行政单位持有的能够与房屋及构筑物区分、拥有所有权的土地。

（3）与固定资产有关的后续支出，分以下两种情况处理：

第一，为增加固定资产使用效能或延长其使用寿命而发生的改建、扩建或修缮等后续支出，应当计入固定资产成本，通过“在建工程”账户核算，完工交付使用时转入本账户。有关账务处理参见“在建工程”账户。

第二，为维护固定资产正常使用而发生的日常修理等后续支出，应当计入当期支出但不计入固定资产成本，借记“经费支出”账户，贷记“财政拨款收入”“零余额账户用款额度”“银行存款”等账户。

（4）出售、置换换出固定资产。

经批准出售、置换换出的固定资产转入待处理财产损溢时，按照固定资产的账面价值，借记“待处理财产损溢”账户，按照已计提折旧，借记“累计折旧”账户，按照固定资产的账面余额，贷记本账户。

【例 11-38】某行政单位经批准将一辆闲置汽车出售，账面余额 150 000 元，累计折旧 30 000 元，出售取得价款 100 000 元，款项存入银行。

借：待处理财产损溢——资产处置价值　120 000
　　累计折旧　30 000
　贷：固定资产　150 000

实现出售时：

借：资产基金——固定资产　120 000
　贷：待处理财产损溢——资产处置价值　120 000
借：银行存款　100 000
　贷：待处理财产损溢——处置净收入　100 000
借：待处理财产损溢——处置净收入　100 000
　贷：应缴财政款　100 000

（5）无偿调出、对外捐赠固定资产。

经批准无偿调出、对外捐赠固定资产时，按照固定资产的账面价值，借记“资产基金——固定资产”账户，按照已计提折旧，借记“累计折旧”账户，按照固定资产的账面余额，贷记本账户。

无偿调出、对外捐赠固定资产发生由行政单位承担的拆除费用、运输费等，按照实际支付的金额，借记“经费支出”账户，贷记“财政拨款收入”“零余额账户用款额度”“银行存款”等账户。

（6）报废、毁损固定资产。

报废、毁损的固定资产转入待处理财产损溢时，按照固定资产的账面价值，借记“待处理财产损溢”账户，按照已计提折旧，借记“累计折旧”账户，按照固定资产的账面余额，贷记本账户。

【例 11-39】某行政单位经批准报废一台计算机，原价 8 000 元，累计折旧 5 000 元，变价收入现金 800 元，报废过程中发生清理费用 100 元。

①对固定资产进行销账时：

借：待处理财产损溢——处置资产价值　　3 000

　　累计折旧　　5 000

　贷：固定资产　　8 000

②批准处置时：

借：资产基金——固定资产　　3 000

　贷：待处理财产损溢——处置资产价值　　3 000

③支付清理费用时：

借：待处理财产损溢——处置净收入　　100

　贷：库存现金　　100

④收到价款时：

借：库存现金　　800

　贷：待处理财产损溢——处置净收入　　800

⑤报废处置完后：

借：待处理财产损溢——处置净收入　　700

　贷：应缴财政款　　700

（7）盘盈、盘亏固定资产。

行政单位的固定资产应当定期进行清查盘点，每年至少盘点一次。对于固定资产发生盘盈、盘亏的，应当及时查明原因，按照规定报经批准后进行账务处理。

第一，盘盈的固定资产，按照取得同类或类似固定资产的实际成本确定入账价值；没有同类或类似固定资产的实际成本，按照同类或类似固定资产的市场价格确定入账价值；同类或类似固定资产的实际成本或市场价格无法可靠取得，按照名义金额入账。

盘盈的固定资产，按照确定的入账价值，借记本账户，贷记“待处理财产损溢”账户。

第二，盘亏的固定资产，按照盘亏固定资产的账面价值，借记“待处理财产损溢”账户，按照已计提折旧，借记“累计折旧”账户，按照固定资产账面余额，贷记本账户。

【例 11-40】某行政单位年终对固定资产进行盘点时，盘亏一台打印机，账面价值 1 000 元，未提取折旧。按规定程序批准后予以销账。

借：待处理财产损溢　　1 000
　贷：固定资产　　1 000

批准予以销账时：

借：资产基金——固定资产　　1 000
　贷：待处理财产损溢　　1 000

第四节　在建工程的核算

一、在建工程的概念

在建工程是指已经发生必要支出，但尚未达到交付使用状态的建设工程。

在建工程达到交付使用状态时，应当按照规定办理工程竣工财务决算和资产交付使用。

设置“在建工程”科目，核算行政单位已经发生必要支出，但尚未完工交付使用的各种建筑（包括新建、改建、扩建、修缮等）、设备安装工程和信息系统建设工程的实际成本。不能够增加固定资产、公共基础设施使用效能或延长其使用寿命的修缮、维护等，不通过本账户核算。

本账户应当按照具体工程项目等进行明细核算；需要分摊计入不同工程项目的间接工程成本，应当通过本账户下设置的“待摊投资”明细科目核算。

行政单位的基本建设投资应当按照国家有关规定单独建账、单独核算，同时按照本制度的规定至少按月并入本账户及其他相关账户反映。

行政单位应当在本账户下设置“基建工程”明细科目，核算由基建账套并入的在建工程成本。

在建工程应当在属于在建工程的成本发生时确认。

本账户期末借方余额，反映行政单位尚未完工的在建工程的实际成本。

二、在建工程（非基本建设项目）的主要账务处理

（一）建筑工程

（1）将固定资产转入改建、扩建或修缮等时，按照固定资产的账面价值，借记本账户，贷记“资产基金——在建工程”账户；同时，按照固定资产的账面价值，借记“资产基金——固定资产”账户，按照固定资产已计提折旧，借记“累计折旧”账户，按照固定资产的账面余额，贷记“固定资产”账户。

【例 11-41】为改善办公条件，决定对一幢旧房进行改建，该旧房原价 500 000 元，累计折旧 200 000 元。

借：资产基金——固定资产　　300 000
　　累计折旧　　200 000
　贷：固定资产　　500 000

借：在建工程　　300 000

贷：资产基金——在建工程　　300 000

（2）将改建、扩建或修缮的建筑部分拆除时，按照拆除部分的账面价值（没有固定资产拆除部分的账面价值的，比照同类或类似固定资产的实际成本或市场价格及其拆除部分占全部固定资产价值的比例确定），借记“资产基金——在建工程”账户，贷记本账户。

借：资产基金——在建工程

贷：在建工程

改建、扩建或修缮的建筑部分拆除获得残值收入时，借记“银行存款”等账户，贷记“经费支出”账户；同时，借记“资产基金——在建工程”账户，贷记本账户。本账户为新增账户。

借：银行存款

贷：经费支出

借：资产基金——在建工程

贷：在建工程

（3）根据工程进度支付工程款时，按照实际支付的金额，借记“经费支出”账户，贷记“财政拨款收入”“零余额账户用款额度”“银行存款”等账户；同时按照相同的金额，借记本账户，贷记“资产基金——在建工程”账户。

根据工程价款结算账单与施工企业结算工程价款时，按照工程价款结算账单上列明的金额（扣除已支付的金额），借记本账户，贷记“资产基金——在建工程”账户；同时，按照实际支付的金额，借记“经费支出”账户，贷记“财政拨款收入”“零余额账户用款额度”“银行存款”等账户，按照应付未付的金额，借记“待偿债净资产”账户，贷记“应付账款”账户。

借：经费支出

贷：财政拨款收入/零余额账户用款额度等

借：在建工程

贷：资产基金——在建工程

（4）支付工程价款结算账单以外的款项时，借记本账户，贷记“资产基金——在建工程”账户；同时，借记“经费支出”账户，贷记“财政拨款收入”“零余额账户用款额度”“银行存款”等账户。

借：在建工程

贷：资产基金——在建工程

借：经费支出

贷：财政拨款收入/零余额账户用款额度等

（5）工程项目结束，需要分摊间接工程成本的，按照应当分摊到该项目的间接工程成本，借记本账户（××项目），贷记本账户（待摊投资）。

借：在建工程（××项目）

贷：在建工程（待摊投资）

（6）建筑工程项目完工交付使用时，按照交付使用工程的实际成本，借记“资产基金——在建工程”账户，贷记本账户；同时，借记“固定资产”“无形资产”账户（交付使用的工程项目中有能够单独区分成本的无形资产），贷记“资产基金——固定资产、无形资产”账户。

借：资产基金——在建工程

　贷：在建工程

借：固定资产/无形资产

　贷：资产基金——固定资产/无形资产

（7）建筑工程项目完工交付使用时扣留质量保证金的，按照扣留的质量保证金金额，借记“待偿债净资产”账户，贷记“长期应付款”等账户。

借：待偿债净资产

　贷：长期应付款

（8）为工程项目配套而建成的、产权不归属本单位的专用设施，将专用设施产权移交其他单位时，按照应当交付专用设施的实际成本，借记“资产基金——在建工程”账户，贷记本账户。

借：资产基金——在建工程

　贷：在建工程

（9）工程完工但不能形成资产的项目，应当按照规定报经批准后予以核销。转入待处理财产损溢时，按照不能形成资产的工程项目的实际成本，借记“待处理财产损溢”账户，贷记本账户。

借：待处理财产损溢

　贷：在建工程

（二）设备安装

（1）购入需要安装的设备，按照购入的成本，借记本账户，贷记“资产基金——在建工程”账户；同时，按照实际支付的金额，借记“经费支出”账户，贷记“财政拨款收入”“零余额账户用款额度”“银行存款”等账户。

借：在建工程

　贷：资产基金——在建工程

同时，按照实际支付的金额：

借：经费支出

　贷：财政拨款收入/零余额账户用款额度等

（2）发生安装费用时，按照实际支付的金额，借记本账户，贷记“资产基金——在建工程”账户；同时，借记“经费支出”账户，贷记“财政拨款收入”“零余额账户用款额度”“银行存款”等账户。

借：在建工程

　贷：资产基金——在建工程

同时，

借：经费支出

　贷：财政拨款收入/零余额账户用款额度等

（3）设备安装完工交付使用时，按照交付使用设备的实际成本，借记“资产基金——在建工程”账户，贷记本账户；同时，借记“固定资产”“无形资产”账户（交付使用的设备中有能够单独区分成本的无形资产），贷记“资产基金——固定资产、无形资产”账户。

借：资产基金——在建工程

贷：在建工程

借：固定资产/无形资产

贷：资产基金——固定资产、无形资产

（三）信息系统建设

（1）发生各项建设支出时，按照实际支付的金额，借记本账户，贷记“资产基金——在建工程”账户；同时，借记“经费支出”账户，贷记“财政拨款收入”“零余额账户用款额度”“银行存款”等账户。

借：在建工程

贷：资产基金——在建工程

同时，

借：经费支出

贷：零余额账户用款额度

（2）信息系统建设完成交付使用时，按照交付使用信息系统的实际成本，借记“资产基金——在建工程”账户，贷记本账户；同时，借记“固定资产”“无形资产”账户，贷记“资产基金——固定资产、无形资产”账户。

借：资产基金——在建工程

贷：在建工程

同时，

借：固定资产/无形资产

贷：资产基金——固定资产/无形资产

（四）在建工程的毁损

毁损的在建工程成本，应当转入“待处理财产损溢”账户进行处理。转入待处理财产损溢时，借记“待处理财产损溢”账户，贷记本账户。

借：待处理财产损溢

贷：在建工程

三、行政单位基建工程并账

（一）基本要求

行政单位在单独核算基本建设投资的同时，将基建账相关数据并入单位设置的会计账（“大账”）。单位应在“在建工程”科目下设“基建工程”明细科目，核算由基建账并入的在建工程成本。并账时，有些科目需要分析计算，特殊情况需要先对基建账调整（本期有完工工程）。

并账分为两部分：

（1）初始并账（2013 年 12 月 31 日）。

（2）定期并账（至少按月并账）。

（二）基建并账——初始并账（余额并账）

将 2013 年 12 月 31 日基建账中相关科目余额并入“大账”（假设基建账“应收生产单位投资借款”无余额或有余额但与“待冲基建支出”余额相等）。

1. 资产类

表 11-4

序号	“大账”科目	基建账科目
1	库存现金	现金
	银行存款	银行存款
	零余额账户用款额度	零余额账户用款额度
	财政应返还额度	财政应返还额度
2	应收账款	应收有偿调出器材及工程款
		应收票据
3	其他应收款	其他应收款
		拨付所属投资借款
		有价证券
4	固定资产	固定资产
5	累计折旧	累计折旧
6	在建工程——基建工程	建筑安装工程投资
		设备投资
		待摊投资
		其他投资
		器材采购
		采购保管费
		库存设备
		库存材料
		材料成本差异
		委托加工器材
		预付备料款
		预付工程款
7	待处理财产损溢	固定资产清理
		待处理财产损失

2. 负债类

表 11-5

序号	“大账”科目	基建账科目
8	应缴财政款	应交基建包干节余（应交财政部分）
		应交基建收入（应交财政部分）
		其他应交款（应交财政部分）
9	应缴税费	应交税金
10	应付职工薪酬	应付工资
		应付福利费
11	应付账款	应付器材款
		应付工程款（1 年以内偿还的）
		应付有偿调入器材及工程款
		应付票据
12	其他应付款	其他应付款
		其他应交款（非应交财政部分）
13	长期应付款	应付工程款（超过 1 年偿还的）
		基建投资借款
		上级拨入投资借款
		其他借款

应交基建包干节余、应交基建收入、其他应交款科目贷方余额中属于应交财政部分，贷记“大账”中“应缴财政款”科目；其余部分贷记“大账”中“其他应付款”科目。

3. 净资产类

表 11-6

序号	“大账”科目	基建账科目
14	待偿债净资产	根据相关科目分析计算 应付器材款、应付工程款、应付有偿调入器材及工程款、应付票据、基建投资借款、其他借款、上级拨入投资借款科目的贷方余额之和减尚未使用的借款金额（实行贷转存办法） 并入大账“应付账款”+并入大账“长期应付款”-未使用的借款 方向相反
15	资产基金——固定资产	根据相关科目分析计算 固定资产（借方余额）-累计折旧（贷方余额）

表11-6(续)

序号	“大账”科目	基建账科目
16	资产基金——在建工程	根据相关科目分析计算 建筑安装工程投资、设备投资、待摊投资、其他投资、器材采购、采购保管费、库存设备、库存材料、材料成本差异、委托加工器材、预付备料款、预付工程款的借方余额合计 并入大账“在建工程”数额 方向相反
17	财政拨款结转	基建拨款（余额中属同级财政拨款结转的部分）
		留成收入（余额中属同级财政拨款结转的部分）
18	财政拨款结余	留成收入（余额中属同级财政拨款结余的部分）
19	其他资金结转结余	按照上述（1）至（18）中“大账”科目的借方合计金额减去贷方合计金额后的差额，贷记或借记“大账”中“其他资金结转结余”科目。

二、基建并账——按月并账（发生额并账）

执行新制度后，应当至少按月将基建账中相关科目的发生额按照以下方法并入“大账”。

（一）编制基建账冲销的会计分录，调整基建账（假设本期有完工工程）

1. 将本期交付使用资产等科目金额与相关工程投资科目金额对冲

将“交付使用资产”“待核销基建支出”“转出投资”等科目借方发生额，与“建筑安装工程投资”“设备投资”“待摊投资”科目贷方对应的发生额进行冲销。

借：交付使用资产　　（红字）
　　待核销基建支出　　（红字）
　　转出投资　　（红字）
　贷：建筑安装工程投资　　（红字）
　　　设备投资　　（红字）
　　　待摊投资　　（红字）

2. 将“应收生产单位投资借款”与“待冲基建支出”科目金额冲销

对本期交付使用资产中使用的基建投资借款进行内部转账时而产生的“应收生产单位投资借款”与“待冲基建支出”科目的发生额进行冲销。

借：应收生产单位投资借款　　（红字）
　贷：待冲基建支出　　（红字）

（二）将调整后的基建账并入大账

1. 资产、负债、净资产类

根据“大账”科目和基建账科目的对应关系，按照基建账中相关科目本期发生额的借方净额，借记“大账”中的对应科目；按照基建账中相关科目本期发生额的贷方净额，贷记“大账”中的对应科目。

对于当期发生基本建设结余资金交回业务。

“基建拨款”账户借方发生额归属于同级财政拨款的部分转入“财政拨款结转/财政拨款结余”借方；“基建拨款”科目借方发生额中其余部分注入“其他资金结转结余”借方。

表 11-7

序号	“大账”科目	基建账科目
1	库存现金	现金
	银行存款	银行存款
	零余额账户用款额度	零余额账户用款额度
	财政应返还额度	财政应返还额度
2	应收账款	应收有偿调出器材及工程款
		应收票据
3	其他应收款	其他应收款
		拨付所属投资借款
		有价证券
4	固定资产	固定资产
5	累计折旧	累计折旧
6	在建工程	建筑安装工程投资
		设备投资
		待摊投资
		其他投资
		器材采购
		采购保管费
		库存设备
		库存材料
		材料成本差异
		委托加工器材
		预付备料款
		预付工程款
7	待处理财产损溢	固定资产清理
		待处理财产损失

表11-7(续)

序号	“大账”科目	基建账科目
8	应缴财政款	应交基建包干节余（应交财政部分）
		应交基建收入（应交财政部分）
		其他应交款（应交财政部分）
9	应缴税费	应交税金
10	应付职工薪酬	应付工资
		应付福利费
11	应付账款	应付器材款
		应付工程款（1年以内偿还的）
		应付有偿调入器材及工程款
		应付票据
12	其他应付款	其他应付款
		其他应交款（非应交财政部分）
13	长期应付款	应付工程款（超过1年偿还的）
		基建投资借款
		上级拨入投资借款
		其他借款
14	财政拨款结转	基建拨款（本期借方发生额中属于交回同级财政的结转资金）
		留成收入（属于同级财政拨款形成的部分）
15	财政拨款结余	基建拨款（本期借方发生额中属于交回同级财政的结余资金）
		留成收入（属于同级财政拨款形成的部分）
16	其他资金结转结余	基建拨款（本期借方发生额中属于交回的非同级财政结余资金）
		留成收入（属于非同级财政拨款形成的部分）
17	资产基金——固定资产	根据相关科目分析计算 =“固定资产”发生额借方净额-“累计折旧”发生额贷方净额
18	资产基金——在建工程	根据相关科目分析计算 =基建账并入大账“在建工程”的数额 方向相反
19	待偿债净资产	根据相关科目分析计算

待偿债净资产=并入大账的“应付账款和长期应付款”数额+本期用基建借款

支付的在建工程款（基建借款期初贷方余额+基建借款本期贷方发生额-未使用的基建借款）-本期用基建拨款归还的基建借款（基建借款借方发生额-用应缴款项和尚未使用的借入款偿还的基建借款）

“基建借款”包括以下基建账科目：基建投资借款、上级拨入投资借款、其他借款。

如果没有基建借款，待偿债净资产=并入大账的“应付账款和长期应付款”数额，方向相反。

2. 收入、支出类

表 11-8

“大账”科目	基建账科目
四、收入类	
财政拨款收入	基建拨款（本期贷方发生额中属于同级财政拨款的部分）
其他收入	基建拨款（本期贷方发生额中属于非同级财政拨款的部分）
	上级拨入资金
五、支出类	
经费支出	根据相关科目分析计算

经费支出=并入大账的“在建工程”科目借方数额-并入大账的“待偿债净资产”科目借方数额，方向相同。

分析计算时需要注意：

（1）使用基建账上投资科目的发生额；

（2）基建账上投资科目发生额的重复反映事项要扣除；

（3）考虑应付款项归还形成的支出。

基建经费支出=在建工程发生额净额（借减贷）-应付账款和长期应付款发生额净额（贷减借）-本期用基建借款支付的在建工程款（基建借款期初贷方余额+基建借款本期贷方发生额-未使用的基建借款）+本期用基建拨款归还的基建借款（基建借款借方发生额-用应缴款项和尚未使用的借入款偿还的基建借款）

3. 案例

某行政单位基建账 2014 年 1 月份科目发生额见表 11-9（假设没有从“大账”结转到基建账的发生额，也没有已在“大账”同时登记过的发生额。假设基建拨款一半是本级财政给，一半是非本级财政给。假设本期没有完工工程、基建借款）。

表 11-9　　**基建账会计科目发生额情况表**

（2014. 1. 1—2014. 1. 31）　　单位：元

科目编码	科目名称	本期借方发生额	本期贷方发生额	本期发生额净额（借方为正）
101	建筑安装工程投资	9 839 234. 21		9 839 234. 21
102	设备投资	636 990. 91		636 990. 91

表11-9(续)

科目编码	科目名称	本期借方发生额	本期贷方发生额	本期发生额净额（借方为正）
103	待摊投资	201 936. 66		201 936. 66
213	库存设备	8 000. 00	8 000. 00	0. 00
232	银行存款	5 000 000. 00		5 000 000. 00
235	零余额账户用款额度	5 000 000. 00	19 748 161. 78	-14 748 161. 78
242	预付工程款	8 500 000. 00		8 500 000. 00
252	其他应收款	70 000. 00		70 000. 00
301	基建拨款		10 000 000. 00	-10 000 000. 00
332	应付工程款	1 000 000. 00	500 000. 00	500 000. 00
总计		30 256 161. 78	30 256 161. 78	-

（1）按照基建账中“银行存款”本期发生额的借方净额，借记“大账”中的“银行存款”。

“银行存款”科目借方发生额=5 000 000元。

（2）按照基建账中“零余额账户用款额度”的本期发生额的贷方净额，贷记“大账”中的“零余额账户用款额度”。

“零余额账户用款额度”科目贷方发生额= 14 748 161. 78元。

（3）按照基建账中“其他应收款”的本期发生额的借方净额，借记“大账”中的“其他应收款”。

“其他应收款”科目借方发生额=70 000元。

（4）按照相关科目本期发生额的借方净额，借记“大账”中的“在建工程”。

“在建工程”科目借方发生额=基建账“建筑安装工程投资”9 839 234. 21元+“设备投资”636 990. 91元+“待摊投资”201 936. 66元+“预付工程款”8 500 000. 00元= 19 178 161. 78元。

同时，应确认“资产基金——在建工程”贷方发生额19 178 161. 78元。

（5）按照基建账中“应付工程款”的本期发生额的借方净额，借记“大账”中的“应付账款”。

“应付账款”科目借方发生额=500 000元，

同时，应确认“待偿债净资产”科目贷方发生额=500 000元。

（6）按照基建账中“基建拨款”的本期发生额的贷方净额，贷记“大账”中的“财政拨款收入”和“其他收入”。

“财政拨款收入”科目贷方发生额=5 000 000元，

“其他收入”科目贷方发生额=5 000 000元。

（7）按新制度的支出确认标准，计算本期基本建设支出金额，借记“大账”的“经费支出”。

经费支出=并入大账“在建工程”科目借方数额（19 178 161. 78元）-并入大账“待偿债净资产”科目借方数额（-500 000. 00元）= 19 678 161. 78元。

借：银行存款　　5 000 000.00
　　经费支出　　19 678 161.78
　　在建工程　　19 178 161.78
　　应付账款　　500 000
　　其他应收款　　70 000
　贷：零余额账户用款额度　　14 748 161.78
　　　财政拨款收入　　5 000 000.00
　　　其他收入　　5 000 000.00
　　　资产基金——在建工程　　19 178 161.78
　　　待偿债净资产　　500 000

注意：

行政单位如有从“大账”中“经费支出”科目列支转入基建账的资金，还应当在并账后将已列支金额部分予以冲销。

借：其他收入
　贷：经费支出

如果行政单位已在“大账”中核算基建资金收支，不用并账。

第五节　无形资产的核算

一、无形资产的概念

无形资产是指不具有实物形态而能够为行政单位提供某种权利的非货币性资产，包括土地使用权、著作权、专利权、非专利技术等。行政单位购入的不构成相关硬件不可缺少组成部分的软件，应当作为无形资产核算。

土地使用权，以前行政单位的土地使用权都是国家无偿划拨的，不需要支付任何的费用，也不反映土地价值。现在土地也成了一种商品，取得土地使用权需缴纳一定费用。按照有关资料，土地使用权属于无形资产。

著作权，是指行政单位依法享有的在一定年限内发表、制作、出版和发行其作品的专有权利。

专利权，是指经国家专利管理机关审定并授予行政单位在一定年限内对其成果的使用和出售的专门权利。

非专利技术，是指发明者未申请专利或不够申请专利的条件而未经公开的先进技术。

本账户应当按照无形资产的类别、项目等进行明细核算。无形资产应当在完成对其权属的规定登记或其他证明单位取得无形资产时确认。

本账户主要核算行政单位各项无形资产的原价，期末借方余额，反映行政单位无形资产的原价。

二、无形资产的账务处理

（1）取得无形资产时，应当按照其实际成本入账。

第一，外购的无形资产，其成本包括实际支付的购买价款、相关税费以及可归属于该项资产达到预定用途所发生的其他支出。

购入的无形资产，按照确定的成本，借记本账户，贷记“资产基金——无形资产”账户；同时，按照实际支付的金额，借记“经费支出”账户，贷记“财政拨款收入”“零余额账户用款额度”“银行存款”等账户。

购入无形资产尚未付款的，取得无形资产时，按照确定的成本，借记本账户，贷记“资产基金——无形资产”账户；同时，按照应付未付的款项金额，借记“待偿债净资产”账户，贷记“应付账款”账户。

【例 11-42】某行政单位购入一项专利权，双方协商确认的价值为 500 000 元，以零余额账户用款额度支付。

借：无形资产 500 000
　贷：资产基金——无形资产 500 000
借：经费支出 500 000
　贷：零余额账户用款额度 500 000

第二，委托软件公司开发软件，视同外购无形资产进行处理。

①软件开发前按照合同约定预付开发费用时，借记“预付账款”账户，贷记“资产基金——预付款项”账户；同时，借记“经费支出”账户，贷记“财政拨款收入”“零余额账户用款额度”“银行存款”等账户。

②软件开发完成交付使用，并支付剩余或全部软件开发费用时，按照软件开发费用总额，借记本账户，贷记“资产基金——无形资产”账户；按照实际支付的金额，借记“经费支出”账户，贷记“财政拨款收入”“零余额账户用款额度”“银行存款”等账户；按照冲销的预付开发费用，借记“资产基金——预付款项”账户，贷记“预付账款”账户。

【例 11-43】某行政单位委托软件公司开发一套软件。

①以银行存款预付开发费用 30 000 元。

借：预付账款 30 000
　贷：资产基金——预付款项 30 000
借：经费支出 30 000
　贷：银行存款 30 000

②软件开发完成，以银行存款补付开发费用 20 000 元。

借：经费支出 20 000
　贷：银行存款 20 000
借：资产基金——预付款项 30 000
　贷：预付账款 30 000

③该行政单位验收完毕，软件交付使用。

借：无形资产 50 000
　贷：资产基金——无形资产 50 000

第三，自行开发并按法律程序申请取得的无形资产，按照依法取得时发生的注册费、聘请律师费等费用确定成本。

取得无形资产时，按照确定的成本，借记本账户，贷记“资产基金——无形资产”账户；同时，按照实际支付的金额，借记“经费支出”账户，贷记“财政拨款收入”“零余额账户用款额度”“银行存款”等账户。

依法取得前所发生的研究开发支出，应当于发生时直接计入当期支出，但不计入无形资产的成本。借记“经费支出”账户，贷记“财政拨款收入”“零余额账户用款额度”“财政应返还额度”“银行存款”等账户。

第四，置换取得的无形资产，其成本按照换出资产的评估价值加上支付的补价或减去收到的补价，加上为换入无形资产支付的其他费用（登记费等）确定。

置换取得的无形资产，按照确定的成本，借记本账户，贷记“资产基金——无形资产”账户；按照实际支付的补价、相关税费等，借记“经费支出”账户，贷记“财政拨款收入”“零余额账户用款额度”“银行存款”等账户。

第五，接受捐赠、无偿调入的无形资产，其成本按照有关凭据注明的金额加上相关税费确定；没有相关凭据可供取得，但依法经过资产评估的，其成本应当按照评估价值加上相关税费确定；没有相关凭据可供取得，也未经评估的，其成本比照同类或类似资产的市场价格加上相关税费确定；没有相关凭据也未经评估，其同类或类似无形资产的市场价格无法可靠取得，所取得的无形资产应当按照名义金额入账。

接受捐赠、无偿调入无形资产时，按照确定的无形资产成本，借记本账户，贷记“资产基金——无形资产”账户；按照发生的相关税费，借记“经费支出”账户，贷记“零余额账户用款额度”“银行存款”等账户。

（2）按月计提无形资产摊销时，按照应计提的金额，借记“资产基金——无形资产”账户，贷记“累计摊销”账户。

摊销是指在无形资产使用寿命内，按照确定的方法对应摊销金额进行系统分摊。根据制度规定，行政单位应当对无形资产进行摊销，以名义金额计量的无形资产除外。

行政单位应当采用年限平均法计提无形资产摊销，应摊销金额为其成本。行政单位应当自无形资产取得当月起，按月计提摊销；无形资产减少的当月，不再计提摊销。无形资产提足摊销后，无论能否继续带来服务潜力或经济利益，都不再计提摊销；核销的无形资产，如果未提足摊销，也不再补提摊销。因发生后续支出而增加无形资产成本的，应当按照重新确定的无形资产成本，重新计算摊销额。

无形资产摊销年限按照以下原则确定：

第一，法律规定了有效年限的，以法律规定的有效年限作为摊销年限；

第二，法律没有规定有效年限的，以相关合同或单位申请书中的受益年限作为摊销年限；

第三，法律没有规定有效年限、相关合同或单位申请书也没有规定受益年限的，按照不少于 10 年的期限摊销。

第四，非大批量购入、单价小于 1 000 元的无形资产，可以于购买的当期，一次将成本全部摊销。

【例 11-44】某行政单位对单位拥有的一项无形资产按月进行摊销，当月摊销金额 8 000 元。

借：资产基金——无形资产　　8 000

　贷：累计摊销　　8 000

（3）与无形资产有关的后续支出，分以下几种情况处理：

第一，为增加无形资产使用效能而发生的后续支出，如对软件进行升级改造或扩展其功能等所发生的支出，应当计入无形资产的成本，借记本账户，贷记“资产基金——无形资产”账户；同时，借记“经费支出”账户，贷记“财政拨款收入”“零余额账户用款额度”“银行存款”等账户。

第二，为维护无形资产的正常使用而发生的后续支出，如对软件进行的漏洞修补、技术维护等所发生的支出，应当计入当期支出但不计入无形资产的成本，借记“经费支出”账户，贷记“财政拨款收入”“零余额账户用款额度”“银行存款”等账户。

【例 11-45】某行政单位为增加软件的效能，对软件进行了升级，以银行存款支付升级费用 15 000 元。

借：无形资产　　15 000

　贷：资产基金——无形资产　　15 000

借：经费支出　　15 000

　贷：银行存款　　15 000

【例 11-46】某行政单位为维护软件的正常使用，对软件进行漏洞补修，以银行存款支付维护费用 500 元。

借：经费支出　　500

　贷：银行存款　　500

（4）报经批准出售、置换换出无形资产转入待处理财产损溢时，按照待出售、置换换出无形资产的账面价值，借记“待处理财产损溢”账户，按照已计提摊销，借记“累计摊销”账户，按照无形资产的账面余额，贷记本账户。

【例 11-47】某行政单位经批准出售一项无形资产，收取价款 120 000 元，以银行存款支付相关税费 5 000 元。该项无形资产原始价值 200 000 元，累计摊销 60 000元。

批准出售时：

借：待处理财产损溢——处置资产价值　　140 000

　　累计摊销　　60 000

　贷：无形资产　　200 000

实现出售时：

借：资产基金——无形资产　　140 000

　贷：待处理财产损溢——处置资产价值　　140 000

借：银行存款　　120 000

　贷：待处理财产损溢——处置净收入　　120 000

借：待处理财产损溢——处置净收入　　5 000

　贷：银行存款　　5 000

出售完毕时：

借：待处理财产损溢——处置净收入　　115 000

　贷：应缴财政款　　115 000

（5）报经批准无偿调出、对外捐赠无形资产，按照无偿调出、对外捐赠无形资产的账面价值，借记“资产基金——无形资产”账户，按照已计提摊销，借记“累计摊销”账户，按照无形资产的账面余额，贷记本账户。无偿调出、对外捐赠无形资产发生由行政单位承担的相关费用支出等，按照实际支付的金额，借记“经费支出”账户，贷记“财政拨款收入”“零余额账户用款额度”“银行存款”等账户。

（6）无形资产预期不能为行政单位带来服务潜力或经济利益的，应当按规定报经批准后将无形资产的账面价值予以核销。

待核销的无形资产转入待处理财产损溢时，按照待核销无形资产的账面价值，借记“待处理财产损溢”账户，按照已计提摊销，借记“累计摊销”账户，按照无形资产的账面余额，贷记本账户。

第六节　待处理财产损溢的核算

一、待处理财产损溢的概念

“待处理财产损溢”是用来反映核算行政单位待处理财产的价值及财产处理损溢。行政单位财产的处理包括资产的出售、报废、毁损、盘盈、盘亏，以及货币性资产损失核销等。

待处理财产损溢应当按照待处理财产项目进行明细核算；对于在财产处理过程中取得收入或发生相关费用的项目，还应当设置“待处理财产价值”“处理净收入”明细账户，进行明细核算。

行政单位财产的处理，一般应当先记入本科目，按照规定报经批准后及时进行相应的账务处理。年终结账前一般应处理完毕。期末如为借方余额，反映尚未处理完毕的各种财产的价值及净损失；期末如为贷方余额，反映尚未处理完毕的各种财产净溢余。年度终了，报经批准处理后，本账户一般应无余额。

二、待处理财产损溢的主要账务处理

（1）按照规定报经批准处理无法查明原因的现金短缺或溢余。

①属于无法查明原因的现金短缺，报经批准核销的，借记“经费支出”账户，贷记本账户。

借：经费支出

　贷：待处理财产损溢

②属于无法查明原因的现金溢余，报经批准后，借记本账户，贷记“其他收入”账户。

借：待处理财产损溢

　贷：其他收入

（2）按照规定报经批准核销无法收回的应收账款、其他应收款。

①转入待处理财产损溢时，借记本账户，贷记“应收账款”“其他应收款”账户。

借：待处理财产损溢

　贷：应收账款/其他应收款

②报经批准对无法收回的其他应收款予以核销时，借记“经费支出”账户，贷记本账户。

借：经费支出

　贷：待处理财产损溢

对无法收回的应收账款予以核销时，借记“其他应付款”等账户，贷记本账户。

借：其他应付款

　贷：待处理财产损溢

（3）按照规定报经批准核销预付账款、无形资产。

①转入待处理财产损溢时，借记本账户（核销无形资产的，还应借记“累计摊销”账户），贷记“预付账款”“无形资产”账户。

借：待处理财产损溢

　　累计摊销（核销无形资产时用）

　贷：无形资产/预付账款

②报经批准予以核销时，借记“资产基金——预付款项、无形资产”账户，贷记本账户。

借：资产基金——无形资产、预付款项

　贷：待处理财产损溢

（4）出售、置换换出存货、固定资产、无形资产、政府储备物资等。

①转入待处理财产损溢时，借记本账户（待处理财产价值）（出售、置换换出固定资产的，还应当借记“累计折旧”账户；出售、置换换出无形资产的，还应当借记“累计摊销”账户），贷记“存货”“固定资产”“无形资产”“政府储备物资”等账户。

借：待处理财产损溢（待处理财产价值）

　　累计折旧/累计摊销

　贷：存货、固定资产、无形资产、政府储备物资

②实现出售、置换换出时，借记“资产基金”及相关明细账户，贷记本账户（待处理财产价值）。

借：资产基金及相关明细账户

　贷：待处理财产损溢（待处理财产价值）

③出售、置换换出资产过程中收到价款、补价等收入，借记“库存现金”“银行存款”等账户，贷记本账户（处理净收入）。

借：库存现金/银行存款

　贷：待处理财产损溢（处理净收入）

④出售、置换换出资产过程中发生相关费用，借记本账户（处理净收入），贷

记“库存现金”“银行存款”“应缴税费”等账户。

借：待处理财产损溢（处理净收入）

贷：库存现金、银行存款、应缴税费

⑤出售、置换换出完毕并收回相关的应收账款后，按照处置收入扣除相关税费后的净收入，借记本账户（处理净收入），贷记“应缴财政款”。如果处置收入小于相关税费的，按照相关税费减去处置收入后的净支出，借记“经费支出”账户，贷记本账户（处理净收入）。

借：待处理财产损溢（处理净收入）

贷：应缴财政款

借：经费支出

贷：待处理财产损溢（处理净收入）

（5）盘亏、毁损、报废各种实物资产。

①转入待处理财产损溢时，借记本账户（待处理财产价值）（处置固定资产、公共基础设施的，还应当借记“累计折旧”账户），贷记“存货”“固定资产”“在建工程”“政府储备物资”“公共基础设施”等账户。

借：待处理财产损溢（待处理财产价值）

累计折旧

贷：固定资产等账户

②报经批准予以核销时，借记“资产基金”及相关明细账户，贷记本账户（待处理财产价值）。

借：资产基金及相关明细账户

贷：待处理财产损溢（待处理财产价值）

③毁损、报废各种实物资产过程中取得的残值变价收入、发生相关费用，以及取得的残值变价收入扣除相关费用后的净收入或净支出的账务处理。

（6）核销不能形成资产的在建工程成本。

转入待处理财产损溢时，借记本账户，贷记“在建工程”账户。报经批准予以核销时，借记“资产基金——在建工程”账户，贷记本账户。

借：待处理财产损溢

贷：在建工程

借：资产基金——在建工程

贷：待处理财产损溢

（7）盘盈存货、固定资产、政府储备物资等实物资产。

转入待处理财产损溢时，借记“存货”“固定资产”“政府储备物资”等账户，贷记本账户。报经批准予以处理时，借记本账户，贷记“资产基金”及相关明细账户。

借：存货、固定资产、政府储备物资等

贷：待处理财产损溢

借：待处理财产损溢

贷：资产基金及相关明细账户

第七节　政府储备物资的核算

一、政府储备物资的概念

政府储备物资是指行政单位直接储存管理的各项政府应急或救灾储备物资等。“政府储备物资”账户的期末借方余额，反映行政单位管理的政府储备物资的实际成本。

负责采购并拥有储备物资调拨权力的行政单位（简称“采购单位”）将政府储备物资交由其他行政单位（简称“代储单位”）代为储存的，由采购单位通过本账户核算政府储备物资，代储单位将受托代储的政府储备物资作为受托代理资产核算。

政府储备物资应当在其到达存放地点并验收时确认，并按照政府储备物资的种类、品种、存放地点等进行明细核算。

二、政府储备物资的主要账务处理

（1）取得政府储备物资时，应当按照其成本入账。

①购入的政府储备物资，其成本包括购买价款、相关税费、运输费、装卸费、保险费以及其他使政府储备物资达到目前场所和状态所发生的支出；单位支付的政府储备物资保管费、仓库租赁费等日常储备费用，不计入政府储备物资的成本。

购入的政府储备物资验收入库，按照确定的成本，借记本账户，贷记“资产基金——政府储备物资”账户；同时，按实际支付的金额，借记“经费支出”账户，贷记“财政拨款收入”“零余额账户用款额度”“银行存款”等账户。

借：政府储备物资

　贷：资产基金——政府储备物资

借：经费支出

　贷：零余额账户用款额度等

【例 11-48】某行政单位购入一批 A 产品，价款 100 000 元，相关费用 1 000 元，以单位零余额账户用款额度支付。材料已经验收入库，用作单位应急储备物资。

借：政府储备物资——A 产品	101 000	
贷：资产基金——政府储备物资		101 000
借：经费支出	101 000	
贷：零余额账户用款额度		101 000

②接受捐赠、无偿调入的政府储备物资，其成本按照有关凭据注明的金额加上相关税费、运输费等确定；没有相关凭据可供取得，但依法经过资产评估的，其成本应当按照评估价值加上相关税费、运输费等确定；没有相关凭据可供取得、也未经评估的，其成本比照同类或类似政府储备物资的市场价格加上相关税费、运输费等确定。

接受捐赠、无偿调入的政府储备物资验收入库，按照确定的成本，借记本账户，贷记“资产基金——政府储备物资”账户，由行政单位承担运输费用等的，按实际支付的相关税费、运输费等金额，借记“经费支出”账户，贷记“财政拨款收入”

“零余额账户用款额度”“银行存款”等账户，可比照存货进行核算。

【例 11-49】某行政单位无偿调入一批 B 产品，价值 100 000 元，用库存现金支付运费 500 元。材料已经验收入库，用作单位应急储备物资。

借：政府储备物资——B 产品　　100 500
　贷：资产基金——政府储备物资　　100 500
借：经费支出　　500
　贷：库存现金　　500

（2）政府储备物资发出时，应当根据实际情况采用先进先出法、加权平均法或者个别计价法确定发出政府储备物资的实际成本。计价方法一经确定，不得随意变更。

①经批准对外捐赠、无偿调出政府储备物资时，按照对外捐赠、无偿调出政府储备物资的实际成本，借记“资产基金——政府储备物资”账户，贷记本账户。

对外捐赠、无偿调出政府储备物资发生由行政单位承担的运输费等支出时，借记“经费支出”账户，贷记“财政拨款收入”“零余额账户用款额度”“银行存款”等账户。

借：资产基金——政府储备物资
　贷：政府储备物资

②行政单位报经批准将不需储备的物资出售时，应当转入待处理财产损溢，按照相关储备物资的账面余额，借记“待处理财产损溢”账户，贷记本账户。

【例 11-50】某行政单位按规定将应急储备物资 A 产品出售，原成本为 101 000 元，收到价款 80 000 元，存入银行。

借：待处理财产损溢　　101 000
　贷：政府储备物资——A 产品　　101 000
借：资产基金——政府储备物资　　101 000
　贷：待处理财产损溢　　101 000
借：银行存款　　80 000
　贷：待处理财产损溢　　80 000
借：待处理财产损溢　　80 000
　贷：应缴财政款　　80 000

（3）盘盈、盘亏或报废、毁损政府储备物资。

行政单位管理的政府储备物资应当定期进行清查盘点，每年至少盘点一次。对于发生的政府储备物资盘盈、盘亏或者报废、毁损，应当及时查明原因，按规定报经批准后进行账务处理。

①盘盈的政府储备物资，按照取得同类或类似政府储备物资的实际成本确定入账价值；没有同类或类似政府储备物资的实际成本，按照同类或类似政府储备物资的市场价格确定入账价值。

盘盈的政府储备物资，按照确定的入账价值，借记本账户，贷记“待处理财产损溢”账户。

②盘亏或者报废、毁损的政府储备物资，转入待处理财产损溢时，按照其账面余额，借记“待处理财产损溢”账户，贷记本账户。

第八节　公共基础设施的核算

一、公共基础设施的概念

公共基础设施是由行政单位占有并直接负责维护管理、供社会公众使用的工程性公共基础设施资产，包括城市交通设施、公共照明设施、环保设施、防灾设施、健身设施、广场及公共构筑物等其他公共设施。

与公共基础设施配套使用的修理设备、工具器具、车辆等动产，作为管理公共基础设施的行政单位的固定资产核算，不通过本账户核算。

与公共基础设施配套、供行政单位在公共基础设施管理中自行使用的房屋构筑物等，能够与公共基础设施分开核算的，作为行政单位的固定资产核算，不通过本账户核算。

行政单位应当按照公共基础设施的类别和项目进行明细核算，结合本单位的具体情况，制定适合于本单位管理的公共基础设施目录、分类方法，作为进行公共基础设施核算的依据，并在对其取得占有权利时确认。期末借方余额，反映行政单位管理的公共基础设施的实际成本。本账户为新增账户，采用“双分录”核算。

二、公共基础设施的主要账务处理

（1）公共基础设施在取得时，应当按照其成本入账。

①行政单位自行建设的公共基础设施，其成本包括建造该公共基础设施至交付使用前所发生的全部必要支出。

公共基础设施的各组成部分需要分别核算的，按照各组成部分公共基础设施造价确定其成本；没有各组成部分公共基础设施造价的，按照各组成部分公共基础设施同类或类似市场造价的比例对总造价进行分配，确定各组成部分公共基础设施的成本。

公共基础设施建设完工交付使用时，按照确定的成本，借记本账户，贷记“资产基金——公共基础设施”账户；同时，借记“资产基金——在建工程”账户，贷记“在建工程”账户。已交付使用但尚未办理竣工决算手续的公共基础设施，按照估计价值入账，待确定实际成本后再进行调整。

借：公共基础设施

　贷：资产基金——公共基础设施

借：资产基金——在建工程

　贷：在建工程

②接受其他单位移交的公共基础设施，其成本按照公共基础设施的原账面价值确认，借记本账户，贷记“资产基金——公共基础设施”账户。

借：公共基础设施

　贷：资产基金——公共基础设施

（2）公共基础设施的后续支出。

与公共基础设施有关的后续支出，分为以下几种情况处理：

①为增加公共基础设施使用效能或延长其使用寿命而发生的改建、扩建或大型修缮等后续支出，应当计入公共基础设施成本，通过“在建工程”账户核算，完工交付使用时转入本账户。

②为维护公共基础设施的正常使用而发生的日常修理等后续支出，应当计入当期支出，借记有关支出账户，贷记“财政拨款收入”“零余额账户用款额度”“银行存款”等账户。

（3）公共基础设施的处置。

行政单位管理的公共基础设施向其他单位移交、毁损、报废时，应当按照规定报经批准后进行账务处理。

①经批准向其他单位移交公共基础设施时，按照移交公共基础设施的账面价值，借记“资产基金——公共基础设施”账户，按照已计提折旧，借记“累计折旧”账户，按照公共基础设施的账面余额，贷记本账户。

借：资产基金——公共基础设施

　　累计折旧

　贷：公共基础设施

②报废、毁损的公共基础设施，转入待处理财产损溢时，按照待处理公共基础设施的账面价值，借记“待处理财产损溢”账户，按照已计提折旧，借记“累计折旧”账户，按照公共基础设施的账面余额，贷记本账户。

借：待处理财产损溢

　　累计折旧

　贷：公共基础设施

第九节　受托代理资产的核算

一、受托代理资产的概念

受托代理资产是指行政单位接受委托方委托管理的各项资产，包括受托指定转赠的物资、受托储存管理的物资等。

行政单位收到受托代理资产为现金和银行存款的，不通过本账户核算，应当通过“库存现金”“银行存款”账户进行核算。

受托代理资产应当按照资产的种类和委托人进行明细核算；属于转赠资产的，还应当按照受赠人进行明细核算，并在行政单位收到受托代理的资产时确认。本账户为新增账户，期末借方余额，反映单位受托代理资产中实物资产的价值。

二、受托代理资产的主要账务处理

（一）受托转赠物资

（1）接受委托人委托需要转赠给受赠人的物资，其成本按照有关凭据注明的金额确定；没有相关凭据可供取得的，其成本比照同类或类似物资的市场价格确定。

借：受托代理资产

　贷：受托代理负债

接受委托转赠的物资验收入库，按照确定的成本，借记本账户，贷记“受托代理负债”账户；受托协议约定由行政单位承担相关税费、运输费等的，还应当按照实际支付的相关税费、运输费等金额，借记“经费支出”账户，贷记“银行存款”等账户。

借：经费支出

　贷：银行存款

（2）将受托转赠物资交付受赠人时，按照转赠物资的成本，借记“受托代理负债”账户，贷记本账户。

借：受托代理负债

　贷：受托代理资产

（3）转赠物资的委托人取消了对捐赠物资的转赠要求，且不再收回捐赠物资的，应当将转赠物资转为存货或固定资产，按照转赠物资的成本，借记“受托代理负债”账户，贷记本账户；同时，借记“存货”“固定资产”账户，贷记“资产基金——存货、固定资产”账户。

借：受托代理负债

　贷：受托代理资产

借：存货/固定资产

　贷：资产基金——存货、固定资产

【例 11-51】某行政单位接受委托人的委托，代理需要转赠给受赠人的一批物资，价值 200 000 元，运输费 1 000 元，受托协议约定由行政单位承担，以银行存款支付。物资已验收入库。

借：受托代理资产	200 000	
贷：受托代理负债		200 000
借：经费支出	1 000	
贷：银行存款		1 000

【例 11-52】续上例，行政单位将受托转赠物资交付受赠人。

借：受托代理负债	200 000	
贷：受托代理资产		200 000

【例 11-53】续上例，如果委托人取消了对捐赠物资的转赠要求，且不再收回捐赠物资。

借：受托代理负债	200 000	
贷：受托代理资产		200 000
借：存货	200 000	
贷：资产基金——存货		200 000

【例 11-54】某行政单位受托转赠一笔资金，收到委托转赠的资金 1 000 000 元。

借：银行存款——受托代理资产	1 000 000	
贷：受托代理负债		1 000 000

该单位将受托转赠资金交付指定的受赠人时：

借：受托代理负债　　　　　　　　　　　　　　　　　　　1 000 000

　贷：银行存款——受托代理资产　　　　　　　　　　　　　　1 000 000

（二）受托储存管理物资

（1）接受委托人委托储存管理的物资，其成本按照有关凭据注明的金额确定。

接受委托储存的物资验收入库，按照确定的成本，借记本账户，贷记“受托代理负债”账户。

借：受托代理资产

　贷：受托代理负债

（2）支付由受托单位承担的与受托储存管理的物资相关的运输费、保管费等费用时，按照实际支付的金额，借记“经费支出”账户，贷记“银行存款”等账户。

借：经费支出

　贷：银行存款

（3）根据委托人要求交付受托储存管理的物资时，按照储存管理物资的成本，借记“受托代理负债”账户，贷记本账户。

借：受托代理负债

　贷：受托代理资产

第十二章 行政单位负债与净资产的核算

行政单位负债与企业负债并无实质上的区别，但从内容上看有较为明显的差异。由于行政单位不得借款，因此它的负债不是由借贷业务产生的，绝大部分是应向国家财政上缴的资金。行政单位的净资产同样具有其特殊性，除计算与企业所有者权益一致外，结构和性质均截然不同。行政单位的资金供应者提供资金的目的不在于获取收益，也不准备收回资金，因此不存在对行政单位索取本金和报酬的权利。

第一节　行政单位负债的核算

一、行政单位负债概述

负债是行政单位承担的能以货币计量，需要以资产偿付的债务，包括应缴财政款、应缴税费、应付职工薪酬、应付账款、应付政府补贴款、其他应付款、长期应付款等。

行政单位的负债按照偿还时间的要求，分为短期负债和长期负债。

短期负债是指要求在 1 年以内（含 1 年）偿还的负债，包括应缴财政款、应缴税费、应付职工薪酬、应付账款、应付政府补贴款、其他应付款等。

长期负债是指要求在 1 年以后（不含 1 年）偿还的负债，包括长期应付款等。

二、应缴财政款

（一）应缴财政款的内容

“应缴财政款”账户用来核算行政单位取得的按规定应当上缴财政的款项，包括罚没收入、行政事业性收费、政府性基金、国有资产处置和出租收入等。行政单位按照国家税法等有关规定应当缴纳的各种税费，通过“应缴税费”账户核算，不在本账户核算。

罚没收入，是指行政单位依据国家法律法规，对公民、法人和其他组织实施经济处罚所取得的各项罚款、没收款、没收财物变价款以及行政单位取得的无主财物变价款等。

行政事业性收费，是指行政单位在行使管理职能的过程中，依据国家法律法规向公民、法人和其他组织收取的行政性费用，如各级公安、司法、民政、工商行政管理等行政单位为发放各种证照、簿册等而向有关单位个和个人收取的工本费、手续费、商标注册费、企业登记注册费、公证费等费用。

政府性基金，是指行政单位根据法律法规以及中共中央、国务院有关文件规定，向公民、法人和其他组织无偿征收的具有专项用途的财政资金，如铁路建设基金、能源建设基金、三峡工程建设基金、民航机场管理建设费等。

国有资产处置和出租收入，是指行政单位将国有资产处置所得的处置净收入，以及将国有资产出租所取得的租金收入，如行政单位按规定有偿调出储备物资取得的净收入，出售、置换换出库存材料、储备物资、固定资产、无形资产取得的处置净收入。

（二）应缴财政款的核算

行政单位应设置“应缴财政款”总账科目。本科目应当按照应缴财政款项的类别进行明细核算，具体参见现行《政府收支分类科目》。本科目的贷方余额，反映行政单位应当上缴财政但尚未缴纳的款项。年终清缴后，本科目一般应无余额。

取得按照规定应当上缴财政的款项时，借记“银行存款”等账户，贷记本账户。处置资产取得应当上缴财政的处置净收入的账务处理，参见“待处理财产损溢”账户。出租资产取得租金时，借记“银行存款”等账户，贷记本账户；发生有关资产出租的费用时，借记本账户，贷记“银行存款”等账户。

上缴应缴财政的款项时，按照实际上缴的金额，借记本账户，贷记“银行存款”账户。

【例 12-1】某行政单位按规定将一没收财物变价出售，变价收入 36 000 元。该单位将款项存入银行。

借：银行存款　　36 000

　贷：应缴财政款　　36 000

同时，在应缴财政款明细账登记：

　　非税收入——罚没收入——一般罚没收入　　36 000

【例 12-2】某行政单位收到企业注册登记费 12 000 元，该单位将款项存入开户银行。

借：银行存款　　12 000

　贷：应缴财政款　　12 000

同时，在应缴财政款明细账登记：

　　非税收入——行政事业性收费收入——工商行政事业性收费收入——企业注册登记费　　12 000

【例 12-3】某行政单位按规定收到地方教育附加收入 150 000 元，该行政单位将款项存入银行。

借：银行存款　　150 000

　贷：应缴财政款　　150 000

同时，在应缴财政款明细账登记：

　　非税收入——政府性基金收入——地方教育附加收入　　150 000

【例 12-4】某行政单位将一固定资产对外出租，收取租金 7 000 元，款项存入银行。

借：银行存款　　7 000

贷：应缴财政款　　7 000

【例 12-5】某行政单位按要求，在月末将应缴财政款 860 000 元上缴财政国库。

借：应缴财政款　　860 000

贷：银行存款　　860 000

同时，结清应缴财政款的明细账。

三、应缴税费

（一）应缴税费的内容

“应缴税费”账户用来核算行政单位按照税法等规定应当缴纳的各种税费，包括营业税、城市维护建设税、教育费附加、房产税、车船税、城镇土地使用税等。行政单位代扣代缴的个人所得税，也通过本账户核算。

（二）应缴税费的核算

行政单位应设置“应缴税费”总账科目。本科目应当按照应缴纳的税费种类进行明细核算。本科目的期末贷方余额，反映行政单位应缴未缴的税费金额。

（1）因资产处置等发生营业税、城市维护建设税、教育费附加等缴纳义务的，按照税法等规定计算的应缴税费金额，借记“待处理财产损溢”账户，贷记本账户；实际缴纳时，借记本账户，贷记“银行存款”等账户。

（2）因出租资产等发生营业税、城市维护建设税、教育费附加等缴纳义务的，按照税法等规定计算的应缴税费金额，借记“应缴财政款”等账户，贷记本账户；实际缴纳时，借记本账户，贷记“银行存款”等账户。

（3）代扣代缴个人所得税，按照税法等规定计算的应代扣代缴的个人所得税金额，借记“应付职工薪酬”账户（从职工工资中代扣个人所得税）或“经费支出”账户（从劳务费中代扣个人所得税），贷记本账户。实际缴纳时，借记本账户，贷记“财政拨款收入”“零余额账户用款额度”“银行存款”等账户。

【例 12-6】某行政单位处置某项资产，拍卖价格 3 000 000 元，发生营业税 150 000元，城市维护建设税及教育费附加 15 000 元。

发生缴纳义务时：

借：待处理财产损溢——处置净收入　　165 000

贷：应缴税费——营业税　　150 000

——城市维护建设税及教育费附加　　15 000

实际缴纳时：

借：应缴税费——营业税　　150 000

——城市维护建设税及教育费附加　　15 000

贷：银行存款　　165 000

【例 12-7】某行政单位出租一套设备，需缴纳营业税 500 元。

发生缴纳义务时：

借：应缴财政款　　500

贷：应缴税费——营业税　　500

实际缴纳时：

借：应缴税费——营业税　　500

贷：银行存款　　500

四、应付职工薪酬

（一）应付职工薪酬的内容

"应付职工薪酬"账户用来核算行政单位按照有关规定应付给职工及为职工支付的各种薪酬，包括基本工资、奖金、国家统一规定的津贴补贴、社会保险费、住房公积金等。

本账户应当根据国家有关规定按照"工资（离退休费）""地方（部门）津贴补贴""其他个人收入"以及"社会保险费""住房公积金"等进行明细核算。应付职工薪酬应当在规定支付职工薪酬的时间确认。

（二）应付职工薪酬的核算

第一种情形：

（1）发生应付职工薪酬时，按照计算出的应付职工薪酬金额，借记"经费支出"账户，贷记本账户。

（2）向职工支付工资、津贴补贴等薪酬时，按照实际支付的金额，借记本账户，贷记"财政拨款收入""零余额账户用款额度""银行存款"等账户。

从应付职工薪酬中代扣为职工垫付的水电费、房租等费用时，按照实际扣除的金额，借记本账户（工资），贷记"其他应收款"等账户。

从应付职工薪酬中代扣代缴个人所得税，按照代扣代缴的金额，借记本账户（工资），贷记"应缴税费"账户。

从应付职工薪酬中代扣代缴社会保险费和住房公积金，按照代扣代缴的金额，借记本账户（工资），贷记"其他应付款"账户。

（3）缴纳单位为职工承担的社会保险费和住房公积金时，借记本账户（社会保险费、住房公积金），贷记"财政拨款收入""零余额账户用款额度""银行存款"等账户。

第二种情形：

（1）发生应付职工薪酬时，按照计算出的应付职工薪酬金额，借记"净资产抵减"账户，贷记本账户。

（2）向职工支付工资、津贴补贴等薪酬时，按照实际支付的金额，借记本账户，贷记"净资产抵减"账户；同时，借记"经费支出"账户，贷记"财政拨款收入""零余额账户用款额度""银行存款"等账户。

从应付职工薪酬中代扣已为职工垫付的水电费、房租等费用的，按照实际扣除的金额，借记本账户（工资），贷记"净资产抵减"账户；同时，借记"经费支出"账户，贷记"其他应收款"等账户。

从应付职工薪酬中代扣代缴个人所得税，代扣时按照代扣代缴的金额，借记本账户（工资），贷记"应缴税费"账户；代缴时，借记"经费支出"账户，贷记"财政拨款收入""零余额账户用款额度""银行存款"等账户，同时，借记"应缴税费"账户，贷记"净资产抵减"账户。

从应付职工薪酬中代扣代缴社会保险费和住房公积金，代扣时按照代扣代缴的金额，借记本账户（工资），贷记"净资产抵减"账户，同时，借记"经费支出"

账户，贷记“其他应付款”账户；代缴时，借记“其他应付款”账户，贷记“财政拨款收入”“零余额账户用款额度”“银行存款”等账户。

（3）缴纳单位为职工承担的社会保险费和住房公积金时，借记本账户（社会保险费、住房公积金），贷记“净资产抵减”账户；同时，借记“经费支出”账户，贷记“财政拨款收入”“零余额账户用款额度”“银行存款”等账户。

【例 12-8】某行政单位某月应付职工薪酬 58 000 元。

借：经费支出　　58 000
　贷：应付职工薪酬　　58 000

【例 12-9】续上例，该单位向职工支付薪酬 58 000 元，代扣代缴个人所得税 600 元，代扣代缴社会保险费和住房公积金 5 000 元。以银行存款支付。

借：应付职工薪酬　　52 400
　贷：银行存款　　52 400

发生代扣代缴个人所得税时：

借：应付职工薪酬　　600
　贷：应缴税费——个人所得税　　600

发生代扣代缴社会保险费和住房公积金时：

借：应付职工薪酬　　5 000
　贷：其他应付款　　5 000

代缴纳个人所得税时：

借：应缴税费——个人所得税　　600
　贷：银行存款　　600

代缴社会保险费和住房公积金时：

借：其他应付款　　5 000
　贷：银行存款　　5 000

五、应付账款和应付政府补贴款

应付账款是指行政单位因购买物资或服务等而承担的偿还期限不超过 1 年（含）的款项。

应付政府补贴款是指负责发放政府补贴的行政单位，按照规定应当支付给政府补贴接受者的各种政府补贴款。

行政单位应设置“应付账款”和“应付政府补贴款”总账科目。

（一）应付账款的核算

“应付账款”账户应当按照债权单位（或个人）进行明细核算。应付账款应当在收到所购物资或服务、完成工程时确认。

收到所购物资或服务、完成工程但尚未付款时，按照应付未付款项的金额，借记“待偿债净资产”账户，贷记本账户。

偿付应付账款时，借记本账户，贷记“待偿债净资产”账户；同时，借记“经费支出”账户，贷记“财政拨款收入”“零余额账户用款额度”“银行存款”等账户。

无法偿付或债权人豁免偿还的应付账款，应当按照规定报经批准后进行账务处理。经批准核销时，借记本账户，贷记“待偿债净资产”账户。核销的应付账款应在备查簿中保留登记。

【例 12-10】某行政单位向甲企业购买一批材料，价款 420 000 元。另供应商垫付运输费 2 000 元，材料已经验收入库，款项还没支付。

借：存货　　422 000
　贷：资产基金——存货　　422 000
借：待偿债净资产　　422 000
　贷：应付账款——甲企业　　422 000

为什么不直接借记“库存材料”，贷记“应付账款”呢？

从以上账务处理可以看出，库存材料的增加，是对净资产资金来源的占用，为满足真实反映财务状况的目标，所以贷记资产基金。但同时，这一笔资产基金的资金来源尚未取得，所以就出现了“待偿债净资产”这一净资产的抵减项，以平衡净资产总额。这是典型的以负债双分录反映的业务核算。

日后，财政部门以财政直接支付偿付应付款时：

借：应付账款——甲企业　　422 000
　贷：待偿债净资产　　422 000
借：经费支出　　422 000
　贷：财政拨款收入　　422 000

如果上述甲企业豁免该单位偿还应付账款，经批准核销时：

借：应付账款——甲企业　　422 000
　贷：待偿债净资产　　422 000

同时，将核销的应付账款应在备查簿中保留登记。

（二）应付政府补贴款的核算

“应付政府补贴款”账户应当按照应支付的政府补贴种类进行明细核算。行政单位还应当按照补贴接受者建立备查簿，进行相应明细核算。应付政府补贴款应当在规定发放政府补贴的时间确认。

发生应付政府补贴时，按照规定计算出的应付政府补贴金额，借记“经费支出”账户，贷记本账户。

支付应付的政府补贴款时，借记本账户，贷记“零余额账户用款额度”“银行存款”等账户。

【例 12-11】某负责发放政府补贴的行政单位期末存在应当发放的政府补贴300 000元。

期末登记时：

借：经费支出　　300 000
　贷：应付政府补贴款　　300 000

【例 12-12】续上例，该单位发放应付政府补贴款，共计 300 000 元，以银行存款发放。

借：应付政府补贴款　　300 000
　贷：银行存款　　300 000

六、其他应付款和长期应付款

其他应付款是指行政单位除应缴财政款、应缴税费、应付职工薪酬、应付政府补贴款、应付账款以外的其他各项偿还期在 1 年以内（含 1 年）的应付及暂存款项，如收取的押金、保证金、未纳入行政单位预算管理的转拨资金、代扣代缴职工社会保险费和住房公积金等。

长期应付款是指行政单位发生的偿还期限超过 1 年（不含 1 年）的应付款项，如跨年度分期付款购入固定资产的价款等。

行政单位应设置“长期应付款”和“其他应付款”总账账户。

（一）其他应付款的核算

“其他应付款”是负债类账户。本账户应当按照其他应付款的类别以及债权单位（或个人）进行明细核算。本账户的期末贷方余额，反映行政单位尚未支付的其他应付款。

（1）发生其他各项应付及暂存款项时，借记“银行存款”等账户，贷记本账户。

（2）支付其他各项应付及暂存款项时，借记本账户，贷记“银行存款”等账户。

（3）因故无法偿付或债权人豁免偿还的其他应付款项，应当按规定报经批准后进行账务处理。经批准核销时，借记本账户，贷记“其他收入”账户。核销的其他应付款应在备查簿中保留登记。

【例 12-13】某行政单位经批准将一项固定资产出租给甲企业，收取押金 3 000 元，款项存入银行。

借：银行存款	3 000	
贷：其他应付款——甲企业		3 000

（二）长期应付款的核算

“长期应付款”是负债类账户。本账户应当按照长期应付款的类别以及债权人进行明细核算。本账户的期末贷方余额，反映行政单位尚未支付的各种长期应付款。

长期应付款应当按照以下条件确认：

（1）因购买物资、服务等发生的长期应付款，应当在收到所购物资或服务时确认。

（2）因其他原因发生的长期应付款，应当在承担付款义务时确认。

具体核算要求如下：

（1）发生长期应付款时，按照应付未付的金额，借记“待偿债净资产”账户，贷记本账户。

（2）偿付长期应付款时，借记“经费支出”账户，贷记“财政拨款收入”“零余额账户用款额度”“银行存款”等账户；同时，借记本账户，贷记“待偿债净资产”账户。

（3）无法偿付或债权人豁免偿还的长期应付款，应当按照规定报经批准后进行账务处理。经批准核销时，借记本账户，贷记“待偿债净资产”账户。核销的长期应付款应在备查簿中保留登记。

【例 12-14】某行政单位于 2014 年 1 月 1 日向甲企业购入了一批材料，价款 1 000 000元，约定 2 年后付款，年利率为 8%，单利计息，利息同价款到期一并支付。材料已经验收入库。

借：存货　1 000 000
　贷：资产基金——存货　1 000 000
借：待偿债净资产　1 000 000
　贷：长期应付款——甲企业　1 000 000
2014 年 12 月 31 日，单位计提利息时：
借：待偿债净资产　80 000
　贷：长期应付款——甲企业　80 000
2015 年 12 月 31 日，单位以银行存款偿还价款和利息时：
借：待偿债净资产　80 000
　贷：长期应付款——甲企业　80 000
借：经费支出　1 160 000
　贷：银行存款　1 160 000
借：长期应付款——甲企业　1 160 000
　贷：待偿债净资产　1 160 000

七、受托代理负债

受托代理负债与受托代理资产相对应，它核算行政单位接受委托，获得受托管理资产时形成的负债。与受托代理资产性质一样，受托代理负债不是行政单位真正承担的负债，行政单位只是受托方。但是为了反映行政单位受托负债情况，应设置“受托代理负债”科目进行核算。

第二节　行政单位净资产的核算

一、行政单位净资产的内容

净资产是指行政单位资产扣除负债后的余额。行政单位的净资产包括财政拨款结转、财政拨款结余、其他资金结转结余、资产基金、待偿债净资产等。

二、财政拨款结转与财政拨款结余

（一）财政拨款结转与财政拨款结余的概念

财政拨款结转是指行政单位当年预算已执行但尚未完成，或因故未执行，下一年度需要按照原用途继续使用的财政拨款滚存资金，包括基本支出结转、项目支出结转。

财政拨款结余是指行政单位当年预算工作目标已完成，或因故终止，剩余的财政拨款滚存资金。

结转资金在规定使用年限未使用或者未使用完的，视为结余资金。财政拨款结转和结余的管理，应当按照同级财政部门的规定执行。

（二）财政拨款结转的核算

行政单位设置“财政拨款结转”科目，用来核算行政单位的财政拨款结转资金。本科目的期末贷方余额，反映行政单位滚存的财政拨款结转资金数额。本科目应当设置“基本支出结转”“项目支出结转”两个明细科目；在“基本支出结转”明细科目下按照“人员经费”和“日常公用经费”进行明细核算，在“项目支出结转”明细科目下按照具体项目进行明细核算；本科目还应当按照《政府收支分类科目》中“支出功能分类科目”的项级科目进行明细核算。

有公共财政预算拨款、政府性基金预算拨款等两种或两种以上财政拨款的行政单位，还应当按照财政拨款种类分别进行明细核算。

本科目还可以根据管理需要按照财政拨款结转变动原因，设置“收支转账”“结余转账”“年初余额调整”“归集上缴”“归集调入”“单位内部调剂”“剩余结转”等明细科目，进行明细核算。

具体核算如下：

1. 调整以前年度财政拨款结转

因发生差错更正，以前年度支出收回等原因，需要调整财政拨款结转的，按照实际调增财政拨款结转的金额，借记有关账户，贷记本账户（年初余额调整）；按照实际调减财政拨款结转的金额，借记本账户（年初余额调整），贷记有关账户。

【例 12-15】某行政单位收回上一年的项目支出 15 000 元，按规定需要调增财政拨款结转年初余额。

借：银行存款　　15 000

　贷：财政拨款结转（年初余额调整）　　15 000

2. 从其他单位调入财政拨款结余资金

按照规定从其他单位调入财政拨款结余资金时，按照实际调增的额度数额或调入的资金数额，借记“零余额账户用款额度”“银行存款”等账户，贷记本账户（归集调入）及其明细。

【例 12-16】某行政单位从其他单位调入财政拨款结余 300 000 元，转入零余额账户用款额度。

借：零余额账户用款额度　　300 000

　贷：财政拨款结转（归集调入）　　300 000

3. 上缴财政拨款结转

按照规定上缴财政拨款结转资金时，按照实际核销的额度数额或上缴的资金数额，借记本账户（归集上缴）及其明细，贷记“财政应返还额度”“零余额账户用款额度”“银行存款”等账户。

【例 12-17】某行政单位按规定上缴财政拨款结转资金，共计 300 000 元。

借：财政拨款结转（归集上缴）　　300 000

　贷：银行存款　　300 000

4. 单位内部调剂结余资金

经财政部门批准对财政拨款结余资金改变用途，调整用于其他未完成项目等，按照调整的金额，借记“财政拨款结余”账户（单位内部调剂）及其明细，贷记本账户（单位内部调剂）及其明细。

【例 12-18】某行政单位经批准将“财政拨款结转——基本支出——一般公共服务——人大事务——行政运行”90 000 元改变用途，用作“财政拨款结转——项目支出——一般公共服务——人大事务——人大立法”。

借：财政拨款结余（单位内部调剂） 90 000

贷：财政拨款结转（单位内部调剂） 90 000

5. 结转本年财政拨款收入和支出

（1）年末，将财政拨款收入本年发生额转入本账户，借记“财政拨款收入——基本支出拨款、项目支出拨款”账户及其明细，贷记本账户（收支转账——基本支出结转、项目支出结转）及其明细。

（2）年末，将财政拨款支出本年发生额转入本账户，借记本账户（收支转账——基本支出结转、项目支出结转）及其明细，贷记“经费支出——财政拨款支出——基本支出、项目支出”账户及其明细。

【例 12-19】年末，某行政单位有关本年收支情况如下：财政拨款收入“基本支出——一般公共服务——工商行政管理事务”210 000 元，“项目支出——一般公共服务——工商行政管理事务”150 000 元。财政拨款支出“基本支出——一般公共服务——工商行政管理事务——行政运行”180 000 元，“项目支出——一般公共服务——工商行政管理事务”120 000 元。该行政单位将本年财政拨款收支结转。

将收入结转时：

借：财政拨款收入——基本支出拨款 210 000

——项目支出拨款 150 000

贷：财政拨款结转——收支转账——基本支出结转 210 000

——项目支出结转 150 000

同时，在财政拨款收入明细账借方登记：

基本支出拨款——一般公共服务——工商行政管理事务 210 000

项目支出拨款——一般公共服务——工商行政管理事务 150 000

同时，在财政拨款结转明细账贷方登记：

基本支出结转——一般公共服务——工商行政管理事务 210 000

项目支出结转——一般公共服务——工商行政管理事务 150 000

将支出结转时：

借：财政拨款结转——收支转账——基本支出结转 180 000

——项目支出结转 120 000

贷：经费支出——财政拨款支出——基本支出 180 000

——项目支出 120 000

同时，在财政拨款结转明细账借方登记：

基本支出结转——一般公共服务——工商行政管理事务 180 000

项目支出结转——一般公共服务——工商行政管理事务 120 000

同时，在经费支出明细账贷方登记：

基本支出——一般公共服务——工商行政管理事务 180 000

项目支出——一般公共服务——工商行政管理事务 120 000

6. 将完成项目的结转资金转入财政拨款结余

年末完成上述财政拨款收支转账后，对各项目执行情况进行分析，按照有关规定将符合财政拨款结余性质的项目余额转入财政拨款结余，借记本账户（结余转账——项目支出结转）及其明细，贷记“财政拨款结余”（结余转账——项目支出结余）账户及其明细。

【例 12-20】续上例，年末项目已完成，该单位按有关规定将项目余额转入拨款结余。

借：财政拨款结转——结余转账——项目支出结转　　30 000
　贷：财政拨款结余——结余转账——项目支出结余　　30 000

同时，在财政拨款结余转账明细账借方登记：
　　项目支出结转——一般公共服务——工商行政管理事务　　30 000

同时，在财政拨款结余转账明细账贷方登记：
　　项目支出结余——一般公共服务——工商行政管理事务　　30 000

7. 年末冲销有关明细账户余额

年末收支转账后，将本账户所属“收支转账”“结余转账”“年初余额调整”“归集上缴”“归集调入”“单位内部调剂”等明细账户余额转入“剩余结转”明细账户；转账后，本账户除“剩余结转”明细账户外，其他明细账户应无余额。

【例 12-21】续【例 12-15】至【例 12-20】，年末，该单位将财政拨款结转余额转入“剩余结转”。

借：财政拨款结转——年初余额调整　　15 000
　　　　　　　　——归集调入　　300 000
　　　　　　　　——单位内部调剂　　90 000
　　　　　　　　——收支转账　　30 000
　贷：财政拨款结转——归集上缴　　300 000
　　　　　　　　　——剩余结转　　135 000

（三）财政拨款结余的核算

财政拨款结余用来核算行政单位滚存的财政拨款项目支出结余资金。应当按照具体项目、《政府收支分类账户》中“支出功能分类账户”的项级账户等进行明细核算。

有公共财政预算拨款、政府性基金预算拨款两种或两种以上财政拨款的行政单位，还应当按照财政拨款的种类分别进行明细核算。

“财政拨款结余”账户还可以根据管理需要按照财政拨款结余变动原因，设置“结余转账”“年初余额调整”“归集上缴”“单位内部调剂”“剩余结余”等明细账户，进行明细核算。

具体账务处理如下：

1. 调整以前年度财政拨款结余

因发生差错更正、以前年度支出收回等原因，需要调整财政拨款结余的，按照实际调增财政拨款结余的金额，借记有关账户，贷记本账户（年初余额调整）；按照实际调减财政拨款结余的金额，借记本账户（年初余额调整），贷记有关账户。

【例 12-22】某行政单位因上一年记账错误，“项目支出——一般公共服务——发展与改革事务”少计支出 40 000 元，上一年项目已完成，并结转财政拨款。

借：财政拨款结余（年初余额调整）　　40 000
　贷：银行存款　　40 000

同时，在财政拨款结余（年初余额调整）明细账借方登记：

项目支出——一般公共服务——发展与改革事务　40 000

2. 上缴财政拨款结余

按照规定上缴财政拨款结余时，按照实际核销的额度数额或上缴的资金数额，借记本账户（归集上缴）及其明细，贷记“财政应返还额度”“零余额账户用款额度”“银行存款”等账户。

【例 12-23】某行政单位“出入境检验检疫技术支持”项目获财政拨款 800 000 元，项目已完成，“项目支出——一般公共服务——质量技术监督与检验检疫事务——出入境检验检疫技术支持”700 000 元，该单位按规定将余款通过“零余额账户用款额度”上缴。

借：财政拨款结余（归集上缴）　100 000

　贷：零余额账户用款额度　100 000

同时，在财政拨款结余（归集上缴）明细账借方登记：

项目支出——一般公共服务——质量技术监督与检验检疫事务——出入境检验检疫技术支持　100 000

3. 单位内部调剂结余资金

经财政部门批准将本单位完成项目结余资金调整用于基本支出或其他未完成项目支出时，按照批准调剂的金额，借记本账户（单位内部调剂）及其明细，贷记“财政拨款结转”（单位内部调剂）账户及其明细。

【例 12-24】某行政单位经批准，将已完成项目“项目支出——一般公共服务——质量技术监督与检验检疫事务——质量技术监督技术支持”的结余资金 150 000元用于“基本支出——一般公共服务——质量技术监督与检验检疫事务——机关服务”。

借：财政拨款结余（单位内部调剂）　150 000

　贷：财政拨款结转（单位内部调剂）　150 000

同时，在财政拨款结余（单位内部调剂）明细账借方登记：

项目支出——一般公共服务——质量技术监督与检验检疫事务——质量技术监督技术支持　150 000

在财政拨款结转（单位内部调剂）明细账贷方登记：

基本支出——一般公共服务——质量技术监督与检验检疫事务——机关服务　150 000

4. 将完成项目的结转资金转入财政拨款结余。

年末，对财政拨款各项目执行情况进行分析，按照有关规定将符合财政拨款结余性质的项目余额转入本账户，借记“财政拨款结转”（结余转账——项目支出结转）账户及其明细，贷记本账户（结余转账——项目支出结余）及其明细。

5. 年末冲销有关明细账户余额

年末，将本账户所属“结余转账”“年初余额调整”“归集上缴”“单位内部调剂”等明细账户余额转入“剩余结余”明细账户；转账后，本账户除“剩余结余”明细账户外，其他明细账户应无余额。

【例 12-25】续【例 12-22】至【例 12-24】，年末该单位冲销有关明细账余额。

借：财政拨款结余（剩余结余）　　290 000
　贷：财政拨款结余（年初余额调整）　　40 000
　　财政拨款结余（归集上缴）　　100 000
　　财政拨款结余（单位内部调剂）　　150 000

三、其他资金结转结余

其他资金结转结余是指行政单位除财政拨款收支以外的其他各项收支相抵后剩余的滚存资金。

“其他资金结转结余”账户应当设置“项目结转”和“非项目结余”明细账户，分别对项目资金和非项目资金进行明细核算。对于项目结转，还应当按照具体项目进行明细核算。

本账户还可以根据管理需要按照其他资金结转结余变动原因，设置“收支转账”“年初余额调整”“结余调剂”“剩余结转结余”等明细账户，进行明细核算。

（一）调整以前年度其他资金结转结余

因发生差错更正、以前年度支出收回等原因，需要调整其他资金结转结余的，按照实际调增的金额，借记有关账户，贷记本账户（年初余额调整）及其相关明细。按照实际调减的金额，借记本账户（年初余额调整）及其相关明细，贷记有关账户。

【例 12-26】某行政单位收回以前年度已核销的预付账款 30 000 元，存入银行账户。

借：银行存款　　30 000
　贷：其他资金结转结余（年初余额调整）　　30 000

（二）结转本年其他收入和支出

（1）年末，将其他收入中的项目资金收入本年发生额转入本账户，借记“其他收入”账户及其明细，贷记本账户（项目结转——收支转账）及其明细；将其他收入中的非项目资金收入本年发生额转入本账户，借记“其他收入”账户及其明细，贷记本账户（非项目结余——收支转账）。

（2）年末，将其他资金支出中的项目支出本年发生额转入本账户，借记本账户（项目结转——收支转账）及其明细，贷记“经费支出——其他资金支出”账户（项目支出）及其明细、“拨出经费”账户（项目支出）及其明细；将其他资金支出中的基本支出本年发生额转入本账户，借记本账户（非项目结余——收支转账），贷记“经费支出——其他资金支出”：

【例 12-27】年末，某行政单位结转本年度其他收入和支出。其他收入情况：库存现金溢余 1 000 元，后勤服务收入 16 000 元，“项目支出——一般公共服务——财政事务——信息化建设”银行存款利息收入 7 000 元。经费支出情况：“经费支出（其他资金支出）——项目支出——一般公共服务——财政事务——信息化建设”18 000元，“经费支出（其他资金支出）——基本支出——一般公共服务——财政事务——行政运行”5 000 元。

结转其他收入本期发生额时：

借：其他收入——库存现金溢余　　1 000
　　　　　——后勤服务收入　　16 000
　贷：其他资金结转结余——收支转账——非项目结余　　17 000
借：其他收入——银行存款利息收入　　7 000
　贷：其他资金结转结余——收支转账——项目结余　　7 000
同时，在其他资金结余明细账贷方登记：
　　项目支出——一般公共服务——财政事务——信息化建设　　7 000
结转其他资金支出本期发生额时：
借：其他资金结转结余——收支转账——项目结余　　18 000
　贷：经费支出——其他资金支出（项目支出）　　18 000
同时，在其他资金结余明细账借方登记：
　　经费支出(其他资金支出）——项目支出——一般公共
　　　　服务——财政事务——信息化建设　　18 000
借：其他资金结转结余——收支转账——非项目结余　　5 000
　贷：经费支出——其他资金支出（基本支出）　　5 000

（三）缴回或转出项目结余

完成上述转账后，对本年末各项目执行情况进行分析，区分年末已完成项目和尚未完成项目，在此基础上，对完成项目的剩余资金根据不同情况进行账务处理。

（1）需要缴回原项目资金出资单位的，按照缴回的金额，借记本账户（项目结转——结余调剂）及其明细，贷记“银行存款”“其他应付款”等账户。

（2）将项目剩余资金留归本单位用于其他非项目用途的，按照剩余的项目资金金额，借记本账户（项目结转——结余调剂）及其明细，贷记本账户（非项目结余——结余调剂）。

（四）用非项目资金结余补充项目资金

按照实际补充项目资金的金额，借记本账户（非项目结余——结余调剂），贷记本账户（项目结转——结余调剂）及其明细。

（五）年末冲销有关明细账户余额

年末收支转账后，将本账户所属“收支转账”“年初余额调整”“结余调剂”等明细账户余额转入“剩余结转结余”明细账户；转账后，本账户除“剩余结转结余”明细账户外，其他明细账户应无余额。

【例 12-28】续【例 12-26】【例 12-27】，年末，该单位冲销有关明细账户余额。

借：其他资金结转结余——年初余额调整　　30 000
　　　　　　　　　——收支转账　　24 000
　贷：其他资金结转结余——收支转账　　23 000
　　　　　　　　　　——剩余结转结余　　31 000

四、资产基金

行政单位设置“资产基金”科目，用来核算行政单位的预付账款、存货、固定资产、在建工程、无形资产、政府储备物资、公共基础设施等非货币性资产在净资产中占用的金额。

"资产基金"账户应当设置"预付款项""存货""固定资产""在建工程""无形资产""政府储备物资""公共基础设施"等明细账户，进行明细核算。

具体账务处理如下：

（1）资产基金应当在发生预付账款，取得存货、固定资产、在建工程、无形资产、政府储备物资、公共基础设施时确认。

①发生预付账款时，按照实际发生的金额，借记"预付账款"账户，贷记本账户（预付款项）；同时，按照实际支付的金额，借记"经费支出"账户，贷记"财政拨款收入""零余额账户用款额度""银行存款"等账户。

【例 12-29】某行政单位购入一设备，预付价款 1 000 000 元，设备尚未收到。

借：预付账款　　1 000 000
　贷：资产基金——预付款项　　1 000 000
借：经费支出　　1 000 000
　贷：银行存款　　1 000 000

②取得存货、固定资产、在建工程、无形资产、政府储备物资、公共基础设施等资产时，按照取得资产的成本，借记"存货""固定资产""在建工程""无形资产""政府储备物资""公共基础设施"等账户，贷记本账户（存货、固定资产、在建工程、无形资产、政府储备物资、公共基础设施）；同时，按照实际发生的支出，借记"经费支出"账户，贷记"财政拨款收入""零余额账户用款额度""银行存款"等账户。

【例 12-30】数据同上例，假设是钱货两清。

借：固定资产　　1 000 000
　贷：资产基金——固定资产　　1 000 000
借：经费支出　　1 000 000
　贷：银行存款　　1 000 000

（2）收到预付账款购买的物资或服务时，应当相应冲减资产基金。

按照相应的预付账款金额，借记本账户（预付款项），贷记"预付账款"账户。

【例 12-31】续【例 12-29】，收到设备。

借：固定资产　　1 000 000
　贷：资产基金——固定资产　　1 000 000
借：资产基金——预付款项　　1 000 000
　贷：预付账款　　1 000 000

（3）领用和发出存货、政府储备物资时，应当相应冲减资产基金。

领用和发出存货、政府储备物资时，按照领用和发出存货、政府储备物资的成本，借记本账户（存货、政府储备物资），贷记"存货""政府储备物资"账户。

（4）计提固定资产折旧、公共基础设施折旧、无形资产摊销时，应当冲减资产基金。

计提固定资产折旧、公共基础设施折旧、无形资产摊销时，按照计提的折旧、摊销金额，借记本账户（固定资产、公共基础设施、无形资产），贷记"累计折旧""累计摊销"账户。

（5）无偿调出、对外捐赠存货、固定资产、无形资产、政府储备物资、公共基础设施时，应当冲减该资产对应的资产基金。

①无偿调出、对外捐赠存货、政府储备物资时，按照存货、政府储备物资的账面余额，借记本账户及其明细，贷记“存货”“政府储备物资”等账户。

②无偿调出、对外捐赠固定资产、公共基础设施、无形资产时，按照相关固定资产、公共基础设施、无形资产的账面价值，借记本账户及其明细，按照已计提折旧、已计提摊销的金额，借记“累计折旧”“累计摊销”账户，按照固定资产、公共基础设施、无形资产的账面余额，贷记“固定资产”“公共基础设施”“无形资产”账户。

（6）通过“待处理财产损溢”账户核算的资产处置，有关本账户的账务处理参见“待处理财产损溢”账户。

五、待偿债净资产

“待偿债净资产”账户用来核算行政单位因发生应付账款和长期应付款而相应需在净资产中冲减的金额。

（1）发生应付账款、长期应付款时，按照实际发生的金额，借记本账户，贷记“应付账款”“长期应付款”等账户。

【例 12-32】某行政单位购入一固定资产，价款 1 000 000 元，分期偿付，购买时已支付 200 000 元，固定资产已收到。

借：固定资产　　1 000 000
　贷：资产基金——固定资产　　1 000 000
借：经费支出　　200 000
　贷：银行存款　　200 000
借：待偿债净资产　　800 000
　贷：长期应付款　　800 000

（2）偿付应付账款、长期应付款时，按照实际偿付的金额，借记“应付账款”“长期应付款”等账户，贷记本账户；同时，按照实际支付的金额，借记“经费支出”账户，贷记“财政拨款收入”“零余额账户用款额度”“银行存款”等账户。

【例 12-33】承上例，偿还上述余款。

借：长期应付款　　800 000
　贷：待偿债净资产　　800 000
借：经费支出　　800 000
　贷：银行存款　　800 000

（3）因债权人原因，核销确定无法支付的应付账款、长期应付款时，按照报经批准核销的金额，借记“应付账款”“长期应付款”账户，贷记本账户。

第十三章 行政单位收入与支出的核算

行政单位的收支与企业的收支存在较大的差别。企业取得收入是成本的补偿和获取利润的途径，而行政单位取得收入与补偿行为无关，只是国家维持行政单位履行职能能力的手段。企业的支出在于获取收入，最终取得利润；而行政单位的支出是指为开展业务活动所发生的各项资金耗费及损失。

第一节 行政单位收入的核算

一、行政单位收入概述

（一）行政单位收入的概念

行政单位收入是指行政单位依法取得的非偿还性资金。行政单位收入包括财政拨款收入和其他收入。

财政拨款收入是指行政单位从同级财政部门取得的财政预算资金。

其他收入是指行政单位依法取得的除财政拨款收入以外的各项收入，如有偿服务收入、有价证券、银行存款利息收入及其他不必上缴财政的零星杂项收入。

（二）行政单位收入的特点

（1）从资金性质上看，财政拨款收入属于财政资金，其他收入不属于财政资金。

（2）从资金来源渠道和核拨发方式上看，财政拨款来源于国库，是从政府预算收入中对行政单位安排的拨款；其他收入则不经过财政部门，直接纳入单位预算。

（3）从预算核定方法上看，财政拨款收入和其他收入均应由财政部门核定，但它们的核定方法有所不同。财政拨款主要根据单位的工作性质、工作任务和规定的开支范围、开支标准及预算定额，应结合政府财力状况予以确定；其他收入主要依据单位上报数和有关政策予以确定。

（4）从预算调整审批权限上看，在年度预算执行中，经财政预算核拨的收入，原则上不予调整。因特殊情况确需调整的，需按照程序报财政部门审批。其他收入发生变化，则由单位自行调整，同时报财政部门备案。

（三）行政单位收入的管理

行政单位的各项收入必须统一管理。行政单位各项收入的取得，应当符合国家规定，及时入账，并按照财务管理的要求，分项如实填报。行政单位依法取得的应当纳入财政预算的罚没收入、行政性收费收入和基金以及应当缴入财政专户的预算外资金，不属于行政单位的收入，必须及时足额上缴。

二、财政拨款收入

（一）财政拨款收入的概念和管理

财政拨款收入是指行政单位从同级财政部门取得的财政预算资金。

1. 传统的经费拨款方式

行政单位应根据经上级主管部门或财政部门核定的季度（或分月）用款计划，按经费预报关系向上级主管部门或同级财政部门申请拨款。财政部门根据预算单位的申请，签发拨款凭证，通知国库将财政存款直接划拨到申请单位开户银行的存款账户内，行政单位在收到拨入的款项后，再向所属的单位拨转经费。在这种方式下，财政预算资金分散在各级行政单位的银行账户中。

2. 新的资金预算管理方式

在新的资金预算管理方式下，行政单位获取预算经费的方式是行政单位根据预算获得对经费的使用权，经费并不拨入各行政单位的银行账户，而是保留在财政部门的国库单一账户中。只有在财政部门接到一级会计核算单位审核汇总的各所属行政单位财政直接支付申请后，才能向水平或劳务部门供应者直接支付，或按照批准的以及预算单位用款计划中各基层单位的月度财政授权支付额度签发支付额度后，资金可供基层预算单位支取。在这种方式下，财政资金集中在国库中。

（二）财政拨款收入的核算

行政单位应设置“财政拨款收入”科目。该科目用来核算行政单位从同级财政部门取得的各类财政预算资金。年终结账后，本账户应无余额。

本账户应当设置“基本支出拨款”和“项目支出拨款”两个明细账户，分别核算行政单位取得用于基本支出和项目支出的财政拨款资金；同时，本账户还要按照《政府收支分类科目》中“支出功能分类”的相关科目进行明细核算；在“基本支出拨款”明细科目下按照“人员经费”和“日常公用经费”进行明细核算，在“项目支出拨款”明细科目下按照具体项目进行明细核算。见表13-1。

表13-1

201	一般公共服务支出	一般公共服务支出
20101	人大事务	一般公共服务支出——人大事务
20102	政协事务	一般公共服务支出——政协事务
20103	政府办公厅（室）及相关机构事务	一般公共服务支出——政府办公厅（室）及相关机构事务
20104	发展与改革事务	一般公共服务支出——发展与改革事务
20105	统计信息事务	一般公共服务支出——统计信息事务
20106	财政事务	一般公共服务支出——财政事务
20107	税收事务	一般公共服务支出——税收事务
20108	审计事务	一般公共服务支出——审计事务
20109	海关事务	一般公共服务支出——海关事务

表13-1(续)

20110	人力资源事务	一般公共服务支出——人力资源事务
20111	纪检监察事务	一般公共服务支出——纪检监察事务
20113	商贸事务	一般公共服务支出——商贸事务
20114	知识产权事务	一般公共服务支出——知识产权事务
20115	工商行政管理事务	一般公共服务支出——工商行政管理事务
20117	质量技术监督与检验检疫事务	一般公共服务支出——质量技术监督与检验检疫事务
20123	民族事务	一般公共服务支出——民族事务
20124	宗教事务	一般公共服务支出——宗教事务
20125	港澳台侨事务	一般公共服务支出——港澳台侨事务
20126	档案事务	一般公共服务支出——档案事务
20128	民主党派及工商联事务	一般公共服务支出——民主党派及工商联事务
20129	群众团体事务	一般公共服务支出——群众团体事务
20131	党委办公厅（室）及相关机构事务	一般公共服务支出——党委办公厅（室）及相关机构事务
20132	组织事务	一般公共服务支出——组织事务
20133	宣传事务	一般公共服务支出——宣传事务
20134	统战事务	一般公共服务支出——统战事务
20135	对外联络事务	一般公共服务支出——对外联络事务
20136	其他共产党事务支出	一般公共服务支出——其他共产党事务支出
20199	其他一般公共服务支出	一般公共服务支出——其他一般公共服务支出
202	外交支出	外交支出
20201	外交管理事务	外交支出——外交管理事务
20202	驻外机构	外交支出——驻外机构
20203	对外援助	外交支出——对外援助
20204	国际组织	外交支出——国际组织
20205	对外合作与交流	外交支出——对外合作与交流
20206	对外宣传	外交支出——对外宣传
20207	边界勘界联检	外交支出——边界勘界联检
20299	其他外交支出	外交支出——其他外交支出
203	国防支出	国防支出
20301	现役部队	国防支出——现役部队
20304	国防科研事业	国防支出——国防科研事业
20305	专项工程	国防支出——专项工程
20306	国防动员	国防支出——国防动员
20399	其他国防支出	国防支出——其他国防支出

表13-1(续)

204	公共安全支出	公共安全支出
20401	武装警察	公共安全支出——武装警察
20402	公安	公共安全支出——公安
20403	国家安全	公共安全支出——国家安全
20404	检察	公共安全支出——检察
20405	法院	公共安全支出——法院
20406	司法	公共安全支出——司法
20407	监狱	公共安全支出——监狱
20408	强制隔离戒毒	公共安全支出——强制隔离戒毒
20409	国家保密	公共安全支出——国家保密
20410	缉私警察	公共安全支出——缉私警察
20499	其他公共安全支出	公共安全支出——其他公共安全支出
205	教育支出	教育支出
20501	教育管理事务	教育支出——教育管理事务
20502	普通教育	教育支出——普通教育
20503	职业教育	教育支出——职业教育
20504	成人教育	教育支出——成人教育
20505	广播电视教育	教育支出——广播电视教育
20506	留学教育	教育支出——留学教育
20507	特殊教育	教育支出——特殊教育
20508	进修及教育	教育支出——进修及教育
20509	教育费附加安排的支出	教育支出——教育费附加安排的支出
20510	地方教育附加安排的支出	教育支出——地方教育附加安排的支出
20551	国有资本经营预算支出	教育支出——国有资本经营预算支出
20599	其他教育支出	教育支出——其他教育支出
206	科学技术支出	科学技术支出
20601	科学技术管理事务	科学技术支出——科学技术管理事务
20602	基础研究	科学技术支出——基础研究
20603	应用研究	科学技术支出——应用研究
20604	技术研究与开发	科学技术支出——技术研究与开发
20605	科技条件与服务	科学技术支出——科技条件与服务
20606	社会科学	科学技术支出——社会科学
20607	科学技术普及	科学技术支出——科学技术普及
20608	科技交流与合作	科学技术支出——科技交流与合作
20609	科技重大专项	科学技术支出——科技重大专项
20610	核电站乏燃料处理处置基金支出	科学技术支出——核电站乏燃料处理处置基金支出

表13-1(续)

20651	国有资本经营预算支出	科学技术支出——国有资本经营预算支出
20699	其他科学技术支出	科学技术支出——其他科学技术支出
207	文化体育与传媒支出	文化体育与传媒支出
20701	文化	文化体育与传媒支出——文化
20702	文物	文化体育与传媒支出——文物
20703	体育	文化体育与传媒支出——体育
20704	广播影视	文化体育与传媒支出——广播影视

说明：本表未完，余下内容略。

有公共财政预算拨款、政府性基金预算拨款等两种或两种以上财政预算拨款的行政单位，还应当按照财政拨款的种类分别进行明细核算。

（1）财政直接支付方式下，行政单位根据财政国库支付执行机构委托代理银行转来的财政直接支付入账通知书及原始凭证，借记有关支出账户，贷记本账户。

年末，行政单位根据本年度财政直接支付预算指标数与财政直接支付实际支出数的差额，借记“财政应返还额度——财政直接支付”账户，贷记本账户。

【例 13-1】某行政单位收到财政部门委托代理银行转来的财政直接支付入账通知书，财政部门为行政单位支付“基本支出——一般公共服务——政府办公厅（室）及相关机构事务——行政运行”经费 35 000 元。

借：经费支出　　35 000

　贷：财政拨款收入　　35 000

同时，在经费支出明细账借方登记：

基本支出——一般公共服务——政府办公厅（室）及相关机构事务——行政运行　　35 000

在财政拨款收入明细账贷方登记：

基本支出拨款（日常公用经费）——一般公共服务——政府办公厅（室）及相关机构事务——行政运行　　35 000

【例 13-2】某行政单位收到财政部门委托代理银行转来的财政直接支付入账通知书，财政部门为行政单位支付“基本支出——一般公共服务——政府办公厅（室）及相关机构事务——行政运行”职工薪酬经费 80 000 元。

借：经费支出　　80 000

　贷：应付职工薪酬　　80 000

同时，在经费支出明细账借方登记：

基本支出——一般公共服务——政府办公厅（室）及相关机构事务——行政运行　　80 000

在财政拨款收入明细账贷方登记：

基本支出拨款（人员经费）——一般公共服务——政府办公厅（室）及相关机构事务——行政运行　　80 000

【例 13-3】某行政单位收到财政部门委托代理银行转来的财政直接支付入账通知书，财政部门为行政单位支付“项目支出——一般公共服务——政府办公厅（室）及相关机构事务——专项业务活动”经费 120 000 元。

借：经费支出　　120 000

　贷：财政拨款收入　　120 000

同时，在经费支出明细账借方登记：

　　项目支出——一般公共服务——政府办公厅（室）

　　　及相关机构事务——专项业务活动　　120 000

在财政拨款收入明细账贷方登记：

　　项目支出拨款——一般公共服务——政府办公厅（室）

　　　及相关机构事务——专项业务活动　　120 000

（2）财政授权支付方式下，行政单位根据收到的财政授权支付额度到账通知书，借记“零余额账户用款额度”等账户，贷记本账户。

年末，如单位本年度财政授权支付预算指标数大于财政授权支付额度下达数，根据两者间的差额，借记“财政应返还额度——财政授权支付”账户，贷记本账户。

【例 13-4】某行政单位收到财政部门代理银行发来的财政授权支付到账通知书，收到用款额度 500 000 元，用于“基本支出——教育——普通教育——初中教育”。

借：零余额账户用款额度　　500 000

　贷：财政拨款收入　　500 000

同时，在财政拨款收入明细账贷方登记：

　　基本支出拨款（日常公用经费）

　　——教育——普通教育——初中教育　　500 000

【例 13-5】某行政单位收到财政部门代理银行发来的财政授权支付到账通知书，收到用款额度 800 000 元，用于“项目支出——教育——普通教育——高中教育”。

借：零余额账户用款额度　　800 000

　贷：财政拨款收入　　800 000

同时，在财政拨款收入明细账贷方登记：

　　项目支出拨款——教育——普通教育——高中教育　　800 000

【例 13-6】续上例，该行政单位开具支付令，支付“项目支出——教育——普通教育——高中教育”400 000 元。

借：经费支出　　400 000

　贷：零余额账户用款额度　　400 000

同时，在经费支出明细账借方登记：

　　项目支出——教育——普通教育——高中教育　　400 000

（3）其他方式下，实际收到财政拨款收入时，借记“银行存款”等账户，贷记本账户。

【例 13-7】某行政单位尚未纳入财政国库单一账户制度改革。该单位收到财政部门拨入的预算经费 140 000 元。用于“基本支出——科学技术——应用研究——机构运行”。

借：银行存款 140 000

贷：财政拨款收入 140 000

同时，在财政拨款收入明细账贷方登记：

基本支出拨款——科学技术——应用研究——机构运行 140 000

【例 13-8】某行政单位尚未纳入财政国库单一账户制度改革，收到上级主管单位转拨的预算经费 220 000 元，用于“项目支出——科学技术——应用研究——专项科研试制”。

借：银行存款 220 000

贷：财政拨款收入 220 000

同时，在财政拨款收入明细账贷方登记：

项目支出拨款——科学技术——应用研究——专项科研试制 220 000

（4）本年度财政直接支付的资金收回时，借记本账户，贷记“经费支出”等账户。年末，将本账户的本期发生额转入财政拨款结转，借记本账户，贷记“财政拨款结转”账户。

【例 13-9】续【例 13-3】，项目实际支出 100 000 元，剩余 20 000 元转回。

借：财政拨款收入 20 000

贷：经费支出 20 000

同时，在财政拨款收入明细账借方登记：

项目支出拨款——一般公共服务——政府办公厅（室）及相关机构事务——专项业务活动 20 000

在经费支出明细账贷方登记：

项目支出——一般公共服务——政府办公厅（室）及相关机构事务——专项业务活动 20 000

【例 13-10】续【例 13-7】【例 13-8】，年末，该单位将财政拨款转入财政拨款结转。

借：财政拨款收入 360 000

贷：财政拨款结转 360 000

同时，在财政拨款收入明细账借方登记：

基本支出拨款——科学技术——应用研究——机构运行 140 000

项目支出拨款——科学技术——应用研究——专项科研试制 220 000

在财政拨款结转明细账贷方登记：

基本支出结转——科学技术——应用研究——机构运行 140 000

项目支出结转——科学技术——应用研究——专项科研试制 220 000

三、其他收入的核算

（一）其他收入的概念

其他收入用来核算行政单位取得的除财政拨款收入以外的其他各项收入，如从非同级财政部门、上级主管部门等取得的用于完成项目或专项任务的资金、库存现金溢余等。行政单位从非同级财政部门、上级主管部门等取得指定转给其他单位且未纳入本单位预算管理的资金，不通过本账户核算，应当通过“其他应付款”账户核算。

“其他收入”账户应当按照其他收入的类别、来源单位、项目资金和非项目资金进行明细核算。对于项目资金收入，还应当按照具体项目进行明细核算。

（二）其他收入的管理

其他收入也应纳入行政单位预算，统筹使用，作为财政资金的补充。其他收入的取得必须符合国家有关规定，严禁行政单位经商办企业。行政单位实现的其他收入必须及时入账，严格银行账户的管理，防止私设“小金库”，要按预算管理的要求，对单位的其他收入如实按项进行填报，不得隐瞒、少报和虚报。

（三）其他收入的账务处理

（1）收到属于其他收入的各种款项时，按照实际收到的金额，借记“银行存款”“库存现金”等账户，贷记本账户。

（2）年末，将本账户本年发生额转入其他资金结转结余时，借记本账户，贷记“其他资金结转结余”账户。

【例 13-11】某行政单位经批准，对无法查明原因的盘盈的库存现金 300 元进行处理。

借：待处理财产损溢	300	
贷：其他收入		300

【例 13-12】某行政单位收到银行存款利息收入 8 000 元。

借：银行存款	8 000	
贷：其他收入——利息收入		8 000

【例 13-13】续【例 13-11】【例 13-12】，年末结转其他收入。

借：其他收入	8 300	
贷：其他资金结转结余		8 300

第二节 行政单位支出的核算

一、行政单位支出概述

（一）行政单位支出的概念与内容

行政单位支出是指行政单位为保障机构正常运转和完成工作任务所发生的资金耗费和损失。行政单位支出可以按不同的标志进行分类：

1. 按支出性质不同，分为经费支出和拨出经费

（1）经费支出是指行政单位自身开展业务活动使用各项资金发生的基本支出和项目支出。

（2）拨出经费是指行政单位向所属单位拨出的纳入单位预算管理的非同级财政拨款资金。

2. 按支出的用途不同，分为人员经费支出和日常公用经费支出

（1）人员经费支出是指用于行政单位工作人员为了开展公务活动而发生的用于个人方面的开支，主要包括工资、福利费、津贴、社会保障缴费、离退休费、住房

补贴等开支。

（2）日常公用经费支出是指行政单位为了完成行政工作任务而用于公务活动方面的开支，主要包括公务费、业务费、日常维护费、一般设备购置费等。它主要是为了日常公务需要而发生的各种支出和购买物资的支出。

3. 按部门预算的要求不同，分为基本支出和项目支出

（1）基本支出是指行政单位为维持正常运转和完成日常工作任务而发生的各项支出，如基本工资、津贴，办公费、劳务费、交通费等。如果没有基本支出作为保证，行政单位就无法维持正常的运转，也无法完成日常的行政工作任务。

（2）项目支出是指行政单位为完成专项工作或特定任务而发生的各项支出，如专项会议支出、房屋建筑物构建支出、基础设施建设支出、专项大型修缮支出、专项任务支出等。行政单位的项目支出一般有专项资金来源，如果没有专项资金来源，一般作基本支出处理。

4. 按资金来源不同，分为财政拨款支出和其他资金支出

（1）财政拨款支出是指行政单位使用财政拨入经费而发生的经费支出。

（2）其他资金支出是指行政单位使用除财政拨入经费以外的资金而发生的支出。

（二）行政单位支出的管理要求

（1）行政单位应当建立健全各项支出的管理制度。各项支出由单位财务部门按照批准的预算和有关规定审核办理。防止多头审批和无计划开支。重大支出项目，应当集体讨论决定。各项资金的安排使用情况，应当按照财政部门的要求分别反映。

（2）行政单位的支出，应当严格执行国家规定的开支范围及开支标准，保证人员经费和单位正常运转必需的开支，并对节约潜力大、管理薄弱的支出项目实行重点管理和控制。行政单位用于职工待遇方面的支出，不得超出国家规定的范围和标准。

（3）行政单位的专项支出，应当按照批准的项目和用途使用，并按照规定向主管预算单位或者财政部门报送专项支出情况表和文字报告，接受有关部门的检查、监督。实行专款专用原则，不得将专项经费挪作他用。

二、经费支出的核算

（一）经费支出的内容

“经费支出”科目用来核算行政单位在开展业务活动中发生的各项支出。

本账户应当分别按照“财政拨款支出”和“其他资金支出”“基本支出”和“项目支出”等分类进行明细核算；并按照《政府收支分类账户》中“支出功能分类账户”的项级账户进行明细核算；“基本支出”和“项目支出”明细账户下应当按照《政府收支分类科目》中“支出经济分类科目”的款级科目进行明细核算。同时在“项目支出”明细科目下按照具体项目进行明细核算。见表 13-2。

表 13-2

301	工资福利支出	反映单位开支的在职职工和编制外长期聘用人员的各类劳动报酬，以及为上述人员缴纳的各项社会保险费等。
30101	基本工资	反映按规定发放的基本工资，包括公务员的职务工资、级别工资；机关工人的岗位工资、技术等级工资；事业单位工作人员的岗位工资、薪级工资；各类学校毕业生试用期（见习期）工资、新参加工作工人学徒期、熟练期工资；军队（武警）军官、文职干部的职务（专业技术等级）工资、军衔（级别）工资、基础工资和军龄工资；军队士官的军衔等级工资、基础工资和军龄工资等。
30102	津贴补贴	反映经国家批准建立的机关事业单位艰苦边远地区津贴、机关工作人员地区附加津贴、机关工作人员岗位津贴、事业单位工作人员特殊岗位津贴补贴。
30103	奖金	反映机关工作人员年终一次性奖金。
30104	社会保障缴费	反映单位为职工缴纳的基本养老、基本医疗、失业、工伤、生育等社会保险费，残疾人就业保障金，军队（含武警）为军人缴纳的伤亡、退役医疗等社会保险费。
30105	伙食费	反映军队、武警义务兵、供给制学员伙食费和干部、士官灶差补助等支出。
30106	伙食补助费	反映单位发给职工的伙食补助费，如误餐补助等。
30107	绩效工资	反映事业单位工作人员的绩效工资。
30199	其他工资福利支出	反映上述项目未包括的人员支出，如各种加班工资、病假两个月以上期间的人员工资、编制外长期聘用人员，公务员及参照和依照公务员制度管理的单位工作人员转入企业工作并按规定参加企业职工基本养老保险后给予的一次性补贴等。
302	商品和服务支出	反映单位购买商品和服务的支出（不包括用于购置固定资产的支出、战略性和应急储备支出，但军事方面的耐用消费品和设备的购置费、军事性建设费以及军事建筑物的购置费等在本科目中反映。）
30201	办公费	反映单位购买按财务会计制度规定不符合固定资产确认标准的日常办公用品、书报杂志等支出。
30202	印刷费	反映单位的印刷费支出。
30203	咨询费	反映单位咨询方面的支出。
30204	手续费	反映单位支付的各类手续费支出。
30205	水费	反映单位支付的水费、污水处理费等支出。

表13-2(续)

30206	电费	反映单位的电费支出。
30207	邮电费	反映单位开支的信函、包裹、货物等物品的邮寄费及电话费、电报费、传真费、网络通讯费等。
30208	取暖费	反映单位取暖用燃料费、热力费、炉具购置费、锅炉临时工的工资、节煤奖以及由单位支付的在职职工和离退休人员宿舍取暖费等。
30209	物业管理费	反映单位开支的办公用房、职工及离退休人员宿舍等的物业管理费，包括综合治理、绿化、卫生等方面的支出。
30211	差旅费	反映单位工作人员出差的住宿费、旅费、伙食补助费、杂费，干部及大中专学生调遣费，调干家属旅费补助等。
30212	因公出国（境）费用	反映单位工作人员公务出国（境）的住宿费、旅费、伙食补助费、杂费、培训费等支出。
30213	维修（护）费	反映单位日常开支的固定资产（不包括车船等交通工具）修理和维护费用，网络信息系统运行与维护费用，以及按规定提取的修购基金。
30214	租赁费	反映租赁办公用房、宿舍、专用通讯网以及其他设备等方面的费用。
30215	会议费	反映会议中按规定开支的房租费、伙食补助费以及文件资料的印刷费、会议场地租用费等。
30216	培训费	反映各类培训支出。按标准提取的“职工教育经费”也在本科目中反映。
30217	公务接待费	反映单位按规定开支的各类公务接待（含外宾接待）费用。
30218	专用材料费	反映单位购买日常专用材料的支出。具体包括药品及医疗耗材，农用材料，兽医用品，实验室用品，专用服装，消耗性体育用品，专用工具和仪器，艺术部门专用材料和用品，广播电视台发射台发射机的电力、材料等方面的支出。
30219	装备购置费	反映军队（含武警）购置装备的支出。
30220	工程建设费	反映军队（含武警）工程建设方面的支出。
30221	作战费	反映军队（含武警）作战、防卫方面的支出。
30222	军用油料费	反映军队（含武警）军事装备的油料费支出。

表13-2(续)

30223	军队其他运行维护费	反映军队（含武警）的其他运行维护费。
30224	被装购置费	反映法院、检察院、政府各部门以及军队（含武警）的被装购置支出。
30225	专用燃料费	反映用作业务工作设备的车、船设施等的油料支出。
30226	劳务费	反映支付给单位和个人的劳务费用，如临时聘用人员、钟点工工资，稿费、翻译费，评审费等。
30227	委托业务费	反映因委托外单位办理业务而支付的委托业务费。
30228	工会经费	反映单位按规定提取的工会经费。
30229	福利费	反映单位按规定提取的福利费。
30231	公务用车运行维护费	反映公务用车租用费、燃料费、维修费、过桥过路费、保险费、安全奖励费用等支出。
30239	其他交通费用	反映单位除公务用车运行维护费以外的其他交通费用。如飞机、船舶等的燃料费、维修费、过桥过路费、保险费、出租车费用等。
30240	税金及附加费用	反映单位提供劳务或销售产品应负担的税金及附加费用。包括营业税、消费税、城市维护建设税、资源税和教育费附加等。
30299	其他商品和服务支出	反映上述科目未包括的日常公用支出。如行政赔偿费和诉讼费、国内组织的会员费、来访费、广告宣传、其他劳务费及离休人员特需费、公用经费等。
303	对个人和家庭的补助	反映政府用于对个人和家庭的补助支出。
30301	离休费	反映行政事业单位和军队移交政府安置的离休人员的离休费、护理费和其他补贴。
30302	退休费	反映行政事业单位和军队移交政府安置的退休人员的退休费和其他补贴。
30303	退职（役）费	反映行政事业单位退职人员的生活补贴，一次性支付给职工或军官、军队无军籍退职职工、运动员的退职补助，一次性支付给军官、文职干部、士官、义务兵的退役费，按月支付给自主择业的军队转业干部的退役金。
30304	抚恤金	反映按规定开支的烈士遗属、牺牲病故人员遗属的一次性和定期抚恤金，伤残人员的抚恤金，离退休人员等其他人员的各项抚恤金。

表13-2(续)

30305	生活补助	反映按规定开支的优抚对象定期定量生活补助费，退役军人生活补助费，行政事业单位职工和遗属生活补助，因公负伤等住院治疗、住疗养院期间的伙食补助费，长期赡养人员补助费，由于国家实行退耕还林禁牧舍饲政策补偿给农牧民的现金、粮食支出，对农村党员、复员军人以及村干部的补助支出，看守人员和犯人的伙食费、药费等。
30306	救济费	反映按规定开支的城乡贫困人员、灾民、归侨、外侨及其他人员的生活救济费，包括城市居民的最低生活保障费，随同资源枯竭矿山破产但未参加养老保险统筹的矿山所属集体企业退休人员按最低生活保障标准发放的生活费，农村五保供养对象、贫困户、麻风病人的生活救济费，精简退职老弱残职工救济费，福利、救助机构发生的收养费以及救助支出等。实物形式的救济也在此科目反映。
30307	医疗费	反映行政事业单位在职职工、离退休人员的医疗费，军队移交政府安置的离退休人员的医疗费，学生医疗费，优抚对象医疗补助，以及按国家规定资助农民参加新型农村合作医疗和城镇居民参加城镇居民基本医疗保险的支出和对城乡贫困家庭的医疗救助支出。
30308	助学金	反映各类学校学生助学金、奖学金、学生贷款、出国留学（实习）人员生活费，青少年业余体校学员伙食补助费和生活费补贴，按照协议由我方负担或享受我方奖学金的来华留学生、进修生生活费等。
30309	奖励金	反映政府各部门的奖励支出，如对个体私营经济的奖励、计划生育目标责任奖励、独生子女父母奖励等。
30310	生产补贴	反映各种对个人发放的生产补贴支出，如国家对农民发放的农机具购置补贴、良种补贴、粮食直补以及发放给残疾人的各种生产经营补贴等。
30311	住房公积金	反映行政事业单位按人事部和财政部规定的基本工资和津贴补贴以及规定比例为职工缴纳的住房公积金。
30312	提租补贴	反映按房改政策规定的标准，行政事业单位向职工（含离退休人员）发放的租金补贴。
30313	购房补贴	反映按房改政策规定，行政事业单位向符合条件职工（含离退休人员）、军队（含武警）向转役复员离退休人员发放的用于购买住房的补贴。

表13-2(续)

30399	其他对个人和家庭的补助支出	反映未包括在上述科目的对个人和家庭的补助支出，如婴幼儿补贴、职工探亲旅费、退职人员及随行家属路费、符合条件的退役回乡义务兵一次性建房补助、符合安置条件的城镇退役士兵自谋职业的一次性经济补助费、对农户的生产经营补贴等。
304	对企事业单位的补贴	反映政府对各类企业、事业单位及民间非营利组织的补贴。
30401	企业政策性补贴	反映对企业的政策性补贴。
30402	事业单位补贴	反映对事业单位的补贴支出。
30403	财政贴息	反映国家财政对国家重点支持的企业和项目给予的贷款利息补助。
30404	国有资本经营预算费用性支出	反映用国有资本经营预算弥补国有企业改革成本等方面的费用性支出。
30499	其他对企事业单位的补贴支出	反映除上述项目以外其他对企事业单位的补贴支出。
305	转移性支出	反映政府的转移性支出。
30501	不同级政府间转移性支出	反映不同级政府间的转移性支出。
30502	同级政府间转移性支出	反映同级政府间的转移性支出。
306	赠予	反映对国内、外政府、组织等提供的援助、捐赠以及交纳国际组织会费等方面的支出。
30601	对国内的赠予	反映对国内组织、政府等提供的捐赠支出。
30602	对国外的赠予	反映对国际组织、国外政府等提供的双边援助，交纳的会费以及有关捐赠方面的支出。
307	债务利息支出	反映政府和单位的债务利息支出。
30701	国内债务付息	反映当年用于偿还国内债务利息的支出。
30702	向国家银行借款付息	反映向国家银行借款的付息支出。
30703	其他国内借款付息	反映向其他国内借款的付息支出。
30704	向外国政府借款付息	反映当年用于偿还向外国政府借款的利息支出。
30705	向国际组织借款付息	反映当年用于偿还向国际组织借款的利息支出。
30706	其他国外借款付息	反映当年用于偿还其他国外借款的利息支出。
308	债务还本支出	反映政府和单位归还各类借款本金方面的支出。债务利息列入“债务利息支出”，不在此科目反映。
30801	国内债务还本	反映归还各类国内借款本金方面的支出。

表13-2(续)

30802	国外债务还本	反映归还各类国外借款本金方面的支出。
309	基本建设支出	反映各级发展与改革部门集中安排的一般预算财政拨款（不包括政府性基金、预算外资金以及各类拼盘自筹资金等）用于购置固定资产、战略性和应急性储备、土地和无形资产，以及购建基础设施、大型修缮所发生的支出。
30901	房屋建筑物购建	反映用于购买、自行建造办公用房、仓库、职工生活用房、教学科研用房、学生宿舍、食堂等建筑物（含附属设施，如电梯、通讯线路、水气管道等）的支出。
30902	办公设备购置★	反映用于购置并按财务会计制度规定纳入固定资产核算范围的办公家具和办公设备的支出，以及按规定提取的修购基金。
30903	专用设备购置★	反映用于购置具有专门用途、并按财务会计制度规定纳入固定资产核算范围的各类专用设备的支出。如通信设备、发电设备、交通监控设备、卫星转发器、气象设备、进出口监管设备等，以及按规定提取的修购基金。
30905	基础设施建设	反映用于农田设施、道路、铁路、桥梁、水坝和机场、车站、码头等公共基础设施建设方面的支出。
30906	大型修缮	反映按财务会计制度规定允许资本化的各类设备、建筑物、公共基础设施等大型修缮的支出。
30907	信息网络及软件购置更新	反映政府用于信息网络方面的支出。如计算机硬件、软件购置、开发、应用支出等，如果购建的计算机硬件、软件等不符合财务会计制度规定的固定资产确认标准的，不在此科目反映。
30908	物资储备	反映政府、军队为应付战争、自然灾害或意料不到的突发事件而提前购置的具有特殊重要性的军事用品、石油、医药、粮食等战略性和应急性物质储备支出。
30913	公务用车购置	反映公务用车车辆购置支出（含车辆购置税）。
30919	其他交通工具购置	反映单位除公务用车外的其他各类交通工具（如船舶、飞机等）购置支出（含车辆购置税）。
30999	其他基本建设支出	反映著作权、商标权、专利权等无形资产购置支出，以及其他上述科目中未包括的资本性支出。如娱乐、文化和艺术原作的使用权、购买国内外影片播映权、购置图书等。

表13-2(续)

310	其他资本性支出	反映非各级发展与改革部门集中安排的用于购置固定资产、战略性和应急性储备、土地和无形资产，以及购建基础设施、大型修缮和财政支持企业更新改造所发生的支出。
31001	房屋建筑物购建	反映用于购买、自行建造办公用房、仓库、职工生活用房、教学科研用房、学生宿舍、食堂等建筑物（含附属设施，如电梯、通讯线路、水气管道等）的支出。
31002	办公设备购置★	反映用于购置并按财务会计制度规定纳入固定资产核算范围的办公家具和办公设备的支出，以及按规定提取的修购基金。
31003	专用设备购置★	反映用于购置具有专门用途、并按财务会计制度规定纳入固定资产核算范围的各类专用设备的支出。如通信设备、发电设备、交通监控设备、卫星转发器、气象设备、进出口监管设备等，以及按规定提取的修购基金。
31005	基础设施建设	反映用于农田设施、道路、铁路、桥梁、水坝和机场、车站、码头等公共基础设施建设方面的支出。
31006	大型修缮	反映按财务会计制度规定允许资本化的各类设备、建筑物、公共基础设施等大型修缮的支出。
31007	信息网络及软件购置更新	反映政府用于信息网络方面的支出。如计算机硬件、软件购置、开发、应用支出等，如果购建的计算机硬件、软件等不符合财务会计制度规定的固定资产确认标准的，不在此科目反映。
31008	物资储备	反映政府、军队为应付战争、自然灾害或意料不到的突发事件而提前购置的具有特殊重要性的军事用品、石油、医药、粮食等战略性和应急性物质储备支出。
31009	土地补偿	反映地方人民政府在征地和收购土地过程中支付的土地补偿费。
31010	安置补助	反映地方人民政府在征地和收购土地过程中支付的安置补助费。
31011	地上附着物和青苗补偿	反映地方人民政府在征地和收购土地过程中支付的地上附着物和青苗补偿费。
31012	拆迁补偿	反映地方人民政府在征地和收购土地过程中支付的拆迁补偿费。
31013	公务用车购置	反映公务用车车辆购置支出（含车辆购置税）。
31019	其他交通工具购置	反映单位除公务用车外的其他各类交通工具（如船舶、飞机等）购置支出（含车辆购置税）。

表13-2(续)

31099	其他资本性支出	反映著作权、商标权、专利权等无形资产购置支出，以及其他上述科目中未包括的资本性支出。如娱乐、文化和艺术原作的使用权、购买国内外影片播映权、购置图书等。
311	贷款转贷及产权参股	反映政府部门发放的贷款和向企业参股投资方面的支出。
31101	国内贷款	反映政府部门向国内有关单位发放的贷款（如农业开发资金中有偿使用部分在此科目反映）。
31102	国外贷款	反映政府部门向国际组织和国外政府提供的贷款（如援外支出中的有偿使用部分在此科目反映）。
31103	国内转贷	中央与地方共用科目。反映政府部门向外国政府、国外金融机构或上级政府借款转贷给下级政府、相关部门和企业的款项。
31104	国外转贷	反映政府部门向外国政府、国内金融机构借款转贷给国外有关机构和企业的款项。
31105	产权参股	反映政府购买国际组织股权和对企业投资参股的支出。由于政策性原因对其给予补贴，不在此科目反映。
31106	国有资本经营预算资本性支出	反映用国有资本经营预算向新设企业注入国有资本、向现有企业补充国有资本和认购有限责任公司、股份有限公司股权（股份）等资本性支出。
31199	其他贷款转贷及产权参股支出	反映除上述项目以外其他用于贷款转贷及产权参股方面的支出。
399	其他支出	财政部门或有预算分配权的部门专用科目。反映不能划分到上述经济科目的其他支出。
39901	预备费	财政部门专用。
39902	预留	有预算分配权的部门专用。
39903	补充全国社会保障基金	反映由国有股减持收入和其他财政资金补充全国社会保障基金的支出。
39904	未划分的项目支出	反映未按上述科目细分的项目支出。
39905	国有资本经营预算其他支出	反映用国有资本经营预算收入安排的除资本性支出和费用性支出以外的支出。
39999	其他支出	反映除上述项目以外的其他支出。

有公共财政预算拨款、政府性基金预算拨款等两种或两种以上财政拨款的行政单位，还应当按照财政拨款的种类分别进行明细核算。

（二）报销经费支出的规定

行政单位的各项支出按实际支出数列报。不能以拨代报，也不能按预算数列报。

为了准确地核算行政单位的经费支出，在列报经费支出时，应按下列要求办理：

（1）发给个人的工资、津贴、补贴和抚恤救济等，应根据实有人数的和实发金额，取得本人签发的凭证列报，不能以编制金额或预算数字列支。

（2）购入办公用品和行政用的零星材料，一般按购入数直接列为支出；数量大宗的，应通过材料核算，使用时按领用数列报支出。

（3）行政单位支付的工会经费和其他按规定提取的经费，按提取数经经办人员签收后列报。

（4）凡应由个人负担的罚款或其他费用，不得由单位支付。

（5）财务制度另有规定的，按财务制度规定办理。

（三）经费支出的核算

设置“经费支出”科目，用以核算行政单位开展业务活动发生的支出。

（1）计提单位职工薪酬时，按照计算出的金额，借记本账户，贷记“应付职工薪酬”账户。

【例 13-14】某行政单位计提单位职工薪酬 120 000 元。按支出功能分类属于“医疗卫生——公共卫生——卫生监督机构”，按支出经济分类属于“工资福利支出——基本工资”。

借：经费支出——财政拨款支出　　120 000

　贷：应付职工薪酬　　120 000

在支出功能分类经费支出明细账借方登记：

基本支出（人员支出）——医疗卫生——公共卫生

——卫生监督机构　　120 000

同时，在按支出经济分类经费支出明细账借方登记：

工资福利支出——基本工资　　120 000

（2）支付外部人员劳务费，按照应当支付的金额，借记本账户，按照代扣代缴个人所得税的金额，贷记“应缴税费”账户，按照扣税后实际支付的金额，贷记“财政拨款收入”“零余额账户用款额度”“银行存款”等账户。

【例 13-15】某行政单位支付单位以外人员劳务费 20 000 元。按支出功能分类属于“医疗卫生——公共卫生——卫生监督机构”，按支出经济分类属于“商品和服务支出——劳务费”。

借：经费支出——财政拨款支出　　20 000

　贷：银行存款　　20 000

在支出功能分类经费支出明细账借方登记：

基本支出（日常公用经费）——医疗卫生——公共卫生

——卫生监督机构　　20 000

同时，在支出经济分类经费支出明细账，借方登记：

商品和服务支出——劳务费　　20 000

（3）支付购买存货、固定资产、无形资产、政府储备物资和工程结算的款项，按照实际支付的金额，借记本账户，贷记“财政拨款收入”“零余额账户用款额度”“银行存款”等账户；同时，按照采购或工程结算成本，借记“存货”“固定资产”“无形资产”“在建工程”“政府储备物资”等账户，贷记“资产基金”及其明细账户。

【例 13-16】某行政单位以其他资金购入一批材料，价款 8 000 元。按支出功能分类属于“医疗卫生——公共卫生——卫生监督机构”，按支出经济分类属于“商品和服务支出——专用材料费”。

借：存货　　8 000

　贷：资产基金——存货　　8 000

借：经费支出——其他资金支出　　8 000

　贷：银行存款　　8 000

在支出功能分类经费支出明细账借方登记：

　　基本支出（日常公用经费）——医疗卫生——公共卫生——卫生监督机构　　8 000

同时，在支出经济分类经费支出明细账借方登记：

　　商品和服务支出——专用材料费　　8 000

【例 13-17】某行政单位为某项目购入专用设备，价款 230 000 元。按支出功能分类属于“医疗卫生——公共卫生——卫生监督机构”，按支出经济分类属于“基本建设支出——专用设备购置”。

借：固定资产　　230 000

　贷：资产基金——固定资产　　230 000

借：经费支出——财政拨款支出　　230 000

　贷：银行存款　　230 000

在支出功能分类经费支出明细账借方登记。

　　项目支出——医疗卫生——公共卫生——卫生监督机构　　230 000

同时，在支出经济分类经费支出明细账，借方登记：

　　基本建设支出——专用设备购置　　230 000

（4）发生预付账款的，按照实际预付的金额，借记本账户，贷记“财政拨款收入”“零余额账户用款额度”“银行存款”等账户；同时，借记“预付账款”账户，贷记“资产基金——预付款项”账户。

【例 13-18】某行政单位为某项目购入专用设备，预付价款 40 000 元，设备尚未收到。按支出功能分类属于“医疗卫生——公共卫生——卫生监督机构”，按支出经济分类属于“基本建设支出——专用设备购置”。

借：预付账款　　40 000

　贷：资产基金——预付款项　　40 000

借：经费支出——财政拨款支出　　40 000

　贷：银行存款　　40 000

在支出功能分类经费支出明细账借方登记：

　　项目支出——医疗卫生——公共卫生——卫生监督机构　　40 000

同时，在按支出经济分类经费支出明细账借方登记：

　　基本建设支出——专用设备购置　　40 000

（5）偿还应付款项时，按照实际偿付的金额，借记本账户，贷记“财政拨款收入”“零余额账户用款额度”“银行存款”等账户；同时，借记“应付账款”“长期应付款”账户，贷记“待偿债净资产”账户。

【例 13-19】某行政单位偿还欠 A 企业商品款 50 000 元。按支出功能分类属于“医疗卫生——公共卫生——卫生监督机构”，按支出经济分类属于“商品和服务支出——专用材料费”。

借：应付账款——A 企业　　50 000

　贷：待偿债净资产　　50 000

借：经费支出——财政拨款支出　　50 000

　贷：银行存款　　50 000

在支出功能分类经费支出明细账借方登记：

　　基本支出（日常公用经费）——医疗卫生——公共卫生

　　——卫生监督机构　　50 000

同时，在支出经济分类经费支出明细账借方登记：

　　商品和服务支出——专用材料费　　50 000

（6）发生其他各项支出时，按照实际支付的金额，借记本账户，贷记“财政拨款收入”“零余额账户用款额度”“银行存款”等账户。

（7）行政单位因退货等原因发生支出收回的，属于当年支出收回的，借记“财政拨款收入”“零余额账户用款额度”“银行存款”等账户，贷记本账户；属于以前年度支出收回的，借记“财政应返还额度”“零余额账户用款额度”“银行存款”等账户，贷记“财政拨款结转”“财政拨款结余”“其他资金结转结余”等账户。

【例 13-20】续上例，该行政单位退回年初向 A 企业购入的部分商品，收回货款15 000元。

借：银行存款　　15 000

　贷：经费支出——财政拨款支出　　15 000

同时，在支出功能分类经费支出明细账贷方登记：

　　基本支出（日常公用经费）——医疗卫生——公共卫生

　　　　——卫生监督机构　　15 000

同时，在支出经济分类经费支出明细账贷方登记：

　　商品和服务支出——专用材料费　　15 000

如果该批商品是以前年度购入的：

借：银行存款　　15 000

　贷：财政拨款结余　　150 000

（8）年末，将本账户本年发生额分别转入财政拨款结转和其他资金结转结余时，借记“财政拨款结转”“其他资金结转结余”账户，贷记本账户。

第十四章
行政单位会计报表

行政单位的会计报表是根据日常核算账簿提供的资料编制，反映行政单位财务状况和预算执行情况等的书面文件。其内容、结构、性质均与企业的会计报表有较大区别，包括资产负债表、收入支出表、财政拨款收入支出表、经费支出明细表，以及相关附表和报表附注。

第一节　行政单位会计报表的意义和种类

一、行政单位会计报表的意义

（一）行政单位会计报表的概念

编制会计报表，是行政单位会计工作的一项重要内容，也是日常会计核算工作的总结阶段。行政单位通过大量日常会计工作，从取得并审核原始凭证，编制记账凭证，到登记总分类账簿和明细分类账簿，提供了单位预算资金和其他资金活动的大量数据资料。但是这些资料零星地分散在凭证和账簿中，不能集中、总括地反映各单位资金活动的全貌。为了使财政、上级机关和本单位领导能了解、掌握单位预算执行情况和财务活动的全面状况，以便指导单位的财务管理和会计工作，有必要定期将日常会计核算资料进行综合、分析、汇总，编制成具有完整指标体系的会计报表。

会计报表是反映行政单位财务状况和预算执行情况等的书面文件，包括资产负债表、收入支出表、财政拨款收入支出表，以及相关附表和报表附注。

（二）行政单位会计报表的作用

行政单位会计报表综合、全面、系统地反映了行政单位预算执行结果的书面文件。对于加强预算管理和单位财务管理具有重要作用，它提供行政单位资金供给者及行政单位管理层监督、管理所需的会计信息。其主要作用表现在以下几个方面：

（1）利用会计报表有关资料，可以分析和检查行政单位预算执行情况，发现预算管理和财务管理工作中存在的问题，以便采取有效措施，改进预算管理工作，提高财务管理水平，并为编制下期计划和预算提供资料。

（2）各级主管部门利用下级单位的会计报表，可以考核各单位执行国家有关方针政策的情况，督促各单位认真遵守财经制度和法规，维护财经纪律。主管部门汇总全系统的会计报表，还可以分析和检查全系统的预算执行情况，提高全系统预算管理水平。

（3）财政机关利用行政单位上报的会计报表，便于掌握各单位的预算执行进度，正确地核算预算支出，了解各单位执行预算的情况和存在和问题，从而提高预算管理质量。

二、行政单位会计报表的种类

（一）按照会计报表编制的时间，分为月报、季报和年报

月报，是反映行政单位截至报告月度资金活动和经费收支情况的报表。季报，是分析、检查行政单位季度资金活动情况和经费收支情况的报表，应在月报的基础上较详细地反映单位经费收支的全貌。年报（年度决算），是全面反映年度资金活动和经费收支执行结果的报表。年度决算报表种类和要求等，按照财政部门和上级单位下达的有关决算编审规定组织执行。

（二）按照会计报表的内容，分为资产负债表、收入支出表、财政拨款收入支出表以及相关附表和报表附注

资产负债表是反映行政单位在某一特定日期财务状况的报表。资产负债表应当按照资产、负债和净资产分类、分项列示。收入支出表是反映行政单位在某一会计期间全部收支情况的报表。收入支出表应当按照收入、支出的构成和结转结余情况分类、分项列示。财政拨款收入支出表是反映行政单位在某一会计期间财政拨款收入、支出、结转及结余情况的报表。

（三）按照会计报表编报的层次，分为本级报表和汇总报表

本级报表是反映各行政单位预算执行情况和资金活动情况的报表。汇总报表是各主管部门对本单位和所属单位的报表进行汇总后编制的会计报表。

第二节　编制报表前年终清理结算和结账

为了总结一定时期内会计账户记录的情况，以便编制能够如实反映财务收支情况和财务状况的会计报表，各行政单位在年度终了前，应根据财政部门或主管部门的决算编审工作要求，对各项收支账目、往来款项、货币资金和财产物资进行全面的清理结算。并在此基础上办理年度结账，编报决算。

一、年终清理结算

年终清理结算是行政单位是在会计结账前，对各项经费收支、往来款项、货币资金和财产物资进行全面的清理结算，核定和结算有关账目，是编制行政单位会计报表的一项重要准备工作。年终清理主要包括以下几项内容：

（一）清理、核对年度预算收支数字和各项缴拨款，保证上下级之间的年度预算数和领拨经费数一致

为了准确反映各项收支数额，凡属本年度的应拨款项，应当在 12 月 31 日前汇达对方。主管会计单位对所属各单位的预算拨款和预算外资金拨款，截至 12 月 25 日，逾期一般不再下拨。凡属预拨下年度的款项，应注明款项所属年度，以免造成

跨年错账。

凡属本年的各项收入，都要及时入账。本年的各项应缴预算款和应缴财政专户的预算外资金，要在年终前全部上缴。属于本年的各项支出，要按规定的支出渠道如实列报。年度单位支出决算，一律以基层用款单位截至 12 月 31 日止的本年实际支出数为准，不得将年终前预拨下级单位的下年预算拨款列入本年的支出，也不得以上级会计单位的拨款数代替基层会计单位的实际支出数。

（二）清理、核定各往来款项

行政单位的往来款项，年终前应尽量清理完毕。按照有关规定应当转作各项收入或各项支出的往来款项要及时转入各有关账户，编入本年决算。主管单位收到财政专户核算的预算外资金属于应返还所属单位的部分应及时转拨所属单位，不得在“暂存款”挂账。属于应转列有关收入和支出的往来款项，一定要及时转入收入、支出账户，不得在往来账上长期挂账，影响收入、支出数字不实。清理中，如发现呆账、坏账或付不出去的应付款项，要报告单位领导，经批示后按规定处理。

（三）清理、核对货币资金和财产物资

行政单位年终要及时同开户银行对账，在银行开户的零余额账户账面余额、银行存款账面余额要同银行对账单的余额核对相符。要注销零余额账户的用款额度。现金账面余额，要同库存现金核对相符。有价证券账面数字，要同实存的有价证券实际成本核对相符。年终前，应对各项财产物资进行清理盘点，发生盘盈、盘亏的，要及时查明原因，按规定作出处理，调整账务，做到账实相符、账账相符。

二、年终结账

行政单位在年终清理结算的基础上，将各种账簿中的数字加以总结、结转并结束旧账、过入新账的过程称为年终结账。年终结账包括年终转账、结清旧账和转入新账三个环节，其中年终转账是中心环节。

（一）年终转账

账目核对无误后，首先计算出各账户借方或贷方的 12 月份合计数和全年累计数，结出 12 月末的余额。然后，编制结账前的资产负债表，试算平衡后，再将应对冲结转的各个收支账户的余额按年终转账办法，填制 12 月 31 日的记账凭单办理结账冲转。

年终转账的具体步骤如下：

（1）进行 12 月份的月结，结出各账户 12 月份借、贷方发生额合计数与全年累计发生额，并结出 12 月末的余额。

（2）编制结账前的资产负债表，进行试算平衡。

（3）办理年终冲销转账，即根据年终决算的有关规定，编制 12 月 31 日的记账凭证，将各个收入、支出账户的余额转入“结余”账户。

（4）编制结账后的资产负债表。

（二）结清旧账

结清旧账就是最后的年末结账工作，结计出全年发生额累计数和全年最后余额。具体方法是：将转账后无余额的账户结出全年总累计数，然后在下面划双红线，表示本账户全部结清。对年终转账后仍有余额的账户，在“全年累计数”下行的“摘要”栏内注明“结转下年”字样，再在下面划双红线，表示年终余额转入新账，旧账结束。

（三）转入新账

根据本年度各账户余额，编制年终决算的资产负债表和有关明细表。将表列各账户的年终余额数（不编制记账凭单），直接记入新年度相应的各有关账户，并在“摘要”栏注明“上年结转”字样，以区别新年度发生数。

行政单位的决算经财政部门或上级单位审核批复后，需调整决算数字时，应作相应调整。年终清理和结账完毕，即可编制年终决算报表。

第三节 行政单位会计报表的编制

一、行政单位会计报表的编制要求

（一）按时编制

行政单位资产负债表和财政拨款收入支出表应当至少按照年度编制，收入支出表应当至少按照月度和年度编制。

（二）真实、完整

行政单位的会计报表应当根据登记完整、核对无误的账簿记录和其他有关资料编制，要做到数字真实、计算准确、内容完整、报送及时。

（三）格式、会计口径符合要求

行政单位应当根据《行政单位会计制度》编制并提供真实、完整的会计报表。行政单位不得违反规定，随意改变规定的会计报表格式、编制依据和方法，不得随意改变规定的会计报表有关数据的会计口径。

（四）其他要求

行政单位按照财政部门或主管部门要求，编制《行政单位会计制度》规定以外的会计报表，应当根据规定登记的账簿记录、其他有关资料和财政部门或主管部门要求的编报规定编制。

有基本建设投资的行政单位，应当将基本建设投资会计核算编制的报表，按照规定的口径调整相关收入、支出、资产、负债、净资产项目，并入《行政单位会计制度》规定的会计报表。

二、资产负债表的编制

（一）资产负债表的意义

行政单位的资产负债表是反映单位在某一特定日期（月末、季末、年末）财务状况的报表。它是行政单位最基本、最重要的报表。它提供的资料包括行政单位在某一特定日期的资产、负债、净资产以及收入、支出等。

它按照“资产=负债+净资产”的会计方程式说明行政单位的财务状况，从而揭示行政单位在一定日期资产、负债和净资产的构成情况及三者之间的关系。主要包括以下内容：

（1）行政单位所拥有的各种经济资源（资产）；

（2）行政单位所负担的债务（负债），以及行政单位的偿债能力（包括短期与长期的偿债能力）；

（3）行政单位各种净资产内容。

（二）资产负债表的结构

资产负债表的格式有两种基本类型，即账户式和垂直式。行政单位资产负债表和企业一样，一般采用账户式。资产负债表的结构见表 14-1。

表 14-1 **资产负债表**

会行政 01 表

编制单位： 年 月 日 单位：元

资产	年初余额	期末余额	负债和净资产	年初余额	期末余额
流动资产：			流动负债：		
库存现金			应缴财政款		
银行存款			应缴税费		
财政应返还额度			应付职工薪酬		
应收账款			应付账款		
预付账款			应付政府补贴款		
其他应收款			其他应付款		
存货			一年内到期的非流动负债		
流动资产合计			流动负债合计		
固定资产			非流动负债：		
固定资产原价			长期应付款		
减：固定资产累计折旧			受托代理负债		
在建工程			负债合计		
无形资产					
无形资产原价					
减：累计摊销					
待处理财产损溢			财政拨款结转		
政府储备物资			财政拨款结余		
公共基础设施			其他资金结转结余		
公共基础设施原价			其中：项目结转		
减：公共基础设施累计折旧			资产基金		

表14-1(续)

资产	年初余额	期末余额	负债和净资产	年初余额	期末余额
公共基础设施在建工程			待偿债净资产		
受托代理资产			净资产合计		
资产总计			负债和净资产总计		

（三）年度资产负债表的编制方法

（1）本表“年初余额”栏内各项数字，应当根据上年年末资产负债表“期末余额”栏内数字填列。如果本年度资产负债表规定的各个项目的名称和内容同上年度不相一致，应对上年年末资产负债表各项目的名称和数字按照本年度的规定进行调整，填入本表“年初余额”栏内。

（2）本表“期末余额”栏各项目的内容和填列方法。

资产类项目：

①“库存现金”项目，反映行政单位期末库存现金的金额。本项目应当根据“库存现金”账户的期末余额填列；期末库存现金中有属于受托代理现金的，本项目应当根据“库存现金”账户的期末余额减去其中属于受托代理的现金金额后的余额填列。

②“银行存款”项目，反映行政单位期末银行存款的金额。本项目应当根据“银行存款”账户的期末余额填列；期末银行存款中有属于受托代理存款的，本项目应当根据“银行存款”账户的期末余额减去其中属于受托代理的存款金额后的余额填列。

③“财政应返还额度”项目，反映行政单位期末财政应返还额度的金额。本项目应当根据“财政应返还额度”账户的期末余额填列。

④“应收账款”项目，反映行政单位期末尚未收回的应收账款金额。本项目应当根据“应收账款”账户的期末余额填列。

⑤“预付账款”项目，反映行政单位预付给物资或者服务提供者款项的金额。本项目应当根据“预付账款”账户的期末余额填列。

⑥“其他应收款”项目，反映行政单位期末尚未收回的其他应收款余额。本项目应当根据“其他应收款”账户的期末余额填列。

⑦“存货”项目，反映行政单位期末为开展业务活动耗用而储存的存货的实际成本。本项目应当根据“存货”账户的期末余额填列。

⑧“固定资产”项目，反映行政单位期末各项固定资产的账面价值。本项目应当根据“固定资产”账户的期末余额减去“累计折旧”账户中“固定资产累计折旧”明细账户的期末余额后的金额填列。

“固定资产原价”项目，反映行政单位期末各项固定资产的原价。本项目应当根据“固定资产”账户的期末余额填列。

“固定资产累计折旧”项目，反映行政单位期末各项固定资产的累计折旧金额。本项目应当根据“累计折旧”账户中“固定资产累计折旧”明细账户的期末余额填列。

⑨“在建工程”项目，反映行政单位期末除公共基础设施在建工程以外的尚未完工交付使用的在建工程的实际成本。本项目应当根据“在建工程”账户中属于非公共基础设施在建工程的期末余额填列。

⑩“无形资产”项目，反映行政单位期末各项无形资产的账面价值。本项目应当根据“无形资产”账户的期末余额减去“累计摊销”账户的期末余额后的金额填列。

“无形资产原价”项目，反映行政单位期末各项无形资产的原价。本项目应当根据“无形资产”账户的期末余额填列。

“累计摊销”项目，反映行政单位期末各项无形资产的累计摊销金额。本项目应当根据“累计摊销”账户的期末余额填列。

⑪“待处理财产损溢”项目，反映行政单位期末待处理财产的价值及处理损溢。本项目应当根据“待处理财产损溢”账户的期末借方余额填列；如“待处理财产损溢”账户期末为贷方余额，则以“-”号填列。

⑫“政府储备物资”项目，反映行政单位期末储存管理的各种政府储备物资的实际成本。本项目应当根据“政府储备物资”账户的期末余额填列。

⑬“公共基础设施”项目，反映行政单位期末占有并直接管理的公共基础设施的账面价值。本项目应当根据“公共基础设施”账户的期末余额减去“累计折旧”账户中“公共基础设施累计折旧”明细账户的期末余额后的金额填列。

“公共基础设施原价”项目，反映行政单位期末占有并直接管理的公共基础设施的原价。本项目应当根据“公共基础设施”账户的期末余额填列。

“公共基础设施累计折旧”项目，反映行政单位期末占有并直接管理的公共基础设施的累计折旧金额。本项目应当根据“累计折旧”账户中“公共基础设施累计折旧”明细账户的期末余额填列。

⑭“公共基础设施在建工程”项目，反映行政单位期末尚未完工交付使用的公共基础设施在建工程的实际成本。本项目应当根据“在建工程”账户中属于公共基础设施在建工程的期末余额填列。

⑮“受托代理资产”项目，反映行政单位期末受托代理资产的价值。本项目应当根据“受托代理资产”账户的期末余额（扣除其中受托储存管理物资的金额）加上“库存现金”“银行存款”账户中属于受托代理资产的现金余额和银行存款余额的合计数填列。

负债类项目：

⑯“应缴财政款”项目，反映行政单位期末按规定应当上缴财政的款项（应缴税费除外）。本项目应当根据“应缴财政款”账户的期末余额填列。

⑰“应缴税费”项目，反映行政单位期末应缴未缴的各种税费。本项目应当根据“应缴税费”账户的期末贷方余额填列；如“应缴税费”账户期末为借方余额，则以“-”号填列。

⑱“应付职工薪酬”项目，反映行政单位期末尚未支付给职工的各种薪酬。本项目应当根据“应付职工薪酬”账户的期末余额填列。

⑲“应付账款”项目，反映行政单位期末尚未支付的偿还期限在 1 年以内（含 1 年）的应付账款的金额。本项目应当根据“应付账款”账户的期末余额填列。

⑳“应付政府补贴款”项目，反映行政单位期末尚未支付的应付政府补贴款的金额。本项目应当根据“应付政府补贴款”账户的期末余额填列。

㉑“其他应付款”项目，反映行政单位期末尚未支付的其他各项应付及暂收款项的金额。本项目应当根据“其他应付款”账户的期末余额填列。

㉒“一年内到期的非流动负债”项目，反映行政单位期末承担的1年以内（含1年）到偿还期的非流动负债。本项目应当根据“长期应付款”等账户的期末余额分析填列。

㉓“长期应付款”项目，反映行政单位期末承担的偿还期限超过1年的应付款项。本项目应当根据“长期应付款”账户的期末余额减去其中1年以内（含1年）到偿还期的长期应付款金额后的余额填列。

㉔“受托代理负债”项目，反映行政单位期末受托代理负债的金额。本项目应当根据“受托代理负债”账户的期末余额（扣除其中受托储存管理物资对应的金额）填列。

净资产类项目：

㉕“财政拨款结转”项目，反映行政单位期末滚存的财政拨款结转资金。本项目应当根据“财政拨款结转”账户的期末余额填列。

㉖“财政拨款结余”项目，反映行政单位期末滚存的财政拨款结余资金。本项目应当根据“财政拨款结余”账户的期末余额填列。

㉗“其他资金结转结余”项目，反映行政单位期末滚存的除财政拨款以外的其他资金结转结余的金额。本项目应当根据“其他资金结转结余”账户的期末余额填列。

“项目结转”项目，反映行政单位期末滚存的非财政拨款未完成项目结转资金。本项目应当根据“其他资金结转结余”账户中“项目结转”明细账户的期末余额填列。

㉘“资产基金”项目，反映行政单位期末预付账款、存货、固定资产、在建工程、无形资产、政府储备物资、公共基础设施等非货币性资产在净资产中占用的金额。本项目应当根据“资产基金”账户的期末余额填列。

㉙“待偿债净资产”项目，反映行政单位期末因应付账款和长期应付款等负债而相应需在净资产中冲减的金额。本项目应当根据“待偿债净资产”账户的期末借方余额以“-”号填列。

（四）月度资产负债表的编制方法

（1）月度资产负债表应在资产部分“银行存款”项目下增加“零余额账户用款额度”项目。

（2）“零余额账户用款额度”项目，反映行政单位期末零余额账户用款额度的金额。本项目应当根据“零余额账户用款额度”账户的期末余额填列。

（3）“财政拨款结转”项目。本项目应当根据“财政拨款结转”账户的期末余额，加上“财政拨款收入”账户本年累计发生额，减去“经费支出——财政拨款支出”账户本年累计发生额后的余额填列。

（4）“其他资金结转结余”项目。本项目应当根据“其他资金结转结余”账户的期末余额，加上“其他收入”账户本年累计发生额，减去“经费支出——其他资金支出”账户本年累计发生额，再减去“拨出经费”账户本年累计发生额后的余额填列。

“项目结转”项目。本项目应当根据“其他资金结转结余”账户中“项目结转”明细账户的期末余额，加上“其他收入”账户中项目收入的本年累计发生额，减去“经费支出——其他资金支出”账户中项目支出本年累计发生额，再减去“拨出经费”账户中项目支出本年累计发生额后的余额填列。

（5）月度资产负债表其他项目的填列方法与年度资产负债表的填列方法相同。

三、收入支出表的编制

（一）收入支出表的意义和结构

收入支出表是反映行政单位在某一会计期间全部收支情况的报表。收入支出表应当按照收入、支出的构成和结转结余情况分类、分项列示。具体结构见表 14-2。

表 14-2　　收入支出表

会行政 02 表

编制单位：　　　　年　月　　　　单位：元

项目	本期数	本期累计数
一、年初各项资金结转结余		
（一）年初财政拨款结转结余		
1. 财政拨款结转		
2. 财政拨款结余		
（二）年初其他资金结转结余		
二、各项资金结转结余调整及变动		
（一）财政拨款结转结余调整及变动		
（二）其他资金结转结余调整及变动		
三、收入合计		
（一）财政拨款收入		
1. 基本支出拨款		
2. 项目支出拨款		
（二）其他资金收入		
1. 非项目收入		
2. 项目收入		
四、支出合计		
（一）财政拨款支出		
1. 基本支出		
2. 项目支出		

表14-2(续)

项目	本期数	本期累计数
（二）其他资金支出		
1. 非项目支出		
2. 项目支出		
五、本期收支差额		
（一）财政拨款收支差额		
（二）其他资金收支差额		
六、年末各项资金结转结余		
（一）年末财政拨款结转结余		
1. 财政拨款结转		
2. 财政拨款结余		
（二）年末其他资金结转结余		

（二）收入支出表的编制方法

本表“本月数”栏反映各项目的本月实际发生数。在编制年度收入支出表时，应当将本栏改为“上年数”栏，反映上年度各项目的实际发生数；如果本年度收入支出表规定的各个项目的名称和内容同上年度不一致，应对上年度收入支出表各项目的名称和数字按照本年度的规定进行调整，填入本年度收入支出表的“上年数”栏。

本表“本年累计数”栏反映各项目自年初起至报告期末止的累计实际发生数。编制年度收入支出表时，应当将本栏改为“本年数”。

本表“本月数”栏各项目的内容和填列方法：

（1）“年初各项资金结转结余”项目及其所属各明细项目，反映行政单位本年初所有资金结转结余的金额。各明细项目应当根据“财政拨款结转”“财政拨款结余”“其他资金结转结余”及其明细账户的年初余额填列。本项目及其所属各明细项目的数额，应当与上年度收入支出表中“年末各项资金结转结余”中各明细项目的数额相等。

（2）“各项资金结转结余调整及变动”项目及其所属各明细项目，反映行政单位因发生需要调整以前年度各项资金结转结余的事项，以及本年因调入、上缴或交回等导致各项资金结转结余变动的金额。

①“财政拨款结转结余调整及变动”项目，根据“财政拨款结转”“财政拨款结余”账户下的“年初余额调整”“归集上缴”“归集调入”明细账户的本期贷方发生额合计数减去本期借方发生额合计数的差额填列；如为负数，以“-”号填列。

②“其他资金结转结余调整及变动”项目，根据“其他资金结转结余”账户下的“年初余额调整”“结余调剂”明细账户的本期贷方发生额合计数减去本期借方发生额合计数的差额填列；如为负数，以“-”号填列。

（3）“收入合计”项目，反映行政单位本期取得的各项收入的金额。本项目应当根据“财政拨款收入”账户的本期发生额加上“其他收入”账户的本期发生额的合计数填列。

①“财政拨款收入”项目及其所属明细项目，反映行政单位本期从同级财政部门取得的各类财政拨款的金额。本项目应当根据“财政拨款收入”账户及其所属明细账户的本期发生额填列。

②“其他资金收入”项目及其所属明细项目，反映行政单位本期取得的各类非财政拨款的金额。本项目应当根据“其他收入”账户及其所属明细账户的本期发生额填列。

（4）“支出合计”项目，反映行政单位本期发生的各项资金支出金额。本项目应当根据“经费支出”和“拨出经费”账户的本期发生额的合计数填列。

①“财政拨款支出”项目及其所属明细项目，反映行政单位本期发生的财政拨款支出金额。本项目应当根据“经费支出——财政拨款支出”账户及其所属明细账户的本期发生额填列。

②“其他资金支出”项目及其所属明细项目，反映行政单位本期使用各类非财政拨款资金发生的支出金额。本项目应当根据“经费支出——其他资金支出”和“拨出经费”账户及其所属明细账户的本期发生额的合计数填列。

（5）“本期收支差额”项目及其所属各明细项目，反映行政单位本期发生的各项资金收入和支出相抵后的余额。

①“财政拨款收支差额”项目，反映行政单位本期发生的财政拨款资金收入和支出相抵后的余额。本项目应当根据本表中“财政拨款收入”项目金额减去“财政拨款支出”项目金额后的余额填列；如为负数，以“-”号填列。

②“其他资金收支差额”项目，反映行政单位本期发生的非财政拨款资金收入和支出相抵后的余额。本项目应当根据本表中“其他资金收入”项目金额减去“其他资金支出”项目金额后的余额填列；如为负数，以“-”号填列。

（6）“年末各项资金结转结余”项目及其所属各明细项目，反映行政单位截至本年末的各项资金结转结余金额。各明细项目应当根据“财政拨款结转”“财政拨款结余”“其他资金结转结余”账户的年末余额填列。

上述“年初各项资金结转结余”“年末各项资金结转结余”项目及其所属各明细项目，只在编制年度收入支出表时填列。

四、财政拨款收入支出表的编制

（一）财政拨款收入支出表的意义和结构

财政拨款收入支出表是反映行政单位在某一会计期间全部收支情况的报表。具体结构见表14-3。

表 14-3　　　　　　　　　　**财政拨款收入支出表**

会行政 03 表

编制单位：　　　　　　　　　　　年度　　　　　　　　　　　单位：元

项目	年初财政拨款结转结余		调整年初财政拨款结转结余	归集调入或上缴	单位内部调剂		本年财政拨款收入	本年财政拨款支出	年末财政拨款结转结余	
	结转	结余			结转	结余			结转	结余
一、公共财政预算资金										
（一）基本支出										
1. 人员经费										
2. 日常公用经费										
（二）项目支出										
1. ××项目										
2. ××项目										
………										
二、政府性基金预算资金										
（一）基本支出										
1. 人员经费										
2. 日常公用经费										
（二）项目支出										
1. ××项目										
2. ××项目										
………										
总计										

（二）财政拨款收入支出表的编制

本表“项目”栏内各项目，应当根据行政单位取得的财政拨款种类分项设置。其中：“项目支出”下，根据每个项目设置；行政单位取得除公共财政预算拨款和政府性基金预算拨款以外的其他财政拨款的，应当按照财政拨款种类增加相应的资金项目及其明细项目。

本表各栏及其对应项目的内容和填列方法：

（1）“年初财政拨款结转结余”栏中各项目，反映行政单位年初各项财政拨款结转和结余的金额。各项目应当根据“财政拨款结转”“财政拨款结余”及其明细账户的年初余额填列。本栏目中各项目的数额，应当与上年度财政拨款收入支出表中“年末财政拨款结转结余”栏中各项目的数额相等。

（2）“调整年初财政拨款结转结余”栏中各项目，反映行政单位对年初财政拨款结转结余的调整金额。各项目应当根据“财政拨款结转”“财政拨款结余”账户中“年初余额调整”账户及其所属明细账户的本年发生额填列。如调整减少年初财政拨款结转结余，以“-”号填列。

（3）“归集调入或上缴”栏中各项目，反映行政单位本年取得主管部门归集调入的财政拨款结转结余资金和按规定实际上缴的财政拨款结转结余资金金额。各项目应当根据“财政拨款结转”“财政拨款结余”账户中“归集上缴”和“归集调入”账户及其所属明细账户的本年发生额填列。对归集上缴的财政拨款结转结余资金，以“-”号填列。

（4）“单位内部调剂”栏中各项目，反映行政单位本年财政拨款结转结余资金在内部不同项目之间的调剂金额。各项目应当根据“财政拨款结转”和“财政拨款结余”账户中的“单位内部调剂”及其所属明细账户的本年发生额填列。对单位内部调剂减少的财政拨款结转结余项目，以“-”号填列。

（5）“本年财政拨款收入”栏中各项目，反映行政单位本年从同级财政部门取得的各类财政预算拨款金额。各项目应当根据“财政拨款收入”账户及其所属明细账户的本年发生额填列。

（6）“本年财政拨款支出”栏中各项目，反映行政单位本年发生的财政拨款支出金额。各项目应当根据“经费支出”账户及其所属明细账户的本年发生额填列。

（7）“年末财政拨款结转结余”栏中各项目，反映行政单位年末财政拨款结转结余的金额。各项目应当根据“财政拨款结转”“财政拨款结余”账户及其所属明细账户的年末余额填列。

五、报表附注

行政单位的报表附注应当至少披露下列内容：

（1）遵循《行政单位会计制度》的声明；

（2）单位整体财务状况、预算执行情况的说明；

（3）会计报表中列示的重要项目的进一步说明，包括其主要构成、增减变动情况等；

（4）重要资产处置、资产重大损失情况的说明；

（5）以名义金额计量的资产名称、数量等情况，以及以名义金额计量理由的说明；

（6）或有负债情况的说明、1 年以上到期负债预计偿还时间和数量的说明；

（7）以前年度结转结余调整情况的说明；

（8）有助于理解和分析会计报表的其他需要说明事项。

第四节　行政单位会计报表的审核和汇总

一、会计报表的审核

会计报表特别是年终决算会计报表编制完成之后，要认真进行审核，确认无误后才能上报。上级单位对所属单位上报的会计报表还要再一次进行审核。

会计报表的审核包括政策性审核和技术性审核两个方面。

（一）政策性审核

政策性审核主要审查会计报表中反映的预算执行情况和资金收支是否符合国家政策、法规、制度，以及有无违反财经纪律的现象。

（1）预算执行情况的审核。有无截留应拨给所属单位的经费；本单位经费支出是否严格控制，有无不合理支出。比如有无把预算经费挪用进行高档装修、进行大规模的职工福利工程。是否有随意提高开支标准，扩大开支范围的情况；人员经费和公用经费的基本比例是否有大幅度改动等。

（2）专项经费使用情况的审核。专项经费是否用到了指定的项目，是否坚持了专款专用原则；是否做到了单独核算，专项结报；专项支出是否有损失浪费情况等。

（3）各项收入、支出的审核。各项收入的取得是否合法合规，是否完成了收入预算；各项支出是否合理；是否坚持了“收支平衡，略有节余”的原则。

（4）往来款项的财产物资的审核。往来款项是否符合国家政策规定，比如有无单位之间大量资金互借情况，有无个人长期借用公款现象；往来款项是否及时进行了清理结算；材料物资有无积压浪费现象。

（二）技术性审核

技术性审核主要是审核会计报表的数字是否正确，规定的报表是否齐全，表内项目是否按规定填报，有无漏报、错报情况，报送是否及时，报表上各项签章是否齐全等。

报表数字的审核主要从以下几个方面进行：

（1）审核上下级单位之间预算拨款和专项资金的拨出、拨入数，其他资金的上缴、下拨数是否一致。

（2）审核上下年度有关数字是否一致。主要报告年度的年初数与上年决算报表的年末数应该一致。

（3）审核各个报表之间的勾稽关系。资产负债表与其他报表存在着密切的数字勾稽关系，有关数字必须一致。

（4）审核各个报表数字计算是否正确。有的报表，或者由于编表人责任心不强、疏忽大意，或者由于业务素质不高，常常出现数字计算有误，甚至出现资产负债不平的现象，这些问题必须消灭在报出之前。

（5）审核会计报表中的数字与业务部门提供的数字是否一致。基本数字表中的数字大部分应由业务部门提供，必须保持两者一致。

各单位只有经过认真审核的会计报表，才能签章上报；上级主管部门只有对所属单位的会计报表进行了认真审核之后，才能进行汇总。

二、会计报表的汇总

主管会计单位和二级会计单位，为了反映全系统的预算执行情况和财务状况，应对审核过的所属单位的会计报表及本单位的会计报表进行汇总，编制汇总会计报表。汇总会计报表的种类、格式均与基层单位会计报表相同。

汇总会计报表的编制方法，原则上是将相同项目的金额加计总数后填列。但在汇编月份和季度报表时，上下级单位间资金往来应先冲销后再汇总，以免重复计算。

第四篇　事业单位与民间非营利组织会计

第十五章
事业单位会计概述

第一节　事业单位会计的概念和特点

本章主要介绍事业单位会计的概念、特点、目标、通用的会计科目、凭证、账簿等内容。

一、非营利组织的概念

非营利组织，是指不具有物质产品生产和国家行政管理职能，主要以精神产品或各种服务形式向社会公众提供服务，不以营利为目的的各类组织机构。在我国，非营利组织包括公立的事业单位和民间非营利组织。

（一）政府单位和非营利组织的特征

（1）资财的提供者提供的各种资源既不指望返还也不企求取得经济上的回报；

（2）对外提供服务或商品不以营利或某种营利等价物作为目的；

（3）不存在可以出售、转让、赎买或一旦清算可以分享一份剩余资财的明确的所有者权益。

（二）非营利组织的界定

“非营利组织”有广义和狭义之分。广义的非营利组织包括政府组织在内。在我国，传统的预算会计主要包括财政总预算会计、事业单位会计和行政单位会计三个部分。改革后，财政及行政单位会计合并为政府会计，而公立事业单位会计则为非营利组织会计。

非营利组织按其具体的业务性质主要包括以下五类：

（1）公共服务部门，如科学、教育、卫生、体育、广播电视等；

（2）公益性事业单位，如环保、气象局等；

（3）社会福利、救济事业单位，如养老院、孤儿院、慈善机构等；

（4）宗教组织等；

（5）基金会，如教育基金会、希望工程基金会等。

（三）非营利组织与营利组织的区别

（1）运营目的不同。非营利组织运营的目的主要不是为追求利润或利润等同物，而是提供产品或服务。虽然有的非营利组织的业务收支也有差额，但总体上不是以微观的经济效益而是以宏观的社会效益为目的。

（2）资财的来源不同。美国财务会计准则委员会在归纳非营利组织的特征时，指出非营利组织“大部分资财来源于资财的供给者，他们不期望收回或据以取得经济上的利益”。在我国，非营利组织所需要的资财，全部或部分来自政府预算拨款、单位收支结余以及接受捐赠等，政府或捐赠人并不期望按期收回所提供的资财，也不约定按所提供资财的一定比例获得经济上的利益。

（3）所有者权益不同。非营利组织不存在可以明确界定并可以出售、转让、赎买的所有者权益，即使非营利组织解体，资财提供者也没有分享剩余资产的明确的所有者权益。

二、事业单位会计概念及特点

事业单位会计是以货币为主要计量单位，用于确认、计量、记录和报告各类事业单位财务收支活动及其受托责任履行情况的专业会计。其组织系统分为主管会计单位、二级会计单位和基层会计单位。凡是向同级财政部门领报经费并发生预算管理关系，下面有所属会计单位的，为主管会计单位；凡是向主管会计单位或上级单位领报经费并发生预算管理关系，下面有所属会计单位的，为二级会计单位；凡是向上级单位领报经费并发生预算管理关系，下面没有所属会计单位的，为基层会计单位。以上三级会计单位实行独立会计核算，负责组织管理本部门、本单位的全部会计工作。不具备独立核算条件、实行单据报账制度的单位为“报销单位”。

（一）我国事业单位会计的特点

（1）事业单位的经济来源除依赖财政部门外，还可以有自己创收的收入。

（2）以核算收支余超为主，有经营活动的事业单位还要进行成本核算。

（3）事业单位会计核算一般采用收付实现制，但经营性收支业务核算可以采用权责发生制。

（4）事业单位可以举办经济实体，进行对外投资，会发生对内对外投资和投资收益的核算。

（5）事业单位的会计核算按其所处的行业不同，又有着较细的分类，如医院、学校、文化、科研等。

事业单位会计的性质和具体任务与政府财政、行政单位会计不同，与之相比，它还具有以下特点：

（1）核算对象不同。事业单位会计，不仅要核算预算资金的领取、创收、使用及执行结果，又要核算经营资金活动过程及其结果。

（2）核算基础双重性。事业单位会计的核算内容，决定它的结账基础既可采用“收付实现制”，又可采用“权责发生制”。在同一单位可同时采用两种核算基础。对非成本核算单位的预算资金收付，采用收付实现制。这是因为：一是可以正确反映预算收支执行情况；二是落实财政结余；三是及时编制会计报表。对实行成本核算的单位，为了正确核算当期成本费用，计算收益或亏损，满足经济核算要求，则采用权责发生制作为核算基础。

（3）会计科目设置、会计报表种类不同。事业单位会计科目设置，必须根据事业单位财务管理要求，满足会计核算需要。会计科目设置上，既有预算资金收支科目，又有成本费用科目。例如，在资产类科目中，有“应收票据”“应收账款”“存货”等；负债类会计科目中，有“短期借款”“应付账款”等；在净资产类科目中，有“经营结余”“事业基金”等。

事业单位会计报表有事业支出明细表、经营支出明细表等。

三、事业单位会计的目标

事业单位的经营目的在于社会利益而不是单个人或组织的经济利益，其最大特征是不以营利为目标。具体地说，事业单位的基本特征是：

（1）不以营利为目标；

（2）取之于民，用之于民；

（3）承担资源的受托经济责任；

（4）重视预算管理。

事业单位的上述特点将是决定其会计目标的决定性因素。因为决定目标的基本因素有两个：一是事业单位的主要利益主体对会计信息的需求，二是事业单位会计在信息供给上的能力。按新的《事业单位会计准则》规定，事业单位会计核算的目标是向会计信息使用者提供与事业单位财务状况、事业成果、预算执行等有关的会计信息，反映事业单位受托责任的履行情况，有助于会计信息使用者进行社会管理、作出经济决策。

第二节　事业单位会计科目、凭证和账簿

一、事业单位会计准则及事业单位会计制度内容

目前，对事业单位的会计核算进行规范的是《事业单位会计准则》和《事业单位会计制度》。

（一）事业单位会计准则

为了适应社会主义市场经济体制和社会事业发展的需要，规范事业单位会计核算行为，强化事业单位会计的管理与监督职能，财政部制定了新的《事业单位会计准则》。该准则自 2013 年 1 月 1 日起试行。

该准则共分为九章 49 项条款，分别对制定事业单位会计准则的目的、适用范围、核算范围及对象、遵循的基本前提、记账方法和记录使用的文字进行了规范。我国事业单位会计准则中规定的会计信息质量要求包括真实性原则、相关性原则、可比性原则、一致性原则、及时性原则、明晰性原则等。对事业单位各会计要素进行了界定，并规范了确认、计量及账务处理原则。规范了会计报表的内容及编制要求。

（二）事业单位会计制度

为了贯彻《事业单位会计准则》，规范事业单位会计核算，财政部制定新制度，并规定于 2013 年 1 月 1 日起在全国范围内实施。

该制度共包括五个部分，对会计制度的适用范围、事业单位的会计组织系统、科目的使用规范等做了详细的说明。介绍对事业单位适用的会计科目及使用说明。

对各科目的核算内容和使用方法进行了规范。同时对会计报表的种类和编制要求进行了规范，对财务报表的编制内容方法提出了明确要求。

二、新事业单位会计准则、会计制度的特点

（1）明确事业单位会计核算目标是向会计信息使用者提供与事业单位财务状况、事业成果、预算执行等有关的会计信息，反映事业单位受托责任的履行情况，有助于会计信息使用者进行社会管理、作出经济决策。

（2）重新界定会计基础，一般采用收付实现制。部分经济业务或事项采用权责发生制核算的由财政部在会计制度中具体规定。行业事业单位的会计核算采用权责发生制的由财政部在相关会计制度中规定。

（3）首次建立“费用”要素，将支出要素修改为“支出或者费用”。

（4）增加对会计信息质量的要求，强调会计信息的全面性，要求将各项经济业务或事项统一纳入会计核算。

（5）资产和负债均按流动性划分，如资产中划分短期投资、长期投资；负债划分短期借款、长期借款。

（6）首次引入在建工程、累计折旧、累计摊销科目。

（7）增设“应付职工薪酬”科目，用来核算事业单位应付未付的职工工资和津贴补贴等。

（8）将原“固定基金”改为“非流动资产基金”。

（9）增加了财政补助结转结余、非财政补助结转结余等净资产内容。财政补助结转结余是指事业单位各项财政补助收入与其相关支出相抵后剩余滚存的、须按规定管理和使用的结转与结余资金。非财政补助结转结余是指事业单位除财政补助收支以外的各项收入与各项支出相抵后的余额。

（10）首次在事业单位引入财务会计报告概念，包括会计报表、其他应披露信息、资料及附注。

三、事业单位会计科目的意义及设置原则

所谓会计科目是对会计对象的具体内容进行分类核算的项目。各科目所反映的经济内容，既有严格的界线又有内在的联系，不能相互混淆。设置会计科目是会计核算的一种专门方法。

在实际工作中，会计科目是通过会计制度预先规定的，它是设置账户、处理账务所必须遵循的规则和依据，是正确进行核算的一个重要条件。

设置会计科目应遵循以下原则：

（一）结合会计要素的特点，全面反映会计要素的内容

会计科目作为对会计对象具体内容即会计要素进行分类核算的项目，其设置应能保证全面、系统地反映会计要素的全部内容，不能有任何遗漏。同时，会计科目的设置还必须反映会计要素的特点。

（二）统一性与灵活性相结合

所谓统一性，是指在设置会计科目时，应根据提供会计信息的要求，按照《事业单位会计制度》对一些主要会计科目的设置及其核算内容所做的统一规定，以保

证会计核算指标在一个部门乃至全国范围内综合汇总，分析利用。所谓灵活性，是指在保证提供统一核算指标的前提下，各会计主体可以根据本单位的具体情况和核算要求，做必要的增补。

（三）会计科目要简明、适用

每一个会计科目都应有特定的核算内容，各科目之间既有联系又要有明确的界限，不能含糊不清。所以，在设置会计科目时，对每一个科目的特定核算内容必须严格、明确地界定。会计科目的名称应与其核算的内容相一致，含义明确，通俗易懂。

四、会计科目的设置

（一）总账科目设置及分类

会计对象按其经济特征分类即为会计要素。事业单位会计要素分为资产、负债、净资产、收入、支出或者费用五大类。但各会计要素的内涵和具体内容又有其特点，因而在总账科目设置上，必须适应事业单位会计核算特点，满足事业单位资金管理需要。其最突出的特点是，既有经费收支会计科目，又有经营收支、费用、经营结余与经营结余分配等总账科目。但又不完全照搬企业成本核算会计科目，如未设置“材料采购”和“材料成本差异”科目。

为了规范事业单位会计核算，其会计科目参照我国现行的《事业单位会计制度》制定。《事业单位会计制度》中规定的会计科目是各级各类事业单位的通用会计科目，是总账会计科目。由于事业单位包括的范围较广，不同类别的事业单位的业务有其特殊性，因此，国家在通用会计制度的基础上，又分教育、卫生、科研等类事业单位，分别制定了高等学校会计制度、医院会计制度、科学事业单位会计制度。各单位应根据其业务的内容和繁简程度，选择合适的总账科目，并据此设置总账。

（二）明细科目的设置

表 15-1 所列会计科目是总账科目，它提供预算资金和经营资金活动的总括资料。为了满足预算管理需要以及会计核算要求，还应设置明细科目，以提供预算资金或经营资金活动的详细资料。

事业单位明细科目设置的依据一般有如下六种情况：

（1）对预算收支，按国家预算收支科目设置明细科目。

（2）对债权债务，按债权债务单位、个人或类别设置明细科目。如“应付账款”，按供应单位名称；“其他应付款”，按应付、暂收款项类别或单位、个人名称设置明细科目。

（3）对支出、费用，按支出种类设置明细科目。

（4）对基金，按资产投资者或基金来源设置明细科目。

（5）对收入，按收入种类设置明细科目。

（6）对财产物资，按实物类别设置明细科目。如“固定资产”“无形资产”等均应按其分类及不同规格进行明细核算。

总账科目是设置总分类账的依据，明细科目是设置明细分类账的依据。总账科目是明细科目的综合，起控制作用；明细科目是总账科目的内容说明，起分析、补充作用。它们相互联系、互相补充，共同构成一个完整的事业单位会计科目体系。

（三）事业单位通用会计科目表（见表 15-1）

表 15-1 **通用会计科目**

序号	科目编号	科目名称
一、资产类		
1	1001	库存现金
2	1002	银行存款
3	1011	零余额账户用款额度
4	1101	短期投资
5	1201	财政应返还额度
	120101	财政直接支付
	120102	财政授权支付
6	1211	应收票据
7	1212	应收账款
8	1213	预付账款
9	1215	其他应收款
10	1301	存 货
11	1401	长期投资
12	1501	固定资产
13	1502	累计折旧
14	1511	在建工程
15	1601	无形资产
16	1602	累计摊销
17	1701	待处理资产损溢
二、负债类		
18	2001	短期借款
19	2101	应缴税费
20	2102	应缴国库款
21	2103	应缴财政专户款
22	2201	应付职工薪酬
23	2301	应付票据
24	2302	应付账款
25	2303	预收账款
26	2305	其他应付款
27	2401	长期借款
28	2402	长期应付款
三、净资产类		
29	3001	事业基金
30	3101	非流动资产基金
	310101	长期投资

表15-1(续)

序号	科目编号	科目名称
	310102	固定资产
	310103	在建工程
	310104	无形资产
31	3201	专用基金
32	3301	财政补助结转
	330101	基本支出结转
	330102	项目支出结转
33	3302	财政补助结余
34	3401	非财政补助结转
35	3402	事业结余
36	3403	经营结余
37	3404	非财政补助结余分配
四、收入类		
38	4001	财政补助收入
39	4101	事业收入
40	4201	上级补助收入
41	4301	附属单位上缴收入
42	4401	经营收入
43	4501	其他收入
五、支出类		
44	5001	事业支出
45	5101	上缴上级支出
46	5201	对附属单位补助支出
47	5301	经营支出
48	5401	其他支出

五、会计凭证

事业单位会计凭证按其填制程序和手续不同，可以分为原始凭证和记账凭证。

（1）原始凭证。其具体内容参见本书第二章第二节。

（2）记账凭证。记账凭证的种类和格式详见本书第二章第二节。

其编制方法和要求如下：

第一，应根据经审核无误的原始凭证，归类整理和编制记账凭证。记账凭证可以根据每一张原始凭证填制，或根据若干张同类原始凭证汇总编制，也可以根据原始凭证汇总表填制。但是，不得将不同内容和类别的原始凭证汇总填制在一张记账凭证上。

第二，记账凭证的各项内容必须填列齐全。制证人必须签名或盖章。同时，应由指定人员复核，并经会计主管人员签章后据以记账。记账凭证的内容主要包括：

填制凭证的日期、凭证编号、经济业务摘要、会计科目、金额、所附原始凭证张数，填制凭证人员、稽核人员、记账人员、会计机构负责人或会计主管人员的签字（或盖章）等。

第三，除结账和更正错误外，记账凭证必须附有原始凭证。一张原始凭证涉及几张记账凭证的，可以把原始凭证附在主要的一张记账凭证后面，并在其他记账凭证上注明附有原始凭证的记账凭证的编号。结账和更正错误的记账凭证，可以不附原始凭证，但应经主管会计人员签章。

第四，记账凭证必须清晰、工整，不得潦草。

第五，填制记账凭证时，应按照会计事项发生日期的顺序对记账凭证进行连续编号。一笔经济业务需要填制多张记账凭证的，可以采用“分数编号法”编号。

第六，在记账凭证上填完有关内容后，如有空行，应在金额栏自最后一笔金额数字下的空行处至合计数之上的空行处划线注销。

第七，记账凭证每月应按顺序号整理，连同所附的原始凭证加具封面，装订成册保管。记账凭证封面的样式见表15-2。

表15-2 **记账凭证封面**

时间	年　月
册数	本月共　册　本册是第　册
张数	本册自第　号至第　号

会计主管：　　　　　　　　　　装订人：

六、会计账簿

会计账簿是在会计核算过程中，以会计凭证为依据，运用账户全面、系统、连续地记录核算事业单位资金运动和结果的簿籍。

按照事业单位会计账簿的用途，可以将会计账簿分为序时账和分类账两大类。总账通常采用三栏式账簿。明细账可采用三栏式或多栏式账簿。

事业单位的明细账通常包括以下几种：

（一）收入明细账

收入明细账包括财政补助收入明细账、事业收入明细账、经营收入明细账、拨入专款明细账等。

（二）支出明细账

支出明细账包括拨出经费明细账、拨出专款明细账、专项资金支出明细账、事业支出明细账、经营支出明细账等。

（三）往来款项明细账

往来款项明细账包括应收账款明细账、其他应收款明细账、应付账款明细账、其他应付款明细账等。

（四）材料明细账（内容略）

（五）固定资产明细账（内容略）

七、记账程序

记账程序（或称账务处理程序）是指从审核、整理原始凭证开始，到登记账簿、编制会计报表为止的整个工作顺序。事业单位通常采用科目汇总表账务处理程序。其记账程序可归纳如下：

（1）根据审核无误的原始凭证，填制记账凭证。

（2）根据原始凭证和记账凭证，登记现金日记账、银行存款日记账和明细账。

（3）根据记账凭证，定期编制科目汇总表。

（4）根据记账凭证或科目汇总表，登记总账；记账凭证不多的事业单位，可以不编制科目汇总表，直接根据记账凭证登记总账。

（5）根据总账和明细账编制会计报表。

第十六章
事业单位资产的核算

第一节　资产概述

一、资产的含义

资产是指事业单位占有或者使用的能以货币计量的经济资源，包括各种财产、债权和其他权利。

它具有以下特征：

（1）作为事业单位的资产属于经济资源；

（2）为事业单位所占有或使用；

（3）能以货币计量；

（4）预期能带来经济利益。

二、资产的分类

资产可以按照不同的标准进行分类，比较常见的是按照流动性和按有无实物形态进行分类。

按照流动性对资产进行分类，可以分为流动资产和非流动资产。流动资产主要包括现金、各种存款、应收及预付款项、存货、对外短期投资；非流动性资产包括对外长期投资、固定资产、无形资产等。

按是否具有实物形态，可以分为有形资产和无形资产。如存货、固定资产等属于有形资产，因为它们具有物质实体。专利权、著作权等属于无形资产，因为它们没有物质实体，而是表现为某种法定权利。

第二节　流动资产的核算

一、货币资金的核算

（一）现金的核算

1. 现金概述

现金是指事业单位库存的现金，包括库存的人民币和外币。根据国家现金管理制度和结算制度的规定，事业单位收支的各种款项必须按照国务院颁发的《现金管理暂行条例》的规定办理，在规定的范围内使用现金。

（1）现金管理原则

①遵守库存现金限额。事业单位的库存现金限额由开户行银行核定。开户银行核定时，一般以不超过事业单位3~5天日常零星开支所需要的现金为准。边远地区和交通不便的地区可以多于5天，但最多不能超过15天。事业单位应当严格遵守开户银行核定的库存现金限额，对于超过限额的部分，应当及时送存银行。

②严格现金收付手续。事业单位办理任何现金收支，都必须以合法的原始凭证为依据。出纳人员付出现金时，应当在原始单据上加盖“现金付讫”戳记；收取现金时，应当开给对方收款收据。

③不得坐支现金。坐支现金是指用收入的现金直接办理现金支出。事业单位收入的现金，应当于当日或规定的时间内及时送存开户银行，需要支付现金时，从库存现金限额中支付，或者从银行提取现金后支付，不得直接从现金收入中支付。因特殊原因确需坐支现金的，应当事先报经开户银行审查批准，由开户银行核定坐支范围和限额，并由开户银行进行监督。

④会计与出纳分开。为了保证现金的安全，防止各种错误和弊端的发生，现金的收付、结算、审核和登记等工作不能由一人兼管。事业单位应当实行会计管账不管钱、出纳管钱不管账的管理制度，以加强对现金的内部控制。

⑤日清月结，如实反映现金的库存数额。事业单位对于收付的现金应当及时入账。每日业务终了，出纳人员应当结出现金的账面余额，并与现金实际库存数额核对相符。

（2）现金使用范围

按照《现金管理暂行条例》的规定，事业单位使用现金结算的范围包括：

①职工工资、奖金、津贴；

②个人劳务报酬；

③根据国家规定颁发给个人的科学技术、文化艺术、体育等各种奖金；

④各种劳保、福利费用以及国家规定的对个人的其他支出；

⑤向个人收购农副产品和其他物资的价款；

⑥出差人员必须随身携带的差旅费；

⑦结算起点（1 000元）以下的零星支出；

⑧中国人民银行确定的需要支付现金的其他支出。

属于上述现金结算范围的支出，事业单位可以根据需要向银行提取现金支付；不属于上述现金结算范围的款项支付，一律通过银行进行转账结算。

（3）现金内部控制

在事业单位所拥有的资产中，现金的流动性最强，同时也最容易被经管人员挪用或侵吞。因此，必须特别重视对现金的管理，加强对现金的核算，以提高其使用效率，保证其安全和完整。加强现金的管理，主要是建立健全现金管理的内部控制制度。

2. 现金业务的核算

（1）科目设置

为了总括地核算、反映事业单位库存现金的收支及其结存情况，应设置“库存现金”科目。该科目属于资产类科目。其借方登记库存现金的增加，贷方登记库存现金的减少；余额在借方，表示库存现金余额。

为了加强对现金的管理，随时掌握现金收付的动态和库存余额，保证现金的安全，事业单位还应设置“现金日记账”，对库存现金进行明细核算。“现金日记账”由出纳人员根据审核过的原始凭证或记账凭证（即现金收款凭证、现金付款凭证、银行存款付款凭证），按照现金收付业务的先后，逐日逐笔序时登记。每日终了，应结算出当日现金收入合计数、支出合计数和结余数，并将账面结余数与实际库存数进行核对，做到账实相符。月末终了，“现金日记账”余额应与“库存现金”总账科目的余额核对相符。

现金收入业务较多，单独设有收款部门的单位，收款部门的收款员应将每天所收到的现金连同收款收据副联编制现金收入日报表，送会计部门的出纳人员核收；或者将所收现金直接送存开户银行后，将收款收据副联、现金收入日报表和向银行送存现金的凭证一并交会计部门的会计人员核收记账。

有外币现金收支业务的事业单位，应当按照人民币现金、外币现金的币种设置现金账户进行明细核算。

（2）账务处理

事业单位现金收入的主要途径是：从银行提取现金；收取转账起点以下的小额现金；职工交回的预借差旅费剩余款。企业收入现金时，应根据审核无误的原始凭证借记“库存现金”账户，贷记有关账户。

事业单位支出现金必须遵守国家的现金管理制度的规定，在现金使用范围内办理现金支出业务。企业支出现金时，应根据审核无误的原始凭证，借记有关账户，贷记“库存现金”账户。

【例 16-1】某大学 3 月 2 日开出现金支票，到银行提取现金 4 000 元。

借：库存现金	4 000	
贷：银行存款		4 000

【例 16-2】教师张新借 5 000 元赴华东师大读研究生的学费及差旅费等。

借：其他应收款——张新	5 000	
贷：库存现金		5 000

【例 16-3】张新回来报销 4 500 元，并交回多余款 500 元。

借：事业支出	4 500	
库存现金	500	
贷：其他应收款——张新		5 000

【例 16-4】某大学的师资科购买办公用品 240 元，凭发票向财务部报销。

借：事业支出	240	
贷：库存现金		240

如发现现金溢余，属于应支付给有关人员或单位的部分，借记本账户，贷记“其他应付款”账户；属于无法查明原因的部分，借记本账户，贷记“其他收入”账户。如发现现金短缺，属于应由责任人赔偿的部分，借记“其他应收款”账户，贷记本账户；属于无法查明原因的部分，报经批准后，借记“其他支出”账户，贷记本账户。

（二）银行存款

1. 银行存款账户的开立和管理

银行存款是指事业单位存入银行或其他金融机构的货币资金，包括人民币存款和外币存款。

按照国家《银行结算办法》的规定，事业单位应在银行开立账户，以办理存款、取款和转账等结算。凡是在银行开立存款账户的事业单位，必须遵守中国人民银行颁布的《银行账户管理办法》的各项规定。事业单位应由会计部门统一在银行开户，避免多头开户。

2. 银行转账结算方式

根据中国人民银行总行发布的《银行结算办法》的规定，现行银行结算方式主要包括银行汇票、银行本票、商业汇票、支票、汇兑、委托收款、异地托收承付共七种结算方式。

（1）银行汇票

银行汇票是指汇款人将款项交存当地出票银行，由出票银行签发的，由其在见票时，按照实际结算金额无条件支付给收款人或持票人的票据。银行汇票具有使用灵活、票随人到、兑现性强等特点，适用于先收款后发货或钱货两清的商品交易。单位和个人各种款项结算，均可使用银行汇票。

银行汇票可以用于转账，填明“现金”字样的银行汇票也可以用于支取现金。银行汇票的付款期限为自出票日起1个月内。超过付款期限提示付款不获付款的，持票人须在票据权利时效内向出票银行作出说明，并提供本人身份证件或单位证明，持银行汇票和解讫通知向出票银行请求付款。

事业单位支付购货款等款项时，应向出票银行填写银行汇票申请书，填明收款人名称、支付金额、申请人、申请日期等事项并签章，签章为其预留银行的印鉴。银行受理银行汇票申请书，收妥款项后签发银行汇票，并用压数机压印出票金额，然后将银行汇票和解讫通知一并交给汇款人。

申请人取得银行汇票后即可持银行汇票向填明的收款单位办理结算。银行汇票的收款人可以将银行汇票背书转让给他人。背书转让以不超过出票金额的实际结算金额为限，未填写实际结算金额或实际结算金额超过出票金额的银行汇票不得背书转让。

收款单位在收到付款单位送来的银行汇票时，应在出票金额以内，根据实际需要的款项办理结算，并将实际结算金额和多余金额准确、清晰地填入银行汇票和解讫通知的有关栏内，银行汇票的实际结算金额低于出票金额的，其多余金额由出票银行退交申请人。

（2）银行本票

银行本票是指由银行签发的，承诺自己在见票时无条件支付确定的金额给收款人或者持票人的票据。无论单位或个人，在同一票据交换区域支付各种款项，都可以使用银行本票。银行本票可以用于转账，注明“现金”字样的银行本票可以用于支取现金。

银行本票分定额本票和不定额本票。定额本票面值分别为1 000元、5 000元、10 000元和50 000元。

银行本票的付款期限为自出票日起最长不超过 2 个月，在付款期内银行本票见票即付。超过提示付款期限不获付款的，在票据权利时效内向出票银行作出说明，并提供本人身份证或单位证明，可持银行本票向银行请求付款。

事业单位支付购材料款等款项时，应向银行提交银行本票申请书，填明收款人名称、申请人名称、支付金额、申请日期等事项并签章。申请人或收款人为单位的，银行不予签发现金银行本票。出票银行受理银行本票申请书后，收妥款项签发银行本票。不定额银行本票用压数机压印出票金额，出票银行在银行本票上签章后交给申请人。

申请人取得银行本票后，即可向填明的收款单位办理结算。收款单位可以根据需要在票据交换区域内背书转让银行本票。收款企业在收到银行本票时，应该在提示付款时在本票背面“持票人向银行提示付款签章”处加盖预留银行印鉴，同时填写进账单，连同银行本票一并交开户银行转账。

（3）商业汇票

商业汇票是指由出票人签发的，委托付款人在指定日期无条件支付确定的金额给收款人或者持票人的票据。在银行开立存款账户的法人以及其他组织之间须具有真实的交易关系或债权债务关系，才能使用商业汇票。商业汇票的付款期限由交易双方商定，但最长不得超过 6 个月。商业汇票的提示付款期限自汇票到期日起 10 日内。

商业汇票可以由付款人签发并承兑，也可以由收款人签发交由付款人承兑。定日付款或者出票后定期付款的商业汇票，持票人应当在汇票到期日前向付款人提示承兑；见票后定期付款的汇票，持票人应当自出票日起 1 个月内向付款人提示承兑。汇票未按规定期限提示承兑的，持票人丧失对其前手的追索权。付款人应当自收到提示承兑的汇票之日起 3 日内承兑或者拒绝承兑。付款人拒绝承兑的，必须出具拒绝承兑的证明。

商业汇票可以背书转让。符合条件的商业承兑汇票的持票人可持未到期的商业承兑汇票连同贴现凭证，向银行申请贴现。

商业汇票按承兑人不同，分为商业承兑汇票和银行承兑汇票两种。

①商业承兑汇票。商业承兑汇票由银行以外的付款人承兑。商业承兑汇票按交易双方约定，由付款人或收款人签发，但由付款人承兑。承兑时，付款人应在汇票正面记载“承兑”字样和承兑日期并签章。承兑不得附有条件，否则视为拒绝承兑。汇票到期时，付款人的开户银行凭票将票款划给收款人或贴现银行。收款人应在提示付款期限内通过开户银行委托收款或直接向付款人提示付款。汇票到期时，如果付款人的存款不足以支付票款，开户银行应将汇票退还收款人，银行不负责付款。

②银行承兑汇票。银行承兑汇票是由收款人或承兑申请人签发，并由承兑申请人向开户银行申请，经银行审查同意承兑的票据。承兑银行按票面金额向出票人收取万分之五的手续费。

需要办理银行承兑汇票结算时，由承兑申请人持银行承兑汇票和购销合同向其开户银行申请承兑，银行按照有关规定审查，符合承兑条件的，与承兑申请人签订承兑协议，并在银行承兑汇票上盖章，用压数机压印汇票金额后，将银行承兑汇票和解讫通知交给承兑申请人转交收款人。收款人或被背书人应在银行承兑汇票到期时，将银行承兑汇票、解讫通知连同进账单交开户银行办理转账。承兑银行凭票将款项付给收款人、被背书人。

承兑申请人应于银行承兑汇票到期前将票款足额交存其承兑银行。到期未能足额交存票款时，承兑银行除凭票向收款人、被背书人（或贴现银行）无条件支付外，并根据承兑协议规定对承兑申请人执行扣款，并对尚未扣回的承兑金额每天按万分之五计收罚息。采用银行承兑汇票结算方式，收款单位凭银行盖章的进账通知编制收款凭证，付款单位凭银行承兑汇票委托书存根联编制付款凭证。

（4）支票

支票是指由单位或个人签发的，委托办理支票存款业务的银行在见票时无条件支付确定的金额给收款人或者持票人的票据。

支票结算方式是同城结算中应用比较广泛的一种结算方式。单位和个人在同一票据交换区域的各种款项结算，均可以使用支票。支票由银行统一印制，支票上印有“现金”字样的为现金支票。支票上印有“转账”字样的为转账支票，转账支票只能用于转账。未印有“现金”或“转账”字样的为普通支票，普通支票可以用于支取现金，也可以用于转账。在普通支票左上角划两条平行线的，为划线支票，划线支票只能用于转账，不得支取现金。

支票的提示付款期限为自出票日起 10 日内，中国人民银行另有规定的除外。超过提示付款期限的，持票人开户银行不予受理，付款人不予付款。转账支票可以根据需要在票据交换区域内背书转让。

存款人领购支票，必须填写票据和结算凭证领用单并加盖预留银行印鉴。存款账户结清时，必须将剩余的空白支票全部交回银行注销。

签发支票，不能超过银行存款的余额，超过的即为“空头支票”，银行除退票外，还按票面金额处以 5%但不低于 1 000 元的罚款。持票人有权要求出票人赔偿支票金额 2%的赔偿金。签发支票时，应使用蓝黑墨水或碳素墨水，将支票上的各要素填写齐全，并在支票上加盖其预留银行印鉴。出票人预留银行的印鉴是银行审核支票付款的依据。银行也可以与出票人约定使用支付密码，作为银行审核支付支票金额的条件。

（5）汇兑

汇兑是指由汇款人委托银行将其款项支付给异地收款人的结算方式。单位和个人的各种款项的结算，均可使用汇兑结算方式。

汇兑分为信汇、电汇两种。信汇是指汇款人委托银行通过邮寄方式款项划转给收款人。电汇是指汇款人委托银行通过电报将款项划给收款人。这两种汇兑方式由汇款人根据需要选择使用。汇兑结算方式适用于异地之间的各种款项结算。这种结算方式划拨款项简便、灵活。

采用汇兑结算方式时，付款单位汇出款项时，应填写银行印发的汇款凭证，列明收款单位名称、汇款金额及汇款的用途等项目，送达开户银行，委托银行将款项汇往收汇银行。收汇银行将汇款收进单位存款户后，向收款单位发出收款通知。

（6）委托收款

委托收款是指由收款人委托银行向付款人收取款项的结算方式。无论是单位还是个人都可凭已承兑商业汇票、债券、存单等付款人债务证明办理款项收取同城或异地款项。委托收款还适用于收取电费、电话费等付款人众多、分散的公用事业费等有关款项。

委托收款结算款项划回的方式分为邮寄和电报两种。

收款人委托开户银行收款时，应填写银行印制的委托收款凭证，提供有关的债务证明。在委托收款凭证中写明付款单位的名称、收款单位名称、账号及开户银行，委托收款金额的大小写，款项内容，委托收款凭据名称及附寄单证张数等。开户银行受理委托收款后，将委托收款凭证寄交付款单位开户银行，由付款单位开户银行审核，并通知付款单位。

付款单位收到银行交给的委托收款凭证及债务证明，应签收并在 3 天之内审查债务证明是否真实，是不是本单位的债务，确认之后通知银行付款。

付款单位应在收到委托收款的通知次日起 3 日内，主动通知银行是否付款。如果不通知银行，银行视同企业同意付款并在第 4 日从单位账户中付出此笔委托收款款项。

付款人在 3 日内审查有关债务证明后，认为债务证明或与此有关的事项符合拒绝付款的规定，应出具拒绝付款理由书和委托收款凭证第五联及持有的债务证明，向银行提出拒绝付款。

（7）托收承付

托收承付是指由根据购销合同由收款人发货后委托银行向异地付款人收取款项，由付款人向银行承认付款的结算方式。使用托收承付结算方式的收款单位和付款单位，必须是国有企业、供销合作社以及经营管理较好，并经开户银行审查同意的城乡集体所有制工业企业。办理托收承付结算的款项，必须是商品交易，以及因商品交易而产生的劳务供应的款项。代销、寄销、赊销商品的款项，不得办理托收承付结算。

托收承付款项划回方式分为邮寄和电报两种，由收款人根据需要选择使用；收款单位办理托收承付，必须具有商品发出的证件或其他证明。托收承付结算每笔的金额起点为 10 000 元。新华书店系统每笔金额起点为 1 000 元。

采用托收承付结算方式时，购销双方必须签有符合《中华人民共和国合同法》的购销合同，并在合同上写明使用托收承付结算方式。收款单位按照购销合同发货后，填写托收承付凭证，盖章后连同发运证件（包括铁路、航运、公路等运输部门签发运单、运单副本和邮局包裹回执）或其他符合托收承付结算的有关证明和交易单证送交开户银行办理托收手续。

付款单位收到托收承付结算凭证和所附单据后，应立即审核是否符合订货合同的规定。按照《支付结算办法》的规定，承付货款分为验单付款与验货付款两种，这在双方签订合同时约定。验单付款是指付款单位根据经济合同对银行转来的托收结算凭证、发票账单、托运单及代垫运杂费等单据进行审查无误后，即可承认付款。为了便于付款单位对凭证的审核和筹措资金，结算办法规定承付期为 3 天，从付款人开户银行发出承付通知的次日算起（承付期内遇法定休假日顺延）。付款单位在承付期内，未向银行表示拒绝付款，银行即视作承付，并在承付期满的次日（法定休假日顺延）上午银行开始营业时，将款项主动从付款人的账户内付出，按照收款单位指定的划款方式，划给收款方。验货付款是指付款单位待货物运达后，对其进行检验与合同完全相符后才承认付款。为了满足付款方组织验货的需要，结算办法规定承付期为10天，从运输部门向购货方发出提货通知的次日算起。承付期内购货方未表示拒绝付款的，银行视为同意承付，于10天期满的次日上午银行开始营业时，将款项划给收款人。为满足购货企业组织验货的需要，对收付双方在合同中明确规定，并在托收凭证上注明验货付款期限的，银行从其规定。

付款单位拒绝付款，要填写托收承付结算拒付理由书，银行要审查拒付理由，不准无理拒付。

上述各种结算方式的运用，需以加强结算纪律为保证。中国人民银行发布的《支付结算办法》中规定了银行结算纪律，即不准签发没有资金保证的票据或远期支票，套取银行信用；不准签发、取得和转让没有真实交易和债权债务的票据，套取银行和他人资金；不准无理拒绝付款，任意占用他人资金；不准违反规定开立和使用账户等。企业必须严格遵守银行支付结算办法规定的结算纪律，保证结算业务的正常进行。

事业单位在银行开立账户后，可以向开户银行购买各种银行往来凭证（如进账单、现金支票、转账支票等），用以办理银行存款的收付款项业务。事业单位除了按规定留存的库存现金以外，所有货币资金都必须存入银行。与其他单位之间的一切收付款项，除按规定可用现金支付的部分外，都必须通过银行办理转账结算，即由银行按照事先规定的结算方式，将款项从付款单位的账户划出，转入收款单位的账户。

事业单位通过银行账户办理资金收付时，必须遵守国家有关法律法规和《银行结算办法》的各项规定，遵守结算纪律：不准出租、出借账户；不准签发空头支票和远期支票；不准套取银行信用。

3. 银行存款的核算

（1）科目设置

为了总括地反映银行存款的收支和结存情况，事业单位应设置“银行存款”科目。该科目属于资产类账户。其借方登记收入的存款数额，贷方登记支出的存款数额；余额在借方，表示事业单位银行存款的结余数额。

事业单位还应该按开户银行或其他金融机构的名称、存款种类、货币种类分别设置“银行存款日记账”，由出纳员根据审核无误的原始凭证或记账凭证（即银行存款收款凭证、银行存款付款凭证、现金付款凭证）逐日逐笔序时登记，每日业务终了应结出当日发生额及余额。“银行存款日记账”必须及时与银行对账单核对。月份终了，账面余额与银行对账单余额之间如有差额，必须逐笔查明原因进行处理，属于未达账项，应编制银行存款余额调节表，调节相符。

有外币存款的事业单位，应在本账户下分别按人民币、各种外币设置“银行存款日记账”进行明细核算。

发生外币银行存款业务时，必须将有关外币金额折合人民币记账，并同时登记外国货币金额和折合率。所有外币账户的增加、减少，一律按国家外汇牌价折合为人民币记账。外币金额折合为人民币记账时，可按业务发生时国家外汇牌价（原则上采用中间价，下同）作为折合率，也可按业务发生当期期初的国家外汇牌价，作为折合率。月份（或季度、年度）终了，应将外币账户的余额按期末国家外汇牌价折合为人民币，作为外币账户的期末人民币余额。调整后的各外币账户的人民币余额与原账面余额的差额，作为汇兑损益列入事业支出。

（2）账务处理

事业单位将款项存入银行或其他金融机构时，应借记“银行存款”账户，贷记“事业收入”“经营收入”“库存现金”等账户；提取和支出款项时，应借记“事业支出”“经营支出”等账户，贷记“银行存款”账户。

【例 16-5】某大学将现金 4 000 元送存银行。

借：银行存款　　4 000

　贷：库存现金　　4 000

【例 16-6】某大学收到财政机关拨入的当年事业预算经费 800 000 元。

借：银行存款　　800 000

　贷：财政补助收入　　800 000

【例 16-7】某大学收到学生缴纳的学费 3 000 000 元，存入银行。

借：银行存款　　3 000 000

　贷：事业收入　　3 000 000

【例 16-8】某大学从银行提取现金 100 000 元备发工资。

借：库存现金　　100 000

　贷：银行存款　　100 000

4. 银行存款的对账

为了防止银行存款账项发生差错，准确掌握银行存款实际结余情况，事业单位应定期进行银行存款日记账的对账工作。

（1）银行存款日记账核对的三个主要环节

①银行存款日记账与银行存款收、付款凭证互相核对，做到账证相符。在核对时，既要根据业务发生的先后顺序逐笔检查账证是否相符，还要检查每笔银行存款收、付款凭证与所附的原始凭证是否相符，也要检查每一张收、付款凭证的金额、借贷方向是否相符。如果有差错，应立即进行更正。

②银行存款日记账与银行存款总账互相核对，做到账账相符。每月结账之后，总分类账各个账户本期发生额或余额试算平衡后，还要将总账中银行存款的借方、贷方发生额和余额分别同银行存款日记账的借方、贷方发生额和余额相核对，检查账账之间是否相符。如果发现差错，应立即进行更正。

③银行存款日记账与银行对账单互相核对，以便准确地掌握事业单位可动用的银行存款的实有金额。事业单位应按期与银行对账，至少每月核对一次。核对时，如果发现双方余额不一致，要及时查找原因，属于记账差错的，应立即更正。

（2）未达账项的四种情况

银行存款日记账余额与银行对账单余额不一致，除记账错误外，还可能是由于未达账项引起的。

未达账项是指事业单位与银行之间，由于凭证传递上的时间差，一方已入账，而另一方尚未入账的款项。未达账项有下列四种情况：

①事业单位已收款入账，而银行未入账的款项。如事业单位将收到的其他单位

签发的转账支票送存银行，事业单位已作存款增加，而银行尚未作账务处理。

②事业单位已付款入账，而银行尚未入账的款项。如事业单位签发转账支票一张，事业单位已入账，减少银行存款，由于持票人尚未到银行办理转账手续，银行尚未付款入账。

③银行已经收款入账，而事业单位尚未入账的款项。如银行将已收妥的委托收款主动存入事业单位的账户，但是事业单位还未接到银行的通知，尚未入账。

④银行已经付款入账，而事业单位尚未入账的款项。如银行代事业单位支付的水电费等，银行已经付款入账，而事业单位未接到银行的通知，故尚未入账。

注意：银行存款余额调节表主要是用来核对事业单位与银行双方的记账是否错误，不能作为记账的依据（不能据此进行账务处理），应待有关结算凭证到达后方可进行账务处理并登记入账。

（三）零余额账户用款额度

实行国库集中支付的事业单位根据财政部门批复的用款计划收到和支用的零余额账户用款额度。

在财政授权支付方式下，收到代理银行盖章的授权支付到账通知书时，根据通知书所列数额，借记本账户，贷记“财政补助收入”账户。按规定支用额度时，借记有关账户，贷记本账户。从零余额账户提取现金时，借记“库存现金”账户，贷记本账户。因购货退回等发生国库授权支付额度退回的，属于以前年度支付的款项，按照退回金额，借记本账户，贷记“财政补助结转”“财政补助结余”“存货”等有关账户；属于本年度支付的款项，按照退回金额，借记本账户，贷记“事业支出”“存货”等有关账户。

年度终了，依据代理银行提供的对账单作注销额度的相关账务处理，借记“财政应返还额度——财政授权支付”账户，贷记本账户。事业单位本年度财政授权支付预算指标数大于零余额账户用款额度下达数的，根据未下达的用款额度，借记“财政应返还额度——财政授权支付”账户，贷记“财政补助收入”账户。

下年初，事业单位依据代理银行提供的额度恢复到账通知书作恢复额度的相关账务处理，借记本账户，贷记“财政应返还额度——财政授权支付”账户。事业单位收到财政部门批复的上年末未下达零余额账户用款额度的，借记本账户，贷记“财政应返还额度——财政授权支付”账户。本账户期末借方余额，反映事业单位尚未支用的零余额账户用款额度。本账户年末应无余额。

【例 16-9】某事业单位在财政授权支付方式下，收到银行授权支付到账通知书所列款 100 000 元。

借：零余额账户用款额度　　100 000

　贷：财政补助收入　　100 000

【例 16-10】某事业单位在财政授权支付方式下，购买存货 8 000 元，采用零余额账户用款额度支付。

借：存货　　8 000

　贷：零余额账户用款额度　　8 000

二、应收款项

（一）应收款项概述

1. 应收款项的概念

应收款项是指事业单位应收而未收、暂时垫付或预付给有关单位（或个人）的资金，包括应收票据、应收账款、其他应收款、预付账款等。

2. 应收款项的确认

应收款项应当按实际发生额记账。

3. 应收款项的管理

（1）严格控制应收款的数额；

（2）严格控制回收时间，采取有效措施，积极组织催收，减少资金占用；

（3）各项应收款项应当定期与债务人对账核实，及时清算、催收。

（二）应收票据的核算

应收票据是指事业单位因从事经营活动销售产品而收到的商业汇票。商业汇票是指由收款人（或付款人）签发的，由承兑人（付款人或付款人的委托银行）承兑的，并于到期日向收款人（或被背书人）支付款项的票据。商业汇票按其承兑人的不同，可分为商业承兑汇票和银行承兑汇票。

应收票据应于收到或签发并经承兑时，以其票面金额入账。

1. 科目设置

为了反映事业单位应收票据的取得和兑现，应设置“应收票据”科目。事业单位收到应收票据时，按应收票据的票面金额借记“应收票据”账户，贷记“经营收入”等有关账户；票据到期时，按到期收回的票面金额借记“银行存款”账户，贷记“应收票据”账户。

事业单位持有的应收票据，在票据到期前可以向银行申请贴现。贴现时，按实际收到的金额（到期金额扣除贴现利息后的净额）借记“银行存款”账户，按应收票据的票面金额与贴现时实际收到的金额（对于不带息票据，其金额就是贴现利息）借记“经营支出”账户，按应收票据的票面金额贷记“应收票据”账户，按其差额借记“经营支出”或“其他收入”；余额在借方，表示期末持有的应收票据的票面金额。

事业单位还应设置“应收票据备查簿”，逐笔登记每一笔应收票据的种类、号数、出票日期、交易合同号、付款人、承兑人、背书人、到期日期、利率、贴现日期、贴现率、贴现净额、收款日期、收回金额等。应收票据到期结清票款后，应在备查簿内逐笔注销。

2. 应收票据业务的账务处理

（1）不带息应收票据

不带息应收票据的到期金额等于应收票据的面额。

【例 16-11】某医院销售给医药公司制剂一批，价款为 50 000 元。药品已发出，医药公司开出商业承兑汇票一张。医院编制会计分录：

借：应收票据　　50 000

　贷：经营收入——制剂收入　　50 000

【例 16-12】商业承兑汇票到期，医药公司如期付款。医院编制会计分录：

借：银行存款 50 000

贷：应收票据 50 000

（2）带息应收票据

第一，应收票据利息的计算。对于带息应收票据到期，应当计算票据利息。其计算公式如下：

应收票据利息=应收票据票面金额×利率×期限

式中：利率一般以年利率表示；“期限”指签发日至到期日的时间间隔。票据的期限用月或日表示，在实际业务中，为了计算方便，常把一年定为 360 天。

①应收票据到期日按月计算。票据期限按月表示时，应以到期月份中与出票日相同的那一天为到期日。如 3 月 5 日签发的两个月票据，到期日应为 5 月 5 日。月末签发的票据，不论月份大小，以到期月份的月末那一天为到期日。与此同时，计算利息使用的利率要换算成月利率。

利息的计算公式为：

应收票据利息=应收票据票面金额×票据期限×年利率/12

②应收票据到期日按日计算。票据期限按日表示时，应从出票日起按实际经历天数计算，通常出票日和到期日，只能算其中的一天，即“算尾不算头”（或算头不算尾）。

例如，4 月 15 日签发的 90 天票据，其到期日应为 7 月 14 日［90 天-4 月份剩余天数-5 月份实有天数-6 月份实有天数=90-（30-15）-31-30=14］。同时，计算利息使用的利率，要换算成日利率（年利率÷360）。

第二，应收票据利息收入的确认。应收票据的利息收入，一般可在实际收款时确认，并列入“其他收入”账户（或冲减经营支出）。但是，如果利息额较大，应按权责发生制在期末确认。

第三，账务处理。对于带息票据，应在收到商业汇票时按票面金额记入“应收票据”账户的借方；到期收回的票面金额和利息，分别记入“应收票据”账户和“其他收入”（或“经营支出”）账户的贷方。

【例 16-13】承前例，医院收到医药公司开出的期限为 6 个月的带息商业承兑汇票一张，年利率为 3%。商业汇票到期，医院收到票款 50 000 元和利息 750 元。

利息=50 000×3%×6÷12=750（元）

应收票据到期金额=50 000+750=50 750（元）

借：银行存款 50 750

贷：应收票据 50 000

其他收入 750

3. 应收票据的贴现

事业单位持有的应收票据在到期前，如果出现资金短缺，可以持未到期的票据向其开户银行申请贴现，以便获得所需资金。贴现是指票据持有人将未到期的票据在背书后送交银行，银行受理后从票据到期金额中扣除按银行贴现率计算确定的贴现利息，然后将贴现余额付给持票人，作为银行对事业单位的短期贷款的行为。所谓背书，是指持票人在票据背面签字。签字人即为背书人。背书人对票据的到期付款负连带责任。

票据贴现的计算步骤如下：

（1）计算票据的到期价值

票据到期价值=票据面值×（1+年利率× 票据到期天数÷360）

或票据到期价值=票据面值×（1+年利率× 票据到期月数÷12）

对于无息票据来说，票据的到期价值就是面值。

（2）计算贴现期限

贴现天数=贴现日至票据到期日实际天数-1

（3）计算贴现息

贴现息=票据到期价值×贴现率×贴现天数÷360

（4）计算贴现净额

贴现净额=票据到期值-贴现息=票据到期值×（1-贴现率×贴现期限）

4. 应收票据贴现的账务处理

【例 16-14】6 月 5 日，某医药公司向某医院购买制剂一批，合同约定医药公司签发并向银行申请承兑一张面值 50 000 元、期限 3 个月、不带息的银行承兑汇票。某医院因急需资金，于 8 月 5 日持票据向银行申请贴现，月贴现率为 9. 15‰。医院编制会计分录：

①收到银行承兑汇票：

借：应收票据	50 000	
贷：经营收入		50 000

②贴现时：

贴现息=50 000×9. 15‰×1=457. 5（元）

贴现实收金额=50 000-457. 5=49 542. 5（元）

借：银行存款	49 542. 5	
经营支出	457. 5	
贷：应收票据		50 000

【例 16-15】将上例的不带息商业承兑汇票改为带息票据，票面年利息率为 10%。则：

票据到期金额=50 0 00（1+10%×3/12）= 51 250（元）

贴现利息= 51 250×9. 15‰×1=468. 94（元）

贴现余额=51 250-468. 94=50 781. 06（元）

编制会计分录如下：

①赊销时：

借：应收票据	50 000	
贷：经营收入		50 000

②贴现时：

借：银行存款	50 781. 06	
贷：应收票据		50 000
其他收入		781. 06

（三）应收账款的核算

应收账款是指事业单位因提供劳务、开展有偿服务及销售产品等业务应收取的款项。

1. 科目设置

为了反映事业单位应收账款的发生、收回和结存情况，应设置“应收账款”科目。事业单位发生赊销款时，应按赊销额借记“应收账款”账户，贷记“经营收入”“其他收入”等账户；收回款项时，应按实际收到的金额借记“银行存款”账户，贷记“应收账款”账户；将应收账款转作商业汇票结算时，应按其账面金额借记“应收票据”账户，贷记“应收账款”账户；余额在借方，表示尚未收回的款项。

事业单位还应按不同的购货单位（或接受劳务的单位）、个人设置明细账，进行明细核算。

目前，国家还不允许事业单位对应收账款、应收票据提取坏账准备。对于无法收回的应收账款采用“直接转销法”于确认坏账时直接列入“经营支出”账户中。

2. 应收账款的确认和账务处理

应收账款应在商品已经交付（或劳务已经提供），合同已经履行，销售手续已经完备时，确认其入账金额并入账。在一般情况下，事业单位销售商品（或提供劳务）时，应按买卖双方在成交时的实际发生额（即确定的总金额）入账。

【例 16-16】3 月 2 日，某一非营利科研机构向 A 公司提供咨询服务，应向其收取咨询费 20 000 元。

借：应收账款——A 公司　　20 000

　贷：事业收入　　20 000

【例 16-17】3 月 15 日，该科研机构收到咨询费 20 000 元，已办理转账。

借：银行存款　　20 000

　贷：应收账款——A 公司　　20 000

3. 对现金折扣的账务处理

现金折扣是指债权人为鼓励债务人在规定的期限内付款，而向债务人提供的债务扣除。现金折扣通常发生在以赊销方式销售商品及提供劳务的交易中。为了鼓励客户提前偿付货款，通常与债务人达成协议，债务人在不同期限内付款可享受不同比例的折扣。

现金折扣一般用符号“折扣/付款期限”表示。例如，买方在 10 天内付款可按售价给予 2%的折扣，用符号“2/10”表示；在 20 天内付款按售价给予 1%的折扣，用符号“1/20”表示；在 30 天内付款，则不给折扣，用符号“n/30”表示。

在存在现金折扣的情况下，应收账款入账金额的确认有两种方法：一种是总价法，另一种是净价法。目前，我国采用总价法。以下重点介绍总价法的核算。

总价法是将未减去现金折扣前的金额作为实际售价，记作应收账款的入账价值。现金折扣只有客户在折扣期内支付货款时，才予以确认。在这种方法下，销售方把给予客户的现金折扣视为融资的理财费用，会计上作为经营支出处理。

【例 16-18】某科研所向大华公司销售自己研制开发的产品一批，销售金额为 23 400元（含增值税）。规定的现金折扣条件为“2/10，n/30”。上述款项在赊销后的第 7 天收到。

赊销时：

借：应收账款——大华公司　　23 400

贷：经营收入　　23 400

在第 7 天收到货款时：

借：银行存款　　22 932

经营支出　　468

贷：应收账款——大华公司　　23 400

假如在第 15 天收到货款：

借：银行存款　　23 400

贷：应收账款——大华公司　　23 400

（四）预付账款

预付账款是指事业单位按照购货、劳务合同规定预先支付给供应单位的款项。

1. 科目设置

为了反映和监督预付货款的支付和结算情况，可以设置“预付账款”科目。该科目属于资产类账户。事业单位向供应单位预付货款和补付货款时，按实际支付的金额借记“预付账款”账户，贷记“银行存款”账户；收到所购物品或接受劳务时，按发票账单等所列金额借记“材料”等账户，贷记“预付账款”账户；收回多付的款项时，按实际收到的金额借记“银行存款”账户，贷记“预付账款”账户。余额可能在借方，也可能在贷方。借方余额表示向供应单位已预付但尚未结算的款项，贷方余额则表示预付款小于收到的货款（或接受的劳务款）即应付账款。

预付账款不多的事业单位，可以不设置“预付账款”账户，而将预付的款项记入“应收账款”账户的借方；收到物品或接受劳务时，再将结算额记入“应收账款”账户的贷方予以转销。

2. 账务处理

【例 16-19】4 月 10 日，某大学一科研机构向 B 公司订购甲材料，按合同约定预付30 000元定金，用转账支票支付。25 日，收到该公司的甲材料和发票账单，含增值税的货款为 53 000 元。20 日，开出转账支票，补付货款 23 000 元。

①预付货款时：

借：预付账款　　30 000

贷：银行存款　　30 000

②收到甲材料时：

借：存货　　53 000

贷：预付账款　　53 000

③补付货款时：

借：预付账款　　23 000

贷：银行存款　　23 000

【例 16-20】某大学 2003 年 6 月 8 日按合同规定预付给北京某出版社购置图书款 80 000 元。

借：预付账款——北京某出版社　　80 000

贷：银行存款　　80 000

（五）其他应收款

其他应收款是指除应收票据、应收账款、预收账款以外的应收、暂付款项。它包括职工预借的差旅费、预付给内部单位（或个人）的备用金、应收保险公司（或其他单位和个人）的各种赔款、应收的各种罚款、存出的保证金、应向职工收取的各种垫支款项、应收暂付上下级单位的款项等。

其他应收款应按实际发生额入账。

1. 科目设置

为了反映各种其他应收款的发生、收回和结存情况，应设置“其他应收款”科目。该科目属于资产类账户。事业单位发生各种其他应收款项时，按应收金额借记“其他应收款”账户，贷记有关账户；按收回金额和结转的款项借记“银行存款”“事业支出”“经营支出”等账户；余额在借方，表示尚未结算的其他应收款项。

同时，事业单位还应按其他应收款项目和债务人设置明细账。

2. 账务处理

【例 16-21】7 月 10 日，招生办主任张林预借差旅费 2 000 元。15 日，张林出差回校报销差旅费 1 500 元，并交回多余现金 500 元。

①预借差旅费时：

借：其他应收款——张林　　2 000

　贷：库存现金　　2 000

②报销差旅费时：

借：事业支出　　1 500

　　库存现金　　500

　贷：其他应收款——张林　　2 000

三、存货

存货是指事业单位在业务活动过程中为耗用或者销售而持有的各种资产，包括材料、产成品、库存商品等。它是事业单位流动资产中最重要的组成部分。凡是法定所有权属于单位的一切材料、产成品、库存商品，无论其存放何处，都应视为该单位的存货。“存货”账户用来核算事业单位在开展业务活动及其他活动中为耗用而储存的各种材料、燃料、包装物、低值易耗品及达不到固定资产标准的用具、装具、动植物等的实际成本。

事业单位随买随用的零星办公用品，可以在购进时直接列作支出，不通过本账户核算。事业单位应当通过明细核算或辅助登记方式，登记取得存货成本的资金来源（区分财政补助资金、非财政专项资金和其他资金）。

发生自行加工存货业务的事业单位，应当在本账户下设置“生产成本”明细科目，归集核算自行加工存货所发生的实际成本（包括耗用的直接材料费用、发生的直接人工费用和分配的间接费用）。

（1）存货在取得时，应当按照其实际成本入账。

①购入的存货，其成本包括购买价款、相关税费、运输费、装卸费、保险费以及其他使得存货达到目前场所和状态所发生的其他支出。事业单位按照税法规定属于增值税一般纳税人的，其购进非自用（如用于生产对外销售的产品）材料所支付的增值税款不计入材料成本。

购入的存货验收入库，按确定的成本，借记本账户，贷记“银行存款”“应付账款”“财政补助收入”“零余额账户用款额度”等账户。

属于增值税一般纳税人的事业单位购入非自用材料的，按确定的成本（不含增值税进项税额），借记本账户，按增值税专用发票上注明的增值税额，借记“应缴税费——应缴增值税（进项税额）”账户，按实际支付或应付的金额，贷记“银行存款”“应付账款”等账户。

②自行加工的存货，其成本包括耗用的直接材料费用、发生的直接人工费用和按照一定方法分配的与存货加工有关的间接费用。

自行加工的存货在加工过程中发生各种费用时，借记本账户（生产成本），贷记本账户（领用材料相关的明细账户）、“应付职工薪酬”“银行存款”等账户。

加工完成的存货验收入库，按照所发生的实际成本，借记本账户（相关明细账户），贷记本账户（生产成本）。

③接受捐赠、无偿调入的存货，其成本按照有关凭据注明的金额加上相关税费、运输费等确定；没有相关凭据的，其成本比照同类或类似存货的市场价格加上相关税费、运输费等确定；没有相关凭据、同类或类似存货的市场价格也无法可靠取得的，该存货按照名义金额（即人民币1元，下同）入账。相关财务制度仅要求进行实物管理的除外。

接受捐赠、无偿调入的存货验收入库，按照确定的成本，借记本账户，按照发生的相关税费、运输费等，贷记“银行存款”等账户，按照其差额，贷记“其他收入”账户。

按照名义金额入账的情况下，按照名义金额，借记本账户，贷记“其他收入”账户；按照发生的相关税费、运输费等，借记“其他支出”账户，贷记“银行存款”等账户。

（2）存货在发出时，应当根据实际情况采用先进先出法、加权平均法或者个别计价法确定发出存货的实际成本。计价方法一经确定，不得随意变更。低值易耗品的成本于领用时一次摊销。

①开展业务活动等领用、发出存货，按领用、发出存货的实际成本，借记“事业支出”“经营支出”等账户，贷记本账户。

②对外捐赠、无偿调出存货，转入待处理资产时，按照存货的账面余额，借记“待处理资产损溢”账户，贷记本账户。

属于增值税一般纳税人的事业单位对外捐赠、无偿调出购进的非自用材料，转入待处理资产时，按照存货的账面余额与相关增值税进项税额转出金额的合计金额，借记“待处理资产损溢”账户，按存货的账面余额，贷记本账户，按转出的增值税进项税额，贷记“应缴税费——应缴增值税（进项税额转出）”账户。

实际捐出、调出存货时，按照“待处理资产损溢”账户的相应余额，借记“其他支出”账户，贷记“待处理资产损溢”账户。

（3）事业单位的存货应当定期进行清查盘点，每年至少盘点一次。对于发生的存货盘盈、盘亏或者报废、毁损，应当及时查明原因，按规定报经批准后进行账务处理。

①盘盈的存货，按照同类或类似存货的实际成本或市场价格确定入账价值；同类或类似存货的实际成本、市场价格均无法可靠取得的，按照名义金额入账。

盘盈的存货，按照确定的入账价值，借记本账户，贷记“其他收入”账户。

②盘亏或者毁损、报废的存货，转入待处理资产时，按照待处理存货的账面余额，借记“待处理资产损溢”账户，贷记本账户。

属于增值税一般纳税人的事业单位购进的非自用材料发生盘亏或者毁损、报废的，转入待处理资产时，按照存货的账面余额与相关增值税进项税额转出金额的合计金额，借记“待处理资产损溢”账户，按存货的账面余额，贷记本账户，按转出的增值税进项税额，贷记“应缴税费——应缴增值税（进项税额转出）”账户。

报经批准予以处理时，按照“待处理资产损溢”账户的相应余额，借记“其他支出”账户，贷记“待处理资产损溢”账户。

处理存货过程中所取得的收入、发生的费用，以及处理收入扣除相关处理费用后的净收入的账务处理，参见“待处理资产损溢”账户。本账户期末借方余额，反映事业单位存货的实际成本。

（四）账务处理

1. 取得存货的核算

【例 16-22】某高校购买试验用甲材料一批，货款 3 000 元，运杂费 400 元，货款及运杂费已以存款支付，材料已验收入库。按发票、运杂费收据、入库单编制会计分录：

借：存货——甲材料	3 400	
贷：银行存款		3 400

【例 16-23】某科研单位（一般纳税人），采购非自用材料一批，增值税专用发票上注明材料款为 4 500 元，增值税为 225 元。凭发票入库单编制会计分录：

借：存货	4 500	
应交税费——应交增值税（进项税额）	225	
贷：银行存款		4 725

【例 16-24】某科研单位接受捐赠存货一批价值 20 000 元，以银行存款支付运费 100 元。

借：存货	21 000	
贷：其他收入		20 000
银行存款		1 000

【例 16-25】某科研单位本月完工产品 4 台，经验收合格入库，每台实际成本为 80 000元。根据产品成本计算单、入库单，编制会计分录：

借：存货——甲产品	320 000	
贷：存货——生产成本		320 000

2. 发出存货的核算

事业单位领用的存货用于非经营性活动时，借记“事业支出”等账户，贷记“存货”。领用的材料用于经营活动时，借记“经营支出”或“成本费用”等账户，贷记“存货”账户。

【例 16-26】某高校科研课题组领用乙材料一批，该批材料实际成本（不含税价）570 元。编制会计分录：

借：事业支出——×科研项目	570	

贷：存货——乙材料　　570

【例 16-27】某高校实验室使用丙材料 100 斤，单价 3.4 元，计 340 元。根据领料单编制会计分录：

借：事业支出——业务费　　340

　贷：存货——丙材料　　340

【例 16-28】某事业单位将产品销售给大华公司 2 台，按加权平均法计算每台成本 94 000 元。根据发货票记账联、提货单回执编制会计分录：

借：事业支出　　188 000

　贷：存货——甲产品　　188 000

3. 存货期末清查

事业单位的存货每年至少盘点一次，发现盘盈、盘亏等情况，要进行账务处理。

盘盈时：

借：存货

　贷：其他收入

盘亏时：

借：待处理资产损溢

　贷：存货

报经上级批准后作如下处理：

借：其他支出

　贷：待处理资产损溢

【例 16-29】某科研单位年终盘点，查明乙产品盘盈 2 台，价值 4 000 元；丙产品盘亏 1 架，价值 2 000 元。编制会计分录：

盘盈：

借：存货——乙产品　　8 000

　贷：其他收入　　8 000

盘亏：

借：待处理资产损溢　　2 000

　贷：存货——丙产品　　2 000

报经上级批准后作其他支出：

借：其他支出　　2 000

　贷：待处理资产损溢　　2 000

第三节　对外投资的核算

一、事业单位对外投资概述

对外投资是指事业单位利用货币资金、实物、无形资产等方式向其他单位的投资。它是事业单位利用正常专业业务活动及辅助活动、经营活动中的闲置资金，用于购买其他企业（或单位）的债券，或直接对其他企业（或单位）出资，以获得经济利益的行为。事业单位应当严格遵守国家法律、行政法规以及财政部门、主管部门有关事业单位对外投资的规定。

事业单位的对外投资可以按照不同的标准进行分类。

（一）按时间长短，可将对外投资分为短期投资和长期投资

短期投资是事业单位依法取得的，持有时间不超过1年（含1年）的投资，主要是国债投资。

长期投资是事业单位依法取得的，持有时间超过1年（不含1年）的股权和债权性质的投资。

（二）按照投资对象的不同，可将对外投资分为债券投资、股权投资和其他投资

债券投资是指事业单位购入其他单位发行的各种债券（包括国库券、国家重点建设债券、金融债券和公司债券等）的方式所进行的对外投资。事业单位对外购入债券，表明事业单位拥有被投资单位的债权，享有到期收回本金和定期收取利息的权利。但是，事业单位既无权参与被投资单位的经营管理，也无权分享资本增值的收益。

股权投资是指事业单位可以用自有资金购买上市公司股份进行投资。

其他投资是股票和债券投资以外的其他投资。如以固定资产、材料、无形资产等与其他单位进行联营投资，按投资额多少和接受投资单位经营状况、获利水平获得收益。资产投出后，除合同到期或接受投资单位解散外，一般不得撤回投资。

（三）按照投资方式的不同，可将对外投资分为货币资金投资、实物资产投资和无形资产投资等

二、对外投资的入账时间和入账金额

（一）对外投资的入账时间

按规定，事业单位应以付款（或投出资产）的时间作为投资确立的入账时间。

如果采用债券投资方式时，付款后暂时尚未收到债券，可在备查簿中进行登记。

（二）对外投资的入账金额

以货币资金方式对外投资的，应当按实际支付的款项入账。如使用货币资金进行债券投资时，应按实际支付的买价、经纪人佣金和手续费等有关各项费用入账。

以实物或无形资产方式对外投资的，事业单位应当按资产评估机构依法评估确定的价值入账，也可以按投资各方协商确定的价值入账。

事业单位对外投资所使用的货币资金、实物资产和无形资产，原则上应以不影响本单位完成正常的事业计划为前提。尤其是将非经营性资产转作经营性投资活动的，不能动用财政补助收入、上级补助收入和为维持事业单位正常发展、保证事业单位计划完成的各项资产进行对外投资。

三、对外投资的账务处理

（一）短期投资

为了反映和监督对外不超过一年的投资发生和收回情况，应设置“短期投资”科目。该科目属于资产类账户。

短期投资在取得时，应当按照其实际成本（包括购买价款以及税金、手续费等相关税费）作为投资成本，借记本账户，贷记“银行存款”等账户。短期投资持有期间收到利息时，按实际收到的金额，借记“银行存款”账户，贷记“其他收入——投资收益”账户。出售短期投资或到期收回短期国债本息，按照实际收到的金额，借记“银行存款”账户，按照出售或收回短期国债的成本，贷记本账户，按其差额，贷记或借记“其他收入——投资收益”账户。本账户期末借方余额，反映事业单位持有的短期投资成本。

该账户还应按对外投资的种类设置明细账，进行明细分类核算。

【例 16-30】某事业单位用银行存款购买短期国债 100 000 元。

借：短期投资　　100 000

　贷：银行存款　　100 000

【例 16-31】续上例，上述事业单位持有的短期投资到期收回本金 100 000 元，利息 2 800 元。

借：银行存款　　102 800

　贷：短期投资　　100 000

　　　其他收入——投资收益　　2 800

（二）长期投资

长期投资应当按照投资的种类和被投资单位等进行明细核算。

1. 长期股权投资

在取得时，应当按照其实际成本作为投资成本。

（1）以货币资金取得的长期股权投资，按照实际支付的全部价款（包括购买价款以及税金、手续费等相关税费）作为投资成本，借记本账户，贷记“银行存款”等账户；同时，按照投资成本金额，借记“事业基金”账户，贷记“非流动资产基金——长期投资”账户。

（2）以固定资产取得的长期股权投资，按照评估价值加上相关税费作为投资成本，借记本账户，贷记“非流动资产基金——长期投资”账户，按发生的相关税费，借记“其他支出”账户，贷记“银行存款”“应缴税费”等账户；同时，按照投出固定资产对应的非流动资产基金，借记“非流动资产基金——固定资产”账户，按照投出固定资产已计提折旧，借记“累计折旧”账户，按照投出固定资产的账面余额，贷记“固定资产”账户。

（3）以已入账无形资产取得的长期股权投资，按照评估价值加上相关税费作为投资成本，借记本账户，贷记“非流动资产基金——长期投资”账户，按照发生的相关税费，借记“其他支出”账户，贷记“银行存款”“应缴税费”等账户；同时，按照投出无形资产对应的非流动资产基金，借记“非流动资产基金——无形资产”账户，按照投出无形资产已计提摊销，借记“累计摊销”账户，按照投出无形资产的账面余额，贷记“无形资产”账户。

以未入账无形资产取得的长期股权投资，按照评估价值加上相关税费作为投资成本，借记本账户，贷记“非流动资产基金——长期投资”账户，按发生的相关税费，借记“其他支出”账户，贷记“银行存款”“应缴税费”等账户。

长期股权投资持有期间，收到利润等投资收益时，按照实际收到的金额，借记

“银行存款”等账户，贷记“其他收入——投资收益”账户。

转让长期股权投资，转入待处理资产时，按照待转让长期股权投资的账面余额，借记“待处理资产损溢——处理资产价值”账户，贷记本账户。实际转让时，按照所转让长期股权投资对应的非流动资产基金，借记“非流动资产基金——长期投资”账户，贷记“待处理资产损溢——处理资产价值”账户。

转让长期股权投资过程中取得价款、发生相关税费，以及转让价款扣除相关税费后的净收入的账务处理，参见“待处理资产损溢”账户。

因被投资单位破产清算等原因，有确凿证据表明长期股权投资发生损失，按规定报经批准后予以核销。将待核销长期股权投资转入待处理资产时，按照待核销的长期股权投资账面余额，借记“待处理资产损溢”账户，贷记本账户。

报经批准予以核销时，借记“非流动资产基金——长期投资”账户，贷记“待处理资产损溢”账户。

【例 16-32】某科研所用创收收入 300 000 元，向某企业投资，并以银行存款支付了投资款。

借：长期投资——某企业	300 000	
贷：银行存款		300 000
借：事业基金	300 000	
贷：非流动资产基金——长期投资		300 000

【例 16-33】某大学以一台设备对外投资，该设备原价 200 000 元，已提折旧 4 000 元，评估确认价值 150 000 元。

借：长期投资	150 000	
贷：非流动资产基金——长期投资		150 000
借：非流动资产基金	196 000	
累计折旧	4 000	
贷：固定资产		200 000

【例 16-34】某科研单位以一项专利技术对外投资，价值 200 000 元，无形资产已摊销 8 000 元。无形资产评估价值 240 000 元。

借：长期投资	240 000	
贷：非流动资产基金——长期投资		240 000
借：非流动资产基金	192 000	
累计摊销	8 000	
贷：无形资产		200 000

2. 长期债券投资

（1）长期债券投资在取得时，应当按照其实际成本作为投资成本。以货币资金购入的长期债券投资，按照实际支付的全部价款（包括购买价款以及税金、手续费等相关税费）作为投资成本，借记本账户，贷记“银行存款”等账户；同时，按照投资成本金额，借记“事业基金”账户，贷记“非流动资产基金——长期投资”账户。

（2）长期债券投资持有期间收到利息时，按照实际收到的金额，借记“银行存款”等账户，贷记“其他收入——投资收益”账户。

（3）对外转让或到期收回长期债券投资本息，按照实际收到的金额，借记“银行存款”等账户，按照收回长期投资的成本，贷记本账户，按照其差额，贷记或借记“其他收入——投资收益”账户；同时，按照收回长期投资对应的非流动资产基金，借记“非流动资产基金——长期投资”账户，贷记“事业基金”账户。

【例 16-35】2002 年 1 月 1 日某大学购入光源公司发行的 5 年期债券，面额为 80 000 元，年利率为 12%，到期还本付息，该大学开出转账支票 80 000 元支付上述款项。

①购入债券时：

借：长期投资——光源公司债券	80 000	
贷：银行存款		80 000
借：事业基金	80 000	
贷：非流动资产基金——长期投资		80 000

②债券到期，收回本息：

借：银行存款	128 000	
贷：长期投资——光源公司债券		80 000
其他收入		48 000
借：非流动资产基金——长期投资	80 000	
贷：事业基金		80 000

第四节　固定资产的核算

固定资产是指使用年限在一年以上，单位价值在规定的标准以上，并在使用过程中基本保持原来物质形态的资产，包括房屋和建筑物、专用设备、一般设备、文物和陈列品、图书、其他固定资产等。单位价值虽然不足规定标准，但耐用时间在一年以上的大批同类资产，也应作为固定资产核算。

一、固定资产的分类

事业单位的固定资产一般分为六类：①房屋及构筑物；②专用设备；③通用设备；④文物和陈列品；⑤图书、档案；⑥家具、用具、装具及动植物。

对于应用软件，如果其构成相关硬件不可缺少的组成部分，应当将该软件价值包括在所属硬件价值中，一并作为固定资产进行核算；如果其不构成相关硬件不可缺少的组成部分，应当将该软件作为无形资产核算。事业单位以经营租赁租入的固定资产，不作为固定资产核算，应当另设备查簿进行登记。购入需要安装的固定资产，应当先通过“在建工程”账户核算，安装完毕交付使用时再转入本账户核算。

为了加强固定资产管理，正确地进行固定资产核算，必须对固定资产进行合理的分类。事业单位的固定资产一般可分为以下六类：

（一）房屋和建筑物

它是指事业单位拥有占有权、控制权的房屋、建筑物及其附属设施。其中，房屋包括办公用房、业务用房、库房、职工宿舍用房、职工食堂、锅炉房等；建筑物包括道路、围墙、水塔等；附属设施包括房屋和建筑物内的电梯、通信线路、输电线路、水气管道等。

（二）专用设备

它是指事业单位根据业务工作的实际需要购置的各种具有专门性能和专门用途的设备，如科研单位的科研仪器、学校的教学仪器、医院的医疗器械等。

（三）通用设备

它是指事业单位用于业务工作的通用性设备，如办公用的家具、交通工具等。

（四）文物和陈列品

它是指博物馆、展览馆、纪念馆等事业单位的各种文物和陈列品，如古物、字画、纪念物品等。

（五）图书

它是指专业图书馆、文化馆贮藏的书籍，以及事业单位贮藏的统一管理使用的业务用书，如单位图书馆（室）和阅览室的图书等。

（六）其他固定资产

它是指除上述五类以外的其他各项固定资产，如用具、家具及动植物等。

根据各事业单位固定资产的实际情况，可增设类别，各类事业单位应根据规定的固定资产标准和分类，结合本单位情况，制定《固定资产目录》，作为核算依据。

二、固定资产的取得与计价

固定资产的价值构成是指固定资产价值所包括的范围，即固定资产的入账金额。由于固定资产的来源渠道不同，其价值构成的具体内容也有所差异。

（一）购入的固定资产

购入的固定资产，其成本包括购买价款、相关税费以及固定资产交付使用前所发生的可归属于该项资产的运输费、装卸费、安装调试费和专业人员服务费等。

（二）自行建造的固定资产

对于自行建造的固定资产，其成本包括建造该项资产至交付使用前所发生的全部必要支出。按建造过程中实际发生的全部支出（工、料、费）作为原价计价入账。固定资产借款利息和有关费用，以及外币借款的汇兑差额，在固定资产办妥竣工决算手续之后发生的，计入当期支出或费用。

（三）在原有固定资产的基础上进行改建、扩建的固定资产

对于在原有固定资产的基础上进行改建、扩建的固定资产，其成本按照原固定资产账面价值（“固定资产”账户账面余额减去“累计折旧”账户账面余额后的净值）加上改建、扩建、修缮发生的支出，再扣除固定资产拆除部分的账面价值后的金额确定。

（四）融资租入的固定资产

对于融资租入的固定资产，其成本按照租赁协议或者合同确定的租赁价款、相关税费以及固定资产交付使用前所发生的可归属于该项资产的运输费、途中保险费、安装调试费等确定。

（五）接受捐赠、无偿调入的固定资产

接受捐赠、无偿调入的固定资产，其成本按照有关凭据注明的金额加上相关税

费、运输费等确定；没有相关凭据的，其成本比照同类或类似固定资产的市场价格加上相关税费、运输费等确定；没有相关凭据、同类或类似固定资产的市场价格也无法可靠取得的，该固定资产按照名义金额入账。

（六）盘盈的固定资产

对于盘盈的固定资产，按照同类或类似固定资产的市场价格确定入账价值；同类或类似固定资产的市场价格无法可靠取得的，按照名义金额入账。

事业单位已经入账的固定资产，除发生下列情况外，不得任意变动、调整固定资产的账面价值：①根据国家规定对固定资产价值重新估价；②增加补充设备或改良装置；③将固定资产的一部分拆除；④根据实际价值调整原来的暂估价值；⑤发现原记固定资产价值有错误。

事业单位固定资产核算的特点是：事业单位固定资金来源主要是国家财政拨款且一般不进行成本核算。即使实行内部成本核算的单位，与企业相比，事业单位内部成本核算在内容上是不完整的。有些费用项目可能没有发生，有些项目内容发生了但又无法进行准确的成本核算；在核算方法上是不严格的成本核算，它一般不具备真正意义的成本核算条件，各种成本费用的界限无法划分，计算分配方法也难以严格；从核算形式上，它是内部的成本核算，主要目的不是营利，而是为了加强事业单位的内部管理，正确反映单位财务状况和事业成果，提高单位成本核算意识和资金使用效益。

三、固定资产增加的核算

（一）固定资产增加的来源

（1）拨入专项资金增加的固定资产；

（2）收支结余与接受捐赠增加的固定资产；

（3）其他单位投资转入或无偿调入的固定资产；

（4）融资租入的固定资产；

（5）盘盈增加的固定资产。

2. 固定资产增加的入账凭证

（1）购置不需安装的固定资产，根据验收单、发货票、收据等入账。

（2）基建完工移交增加的固定资产，根据竣工验收单、工程决算清单入账。

（3）接受捐赠的固定资产，根据验收单、发货票或固定资产清单入账。

（4）其他单位投资转入或调入增加的固定资产，根据验收单、调拨单、固定资产投资清册、资产评估报告或投资合同、协议等入账。

（5）融资租入增加的固定资产，根据租赁合同、验收单入账。

（6）盘盈的固定资产，根据固定资产盘点表入账。

（二）固定资产核算使用的科目

事业单位固定资产核算应使用的科目主要有“固定资产”“累计折旧”等。

1. “固定资产”科目

该科目用来核算事业单位固定资产原价的增减变化情况。该科目属于资产类账户。其借方登记事业单位增加的固定资产原价，贷方登记减少的固定资产原价，余额在借方，表示现有固定资产的原价。

为了反映和监督各项不同性能、不同用途的固定资产的增减变化情况，除了进行总分类核算外，还应设置“固定资产卡片”和“固定资产登记簿”进行固定资产的明细分类核算。

“固定资产卡片”是进行固定资产明细分类核算的账簿，应以每一个独立的固定资产项目为对象分别设置，一个独立的固定资产项目设置一张卡片，并按固定资产的类别和保管、使用单位顺序排列。在每一张卡片中，应载明该项固定资产的编号、名称、规格、技术特征、使用单位、开始使用日期、原价、预计使用年限、停用以及大修理等详细资料（如果计提固定资产折旧，还应载明折旧率）。

凡是增加固定资产，都应设置新的卡片；凡是有关大修理、停用、在事业单位内部改变使用单位、进行清理或售出等，都应在卡片内进行登记；凡是减少的固定资产，都应将卡片抽出，另行保管。

固定资产登记簿应按固定资产类别开设账页，每个账页内按使用单位设专栏。年初，分别按固定资产类别和使用单位登记固定资产原值的年初余额；每月按固定资产增减的日期序时登记，反映各类、各部门固定资产原价的增减变动。月末，应结出余额。

固定资产登记簿、固定资产卡片和“固定资产”总账账户的余额要定期核对。

临时租入的固定资产，应另设固定资产备查簿进行登记，不在“固定资产”账户内核算。

2. “累计折旧”科目

该科目用来核算事业单位固定资产计提的累计折旧。按月计提固定资产折旧时，按照应计提折旧金额，借记“非流动资产基金——固定资产”账户，贷记本账户。

固定资产处理时，按照所处理固定资产的账面价值，借记“待处理资产损溢”账户，按照已计提折旧，借记本账户，按照固定资产的账面余额，贷记“固定资产”账户。本账户期末贷方余额，反映事业单位计提的固定资产折旧累计数。

应当按照所对应固定资产的类别、项目等进行明细核算。事业单位应当对除下列各项资产以外的其他固定资产计提折旧：

（1）文物和陈列品；

（2）动植物；

（3）图书、档案；

（4）以名义金额计量的固定资产。

折旧是指在固定资产使用寿命内，按照确定的方法对应折旧金额进行系统分摊。有关说明如下：

（1）事业单位应当根据固定资产的性质和实际使用情况，合理确定其折旧年限。省级以上财政部门、主管部门对事业单位固定资产折旧年限作出规定的，从其规定。

（2）事业单位一般应当采用年限平均法或工作量法计提固定资产折旧。

（3）事业单位固定资产的应折旧金额为其成本，计提固定资产折旧不考虑预计净残值。

（4）事业单位一般应当按月计提固定资产折旧。当月增加的固定资产，当月不提折旧，从下月起计提折旧；当月减少的固定资产，当月照提折旧，从下月起不提折旧。

（5）固定资产提足折旧后，无论能否继续使用，都不再计提折旧；提前报废的固定资产，也不再补提折旧。已提足折旧的固定资产，可以继续使用的，应当继续使用，规范管理。

（6）计提融资租入固定资产折旧时，应当采用与自有固定资产相一致的折旧政策。能够合理确定租赁期届满时将会取得租入固定资产所有权的，应当在租入固定资产尚可使用年限内计提折旧；无法合理确定租赁期届满时能够取得租入固定资产所有权的，应当在租赁期与租入固定资产尚可使用年限两者中较短的期间内计提折旧。

（7）固定资产因改建、扩建或修缮等原因而延长其使用年限的，应当按照重新确定的固定资产的成本以及重新确定的折旧年限，重新计算折旧额。

4. 固定资产增加的账务处理

固定资产增加的账务处理，因其取得途径不同而异。

（1）购入的固定资产

以一笔款项购入多项没有单独标价的固定资产，按照各项固定资产同类或类似资产市场价格的比例对总成本进行分配，分别确定各项固定资产的入账成本。

购入不需安装的固定资产，按照确定的固定资产成本，借记本账户，贷记“非流动资产基金——固定资产”账户；同时，按照实际支付金额，借记“事业支出”“经营支出”“专用基金——修购基金”等账户，贷记“财政补助收入”“零余额账户用款额度”“银行存款”等账户。

购入需要安装的固定资产，先通过“在建工程”账户核算。安装完工交付使用时，借记本账户，贷记“非流动资产基金——固定资产”账户；同时，借记“非流动资产基金——在建工程”账户，贷记“在建工程”账户。

购入固定资产扣留质量保证金的，应当在取得固定资产时，按照确定的成本，借记本账户（不需安装）或“在建工程”账户（需要安装），贷记“非流动资产基金——固定资产、在建工程”账户。同时，取得固定资产全款发票的，应当同时按照构成资产成本的全部支出金额，借记“事业支出”“经营支出”“专用基金——修购基金”等账户，按照实际支付金额，贷记“财政补助收入”“零余额账户用款额度”“银行存款”等账户，按照扣留的质量保证金，贷记“其他应付款”（扣留期在1年以内）或“长期应付款”（扣留期超过1年）账户；取得的发票金额不包括质量保证金的，应当同时按照不包括质量保证金的支出金额，借记“事业支出”“经营支出”“专用基金——修购基金”等账户，贷记“财政补助收入”“零余额账户用款额度”“银行存款”等账户。质保期满支付质量保证金时，借记“其他应付款”“长期应付款”账户，或借记“事业支出”“经营支出”“专用基金——修购基金”等账户，贷记“财政补助收入”“零余额账户用款额度”“银行存款”等账户。

【例16-36】小张以银行存款25 000元去A公司购惠普服务器一台，设备已验收入库，交付使用。

①支付货款时：

借：事业支出　　25 000

　贷：银行存款　　25 000

②验收后：

借：固定资产　　25 000

　贷：非流动资产基金——固定资产　　25 000

【例 16-37】某大学用修购基金购入 1 台设备，含增值税的货款为 10 000 元，运费 500 元，均用转账支票支付。

①支付货款及运费时：

借：专用基金——修购基金　　10 500

　贷：银行存款　　10 500

②交付使用时：

借：固定资产　　10 500

　贷：非流动资产基金——固定资产　　10 500

【例 16-38】某事业单位以财政拨款购入一台价值 80 000 元设备，需要安装调试，10 天后交付使用。

借：在建工程　　80 000

　贷：非流动资产基金——在建工程　　80 000

借：事业支出　　80 000

　贷：财政补助收入　　80 000

交付使用时：

借：非流动资产基金——在建工程　　80 000

　贷：在建工程　　80 000

借：固定资产　　80 000

　贷：非流动资产基金——固定资产　　80 000

（2）自行建造和改扩建的固定资产

工程完工交付使用时，按自行建造过程中发生的实际支出，借记本账户，贷记“非流动资产基金——固定资产”账户；同时，借记“非流动资产基金——在建工程”账户，贷记“在建工程”账户。已交付使用但尚未办理竣工决算手续的固定资产，按照估计价值入账，待确定实际成本后再进行调整。

将固定资产转入改建、扩建、修缮时，按固定资产的账面价值，借记“在建工程”账户，贷记“非流动资产基金——在建工程”账户；同时，按固定资产对应的非流动资产基金，借记“非流动资产基金——固定资产”账户，按固定资产已计提折旧，借记“累计折旧”账户，按固定资产的账面余额，贷记本账户。

工程完工交付使用时，借记本账户，贷记“非流动资产基金——固定资产”账户；同时，借记“非流动资产基金——在建工程”账户，贷记“在建工程”账户。

其基本账务处理同安装工程。

（3）融资租入的固定资产

其成本按照租赁协议或者合同确定的租赁价款、相关税费以及固定资产交付使用前所发生的可归属于该项资产的运输费、途中保险费、安装调试费等确定。

融资租入的固定资产，按照确定的成本，借记本账户（不需安装）或“在建工程”账户（需安装），按照租赁协议或者合同确定的租赁价款，贷记“长期应付款”账户，按照其差额，贷记“非流动资产基金——固定资产、在建工程”账户。同时，按照实际支付的相关税费、运输费、途中保险费、安装调试费等，借记“事业支出”“经营支出”等账户，贷记“财政补助收入”“零余额账户用款额度”“银行存款”等账户。

定期支付租金时，按照支付的租金金额，借记“事业支出”“经营支出”等账户，贷记“财政补助收入”“零余额账户用款额度”“银行存款”等账户；同时，借记“长期应付款”账户，贷记“非流动资产基金——固定资产”账户。

跨年度分期付款购入固定资产的账务处理，参照融资租入固定资产。

【例 16-39】某大学以融资租赁方式租入实验设备 1 台，按租赁协议规定，该设备的价款为 2 000 000 元，融资租赁合同中规定每年租赁费为 200 000 元，租赁期为 10 年。租入设备时，发生运输费 3 000 元、安装调试费 7 000 元，以银行存款支付。租赁公司安装调试完毕并交付使用。

融资租入设备时：

借：固定资产——融资租入固定资产	2 000 000	
贷：长期应付款——租入固定资产租金		2 000 000
借：事业支出	10 000	
贷：银行存款		10 000

每年付租赁款时：

借：事业支出	200 000	
贷：银行存款		200 000
借：长期应付款	200 000	
贷：非流动资产基金——固定资产		200 000

（4）接受捐赠的固定资产

事业单位收到捐赠的固定资产时，其成本按照有关凭据注明的金额加上相关税费、运输费等确定；没有相关凭据的，其成本比照同类或类似固定资产的市场价格加上相关税费、运输费等确定；没有相关凭据、同类或类似固定资产的市场价格也无法可靠取得的，该固定资产按照名义金额入账。

接受捐赠、无偿调入的固定资产，按照确定的固定资产成本，借记本账户（不需安装）或“在建工程”账户（需安装），贷记“非流动资产基金——固定资产、在建工程”账户；按照发生的相关税费、运输费等，借记“其他支出”账户，贷记“银行存款”等账户。

【例 16-40】某大学接受外单位捐赠的全新设备 1 台，根据捐赠者提供的发票等单据确定其价值为 20 000 元。同时，开出转账支票支付相关运输费和包装费用 1 500 元，从财政事业经费拨款中列支。

借：固定资产	21 500	
贷：非流动资产基金——固定资产		21 500

同时：

借：其他支出	1 500	
贷：银行存款		1 500

四、固定资产减少的核算

事业单位固定资产的减少主要包括固定资产的出售、捐出、报废、毁损、向其他单位投资转出等。

（一）出售、调出、捐出固定资产

事业单位出售、无偿调出、对外捐赠固定资产，转入待处理资产时，按照待处理固定资产的账面价值，借记“待处理资产损溢”账户，按照已计提折旧，借记“累计折旧”账户，按照固定资产的账面余额，贷记本账户。

实际出售、调出、捐出时，按照处理固定资产对应的非流动资产基金，借记“非流动资产基金——固定资产”账户，贷记“待处理资产损溢”账户。

出售固定资产过程中取得价款、发生相关税费，以及出售价款扣除相关税费后的净收入的账务处理，参见“待处理资产损溢”账户。

【例 16-41】某大学将 1 台不需用的设备捐给其他单位，该设备的账面原价为 12 000元，已提折旧 3 600 元。

借：待处理资产损溢	8 400	
累计折旧	3 600	
贷：固定资产		12 000
借：非流动资产基金	8 400	
贷：待处理资产损溢		8 400

（二）向其他单位投资转出固定资产

事业单位向其他单位投资转出固定资产时，按照评估价值加上相关税费作为投资成本，借记“长期投资”账户，贷记“非流动资产基金——长期投资”账户，按发生的相关税费，借记“其他支出”账户，贷记“银行存款”“应缴税费”等账户；同时，按照投出固定资产对应的非流动资产基金，借记“非流动资产基金——固定资产”账户，按照投出固定资产已计提折旧，借记“累计折旧”账户，按照投出固定资产的账面余额，贷记本账户。

五、固定资产清查及其结果的账务处理

事业单位应当定期对固定资产进行盘点清查，每年至少实地盘点清查一次，以保证固定资产核算的真实性。

（一）固定资产的清查方法

固定资产的定期清查，应成立清查小组，以财产管理部门为主，由会计部门和职工代表参加。在进行固定资产盘点清查前，首先必须核对固定资产账目，将全部有关固定资产增减变化的经济业务登记入账，并结出余额，做到账账相符。固定资产盘点清查的具体方法有以下三种：账实逐一核对法、抄列实物清单法、卡实直接核对法。

通过固定资产盘点清查，应根据清查的结果，编制固定资产盘盈、盘亏报告表。并按规定的程序报经有关部门批准后，对盘盈固定资产应增设固定资产卡片，对盘亏的固定资产应注销固定资产卡片。

（二）固定资产盘盈、盘亏或报废、毁损的账务处理

事业单位的固定资产应当定期进行清查盘点，对于发生的固定资产盘盈、盘亏或者报废、毁损，应当及时查明原因，按规定报经批准后进行账务处理。

（1）盘盈的固定资产，按照同类或类似固定资产的市场价格确定入账价值；同

类或类似固定资产的市场价格无法可靠取得的，按照名义金额入账。

盘盈的固定资产，按照确定的入账价值，借记本账户，贷记“非流动资产基金——固定资产”账户。

（2）盘亏或者毁损、报废的固定资产，转入待处理资产时，按照待处理固定资产的账面价值，借记“待处理资产损溢”账户，按照已计提折旧，借记“累计折旧”账户，按照固定资产的账面余额，贷记本账户。

报经批准予以处理时，按照处理固定资产对应的非流动资产基金，借记“非流动资产基金——固定资产”账户，贷记“待处理资产损溢”账户。

处理毁损、报废存货固定资产过程中收到残值变价收入、保险理赔和过失人赔偿等，借记“库存现金”“银行存款”等账户，贷记“待处理资产损溢”（处理净收入）。处理毁损、报废存货、固定资产过程中发生相关费用，借记“待处理资产损溢”，贷记“库存现金”“银行存款”等账户。

处理完毕，按照处理收入扣除相关处理费用后的净收入，借记“待处理资产损溢”（处理净收入），贷记“应缴国库款”等账户。

【例 16-42】某大学年终清查，盘盈投影仪一台，价值 8 000 元。财会部门根据有关凭证编制会计分录：

借：固定资产	8 000	
贷：非流动资产基金——固定资产		8 000

【例 16-43】某科研单位年末清查，发现盘亏设备一台，原值 10 000 元，已提折旧 2 000 元。报经批准处理。财会部门根据有关凭证编制会计分录：

借：待处理资产损溢	8 000	
累计折旧	2 000	
贷：固定资产		10 000
借：非流动资产基金——固定资产	8 000	
贷：待处理资产损溢		8 000

【例 16-44】某大学某月报废设备一台。在清理过程中，通过银行支付清理费用 500 元，同时发生残料变价收入 1 500 元并已存入银行。该设备账面原价值 15 000 元，已提折旧 3 000 元。

①报废转入待处理：

借：待处理资产损溢	12 000	
累计折旧	3 000	
贷：固定资产		15 000

批准转销时：

借：非流动资产基金——固定资产	12 000	
贷：待处理资产损溢		12 000

②支付清理费用时：

借：待处理资产损溢	500	
贷：银行存款		500

③收回残料变价收入时：

借：银行存款	1 500	

　　贷：待处理资产损溢　　1 500

借：待处理资产损溢　　1 000

　　贷：应缴国库款　　1 000

第五节　无形资产的核算

一、无形资产的特点、内容及其分类

无形资产是指事业单位持有的没有实物形态的可辨认非货币性资产，包括专利权、商标权、著作权、土地使用权、非专利技术等。事业单位购入的不构成相关硬件不可缺少组成部分的应用软件，应当作为无形资产核算。

（一）无形资产的特征

（1）没有独立的实物形态，但往往又必须依托于一定的实体。如专利权与机器设备比较，就没有人们能感触到的物质形态，但它要通过特定的配方、工艺和生产线来体现。

（2）能在较长时间内使事业单位获得经济利益。无形资产能在较长时间内发挥作用，从而使事业单位受益，因此属于一项长期资产，为取得无形资产所发生的支出，属于资本性支出。

（3）能够提供未来经济效益的大小具有较大的不确定性。无形资产的经济价值在很大程度上受事业单位外部因素的影响，其预期的获利能力不能准确地加以确定。无形资产的取得成本不能代表其经济价值，一项取得成本较高的无形资产可能为事业单位带来较少的经济效益，而取得成本较低的无形资产也可能给事业单位带来较大的利益。

（4）有偿取得。只有花费了支出的无形资产，才能作为无形资产入账；否则，不能作为无形资产入账。如无偿取得的土地使用权，不能作为无形资产入账；经营中形成的非专利技术，如果没有专门的确定支出，也不能作为无形资产入账。

（二）无形资产的内容

无形资产一般包括专利权、商标权、土地使用权、著作权、非专利技术等。

1. 专利权

专利权是指权利人在法定期限内对某一发明创造所拥有的独占权和专有权。专利权的主体是依据专利法被授予专利权的个人或单位，专利权的客体是受专利法保护的专利范围。并不是所有的专利权都能给持有者带来经济利益，有的专利可能没有经济价值或具有很小的经济价值；有的专利会被另外更有经济价值的专利权所淘汰等。因此，无需将其所拥有的一切专利权都作为无形资产核算。只有那些能够给事业单位带来较大经济价值，并且为此花费了支出的专利才能作为无形资产核算。

2. 商标权

商标权是指使用特定的名称、图案、标记的权利。根据我国《商标法》的规定，经商标局核准注册的商标为注册商标，商标注册人享有商标专用权，受法律保护。商标权的内容包括独占使用权和禁止使用权。商标权的价值在于它能使享有人

获得较高的盈利能力。我国《商标法》规定，商标权的有效期限为10年，期满前可继续申请延长注册期。

3. 土地使用权

土地使用权是指国家准许事业单位在一定期间对国有土地享有开发、利用、经营的权利。根据我国《土地管理法》的规定，我国土地实行公有制，任何单位和个人不得侵占、买卖或者以其他形式非法转让。国有土地可依法确定给国有企业、集体企业等单位，其使用权可依法转让。取得土地使用权有时可能不花费任何代价，如单位所拥有的未入账的土地使用权，这时，就不能作为无形资产核算。取得土地使用权时花费了支出，则应将其作为无形资产核算。

4. 著作权

著作权是指著作权人对其著作依法享有的出版、发行等方面的专有权利。著作权可以转让、出售或者赠予。著作权包括发表权、署名权、修改权、保护作品完整权、使用权和获得报酬权等。

5. 非专利技术

非专利技术也称专有技术，是指发明人垄断的、不公开的、具有实用价值的先进技术、资料、技能、知识等。非专利技术具有经济性、机密性、动态性等特点。由于非专利技术未经公开亦未申请专利权，所以不受法律保护，但事实上具有专利权的效用。

二、无形资产的计价

（一）外购的无形资产

外购的无形资产，其成本包括购买价款、相关税费以及可归属于该项资产达到预定用途所发生的其他支出。委托软件公司开发软件视同外购无形资产进行处理。

（二）自创并经法律程序申请取得的无形资产

自行开发并按法律程序申请取得的无形资产，按依法取得时发生的注册费、聘请律师费等费用，作为无形资产的实际成本。在研究与开发过程中发生的材料费用、直接参与开发人员的工资及福利费、开发过程中发生的租金及借款等费用，直接计入当期支出。

（三）接受捐赠、无偿调入的无形资产

接受捐赠、无偿调入的无形资产，其成本按照有关凭据注明的金额加上相关税费等确定；没有相关凭据的，其成本比照同类或类似无形资产的市场价格加上相关税费等确定；没有相关凭据、同类或类似无形资产的市场价格也无法可靠取得的，该资产按照名义金额入账。

三、无形资产的摊销与转让

摊销是指在无形资产使用寿命内，按照确定的方法对应摊销金额进行系统分摊。有关说明如下：

（1）事业单位应当按照如下原则确定无形资产的摊销年限：法律规定了有效年限的，按照法律规定的有效年限作为摊销年限；法律没有规定有效年限的，按照相关合同或单位申请书中的受益年限作为摊销年限；法律没有规定有效年限、相关合

同或单位申请书也没有规定受益年限的，按照不少于10年的期限摊销。

（2）事业单位应当采用年限平均法对无形资产进行摊销。

（3）事业单位无形资产的应摊销金额为其成本。

（4）事业单位应当自无形资产取得当月起，按月计提无形资产摊销。

（5）因发生后续支出而增加无形资产成本的，应当按照重新确定的无形资产成本，重新计算摊销额。

无形资产的转让形式有两种：一是转让所有权，二是转让使用权。无论采用哪种形式转让，所取得的收入应列入事业单位的事业收入或经营收入，同时，结转无形资产的摊余成本。

四、无形资产的账务处理

（一）账户设置

为了反映无形资产的取得和摊销情况，应设置“无形资产”和“累计摊销”总账科目。“无形资产”科目用来核算事业单位的专利权、非专利技术、著作权、商标权、土地使用权等各种无形资产的价值。它是资产类账户。其借方登记取得无形资产时的实际支出数，贷方登记无形资产的摊销，余额在借方，表示尚未摊销的无形资产金额。本账户还应按无形资产的类别设置明细账，进行无形资产的明细核算。“累计摊销”账户用来核算事业单位无形资产计提的累计摊销。按月计提无形资产摊销时，计入贷方。无形资产处理时，借记本账户。本账户期末贷方余额，反映事业单位计提的无形资产摊销累计数。

（二）账务处理

无形资产的核算业务主要有取得、摊销、出售和投资。

1. 购入无形资产

购入的无形资产，按照确定的无形资产成本，借记本账户，贷记“非流动资产基金——无形资产”账户；同时，按照实际支付金额，借记“事业支出”等账户，贷记“财政补助收入”“零余额账户用款额度”“银行存款”等账户。

【例16-45】某事业单位购入一项专利技术，价值80 000元，以存款支付。

借：无形资产	80 000	
贷：非流动资产基金——无形资产		80 000
借：事业支出	80 000	
贷：银行存款		80 000

2. 委托软件公司开发软件视同外购无形资产进行处理

支付软件开发费时，按照实际支付金额，借记“事业支出”等账户，贷记“财政补助收入”“零余额账户用款额度”“银行存款”等账户。软件开发完成交付使用时，按照软件开发费总额，借记本账户，贷记“非流动资产基金——无形资产”账户。

【例16-46】某高校购入一项专利技术，发票价格为200 000元，款项已通过银行转账支付。

借：无形资产——专利权	200 000	
贷：非流动资产基金——无形资产		200 000

借：事业支出　　200 000

　贷：银行存款　　200 000

3. 自行开发无形资产

自行开发并按法律程序申请取得的无形资产，按照依法取得时发生的注册费、聘请律师费等费用，借记本账户，贷记“非流动资产基金——无形资产”账户；同时，借记“事业支出”等账户，贷记“财政补助收入”“零余额账户用款额度”“银行存款”等账户。

依法取得前所发生的研究开发支出，应于发生时直接计入当期支出，借记“事业支出”等账户，贷记“银行存款”等账户。

【例 16-47】某大学试制成功并依法申请取得了一项专利权，在申请专利权的过程中发生专利登记费 25 000 元，律师费 3 000 元。

借：无形资产——专利权　　28 000

　贷：非流动资产基金　　28 000

借：事业支出　　28 000

　贷：银行存款　　28 000

4. 接受捐赠的无形资产

接受捐赠、无偿调入的无形资产，按照确定的无形资产成本，借记本账户，贷记“非流动资产基金——无形资产”账户；按照发生的相关税费等，借记“其他支出”账户，贷记“银行存款”等账户。

【例 16-48】某大学接受其他单位捐赠的专利权一项，评估确认的价值为 60 000元。

借：无形资产——专利权　　60 000

　贷：非流动资产基金——无形资产　　60 000

5. 无形资产的摊销

按月计提无形资产摊销时，按照应计提摊销金额，借记“非流动资产基金——无形资产”账户，贷记“累计摊销”。无形资产处理时，按照所处理无形资产的账面价值，借记“待处理资产损溢”账户，按照已计提摊销，借记本账户，按照无形资产的账面余额，贷记“无形资产”账户。

【例 16-49】某科研所实行内部成本核算，所取得的专利权的账面成本为 100 000元，预计有效年限为 10 年。当期摊销 10 000 元。

借：非流动资产基金——无形资产　　10 000

　贷：累计摊销——专利权　　10 000

6. 无形资产的转让

转让、无偿调出、对外捐赠无形资产，转入待处理资产时，按照待处理无形资产的账面价值，借记“待处理资产损溢”账户，按照已计提摊销，借记“累计摊销”账户，按照无形资产的账面余额，贷记“无形资产”。

实际转让、调出、捐出时，按照处理无形资产对应的非流动资产基金，借记“非流动资产基金——无形资产”账户，贷记“待处理资产损溢”账户。

转让无形资产过程中取得价款、发生相关税费，以及出售价款扣除相关税费后的净收入的账务处理，参见前“待处理资产损溢”账户处理方法。

【例 16-50】某大学将已入账的专利权转让给甲企业，无形资产原价 45 000 元，已摊销 9 000 元，转让价 50 000 元。

借：银行存款	50 000	
贷：事业收入		50 000
借：待处理资产损溢	36 000	
累计摊销	9 000	
贷：无形资产		45 000
借：非流动资产基金——无形资产	36 000	
贷：待处理资产损溢		36 000

7. 对外投资转出无形资产

对外投资转出无形资产按有关规定处理。以已入账无形资产对外投资，按照评估价值加上相关税费作为投资成本，借记“长期投资”账户，贷记“非流动资产基金——长期投资”账户，按发生的相关税费，借记“其他支出”账户，贷记“银行存款”“应缴税费”等账户；同时，按照投出无形资产对应的非流动资产基金，借记“非流动资产基金——无形资产”账户，按照投出无形资产已计提摊销，借记“累计摊销”账户，按照投出无形资产的账面余额，贷记“无形资产”。

【例 16-51】某大学以一项专利权投资乙企业，经评估确认该项专利权价值为 400 000 元，其账面原价为 350 000 元，已摊销 35 000 元。

借：长期投资	400 000	
贷：非流动资产基金——长期投资		400 000
借：非流动资产基金——无形资产	315 000	
累计摊销	35 000	
贷：无形资产		350 000

第十七章
事业单位负债与净资产的核算

负债是指事业单位所承担的能以货币计量，需要以资产或劳务偿付的债务。事业单位的负债按照流动性，分为流动负债和非流动负债，包括短期借款、长期借款、应付账款、预收账款、其他应付款以及各种应缴款项等。事业单位的净资产是指资产减去负债的差额，包括事业基金、非流动资产基金、专用基金、财政补助结转结余、非财政补助结转结余等。

第一节　负债的核算

一、负债概述

（一）负债的定义及特点

负债是指事业单位所承担的能以货币计量，需要以资产或劳务偿付的债务。负债具有以下特点：

（1）负债是现时已经存在的，是由过去或目前已发生的经济业务所形成的经济义务；

（2）负债是事业单位承担的在将来以资产或劳务偿付的经济责任，负债意味着事业单位将来经济利益的丧失或者牺牲；

（3）负债应具有能够用货币确切地计量或合理估计的金额。一般来说，到期偿付的金额是可以确定的，如果一时无法确定，也应该可以合理地估计出一个比较准确、客观的金额。

（二）负债的分类

按照负债的流动性可以分为流动负债和非流动负债。

1. 流动负债

流动负债包括短期借款、应付账款、预收账款、其他应付款、应付职工薪酬、各种应缴款项。

（1）短期借款是指事业单位借入的期限在 1 年内（含 1 年）的各种借款。

（2）应付账款是指购买材料、商品或接受劳务供应等而发生的债务。

（3）预收账款是指买卖双方协议商定，由购货方预先支付一部分货款给供应方而发生的一项负债。

（4）其他应付款是指事业单位应付、暂收其他单位或个人的款项。如租入固定资产的租金、存入保证金、个人交存的住房公积金等。

（5）应付职工薪酬是指事业单位应付未付的职工工资、津贴补贴等。

（6）各种应缴款项。事业收入和经营收入较少的事业单位可以不提取修购基金，实行固定资产折旧的事业单位不提取修购基金。

2. 非流动负债

事业单位的非流动负债包括长期借款、长期应付款等。

（三）负债的计价原则

（1）各种负债应当按实际发生数额记账；

（2）负债已经发生而数额需要预计确定的，应当合理估计，待实际数额确定后，再进行调整。

二、短期借款的核算

（一）短期借款的内容

短期借款是指事业单位从财政部门、上级主管部门、金融机构和向其他单位借入的有 1 年内（含一年）的款项。

（1）借入款项发生前，必须要有书面报告，说明资金借款的渠道、额度、期限、利率和担保方式，经批准后办理借款手续；

（2）事业单位对借入款项应加强管理，实行资金的有偿使用；

（3）借入款合同或协议到期，应及时返还资金。

（二）短期借款的核算

应设置“短期借款”科目。借入各种短期借款时，按照实际借入的金额，借记“银行存款”账户，贷记本账户。银行承兑汇票到期，本单位无力支付票款的，按照银行承兑汇票的票面金额，借记“应付票据”账户，贷记本账户。支付短期借款利息时，借记“其他支出”账户，贷记“银行存款”账户。归还短期借款时，借记本账户，贷记“银行存款”账户。

本账户期末贷方余额，反映事业单位尚未偿还的短期借款本金。

【例 17-1】某大学 2002 年 4 月 1 日向银行借款 200 000 元，用于改善教学条件，借款期限为 1 年，借款年利率为 12%，借款合同规定按季支付利息。根据借款凭证编制会计分录：

①取得借款时：

借：银行存款　　200 000

　贷：短期借款　　200 000

②月末计提利息时：

借：其他支出　　2 000

　贷：预提费用　　2 000

③每季度末支付利息时：

借：预提费用　　4 000

　　其他支出　　2 000

　贷：银行存款　　6 000

④归还借款本金时：

借：短期借款　　200 000
　贷：银行存款　　200 000

三、应付票据的核算

应付票据是指事业单位对外发生债务时所开出、承兑的商业汇票，包括银行承兑汇票和商业承兑汇票。

单位开出承兑汇票或以汇票抵付货款时，借记“存货”“应付账款”等账户，贷记本账户。支付银行承兑汇票手续费，借记“经营支出”“事业支出”或费用账户，贷记“银行存款”账户。收到银行支付本息通知时，借记本账户和“经营支出”“事业支出”账户，贷记“银行存款”账户。

同时，各单位还应设置“应付票据备查簿”，详细登记每一应付票据的种类、号数、签发日期、到期日、票面金额、收款人姓名或单位名称，以及付款日期和金额等详细资料。应付票据到期付清时，应在备查簿内逐笔注销。

【例 17-2】某科研所开出商业汇票一张，抵付前欠 M 公司材料款，面额为 15 000元。编制会计分录：

借：应付账款——M 公司　　15 000
　贷：应付票据　　15 000

【例 17-3】某大学购进实验用材料一批，价值 15 000 元，根据交易合同开出期限为 3 个月的带息商业汇票一张。编制会计分录：

借：存货　　15 000
　贷：应付票据　　15 000

【例 17-4】上述商业汇票到期，收到银行支付本息通知，共付 15 200 元。编制会计分录：

借：应付票据　　15 000
　　事业支出　　200
　贷：银行存款　　15 200

四、应付账款的核算

应付账款是指购买材料、商品或接受劳务供应等而发生的债务。应付账款和应付票据不同，两者虽然都是由于交易而引起的负债，但应付账款是尚未结清的债务，而应付票据是一种期票，是延期付款的证明。

为了核算事业单位因购买材料、物资和接受劳务供应而应付给供应单位的款项，应设置“应付账款”科目。单位购入材料、物资等已验收入库，但货款尚未支付，应根据有关凭证，借记“存货”等账户，贷记本账户。单位接受其他单位提供的劳务而发生的应付未付款，应根据供应单位提供的发票账单，借记有关成本费用账户，贷记本账户。

单位偿付应付账款，借记本账户，贷记“银行存款”等账户。单位开出商业承兑汇票抵付应付账款，借记本账户，贷记“应付票据”。

本账户应按供应单位设明细账。

【例 17-5】某大学物资科向 N 公司购进材料一批，价值 25 000 元，货已运达并验收入库，款未付。编制会计分录：

借：存货　25 000

　贷：应付账款——N 公司　25 000

【例 17-6】用银行存款支付前欠 N 公司货款 25 000 元。编制会计分录：

借：应付账款——N 公司　25 000

　贷：银行存款　25 000

五、预收账款的核算

预收账款是指买卖双方协议商定，由购货方预先支付一部分货款给供应方而发生的一项负债。

为了核算事业单位按照合同规定向购货单位预收的款项，应设置“预收账款”账户。预收账款业务不多的单位，也可将预收账款直接记入“应付账款”账户的贷方，不设本账户。

单位预收账款时，借记“银行存款”或“现金”账户，贷记本账户；货物销售实现（劳务兑现）时，按售价（劳务价格）借记本账户，贷记有关收入账户。付款单位补付的款项，借记“银行存款”账户，贷记本账户；退回多付的款项，作相反会计分录。本账户按购买单位设置明细账。

六、其他应付款的核算

事业单位除了应付票据、应付账款外，还会发生一些应付、暂收其他单位或个人的款项，这些暂收、应付款项也构成了事业单位的一项负债。

为了核算事业单位应付、暂收其他单位或个人的款项，如租入固定资产的租金、存入保证金、应付统筹退休金、个人交存的住房公积金等，应设置“其他应付款”账户。

单位发生的各种应付、暂收款项，借记“银行存款”“事业支出”“经营支出”等账户，贷记本账户；支付时，借记本账户，贷记“银行存款”等账户；同时，本账户还应按应付、暂收款项的类别或单位、个人设置明细账。

【例 17-7】10 日，数学系计发教师薪酬 8 000 元，计扣个人所得税 123 元，开出现金支票。会计处理如下：

借：事业支出——劳务费　8 000

　贷：其他应付款——个人所得税　123

　　银行存款　7 877

【例 17-8】11 日，计发工资时，代扣职工房租费 35 000 元，待转住房户（该校有住房辅助账户）。会计处理如下：

借：银行存款　35 000

　贷：其他应付款　35 000

七、应缴款项的核算

事业单位的应缴款项包括应缴国库款、应缴财政专户款和应缴税费等款项。这些款项在应缴未缴时，形成了单位对有关机构或上级单位的一种负债。

（一）应缴国库款的核算

1. 应缴国库款的内容

应缴国库款是指事业单位按规定应缴入国家预算的收入。其主要内容包括：

（1）事业单位代收的纳入预算管理的基金。按照国务院《关于加强预算外资金管理的决定》，事业单位征收的要纳入预算管理的政府性的基金。

（2）事业单位代收的行政性收费收入。它是指国家规定各级科研、医疗卫生、学校、广播电视、体育部门所发放的证照、簿册，向有关单位和个人所收取的工本费、手续费、商标注册费、公证费、养路费等。

（3）罚没收入。它是指各类事业单位依法查处应上缴国库的各项收入和没收物品的变价收入等。

（4）无主之物变价收入。它是指应上缴财政部门的无主财务（如遗失物等）变价收入。

各类应上缴预算收入，应当依法足额收缴，不得隐瞒，不得列作暂存不缴，不得挪用，也不得以任何借口截留坐支或转作预算外资金。各项应缴预算收入，应在每月月底缴清，年终必须将全年的应缴预算收入全部计算清缴，将全部应缴预算收入缴入国库。

（5）其他按预算管理规定应上缴预算的款项。

2. 应缴国库款的核算

为了核算事业单位应缴预算收入的增减变动及结存情况，应设置“应缴国库款”账户。按规定计算确定或实际取得应缴国库的款项时，借记“银行存款”等账户，贷记本账户；上缴时，借记本账户，贷记“银行存款”等账户。本账户期末贷方余额，反映事业单位应缴入国库但尚未缴纳的款项。本账户按预算款项类别设置明细账。

【例 17-9】某大学代收各种行政性收入 18 000 元，存入银行。编制会计分录：

借：银行存款	18 000	
贷：应缴国库款——代收行政性收入		18 000

【例 17-10】某科研所将一无主三轮车变卖，取得变卖收入 400 元，存入银行。编制会计分录：

借：银行存款	400	
贷：应缴国库款——无主财物变价收入		400

【例 17-11】月末，将本月应缴预算收入 3 000 元上缴财政。编制会计分录：

借：应缴国库款	3 000	
贷：银行存款		3 000

（二）应缴财政专户款的核算

应缴财政专户款是指事业单位按规定代收的应上缴财政专户的预算外资金。预算外资金是指国家机关、事业单位和社会团体为了履行和代行政府职能，依据国家法律法规和具有法律效力的规章而收取、提取和安排使用的未纳入国家预算管理的各种财政性资金。预算外资金是国家财政性资金，不是部门和单位自有资金。事业单位应以应缴财政专户款的形式把预算外资金纳入财政管理的渠道中来。事业单位按规定代收的预算外资金必须上缴同级财政专户，支出由同级财政按预算外收支计划和单位财务收支计划统筹安排，从财政专户拨付，实行收支两条线管理，对其中少数费用开支有特殊需要的预算外资金，经财政部门核定收支计划后，可按确定的比例或按收支结余的数额定期缴入同级财政专户。

目前，应缴财政专户款的上缴形式有三种：

（1）收入全额上缴。即事业单位收到预算外资金时，应全额上缴同级财政专户，而支出由财政另行拨付。

（2）收支相抵后的余额上缴。即事业单位按财政部门核定的预算外资金收支结余数额上缴财政专户。

（3）按一定比例上缴。事业单位收到预算外资金时，按财政部门核定的比例将部分预算外资金上缴财政专户。

为了核算事业单位应缴财政专户的款项，应设置“应缴财政专户款”科目。本科目应当按照应缴财政专户的各款项类别进行明细核算。

取得应缴财政专户的款项时，借记“银行存款”等账户，贷记本账户。上缴款项时，借记本账户，贷记“银行存款”等账户。

本账户期末贷方余额，反映事业单位应缴入财政专户但尚未缴纳的款项。

按照国家有关规定应当上缴财政专户的资金，不计入事业收入；从财政专户核拨给事业单位的资金和经核准不上缴财政专户的资金，计入事业收入。

【例 17-12】9 月份，某高校共收到学生学费 5 000 000 元。

该校现执行收支两条线的制度，学费收入、其他收入（利息收入、捐赠收入等）收到款项时应首先上缴政府财政，然后再申请财政将款项回拨，回拨款才能作为学校收入入账。

收到时：

借：银行存款	5 000 000	
贷：应缴财政专户款		5 000 000

上缴时：

借：应缴财政专户款	5 000 000	
贷：银行存款		5 000 000

财政回拨时：

借：银行存款	5 000 000	
贷：事业收入——高等教育事业收入		5 000 000

（三）应缴税费的核算

为了核算事业单位应缴纳的各种税金，应设置“应缴税费”科目。事业单位按照税法等规定计算应缴纳的各种税费，包括营业税、增值税、城市维护建设税、教育费附加、车船税、房产税、城镇土地使用税、企业所得税等。事业单位代扣代缴的个人所得税，也通过“应缴税费”核算。计算出应交纳的税金（除一般纳税人缴纳的增值税）时，借记有关支出、结余分配等账户，贷记本账户；缴纳税金时，借记本账户，贷记“银行存款”等账户。本账户期末贷方余额，反映应缴未缴的税费金额。

1. 增值税

增值税是对在我国境内销售货物或者提供加工、修理修配劳务以及进口货物的单位和个人所征收的一种流转税。

增值税的纳税义务人，是在我国境内销售货物或者提供加工、修理修配劳务以及进口货物的单位和个人。根据税法的规定，增值税的纳税人根据其经营规模及会计核算的健全程度，可分为一般纳税人和小规模纳税人两种。这两类纳税人在计税方法上略有不同，相应的会计处理方法也就存在着差别。

属于增值税一般纳税人的事业单位，其应缴增值税明细账中应设置“进项税额”“已交税金”“销项税额”“进项税额转出”等专栏。

属于增值税一般纳税人的事业单位购入非自用材料的，按确定的成本（不含增值税进项税额），借记“存货”账户，按增值税专用发票上注明的增值税额，借记本账户（应缴增值税——进项税额），按实际支付或应付的金额，贷记“银行存款”“应付账款”等账户。

属于增值税一般纳税人的事业单位所购进的非自用材料发生盘亏、毁损、报废、对外捐赠、无偿调出等税法规定不得从增值税销项税额中抵扣进项税额的，将所购进的非自用材料转入待处理资产时，按照材料的账面余额与相关增值税进项税额转出金额的合计金额，借记“待处理资产损溢”账户，按材料的账面余额，贷记“存货”账户，按转出的增值税进项税额，贷记本账户（应缴增值税——进项税额转出）。

属于增值税一般纳税人的事业单位销售应税产品或提供应税服务，按包含增值税的价款总额，借记“银行存款”“应收账款”“应收票据”等账户，按扣除增值税销项税额后的价款金额，贷记“经营收入”等账户，按增值税专用发票上注明的增值税金额，贷记本账户（应缴增值税——销项税额）。

属于增值税一般纳税人的事业单位实际缴纳增值税时，借记本账户（应缴增值税——已交税金），贷记“银行存款”账户。

【例 17-13】某事业单位购入非自用材料一批，价款 20 000 元，增值税进项税 3 400 元，以银行存款支付。

借：存货　　20 000
　　应缴税费——应缴增值税（进项税额）　　3 400
　贷：银行存款　　23 400

【例 17-14】某事业单位开展经营活动销售产品一批，价格 10 000 元，增值税销项税 1 700 元，款已收到存入银行。

借：银行存款　　11 700
　贷：经营收入　　10 000
　　　应缴税费——应缴增值税（销项税额）　　1 700

【例 17-15】某事业单位以银行存款上缴本月增值税 6 800 元。

借：应缴税费——应缴增值税　　6 800
　贷：银行存款　　6 800

2. 小规模纳税人的增值税的核算

作为小规模纳税人，其购进货物或接受劳务支付的增值税税额计入采购成本，不允许从销项税额中进行抵扣，销售业务发生以后，按不含税价和规定的征收率计算销项税额。

属于增值税小规模纳税人的事业单位销售应税产品或提供应税服务，按实际收到或应收的价款，借记“银行存款”“应收账款”“应收票据”等账户，按实际收到或应收价款扣除增值税额后的金额，贷记“经营收入”等账户，按应缴增值税金额，贷记本账户（应缴增值税）。实际缴纳增值税时，借记本账户（应缴增值税），贷记“银行存款”账户。

3. 有关其他税种的核算

发生营业税、城市维护建设税、教育费附加纳税义务的，按税法规定计算的应缴税费金额，借记“待处理资产损溢——处理净收入”账户或有关支出账户，贷记本账户。实际缴纳时，借记本账户，贷记“银行存款”账户。

发生房产税、城镇土地使用税、车船税纳税义务的，按税法规定计算的应缴税金数额，借记有关账户，贷记本账户。实际缴纳时，借记本账户，贷记“银行存款”账户。

代扣代缴个人所得税的，按税法规定计算应代扣代缴的个人所得税金额，借记“应付职工薪酬”账户，贷记本账户。实际缴纳时，借记本账户，贷记“银行存款”账户。

发生企业所得税纳税义务的，按税法规定计算的应缴税金数额，借记“非财政补助结余分配”账户，贷记本账户。实际缴纳时，借记本账户，贷记“银行存款”账户。

发生其他纳税义务的，按照应缴纳的税费金额，借记有关账户，贷记本账户。实际缴纳时，借记本账户，贷记“银行存款”等账户。

八、应付职工薪酬

应付职工薪酬是指事业单位按有关规定应付给职工及为职工支付的各种薪酬，包括基本工资、绩效工资、国家统一规定的津贴补贴、社会保险费、住房公积金等。

设置“应付职工薪酬”科目。该科目应当根据国家有关规定按照“工资（离退休费）”“地方（部门）津贴补贴”“其他个人收入”以及“社会保险费”“住房公积金”等进行明细核算。

计算当期应付职工薪酬，借记“事业支出”“经营支出”等账户，贷记本账户。向职工支付工资、津贴补贴等薪酬，借记本账户，贷记“财政补助收入”“零余额账户用款额度”“银行存款”等账户。

按税法规定代扣代缴个人所得税，借记本账户，贷记“应缴税费——应缴个人所得税”账户。按照国家有关规定缴纳职工社会保险费和住房公积金，借记本账户，贷记“财政补助收入”“零余额账户用款额度”“银行存款”等账户。

从应付职工薪酬中支付其他款项，借记本账户，贷记“财政补助收入”“零余额账户用款额度”“银行存款”等账户。本账户期末贷方余额，反映事业单位应付未付的职工薪酬。

【例 17-16】某事业单位按照国家规定计算职工工资，其中在职人员工资 120 000元、离退休人员工资 50 000 元。并通过财政授权支付。

借：事业支出	170 000	
贷：应付职工薪酬——在职人员		120 000
——离退休人员		50 000

借：应付职工薪酬——在职人员　　120 000
　　　　　　　——离退休人员　　50 000
　贷：财政补助收入　　170 000

九、长期借款

长期借款是事业单位借入的期限超过 1 年（不含 1 年）的各种借款。应设置“长期借款”科目，按照贷款单位和贷款种类进行明细核算。对于基建项目借款，还应按具体项目进行明细核算。

借入各项长期借款时，按照实际借入的金额，借记“银行存款”账户，贷记本账户。为购建固定资产支付的专门借款利息，分别以下情况处理：

（1）属于工程项目建设期间支付的，计入工程成本，按照支付的利息，借记“在建工程”账户，贷记“非流动资产基金——在建工程”账户；同时，借记“其他支出”账户，贷记“银行存款”账户。

（2）属于工程项目完工交付使用后支付的，计入当期支出但不计入工程成本，按照支付的利息，借记“其他支出”账户，贷记“银行存款”账户。

其他长期借款利息，按照支付的利息金额，借记“其他支出”账户，贷记“银行存款”账户。归还长期借款时，借记本账户，贷记“银行存款”账户。

本账户期末贷方余额，反映事业单位尚未偿还的长期借款本金。

【例 17-17】某事业单位向金融机构借入两年期借款 800 000 元。到期后支付归还本金，并支付利息 48 000 元。

借：银行存款　　800 000
　贷：长期借款　　800 000
借：长期借款　　800 000
　　其他支出　　48 000
　贷：银行存款　　848 000

第二节　净资产的核算

事业单位的净资产是指资产减去负债的差额，包括事业基金、非流动资产基金、专用基金和结余等。事业单位的出资者不要求取得投资回报，也不要求收回投资，因而在事业单位不存在所有者权益问题。因此，事业单位的净资产与企业的所有者权益不一样。

一、基金的核算

（一）事业基金的核算

事业基金是指事业单位拥有的非限定用途的净资产，主要包括滚存结余资金等。事业基金按当期实际发生数额记账。

事业单位拥有的非限定用途的净资产，主要为非财政补助结余扣除结余分配后滚存的金额。应设置“事业基金”科目。年末，将“非财政补助结余分配”账户余额转入事业基金，借记或贷记“非财政补助结余分配”账户，贷记或借记本账户。

将留归本单位使用的非财政补助专项（项目已完成）剩余资金转入事业基金，借记“非财政补助结转——××项目”账户，贷记本账户。

以货币资金取得长期股权投资、长期债券投资，按照实际支付的全部价款（包括购买价款以及税金、手续费等相关税费）作为投资成本，借记“长期投资”账户，贷记“银行存款”等账户；同时，按照投资成本金额，借记本账户，贷记“非流动资产基金——长期投资”账户。

对外转让或到期收回长期债券投资本息，按照实际收到的金额，借记“银行存款”等账户，按照收回长期投资的成本，贷记“长期投资”账户，按照其差额，贷记或借记“其他收入——投资收益”账户；同时，按照收回长期投资对应的非流动资产基金，借记“非流动资产基金——长期投资”账户，贷记本账户。

事业单位发生需要调整以前年度非财政补助结余的事项，通过本账户核算。本账户期末贷方余额，反映事业单位历年积存的非限定用途净资产的金额。

【例 17-18】某大学年终未分配非财政补助结余为 300 000 元。会计分录如下：

借：非财政补助结余分配 300 000

　贷：事业基金 300 000

【例 17-19】某大学根据协议以一台原值 150 000 元的设备对外投资，协议确定的价值为 120 000 元。

借：长期投资 120 000

　贷：银行存款 120 000

借：事业基金 150 000

　贷：非流动资产基金——长期投资 150 000

（二）非流动资产基金的核算

非流动资产基金是事业单位长期投资、固定资产、在建工程、无形资产等非流动资产占用的金额。应设置“非流动资产基金”科目并按“长期投资”“固定资产”“在建工程”“无形资产”等明细科目，进行明细核算。本科目期末贷方余额，反映事业单位非流动资产占用的金额。

（1）非流动资产基金应当在取得长期投资、固定资产、在建工程、无形资产等非流动资产或发生相关支出时予以确认。

取得相关资产或发生相关支出时，借记“长期投资”“固定资产”“在建工程”“无形资产”等账户，贷记本账户等有关账户；同时或待以后发生相关支出时，借记“事业支出”等有关账户，贷记“财政补助收入”“零余额账户用款额度”“银行存款”等账户。

（2）计提固定资产折旧、无形资产摊销时，应当冲减非流动资产基金。

计提固定资产折旧、无形资产摊销时，按照计提的折旧、摊销金额，借记本账户（固定资产、无形资产），贷记“累计折旧”“累计摊销”账户。

（3）处理长期投资、固定资产、无形资产，以及以固定资产、无形资产对外投资时，应当冲销该资产对应的非流动资产基金。

以固定资产、无形资产对外投资，按照评估价值加上相关税费作为投资成本，借记“长期投资”账户，贷记本账户（长期投资），按发生的相关税费，借记“其他支出”账户，贷记“银行存款”等账户；同时，按照投出固定资产、无形资产对应的非流动资产基金，借记本账户（固定资产、无形资产），按照投出资产已提折旧、摊销，借记“累计折旧”“累计摊销”账户，按照投出资产的账面余额，贷记“固定资产”“无形资产”账户。

出售或以其他方式处理长期投资、固定资产、无形资产，转入待处理资产时，借记“待处理资产损溢”“累计折旧”或“累计摊销”账户，贷记“长期投资”“固定资产”“无形资产”等账户。

实际处理时，借记本账户（有关资产明细账户），贷记“待处理资产损溢”账户。

【例 17-20】某大学计算机中心购买计算机一批，价款为 85 000 元，用存款支付。

借：事业支出	85 000	
贷：银行存款		85 000
借：固定资产	85 000	
贷：非流动资产基金——固定资产		85 000

【例 17-21】某大学接受捐赠设备 1 台，价值为 18 000 元。

借：固定资产	18 000	
贷：非流动资产基金——固定资产		18 000

（三）专用基金的核算

专用基金是指事业单位按规定提取、设置的有专门用途的资金，主要包括修购基金、职工福利基金等。应设置“专用基金”科目。专用基金增加应按当期实际提取转入的数额记在该科目的贷方，减少应按当期实际支出数额记在该科目的借方。按照专用基金的类别进行明细核算。本科目期末贷方余额，反映事业单位专用基金余额。

1. 专用基金的提取

（1）修购基金的提取

修购基金是按事业收入和经营收入的一定比例在事业支出和经营支出的设备购置费与修缮费中列支（各占 50%）后转入以及按其他规定转入，用于事业单位固定资产维修和购置的资金。事业收入和经营收入较少的事业单位可以不提取修购基金，实行固定资产折旧的事业单位不提取修购基金。

提取修购基金的公式如下：

提取额 =（事业收入×提取率）+（经营收入×提取率）

事业单位的修购基金可以按年一次提取或按月分别提取等不同方法。

按规定提取修购基金的，按照提取金额，借记“事业支出”“经营支出”账户，贷记“专用基金——修购基金”科目。

（2）职工福利基金的提取

职工福利基金是按照结余的一定比例提取转入，用于单位职工的集体福利设施、集体福利待遇等的资金。

提取职工福利基金的计算公式为：

职工福利基金提取额 = 可计提职工福利基金的结余额×提取比例

年末，按规定从本年度非财政补助结余中提取职工福利基金的，按照提取金额，借记“非财政补助结余分配”账户，贷记“专用基金——职工福利基金”。

若有按规定设置的其他专用基金，按照实际收到的基金金额，借记“银行存款”等账户，贷记本账户。

按规定使用专用基金时，借记本账户，贷记“银行存款”等账户；使用专用基金形成固定资产的，还应借记“固定资产”账户，贷记“非流动资产基金——固定资产”账户。

2. 专用基金的管理

事业单位的各类专用基金应按以下原则进行管理：

（1）专款专用。各项专用基金都具有专门用途和使用范围，一般不允许互相占用、挪用。

（2）按比例提取，按规定支出。专用基金的提取，要按国家统一规定执行，按照比例提取。各项专用基金，严格按专门的用途使用，并要注意划清各项专用基金的界限。

（3）先提后用，专设账户。各项专用基金应按规定的来源渠道，在取得资金后，安排使用。同时，对各项专用基金应单独设立账户进行管理和核算。

【例 17-22】某事业单位按规定在事业收入和经营收入中按比例提取 10 000 元和 15 000 元修购基金。

借：事业支出	10 000	
经营支出	15 000	
贷：专用基金——修购基金		25 000

【例 17-23】某大学年终按规定比例从当年结余中提取职工福利基金 24 000 元。

借：非财政补助结余分配	24 000	
贷：专用基金——职工福利基金		24 000

二、结余的核算

事业单位的结余是指事业单位在一定期间通常为一年各项收入与支出相抵后的余额，包括财政补助结转结余、非财政补助结转结余、事业结余和经营结余等。

财政补助结转结余是指事业单位各项财政补助收入与其相关支出相抵后剩余滚存的、须按规定管理和使用的结转与结余资金。

非财政补助结转结余是指事业单位除财政补助收支以外的各项收入与各项支出相抵后的余额。其中，非财政补助结转是指事业单位除财政补助收支以外的各种专项资金收入与其相关支出相抵后剩余滚存的、须按规定用途使用的结转资金；非财政补助结余是指事业单位除财政补助收支以外的各种非专项资金收入与各种非专项资金支出相抵后的余额。

（一）财政补助结转与财政补助结余

1. 财政补助结转

事业单位滚存的财政补助结转资金，包括基本支出结转和项目支出结转。设置“财政补助结转”并设置“基本支出结转”“项目支出结转”两个明细科目，按照“人员经费”“日常公用经费”进行明细核算，在“项目支出结转”明细账户下按照具体项目进行明细核算。

财政补助结转的主要账务处理如下：

期末，将财政补助收入本期发生额结转入本账户，借记“财政补助收入——基本支出、项目支出”账户，贷记本账户（基本支出结转、项目支出结转）；将事业支出（财政补助支出）本期发生额结转入本账户，借记本账户（基本支出结转、项目支出结转），贷记“事业支出——财政补助支出（基本支出、项目支出）”或“事业支出——基本支出、项目支出”账户。

年末，完成结转后，应当对财政补助各明细项目执行情况进行分析，按照有关规定将符合财政补助结余性质的项目余额转入财政补助结余，借记或贷记本账户，贷记或借记“财政补助结余”账户。

按规定上缴财政补助结转资金或注销财政补助结转额度的，按照实际上缴资金数额或注销的资金额度数额，借记本账户，贷记“财政应返还额度”“零余额账户用款额度”“银行存款”等账户。取得主管部门归集调入财政补助结转资金或额度的，作相反会计分录。

事业单位发生需要调整以前年度财政补助结转的事项，通过本账户核算。本账户期末贷方余额，反映事业单位财政补助结转资金数额。

2. 财政补助结余

事业单位滚存的财政补助项目支出结余资金。应当按照《政府收支分类科目》设置科目并按“支出功能分类科目”的相关科目进行明细核算。事业单位发生需要调整以前年度财政补助结余的事项，通过本账户核算。本账户期末贷方余额，反映事业单位财政补助结余资金数额。

财政补助结余的主要账务处理如下：

年末，对财政补助各明细项目执行情况进行分析，按照有关规定将符合财政补助结余性质的项目余额转入财政补助结余，借记或贷记“财政补助结转——项目支出结转”账户，贷记或借记本账户。

按规定上缴财政补助结余资金或注销财政补助结余额度的，按照实际上缴资金数额或注销的资金额度数额，借记本账户，贷记“财政应返还额度”“零余额账户用款额度”“银行存款”等账户。取得主管部门归集调入财政补助结余资金或额度的，作相反会计分录。

【例 17-24】某事业单位年末将财政补助收入 2 800 000 元、事业支出 1 200 000 元进行结转。

借：财政补助收入　　2 800 000
　贷：财政补助结转　　2 800 000
借：财政补助结转　　1 200 000
　贷：事业支出　　1 200 000

【例 17-25】按照有关规定将符合财政补助结余性质余额 1 600 000 元转入财政补助结余，并按规定上缴。

借：财政补助结转　　1 600 000
　贷：财政补助结余　　1 600 000
借：财政补助结余　　1 600 000

贷：银行存款 1 600 000

（二）非财政补助结转

事业单位除财政补助收支以外的各专项资金收入与其相关支出相抵后剩余滚存的、须按规定用途使用的结转资金。设置“非财政补助结转”账户并按照非财政专项资金的具体项目进行明细核算。

非财政补助结转的主要账务处理如下：

期末，将事业收入、上级补助收入、附属单位上缴收入、其他收入本期发生额中的专项资金收入结转入本账户，借记“事业收入”“上级补助收入”“附属单位上缴收入”“其他收入”账户下各专项资金收入明细账户，贷记本账户；将事业支出、其他支出本期发生额中的非财政专项资金支出结转入本账户，借记本账户，贷记“事业支出——非财政专项资金支出”或“事业支出——项目支出（非财政专项资金支出）”“其他支出”账户下各专项资金支出明细账户。

年末完成结转后，应当对非财政补助专项结转资金各项目情况进行分析，将已完成项目的项目剩余资金区分以下情况处理：缴回原专项资金拨入单位的，借记本账户，贷记“银行存款”等账户；留归本单位使用的，借记本账户，贷记“事业基金”账户。

事业单位发生需要调整以前年度非财政补助结转的事项，通过本账户核算。

本账户期末贷方余额，反映事业单位非财政补助专项结转资金数额。

【例 17-26】年末，某事业单位将财政补助以外事业收入中专项资金收入 50 000 元，上级补助收入中专项资金收入 20 000 元，附属单位上缴收入中专项资金收入 10 000元，其他收入中专项资金收入 8 000 元结转。将事业支出中非财政专项资金支出30 000元、其他支出中非财政专项资金支出 5 000 元进行结转。

借：事业收入——专项资金收入	50 000	
上级补助收入——专项资金收入	20 000	
附属单位上缴收入——专项资金收入	10 000	
其他收入——专项资金收入	8 000	
贷：非财政补助结转		88 000
借：非财政补助结转	35 000	
贷：事业支出——非财政专项资金支出		30 000
其他支出——非财政专项资金支出		5 000

（三）事业结余的核算

事业结余是指事业单位一定期间除财政补助收支、非财政专项资金收支和经营收支以外各项收支相抵后的余额。其中：各项事业活动的收入包括上级补助收入、事业收入、附属单位缴款和其他收入等的非专项资金收入；各项事业活动的支出包括事业支出、其他支出中的非财政、非专项资金支出、上缴上级支出、对附属单位补助等的非专项资金支出。

为了正确核算事业单位的事业性收支状况，应设置“事业结余”科目。期末，将事业收入、上级补助收入、附属单位上缴收入、其他收入本期发生额中的非专项资金收入结转入本账户，借记“事业收入”“上级补助收入”“附属单位上缴收入”“其他收入”账户下各非专项资金收入明细账户，贷记本账户；将事业支出、其他支出本期发生额中的非财政、非专项资金支出，以及对附属单位补助支出、上缴上级支出的本期发生额结转入本账户，借记本账户，贷记“事业支出——其他资金支出”或“事业支出——基本支出（其他资金支出）、项目支出（其他资金支出）”账户、“其他支出”账户下各非专项资金支出明细账户、“对附属单位补助支出”“上缴上级支出”账户。

年末，将本账户余额结转入“非财政补助结余分配”账户，借记或贷记本账户，贷记或借记“非财政补助结余分配”账户。

本账户期末如为贷方余额，反映事业单位自年初至报告期末累计实现的事业结余；如为借方余额，反映事业单位自年初至报告期末累计发生的事业亏损。年末结账后，本账户应无余额。

【例 17-27】某大学年终结账前，“上级补助收入”账户非专项资金余额 160 万元，“事业收入”账户非专项资金余额 80 万元，“其他收入”账户非专项资金余额 40 万元，“事业支出”账户非专项资金余额 70 万元，“对附属单位补助”账户非专项资金余额 30 万元。年终，编制会计分录如下：

借：上级补助收入——非专项资金　　1 600 000
　　事业收入——非专项资金　　800 000
　　其他收入——非专项资金　　400 000
　贷：事业结余　　2 800 000

借：事业结余　　1 000 000
　贷：事业支出——非专项资金　　700 000
　　　对附属单位补助——非专项资金　　300 000

（四）经营结余的核算

经营结余是事业单位一定期间各项经营收支相抵后余额弥补以前年度经营亏损后的余额。

为了正确核算事业单位的经营收支状况，应设置“经营结余”科目。期末，将经营收入本期发生额结转入本账户，借记“经营收入”账户，贷记本账户；将经营支出本期发生额结转入本账户，借记本账户，贷记“经营支出”账户。年末，完成结转后，如本账户为贷方余额，将本账户余额结转入“非财政补助结余分配”账户，借记本账户，贷记“非财政补助结余分配”账户；如本账户为借方余额，为经营亏损，不予结转。

本账户期末如为贷方余额，反映事业单位自年初至报告期末累计实现的经营结余弥补以前年度经营亏损后的经营结余；如为借方余额，反映事业单位截至报告期末累计发生的经营亏损。年末结账后，本账户一般无余额；如为借方结余，反映事业单位累计发生的经营亏损。

【例 17-28】年终，某事业单位“经营收入”账户贷方余额为 90 万元，“经营支出”账户借方余额为 50 万元。编制会计分录如下：

借：经营收入　　900 000
　贷：经营结余　　900 000

借：经营结余　　500 000
　贷：经营支出　　500 000

三、非财政补助结余分配的核算

为核算事业单位本年度非财政补助结余分配的情况和结果，特设置“非财政补助结余分配”科目。

期末，将“事业结余”账户余额结转入本账户，借记或贷记“事业结余”账户，贷记或借记本账户；将“经营结余”账户贷方余额结转入本账户，借记“经营结余”账户，贷记本账户。

有企业所得税缴纳义务的事业单位计算出应缴纳的企业所得税，借记本账户，贷记“应缴税费——应缴企业所得税”账户。

按照有关规定提取职工福利基金的，按提取的金额，借记本账户，贷记“专用基金——职工福利基金”账户。

年末，将本账户余额结转入事业基金，借记或贷记本账户，贷记或借记“事业基金”账户。

年末结账后，本账户应无余额。

【例 17-29】续上例，年终，某大学结转事业结余 1 300 000 元，经营结余 400 000元。

借：事业结余	1 300 000	
经营结余	400 000	
贷：非财政补助结余分配		1 700 000

假设该大学按规定应该提取职工福利基金 150 000 元。

借：非财政补助结余分配	150 000	
贷：专用基金——职工福利基金		150 000

承上例，该大学年终将未分配结余 1 550 000 元转入事业基金。

借：非财政补助结余分配	1 550 000	
贷：事业基金		1 550 000

第十八章
事业单位收入的核算

第一节　收入概述

一、收入的种类

收入是指事业单位为开展业务活动，依法取得的非偿还性资金。它包括财政补助收入、上级补助收入、事业收入、经营收入、附属单位缴款、其他收入和基本建设拨款收入等。

（1）财政补助收入是指事业单位按核定的预算和经费领报关系从财政部门取得的各类事业经费。

（2）上级补助收入是指事业单位从主管部门和上级单位取得的非财政补助收入。

（3）事业收入是指事业单位开展专业业务活动及辅助活动所取得的收入。其中：按规定应上缴财政预算的资金和应缴财政专户的预算外资金，不计入事业收入；从财政专户核拨的返还资金和部分经财政部门核准不上缴财政专户管理的预算外资金，计入事业收入。

（4）经营收入是指事业单位在专业业务活动及辅助活动之外开展非独立核算经营活动取得的收入。

（5）附属单位缴款是指事业单位附属的独立核算单位按规定标准或比例缴纳的各项收入。

（6）事业单位取得的投资收益、利息收入、租金收入、捐赠收入、现金盘盈收入、存货盘盈收入、收回已核销应收及预付款项、无法偿付的应付及预收款项等应当作为其他收入处理。

二、收入的确认

（1）不实行成本核算的事业单位，收付确认原则是收付实现制，即收入应当在收到款项时予以确认；实行成本核算的事业单位，收付确认的原则应当是权责发生制。凡是属于本期的收入，不论本期是否收到，均应确认为本期的收入。对于采用权责发生制的单位取得的经营收入，可以在提供劳务或发出商品，同时在收讫价款或者取得索取价款的凭据时予以确认。

（2）对于长期项目的收入，应当根据年度完成进度予以合理确认。

（3）事业单位取得收入为实物时，应当根据有关凭据确认其价值；没有凭据可供确认的，参照其市场价格确定。

三、收入的划分

（一）分清财政补助收入与上级补助收入的界限

财政补助收入是事业单位按核定的预算和经费领报关系从财政部门取得的各类事业经费。上级补助收入是指事业单位从主管部门和上级单位取得的非财政补助收入。财政部门通过主管部门和上级单位转拨的事业经费，只能计入财政补助收入，不能作为上级补助收入。非财政预算资金则属于上级补助收入。

（二）分清事业收入与经营收入的界限

事业收入是指事业单位开展专业业务活动及辅助活动所取得的收入。其中：按规定应上缴财政预算的资金和应缴财政专户的预算外资金，不记入事业收入；从财政专户核拨返还的资金和部分经财政部门核准不上缴财政专户管理的预算外资金，记入事业收入。经营收入是指事业单位在专业业务活动及辅助活动之外开展非独立核算经营活动取得的收入。

（三）分清经营收入与附属单位缴款收入的界限

经营收入是指事业单位所属非独立核算单位开展经营活动或经营性项目而获得的收入，而附属单位缴款是指事业单位附属的独立核算单位按规定标准或比例缴纳的各项收入。如果附属单位属非独立核算单位，其开展经营活动所取得的所有收入属于本单位的经营收入；如果附属单位属独立核算单位，就其上缴的收入列入本单位的附属单位缴款收入。

四、收入的管理

（一）区分事业收入和经营收入以及其他收入的界限

由于事业单位各自的特点，某个事业单位的事业活动可能在另一个事业单位却是经营活动，事业单位应按本单位特点准确区分事业收入和经营收入，分别核算。同时，个别单位的事业活动和经营活动的性质与内容可能相互交叉，难以准确划分清楚，在这种情况下，应由主管部门和财政部门根据实际情况予以认定。

（二）依法组织收入

认真执行国家物价政策，严格执行收费标准，并使用符合国家规定的合法票据。充分挖掘潜力，积极的、合法合理的组织收入。各单位应当建立健全各项收费管理制度，切实加强收费管理。

（三）应按国家规定缴纳税款

事业单位就其事业收入缴纳的税款主要有增值税或营业税等。在确定事业收入金额时，应扣除代缴的增值税。对于属于一般纳税人的单位取得事业收入款项时，按计算出的应交增值税的销项税额，计入应交税费，实际收到的价款扣除增值税销项税额的余额计入事业收入。营业税税额不从事业收入款项中直接扣除，而是作为费用的一项，年末抵扣事业结余。

（四）正确处理社会效益与经济效益的关系

事业单位开展组织收入的活动，必须将社会效益放在首位，必须有利于事业发展，有利于社会主义精神文明建设。同时，事业单位组织收入应当按照市场经济规律来办事，要讲求经济效益。因此，事业单位要将经济效益与社会效益统一起来，在保证社会效益的前提下，提高经济效益。

第二节　事业收入与经营收入的核算

一、事业收入的核算

事业收入是指事业单位开展专业业务活动及辅助活动所取得的收入。专业业务活动是指事业单位根据本单位专业特点从事或开展的主要业务活动。如文化单位的演出活动、教育单位的教学活动、科研单位的科研活动、非营利医疗机构的医疗保健活动等。辅助活动是指与其专业业务活动相关的、直接为专业业务活动服务的单位行政管理活动、后勤服务活动以及其他有关活动。其中：按照国家有关规定应当上缴国库或者财政专户的资金，不计入事业收入；从财政专户核拨给事业单位的资金和经核准不上缴国库或者财政专户的资金，计入事业收入。事业单位对事业收入的核算一般采用收付实现制原则。

为了正确核算事业单位开展专业业务活动及辅助活动所取得的收入，应设置“事业收入”科目进行核算。单位收到的从财政专户核拨的资金和部分经财政部门核准不上缴财政专户管理的预算外资金，也在本账户核算。但收到应返还所属单位的预算外资金，主管部门要通过“其他应付款”账户核算。

收到款项或取得收入时，借记“银行存款”“应收账款”等账户，贷记本账户；对属于一般纳税人的单位取得收入时，按实际收到的价款扣除增值税销项税额，贷记本账户，按计算出的应交增值税销项税额，贷记“应缴税费——应交增值税（销项税额）”。经财政部门核准，预算外资金实行按比例上缴财政专户办法的单位取得收入时，应按核定的比例分别贷记“应缴财政专户款”和本账户。

期末，应将本账户余额转入“事业结余”账户，借记本账户，贷记“事业结余”账户。结转后本账户应无余额。事业单位应根据事业收入种类或来源设置明细账。

【例 18-1】某大学 9 月份收到学费 4 000 000 元，住宿费 2 000 000 元（本学校按规定全额上缴财政专户，支出由财政另行核拨）。

上缴时：

借：应缴财政专户款　　6 000 000

　贷：银行存款　　6 000 000

财政回拨时：

借：银行存款　　6 000 000

　贷：事业收入——专户核拨资金　　6 000 000

【例 18-2】某大学承接 A 单位委托科研课题收到经费 200 000 元，款项已收。

借：银行存款　　200 000

　贷：事业收入　　200 000

【例 18-3】某事业单位收到预算外资金收入 100 000 元，按收入总额的 50%的比例上缴财政专户。

借：银行存款	100 000	
贷：事业收入		50 000
应缴财政专户款		50 000

二、经营收入的核算

（一）经营收入的特征

经营收入是指事业单位在专业业务活动及辅助活动之外开展非独立核算经营活动所取得的收入。

事业单位的经营收入具有以下两个基本特征：

（1）必须是经营活动取得的收入，而不是专业业务活动及其辅助活动取得的收入。例如，事业单位对社会开展服务活动，将闲置的固定资产出租、出借取得的收入，这些都属于经营活动取得的收入，但诸如学校向学生收取的学费和杂费，则属于开展专业业务活动及其辅助活动所取得的收入，只能作为事业收入处理，不能作为经营收入处理。

（2）必须是非独立核算的经营活动取得的收入，而不是独立核算的经营活动取得的收入。单位对其经济活动过程及其结果，应独立、完整地进行核算，定期向上级单位交一部分纯收入，称为独立核算。其上缴的纯收入，计入“附属单位缴款”，不计作“经营收入”。单位从上级单位领取一定数额的物资、款项，从事业务活动，不独立计算盈亏，将日常发生的经济业务资料，报由上级集中进行会计核算，称为非独立核算。例如，学校的车队、食堂等后勤部门，财务上不实行独立核算，其对社会服务取得的收入及其支出，报由学校集中进行会计核算，应当作为经营收入处理。

事业单位的经营性业务核算可以采用权责发生制。

（二）经营收入的账务处理

为了正确核算事业单位在专业业务活动及辅助活动之外开展非独立核算经营活动取得的收入，应设置“经营收入”科目。

取得（或确认）经营收入时，借记“银行存款”“应收账款”“应收票据”等账户。属于小规模纳税人的单位，按实际收到的价款贷记本账户；属于一般纳税人单位，按不含税价格贷记本账户，按销售时计算出的应交增值税的销项税额，贷记“应缴税费——应交增值税（销项税额）”账户。

发生销货退回，不论是否属于本年度销售的，都应冲减本期的经营收入。属于小规模纳税人的事业单位借记本账户，贷记“银行存款”账户；属于一般纳税人单位，按不含税价格借记本账户，按销售时计算出的应交增值税的销项税额，借记“应缴税费——应交增值税（销项税额）”账户，贷记“银行存款”账户。单位为取得经营收入而发生的折让和折扣，应当相应冲减经营收入。

期末，应将本账户余额转入“经营结余”账户。结转后，本账户无余额。

事业单位可以根据收入种类设置明细科目，也可以并设置若干总账科目。

【例 18-4】某大学收到校内招待所交来客房收入 100 000 元，会议室出租收入

50 000元。

借：银行存款　　150 000

　　贷：经营收入——客房收入　　100 000

　　　　　　　　——会议室收入　　50 000

【例 18-5】某高校后勤服务中心的车队对外提供运输服务，取得收入 180 000 元，上交学校。

借：银行存款　　180 000

　　贷：经营收入　　180 000

第三节　拨入款项的核算

一、拨入款项的领拨原则及管理

拨入款项是指事业单位从政府部门或上级单位领取的能够增加资产或减少负债的资金流入。

事业单位的拨入款项主要包括以下内容：

（一）财政补助收入

财政补助收入是指事业单位按核定的预算和经费领报关系从财政部门取得的各类事业经费。财政补助收入不包括国家对事业单位的基本建设投资。

（二）上级补助收入

上级补助收入是指事业单位从主管部门和上级单位取得的非财政补助收入。

拨入款项的领拨原则：

（一）按预算管理级次领拨款项

事业单位应当按照预算级次逐级申请取得拨入经费。不能对没有经费领拨关系的单位进行垂直拨款，不得越级申请取得拨入款项。同级次单位之间不能发生经费的领拨关系，如有需要，应通过财政部门批准办理经费划转手续。

（二）按用款计划领拨款项

事业单位应根据核定的年度预算，编制季度分月用款计划，报上级主管单位或财政部门核定，作为领拨款项的依据。不得办理无预算或超过预算的经费领拨。

（三）按用款进度领拨款项

财政部门和上级主管部门除了要根据事业单位的用款计划拨付款项外，还要结合事业单位各项计划的执行情况、用款进度和资金结余等情况进行款项拨付，以便最大限度地提高资金的使用效率。

（四）按款项用途领拨款项

事业单位向上级部门申请取得款项，必须按预算规定的用途使用款项，专款专用，未经同意，不得擅自改变领拨款项的用途。

事业单位对拨款的管理要求：

（1）专款专用。事业单位应当严格按照拨款指定的用途使用，不能将取得的专款挪作他用。

（2）单独核算。事业单位在收到拨款时，应当为每项专款分别设置账户，单独组织会计核算，各项专款之间的会计核算不能混淆。

（3）专项结报。事业单位应当按照拨款单位的要求，及时报送拨入款项的使用情况和事业成果情况，项目完成后，应当专项办理报账手续，余款按拨款单位的要求处理。

二、财政补助收入的核算

（一）财政补助收入概述

财政补助收入是指事业单位按核定的预算和经费领报关系从财政部门取得的各类事业经费。它来源于国家预算资金，是国家对发展各项事业的投入，是事业单位开展业务活动的经常性资金来源。

财政补助收入按预算和计划领拨和使用。为加强预算资金的核算管理，主管会计单位应编报季度分月用款计划。在申请当期财政补助时，应分“款”“项”填写预算经费请拨单，报同级财政部门。事业单位在使用财政补助时，应按计划控制用款，不得随意改变资金用途。“款”“项”用途如需调整，应填写账户留用申请书；报经同级财政部门批准后使用。

财政补助收入应按预算级次领拨，不得垂直划拨、跨级划拨和对没有预算关系的单位拨款。

（二）财政补助收入的核算

事业单位应设置“财政补助收入”科目，用来核算事业单位按核定的预算和经费领报关系收到的、由财政部门或上级单位拨入的各类事业经费。

收到财政补助收入时，借记“银行存款”等账户，贷记本账户；缴回时作相反的会计分录。平时本账户贷方余额反映财政补助收入累计数。年终结账时，将本账户贷方余额全部转入“事业结余”账户，借记本账户，贷记“事业结余”账户。年终结账后，本账户无余额。本账户应按“国家预算收入账户”的“款”级账户设明细账。

【例 18-6】某科研所收到主管部门拨来经费 8 000 000 元，开户银行转来收款通知。

借：银行存款	8 000 000	
贷：财政补助收入		8 000 000

【例 18-7】年末，该科研所“财政补助收入”账户的贷方余额为 100 000 元。

借：财政补助收入	100 000	
贷：事业结余		100 000

【例 18-8】某勘测设计院收到同级财政部门拨入的本月经费 80 000 元，存入银行。

借：银行存款	80 000	
贷：财政补助收入		80 000

三、上级补助收入

上级补助收入是指事业单位从主管部门和上级单位取得的非财政补助收入。它是主管部门或上级单位用自身组织的收入或集中下级单位的收入拨给事业单位的资金。

事业单位通过上级单位从财政部门取得的预算经费，应作为财政补助收入处理，不能作为上级补助收入处理。

为正确核算事业单位收到上级单位拨入的非财政补助资金，应设置“上级补助收入”科目。收到上级补助收入时，借记“银行存款”账户，贷记本账户。年终，将本账户余额全部转入“事业结余”账户，借记本账户，贷记“事业结余”账户。年终结账后，本账户无余额。

【例 18-9】某大学收到上级单位拨入补助款 600 000 元。

借：银行存款　　600 000

　贷：上级补助收入　　600 000

【例 18-10】年末，该大学“上级补助收入”贷方余额 120 000 元。

借：上级补助收入　　120 000

　贷：事业结余　　120 000

第四节　附属单位缴款和其他收入的核算

一、附属单位上缴收入的核算

附属单位上缴收入是指事业单位附属的独立核算单位按规定标准或比例缴纳的各项收入。

事业单位开展非独立核算经营活动取得的收入，应当作为经营收入处理，不能作为附属单位缴款处理；事业单位对附属单位经营项目的投资所获得的投资收益，属于事业单位的其他收入，不属于附属单位缴款；附属单位归还由事业单位垫付的费用，如房租、水电费等，不属于附属单位缴款的范围。

为了核算事业单位收到附属单位按规定缴来的款项，应设置“附属单位上缴收入”科目。

单位实际收到款项时，借记“银行存款”账户，贷记本账户；发生缴款退回则作相反的会计分录。年终，将本账户贷方余额全部转入“事业结余”账户，借记本账户，贷记“事业结余”账户。结转后，本账户无余额。同时，本账户应按缴款单位设置明细账。

【例 18-11】收到银行通知，所属单位按规定标准上缴收入 500 000 元，已收妥入账。

借：银行存款　　500 000

　贷：附属单位上缴收入　　500 000

二、其他收入的核算

其他收入是指除前述各项收入以外的非业务性收入，如事业单位取得的投资收益、利息收入、捐赠收入、固定资产出租、现金盘盈收入、存货盘盈收入、收回已核销应收及预付款项、无法偿付的应付及预收款项以及其他零星杂项收入等。

为了正确核算事业单位的其他非业务性收入，应设置“其他收入”科目。

其他收入以单位实际收到数额予以确认。取得收入时，借记“银行存款”等账户，贷记本账户，收入退回时作相反的会计分录。年终，将本账户贷方余额转入“事业结余”账户，借记本账户，贷记“事业结余”账户。结转后本账户应无余额。另外，本账户应按收入种类，如“投资收益”“固定资产出租”“捐赠收入”等设置明细账。

【例 18-12】某学校出租礼堂，取得年租金收入 12 000 元，存入银行。

借：银行存款　　12 000

　贷：其他收入——固定资产出租收入　　12 000

【例 18-13】某高校图书馆出售废旧书报收入现金 2 000 元。

借：现金　　2 000

　贷：其他收入——废旧物品变卖收入　　2 000

第十九章 事业单位支出或费用的核算

第一节 支出或费用概述

一、支出（费用）的种类

支出或者费用是指事业单位为开展业务活动和其他活动所发生的各项资金耗费及损失，包括事业支出、经营支出、对附属单位补助、上缴上级支出和基本建设支出等。

（一）事业单位支出按性质分类

（1）事业支出，即事业单位开展专业业务活动及其辅助活动发生的支出，包括工资、补助工资、职工福利费、社会保障费、助学金、公务费、业务费、设备购置费、修缮费和其他费用。

（2）经营支出，即事业单位在专业业务活动及其辅助活动之外开展非独立核算经营活动发生的支出。

（3）对附属单位补助支出，即事业单位用财政补助收入之外的收入对附属单位补助发生的支出。

（4）上缴上级支出，即实行收入上缴办法的事业单位按照规定的定额或者比例上缴上级单位的支出。

（5）其他支出是指除事业支出、上缴上级支出、对附属单位补助支出、经营支出以外的各项支出，包括利息支出、捐赠支出、现金盘亏损失、资产处理损失、接受捐赠（调入）非流动资产发生的税费支出等。

（二）事业单位支出按用途分类

1. 人员支出

人员支出是事业单位支付给在职职工和临时聘用人员的各类劳动报酬及为上述人员缴纳的各项社会保险费。

（1）基本工资，是指国家统一规定的基本工资，是国家支付给事业单位工作人员劳动报酬的主要形式。它包括事业单位工作人员的岗位工资和国家规定比例的奖金，毕业生见习期间的临时待遇等。

（2）津贴补贴，是指事业单位在基本工资之外按国家规定开支的职工艰苦边远地区津贴、特殊岗位津贴补贴等。

（3）社会保障缴费，是指事业单位为职工缴纳的基本养老、医疗、失业、工伤、生育等社会保险费和残疾人员就业保障金等。

（4）伙食补助费，是指事业单位发给职工的伙食补助费。

（5）绩效工资，是指事业单位工作人员的绩效工资。

（6）其他，是指上述项目未包括的人员支出，包括各种加班工资、病假 2 个月以上人员的工资、编制外长期聘用人员及临时工工资等。

2. 商品和服务支出

（1）办公费，是指事业单位购置并且依照财务制度规定不能纳入固定资产管理范围的日常办公用品和书报杂志的支出。

（2）印刷费，是指事业单位的印刷费支出。

（3）咨询费，是指事业单位咨询方面的费用。

（4）手续费，是指事业单位支付的各类手续费支出。

（5）水电费，是指事业单位支付的水费、污水处理费和电费。

（6）邮寄费，是指事业单位开支的信函、包裹、货物等物品的邮寄费及电话费、传真、网络通信费等。

（7）取暖费，是指取暖用燃料费、热力费、炉具购置费、锅炉临时工的工资、节煤奖以及由单位统一支付的在职职工和离退休人员宿舍取暖费等。

（8）物业管理费，是指事业单位开支的办公用房、职工宿舍的物业管理费。

（9）交通费，是指事业单位各类交通工具的租用费、燃料费、维修费、过桥过路费等。

（10）差旅费，是指事业单位工作人员出差、出国的交通费、住宿费、伙食补助费等。

（11）出国费，是指事业单位工作人员出国的住宿、旅费及伙食补助等。

（12）维修费，是指房屋、建筑物等日常修缮费和各种设备的修理和维护费。

（13）租赁费，是指租赁办公用房、宿舍、机械设备、专用通信网等的费用。

（14）会议费，是指事业单位按规定开支的房租费、伙食补贴费、住宿费、会议场地租赁费等。

（15）培训费，是指事业单位各项培训支出。

（16）业务招待费，是指事业单位按规定开支的各类接待费。

（17）专用材料费，是指事业单位购置并且依照规定未纳入固定资产管理范围的专用材料支出，如药品和医疗耗材、实验用品、专用工具等。

（18）劳务费，是指事业单位支付给其他单位和个人的劳务费用，如手续费、咨询费、评审费等。

（19）委托业务费，是指事业单位因委托外单位办理业务而支付的委托业务费。

（20）工会经费，是指事业单位按规定提取的工会经费。

（21）福利费，是指事业单位按国家规定提取的福利费。

（22）其他商品和服务支出，是指上述账户未包括的日常公用支出。

3. 对个人和家庭的补助支出

（1）离休费，是指未参加基本养老保险的事业单位离休人员和移交地方政府安置的军队离休人员的离休费，以及按国家统一规定发放给离休人员的护理费和其他补贴。

（2）退休费，是指未参加基本养老保险的事业单位退休人员和移交地方政府安置的军队退休人员的退休费，以及按国家统一规定发放给退休人员的护理费和其他补贴。

（3）退职费，是指事业单位退职人员的生活补助。

（4）抚恤金，是指按规定开支的烈士家属、牺牲及病故人员家属的一次性和定期抚恤金，以及革命伤残人员的抚恤金和其他人员按规定开支的各项抚恤金。

（5）生活补助，是指事业单位优抚对象的定期定量生活补助费、事业单位职工和遗属生活补助、因公负伤等住院治疗期间的伙食补贴费，长期赡养人员补助费等。

（6）救济费，是指事业单位按规定开支的城乡贫困人员、灾民、归侨、外侨及其他人员生活救济费。

（7）医疗费，是指事业单位在职职工、离退休人员的医疗费，按国家规定资助农民参加新型农村合作医疗的支出和对城乡贫困家庭的医疗救助支出等。

（8）助学金，是指各类学校学生助学金、奖学金、学生贷款贴息、出国留学人员生活费等。

（9）奖励金，是指事业单位的奖励支出。

（10）住房公积金，是指事业单位按规定标准为职工缴纳的住房公积金。

（11）房租补贴，是指事业单位按规定向职工发放的房屋租金补贴。

（12）购房补贴，是指事业单位按规定向职工发放的用于购买住房的补贴。

（13）其他对个人和家庭的补助支出，反映未包括上述内容的对个人及家庭的补助支出。

4. 基本建设支出

（1）房屋及建筑物，是指事业单位生产、生活用房及建筑物支出。

（2）办公设备购置，是指购置办公家具和设备支出。

（3）专用设备，是指事业单位购置的具有专门用途的设备支出。

（4）交通工具购置，是指事业单位购置各种交通工具支出。

（5）大型修缮，是指事业单位大型建筑物、设备的修缮支出。

（6）信息网络构建，是指事业单位用于信息网络方面的支出。

（7）其他基本建设支出。

5. 其他资本性支出（内容略）

6. 其他支出（内容略）

二、支出（费用）的管理

（1）事业单位在开展非独立核算经营活动中，应当正确归集实际发生的各项费用数；不能归集的，应当按照规定的比例合理分摊。

（2）事业单位从财政部门和主管部门取得的有指定项目和用途并且要求单独核算的专项资金，应当按照要求定期向财政部门或者主管部门报送专项资金使用情况；项目完成后，应当报送专项资金支出决算和使用效果的书面报告，接受财政部门或者主管部门的检查、验收。

（3）事业单位可以根据开展业务活动及其他活动的实际需要，实行内部成本核算办法。

(4) 事业单位的支出应当严格执行国家有关财务规章制度规定的开支范围及开支标准；国家有关财务规章制度没有统一规定的，由事业单位规定，报主管部门和财政部门备案。事业单位的规定违反法律和国家政策的，主管部门和财政部门应当责令改正。

三、划清各种支出（费用）的界限

按支出或费用管理和资金管理要求，事业单位应该划清以下几个方面的支出（费用）界限：

（一）划清基本建设支出与事业经费支出的界限

凡是达到基本建设额度的支出，应该报请计划部门从基本建设投资中安排，不得挤占事业经费。

（二）划清单位支出与个人支出的界限

应由个人负担的支出，不得由单位负担。如：职工居住单位公房，应按规定收取房租；职工宿舍水电费、个人书报杂志订阅费等，应由职工个人负担；职工因私使用公车，应按规定标准收取交通费。

（三）划清事业支出与经营支出的界限

应当列入事业支出的项目，不得列入经营支出；同样，应当列入经营支出的项目，也不得列入事业支出。

（四）划清事业支出与对附属单位补助支出、上缴上级支出的界限

对附属单位的补助支出、上缴上级支出，属于本系统内部的资金调剂性质的支出，不能列入本单位的事业支出，以免虚增事业支出。

第二节　事业支出和经营支出的核算

一、事业支出的核算

（一）事业支出的内容

事业支出是指事业单位开展各项专业业务活动及其辅助活动发生的支出。有财政补助收入的事业单位，其财政补助资金必须按拟定的用途使用，不得自行改变资金用途。事业支出应当按照“基本支出”和“项目支出”“财政补助支出”“非财政专项资金支出”和“其他资金支出”等层级进行明细核算，并按照《政府收支分类科目》中“支出功能分类”的相关账户进行明细核算；“基本支出”和“项目支出”明细账户下应当按照《政府收支分类科目》中“支出经济分类”的款级账户进行明细核算；同时，在“项目支出”明细账户下按照具体项目进行明细核算。

有经营活动的事业单位应正确划分事业支出和经营支出的界限。对于能分清的支出，要合理归集；对于不能分清的，应按一定标准进行分配，不得将应列入经营支出的项目列入事业支出，也不得将应列入事业支出的项目列入经营支出。

（二）事业支出的报销口径

按财政部有关文件的规定，事业单位的事业支出应遵循如下报销口径：

（1）对于发给个人的工资、津贴、补贴和抚恤救济费等，应根据实有人数和实发金额，取得本人签收的凭证后列报支出。

（2）购入办公用品可直接列报支出。购入其他各种材料可在领用时列报支出。

（3）社会保障费，职工福利费和管理部门支付的工会经费，按照规定标准和实有人数每月计算提取，直接列报支出。

（4）固定资产修购基金按核定的比例提取，直接列报支出。

（5）购入固定资产，经验收后列报支出，同时记入“固定资产”和“非流动资产基金”账户。

（6）其他各项费用，均以实际报销数列报支出。

（三）事业支出的管理

事业支出要按批准的预算和规定的经费开支范围、开支标准执行，建立健全各项支出管理制度，严格审批手续，不得以领代报、以拨代支，不能办理无预算、无计划、超预算、超计划和一切违反财经纪律的支出。

（四）事业支出的科目设置和核算

为了正确核算事业单位开展各项专业业务活动及辅助活动发生的实际支出数，应设置“事业支出”科目。有财政补助收入的事业单位，其财政补助资金必须按拟定的用途使用，不得自行改变资金用途。本账户用来核算事业单位开展专业业务活动及其辅助活动发生的基本支出和项目支出。

为从事专业业务活动及其辅助活动人员计提的薪酬等，借记本账户，贷记“应付职工薪酬”等账户。开展专业业务活动及其辅助活动领用的存货，按领用存货的实际成本，借记本账户，贷记“存货”账户。开展专业业务活动及其辅助活动中发生的其他各项支出，借记本账户，贷记“库存现金”“银行存款”“零余额账户用款额度”“财政补助收入”等账户。

期末，将本账户本期发生额结转入“财政补助结转”账户，借记“财政补助结转——基本支出结转、项目支出结转”账户，贷记本账户；将本账户（非财政专项资金支出）本期发生额结转入“非财政补助结转”账户，借记“非财政补助结转”账户，贷记本账户（非财政专项资金支出）或本账户（项目支出——非财政专项资金支出）；将本账户（其他资金支出）本期发生额结转入“事业结余”账户，借记“事业结余”账户，贷记本账户（其他资金支出）或本账户（基本支出——其他资金支出、项目支出——其他资金支出）。

期末结账后，本账户应无余额。

【例 19-1】2 月 2 日，图书馆购买办公用品，支出 300 元。财务部门根据有关凭证，编制会计分录：

借：事业支出——办公费　　300

　贷：库存现金　　300

【例 19-2】2 月 5 日，收到自来水公司及电力公司转来银行委托收款收据，托收我校上月水电费 32 万元。

借：事业支出——水电费　　320 000

　贷：银行存款　　320 000

【例 19-3】2 月 19 日，学生工作处转成都市邮政局，支付学生家庭报告书邮寄费 1 000 元。

借：事业支出——邮寄费 1 000
　贷：银行存款 1 000

【例 19-4】2 月 20 日，审计室报办公室 2003 年 1~12 月电话费 25 000 元。

借：事业支出——通信费 25 000
　贷：银行存款 25 000

【例 19-5】2 月 20 日，保卫处报公务车加油、维修及养路费等开支 8 000 元。

借：事业支出——交通费 8 000
　贷：银行存款 8 000

【例 19-6】2 月 25 日，张某报销到北京出差旅费 5 000 元。

借：事业支出——差旅费 5 000
　贷：银行存款 5 000

【例 19-7】2 月 26 日，张某报销到桂林参加会计人员继续教育费用 22 000 元。

借：事业支出——培训费 22 000
　贷：银行存款 22 000

【例 19-8】接人事处通知划拨各部门职工福利费 60 000 元。

借：事业支出——福利费 60 000
　贷：专用基金——职工福利基金 60 000

【例 19-9】人事处报销看望本处受伤职工费用 60 元。

借：专用基金——职工福利基金——人事处（按部门核算） 60
　贷：库存现金 60

【例 19-10】3 月 10 日，中文系支付邀请北大李教授来院讲学酬金 15 000 元。

借：事业支出——劳务费 15 000
　贷：库存现金 15 000

二、经营支出的核算

（一）经营支出的内容

经营支出是指事业单位在专业业务活动及其辅助活动之外开展非独立核算经营活动发生的支出。事业单位开展非独立核算经营活动的，应当正确归集开展经营活动发生的各项费用数；无法直接归集的，应当按照规定的标准或比例合理分摊。

有经营活动的事业单位应正确划分事业支出和经营支出的界限。对于能分清的支出，要合理归集；对于不能分清的，应按一定标准进行分配，不得将应列入经营支出的项目列入事业支出，也不得将应列入事业支出的项目列入经营支出。

（二）经营支出的账务处理

为了正确核算事业单位在专业业务活动及其辅助活动之外开展非独立核算经营活动发生的各项支出，以及实行内部成本核算单位结转已销经营性劳务成果或产品时，应设置“经营支出”科目。为在专业业务活动及其辅助活动之外开展非独立核算经营活动人员计提的薪酬等，借记本账户，贷记“应付职工薪酬”等账户。

在专业业务活动及其辅助活动之外开展非独立核算经营活动领用、发出的存货，按领用、发出存货的实际成本，借记本账户，贷记“存货”账户。在专业业务活动及其辅助活动之外开展非独立核算经营活动中发生的其他各项支出，借记本账户，贷记“库存现金”“银行存款”“应缴税费”等账户。

期末，将本账户本期发生额转入经营结余，借记“经营结余”账户，贷记本账户。期末结账后，本账户应无余额。

【例19-11】某高校附属非独立核算的小型超市，发生下列有关支出业务：

发放职工工资5 000元。

借：经营支出　　5 000

　贷：应付职工薪酬　　5 000

以现金支付差旅费2 000元。

借：经营支出　　2 000

　贷：库存现金　　2 000

接银行付款通知，付水电费1 500元。

借：经营支出　　1 500

　贷：银行存款　　1 500

【例19-12】某高校发放所属非独立核算的招待所维修费用1 500元。

借：经营支出　　1 500

　贷：银行存款　　1 500

【例19-13】某实行内部成本核算的事业单位结转已销经营性产品成本50 000元。

借：经营支出　　50 000

　贷：存货　　50 000

第三节　缴拨款及其他支出的核算

一、上缴上级支出的核算

上缴上级支出是指事业单位按规定标准或比例上缴上级单位的支出。它与上级单位的“附属单位缴款”相对应。

为了正确核算核算事业单位按照财政部门和主管部门的规定上缴上级单位的支出，应设置“上缴上级支出”科目。按规定将款项上缴上级单位的，按照实际上缴的金额，借记本账户，贷记“银行存款”等账户。

期末，将本账户本期发生额转入事业结余，借记“事业结余”账户，贷记本账户。期末结账后，本账户应无余额。

核算举例：

【例19-14】某高校按规定上缴上级单位100 000元。

借：上缴上级支出　　100 000

　贷：银行存款　　100 000

【例19-15】年终，某高校将“上缴上级支出”余额20 000元转入“事业结余”账户。

借：事业结余　　20 000
　贷：上缴上级支出　　20 000

二、对附属单位补助支出的核算

对附属单位补助支出是指事业单位用非财政预算资金对附属单位补助发生的支出。该项补助资金的性质是非财政性预算资金，而不是预算内资金。因此，事业单位对所属单位的补助款一般是事业单位从事业务活动所获得的自有资金。

为了正确核算事业单位非财政预算资金对附属单位补助发生的支出数，应设置"对附属单位补助支出"科目。本科目用来核算事业单位用财政补助收入之外的收入对附属单位补助发生的支出。

发生对附属单位补助支出的，按照实际支出的金额，借记本账户，贷记"银行存款"等账户。补助收回时，作相反的会计分录。期末，将本账户本期发生额转入事业结余，借记"事业结余"账户，贷记本账户。同时，本账户应按接受补助的附属单位名称设置明细账。

期末结账后，本账户应无余额。

核算举例：

【例 19-16】某大学对所属附中拨付补助款 200 000 元。

借：对附属单位补助支出　　200 000
　贷：银行存款　　200 000

【例 19-17】年终，将"对附属单位补助支出"余额 10 000 元转 入"事业结余"账户。

借：事业结余　　10 000
　贷：对附属单位补助支出　　10 000

三、其他支出的核算

其他支出是指除事业支出、上缴上级支出、对附属单位补助支出、经营支出以外的各项支出，包括利息支出、捐赠支出、现金盘亏损失、资产处理损失、接受捐赠（调入）非流动资产发生的税费支出等。

应设置"其他支出"科目，按照其他支出的类别、《政府收支分类科目》中"支出功能分类"相关账户等进行明细核算。其他支出中如有专项资金支出，还应按具体项目进行明细核算。

（1）利息支出。支付银行借款利息时，借记本账户，贷记"银行存款"账户。

（2）捐赠支出。对外捐赠现金资产，借记本账户，贷记"银行存款"等账户。对外捐出存货，借记本账户，贷记"待处理资产损溢"账户。对外捐赠固定资产、无形资产等非流动资产，不通过本账户核算。

（3）现金盘亏损失。每日现金账款核对中如发现现金短缺，属于无法查明原因的部分，报经批准后，借记本账户，贷记"库存现金"账户。

（4）资产处理损失。报经批准核销应收及预付款项、处理存货，借记本账户，贷记"待处理资产损溢"账户。

（5）接受捐赠（调入）非流动资产发生的税费支出。接受捐赠、无偿调入非流动资产发生的相关税费、运输费等，借记本账户，贷记“银行存款”等账户。

以固定资产、无形资产取得长期股权投资，所发生的相关税费计入本账户。具体账务处理参见“长期投资”账户。

期末，将本账户本期发生额中的专项资金支出结转入非财政补助结转，借记“非财政补助结转”账户，贷记本账户下各专项资金支出明细账户；将本账户本期发生额中的非专项资金支出结转入事业结余，借记“事业结余”账户，贷记本账户下各非专项资金支出明细账户。

期末结账后，本账户应无余额。

【例 19-18】某事业单位用银行存款支付借款利息 6 000 元。

借：其他支出——利息支出　　　　6 000

　贷：银行存款　　　　6 000

【例 19-19】某事业单位期末现金盘点，发现现金短款 2 000 元，经核对无法查明原因。

借：其他支出　　　　2 000

　贷：库存现金　　　　2 000

第四节　成本费用的核算

一、事业单位成本费用的概念

事业单位的成本费用是指事业单位在生产产品、开发项目或提供劳务过程中所发生的费用及损失。费用主要包括业务活动过程中耗用的各种材料、支付给职工的工资及按规定计提的职工福利费、固定资产折旧和无形资产摊销，以及为组织管理业务活动而发生的管理费用等。这些费用一旦对象化也就形成了产品（项目）的成本。

二、事业单位成本费用核算的适用范围

由于目前事业单位内行业分类较多，不是所有事业单位都需要进行成本费用的核算。部分实行成本费用核算的范围大致如下：

（1）有产品生产或兼有商品营销的部分事业单位，其产品或商品应进行成本费用核算；

（2）有项目开发的事业单位，其项目开发过程中一切费用开支应进行成本费用核算；

（3）对外提供技术咨询等劳务服务活动的事业单位，也应进行服务费用的核算。

三、事业单位成本费用核算的基本要求

（1）实行成本核算的事业单位必须坚持权责发生制原则。本期支付应由本期和以后各期负担的费用支出，应当按一定的标准分配计入本期和以后各期；本期尚未支付但应由本期负担的费用支出，应当预提计入本期。

（2）实行成本核算的事业单位，其业务项目支出的费用应当区分直接费用和间接费用。直接费用直接计入成本，间接费用按一定的标准分配计入成本。

（3）管理费用应当作为期间费用，直接列入当期的支出。

（4）成本计算应当按业务项目周期或规定的会计期进行。

四、事业单位成本费用核算的科目设置

（一）“成本费用”科目设置

为了正确核算实行内部成本核算的事业单位应列入劳务（产品、商品）成本的各项费用，应设置“成本费用”科目。

业务活动或经营过程中发生的各项费用，借记本账户，贷记“存货”“银行存款”等有关账户；产品验收入库时，借记“存货——产成品”账户，贷记本账户。本账户应按经营类别或产品品种设置明细账。

（二）“间接费用”科目设置

为了核算实行成本核算的事业单位为生产产品（或提供劳务）而发生的各项间接费用，应设置“间接费用”科目。

发生间接费用时，借记本账户，贷记有关费用账户。期末按一定标准分配计入当期有关的成本核算对象，借记“成本费用”账户，贷记本账户；本账户月末一般无余额。还应按不同部门设置明细账。

（三）“已销产品成本”科目设置

为了核算从事产品生产的事业单位已销产品的实际成本，应设置“已销产品成本”科目。

事业单位产品出库销售时，按成本价借记账户，贷记“存货——产成品”账户；月末计算收益时，按实际成本价，借记“经营结余”账户，贷记本账户。本账户不设置明细账。

（四）“管理费用”科目设置

事业单位的管理费用包括以下内容：

（1）管理部门为组织和管理生产经营活动而发生的工资、福利费、折旧费、工会经费以及业务招待费、坏账损失、排污费、绿化费、税金等。

（2）利息支出、汇兑损益、金融机构手续费。

（3）销售产品、经营商品或提供劳务过程中发生的销售费用和经营费用，如运输费、装卸费、包装费、广告费、租赁费、销售服务费以及销售经营部门的人员工资和公用经费等。

为了核算从事产品生产或商品经营的事业单位，在生产经营活动中发生的期间费用，应设置“管理费用”科目。

事业单位开支管理费用时，借记本账户，贷记“现金”“银行存款”等账户。发生支出收回时，作冲减管理费用处理。月末，应将本账户余额转入“经营结余”账户。借记“经营结余”账户，贷记本账户。结转后本账户应无余额。本账户应按费用项目设置明细账。

（五）“销售税金”科目设置

为了核算事业单位提供劳务或销售产品应负担的税金及附加，包括营业税、城

市维护建设税、资源税和教育费附加等，应设置“销售税金”科目。

月末，事业单位按照规定计算出应负担的销售税金及附加，借记本账户，贷记“应交税费”“其他应付款”账户；缴纳税金及附加时，借记“应交税费”“其他应付款”，贷记“银行存款”账户。期末，应将本账户余额转入“经营结余”或“事业结余”账户。借记“经营结余”或“事业结余”账户，贷记本账户。同时，本账户应按产（商）品类别或品种设置明细账。

五、事业单位成本费用核算举例

（一）主要成本费用的核算

【例 19-20】S 单位为生产 A 产品领用原材料甲 5 000 元、辅助材料乙 400 元；为生产 B 产品领用甲材料 3 000 元、乙材料 600 元。

借：成本费用——A 产品　　5 400
　　　　　　——B 产品　　3 600
　贷：存货——甲材料　　8 000
　　　　　——乙材料　　1 000

【例 19-21】S 单位辅助生产部门领用丙材料 800 元。

借：间接费用　　800
　贷：存货——丙材料　　800

【例 19-22】S 单位计算出当月应付工资总额 62 000 元，从银行提取现金发放工资。

借：库存现金　　62 000
　贷：银行存款　　62 000
借：应付职工薪酬　　62 000
　贷：库存现金　　62 000

【例 19-23】月末将本月应发放工资进行分配，其中开发生产 A 产品工人工资 25 000元，B 产品工人工资 20 000 元，辅助生产部门工资 10 000 元，管理人员工资 7 000 元。

借：成本费用——A 产品　　25 000
　　　　　　——B 产品　　20 000
　　间接费用　　10 000
　　管理费用　　7 000
　贷：应付职工薪酬　　62 000

【例 19-24】按工资总额的 14%提取职工福利费。

借：成本费用——A 产品　　3 500
　　　　　　——B 产品　　2 800
　　管理费用　　980
　　间接费用　　1 400
　贷：应付福利费　　8 680

（二）其他费用的核算

实行成本核算的事业单位，除材料费用、人工费用外，还会发生其他货币性支出。在核算时，应划清成本和费用的界限，本期费用成本与跨期费用成本的界限。

【例 19-25】以银行存款预付半年书报费 600 元。

借：待摊费用——书报费　　600

　贷：银行存款　　600

【例 19-26】以银行存款支付上季度银行借款利息 900 元。

借：预提费用——利息支出　　900

　贷：银行存款　　900

【例 19-27】放射科李宏出差借支差旅费 1 000 元，开出现金支票一张。

借：其他应收款——李宏　　1 000

　贷：银行存款　　1 000

【例 19-28】李宏出差归来报销差旅费 850 元，退回现金 150 元。

借：管理费用　　850

　　库存现金　　150

　贷：其他应收款　　1 000

【例 19-29】某科研单位月末美元存款余额 400 美元，原汇率为美元兑人民币 1∶6.7，月末汇率为 1∶6.30。请计算期末汇兑损益。

借：管理费用　　160

　贷：银行存款　　160

【例 19-30】某实行内部成本核算事业单位，用现金支付购买办公用品款 300 元。

借：管理费用　　300

　贷：库存现金　　300

第二十章
事业单位会计报表

事业单位会计报表是反映事业单位财务状况和收支情况的书面文件，是财政部门和上级单位了解情况、指导单位预算执行工作的重要资料，也是编制下年度单位财务收支计划的基础。事业单位的会计报表包括资产负债表、收入支出表、财政补助收入支出表、附表及会计报表附注和收支情况说明书等。

第一节　事业单位会计报表的意义及种类

一、事业单位会计报表的意义

事业单位会计报表，是反映事业单位一定时期财务状况和收支情况的书面文件，是日常会计核算工作的总结和深化，是事业单位会计核算工作的一项重要内容，是财务报告的主要组成部分。

事业单位会计报表具有以下作用：

(1) 能全面、系统、总括地反映事业单位在一定时期的经济活动情况和财务状况。通过日常会计核算所提供各要素情况，是不系统、全面的资料，而会计报表是根据日常核算资料，按照编制报表的要求，加以归类、整理后编制的，能总括全面反映事业单位经济活动和财务状况，满足单位、上级及投资者等的需要。

(2) 通过会计报表，可以了解事业单位资产、负债、收入、支出、结余构成，分析资金使用效果，提高事业单位社会效益和经济效益，促使提高管理水平。

(3) 利用会计报表可以分析检查预算和事业计划执行情况，并为编制下期预算、计划提供必要资料。

(4) 通过会计报表，可以了解事业单位遵守国家政策、财经纪律、财经制度的情况，作为评价事业单位经济工作的重要依据。

(5) 主管部门、财政部门、银行、审计部门可以利用会计报表检查、监督事业单位对国家资金和银行借款的使用情况。主管部门、财政部门根据事业单位会计报表汇总编制的汇总报表，可以作为制订国民经济计划和进行综合平衡的参考。

二、事业单位会计报表的种类

(1) 按会计报表的基本特征分为资产负债表、收入支出表、财政补助收入支出表、附表及会计报表附注和收支情况说明书等。资产负债表、收入支出表、财政补助收入支出表是事业单位的主表，而其他报表是对资产负债表和收入支出表有关指标期末余额形成及具体内容进行补充说明，由此构成了事业单位会计报表体系。见表 20-1。

表 20-1　　事业单位会计报表体系

序号	报表名称	编报期	主要内容	备注
1	资产负债表	月、年	单位在某一特定日期财务状况	
2	收入支出表	月、年	单位在一定期间的收支结余及其分配情况	
3	财政补助收入支出表	季、年	在某一会计期间财政补助收入、支出、结转及结余情况	
4	事业支出明细表	月、季、年	按“国家预算支出账户”列示单位在一定期间事业收支结余情况	属于收入支出表的附表
5	经营支出明细表	月、季、年	按“国家预算支出账户”列示单位在一定期间营业收支情况	属于收入支出表的附表
6	结余分配表	年	反映事业单位某一会计年度结余的构成及结余分配（弥补收支差额）情况	适用于事业单位
7	净资产变动情况表	年	反映事业单位一定期间各项净资产增加、减少、结余情况	

（2）按编制时间分为月报、季报、年报。

（3）按编制层次分为本级会计报表、汇总会计报表。本级会计报表是反映本单位一定时期内的财务状况和收支情况的报表。汇总会计报表是将本单位会计报表与所属会计单位报表汇总编制的报表，反映整个系统一定时期内的财务状况和收支情况。

事业单位财务报表应当根据登记完整、核对无误的账簿记录和其他有关资料编制，做到数字真实、计算准确、内容完整、报送及时。

第二节　事业单位会计报表编制

一、事业单位资产负债表的编制

事业单位资产负债表是反映事业单位一定时点（月末、季末、年末）财务状况的报表（又称财务状况表），是一张静态报表，也是事业单位主要的会计报表。它能够反映事业单位在某一时刻占有和使用的经济资源和负债情况，以及事业单位偿债能力和财务前景。资产负债表应当按照资产、负债和净资产分类列示。资产和负债应当分别流动资产和非流动资产、流动负债和非流动负债列示。

资产负债表由表头、基本部分组成，采用账户式格式。见表 20-2。

表 20-2 **资产负债表**

编制单位： 年 月 日 单位：元（以下至角分）

	资产部类	年初数	期末数		负债部类	年初数	期末数
	一、资产类				**一、负债类**		
	流动资产：				流动负债：		
	货币资金				短期借款		
	短期投资				应缴税费		
	财政应返还额度				应缴国库款		
	应收票据				应缴财政专户款		
	应收账款				应付职工薪酬		
	预付账款				应付票据		
	其他应收款				应付账款		
	存货				预收账款		
	其他流动资产				其他应付款		
	流动资产合计				其他流动负债		
	非流动资产：				流动负债合计		
	长期投资				非流动负债：		
	固定资产				长期借款		
	固定资产原价				长期应付款		
	减：累计折旧				非流动负债合计		
	在建工程				负债合计		
	无形资产				**二、净资产类**		
	无形资产原价				事业基金		
	减：累计摊销				非流动资产基金		
	待处理资产损溢				专用基金		
					财政补助结转		
					财政补助结余		
					非财政补助结转		
					非财政补助结余		
					1. 事业结余		
					2. 经营结余		
					净资产合计		
	资产部类总计				负债部类总计		

资产负债表基本部分就是按会计要素及所含会计账户依次排列，反映事业单位全部资产、负债、净资产期末数，并应填列年初数。资产负债表建立的理论依据是：

资产＝负债+净资产

本表“年初余额”栏内各项数字，应当根据上年年末资产负债表“期末余额”栏内数字填列。如果本年度资产负债表规定的各个项目的名称和内容同上年度不相一致，应对上年年末资产负债表各项目的名称和数字按照本年度的规定进行调整，填入本表“年初余额”栏内。

本表“期末余额”栏各项目的内容和填列方法：

（一）资产类项目

（1）“货币资金”项目，反映事业单位期末库存现金、银行存款和零余额账户用款额度的合计数。本项目应当根据“库存现金”“银行存款”“零余额账户用款额度”账户的期末余额合计填列。

（2）“短期投资”项目，反映事业单位期末持有的短期投资成本。本项目应当根据“短期投资”账户的期末余额填列。

（3）“财政应返还额度”项目，反映事业单位期末财政应返还额度的金额。本项目应当根据“财政应返还额度”账户的期末余额填列。

（4）“应收票据”项目，反映事业单位期末持有的应收票据的票面金额。本项目应当根据“应收票据”账户的期末余额填列。

（5）“应收账款”项目，反映事业单位期末尚未收回的应收账款余额。本项目应当根据“应收账款”账户的期末余额填列。

（6）“预付账款”项目，反映事业单位预付给商品或者劳务供应单位的款项。本项目应当根据“预付账款”账户的期末余额填列。

（7）“其他应收款”项目，反映事业单位期末尚未收回的其他应收款余额。本项目应当根据“其他应收款”账户的期末余额填列。

（8）“存货”项目，反映事业单位期末为开展业务活动及其他活动耗用而储存的各种材料、燃料、包装物、低值易耗品及达不到固定资产标准的用具、装具、动植物等的实际成本。本项目应当根据“存货”账户的期末余额填列。

（9）“其他流动资产”项目，反映事业单位除上述各项之外的其他流动资产，如将在 1 年内（含 1 年）到期的长期债券投资。本项目应当根据“长期投资”等账户的期末余额分析填列。

（10）“长期投资”项目，反映事业单位持有时间超过 1 年（不含 1 年）的股权和债权性质的投资。本项目应当根据“长期投资”账户期末余额减去其中将于 1 年内（含 1 年）到期的长期债券投资余额后的金额填列。

（11）“固定资产”项目，反映事业单位期末各项固定资产的账面价值。本项目应当根据“固定资产”账户期末余额减去“累计折旧”账户期末余额后的金额填列。

“固定资产原价”项目，反映事业单位期末各项固定资产的原价。本项目应当根据“固定资产”账户的期末余额填列。

“累计折旧”项目，反映事业单位期末各项固定资产的累计折旧。本项目应当根据“累计折旧”账户的期末余额填列。

（12）“在建工程”项目，反映事业单位期末尚未完工交付使用的在建工程发生的实际成本。本项目应当根据“在建工程”账户的期末余额填列。

（13）“无形资产”项目，反映事业单位期末持有的各项无形资产的账面价值。本项目应当根据“无形资产”账户期末余额减去“累计摊销”账户期末余额后的金额填列。

“无形资产原价”项目，反映事业单位期末持有的各项无形资产的原价。本项目应当根据“无形资产”账户的期末余额填列。

“累计摊销”项目，反映事业单位期末各项无形资产的累计摊销。本项目应当根据“累计摊销”账户的期末余额填列。

（14）“待处理资产损溢”项目，反映事业单位期末待处理资产的价值及处理损溢。本项目应当根据“待处理资产损溢”账户的期末借方余额填列；如“待处理资产损溢”账户期末为贷方余额，则以“-”号填列。

（15）“非流动资产合计”项目，按照“长期投资”“固定资产”“在建工程”“无形资产”“待处理资产损溢”项目金额的合计数填列。

（二）负债类项目

（16）“短期借款”项目，反映事业单位借入的期限在1年内（含1年）的各种借款。本项目应当根据“短期借款”账户的期末余额填列。

（17）“应缴税费”项目，反映事业单位应交未交的各种税费。本项目应当根据“应缴税费”账户的期末贷方余额填列；如“应缴税费”账户期末为借方余额，则以“-”号填列。

（18）“应缴国库款”项目，反映事业单位按规定应缴入国库的款项（应缴税费除外）。本项目应当根据“应缴国库款”账户的期末余额填列。

（19）“应缴财政专户款”项目，反映事业单位按规定应缴入财政专户的款项。本项目应当根据“应缴财政专户款”账户的期末余额填列。

（20）“应付职工薪酬”项目，反映事业单位按有关规定应付给职工及为职工支付的各种薪酬。本项目应当根据“应付职工薪酬”账户的期末余额填列。

（21）“应付票据”项目，反映事业单位期末应付票据的金额。本项目应当根据“应付票据”账户的期末余额填列。

（22）“应付账款”项目，反映事业单位期末尚未支付的应付账款的金额。本项目应当根据“应付账款”账户的期末余额填列。

（23）“预收账款”项目，反映事业单位期末按合同规定预收但尚未实际结算的款项。本项目应当根据“预收账款”账户的期末余额填列。

（24）“其他应付款”项目，反映事业单位期末应付未付的其他各项应付及暂收款项。本项目应当根据“其他应付款”账户的期末余额填列。

（25）“其他流动负债”项目，反映事业单位除上述各项之外的其他流动负债，如承担的将于1年内（含1年）偿还的长期负债。本项目应当根据“长期借款”“长期应付款”等账户的期末余额分析填列。

（26）“长期借款”项目，反映事业单位借入的期限超过1年（不含1年）的各项借款本金。本项目应当根据“长期借款”账户的期末余额减去其中将于1年内（含1年）到期的长期借款余额后的金额填列。

（27）“长期应付款”项目，反映事业单位发生的偿还期限超过1年（不含1年）的各种应付款项。本项目应当根据“长期应付款”账户的期末余额减去其中将于1年内（含1年）到期的长期应付款余额后的金额填列。

（三）净资产类项目

（28）“事业基金”项目，反映事业单位期末拥有的非限定用途的净资产。本项目应当根据“事业基金”账户的期末余额填列。

（29）“非流动资产基金”项目，反映事业单位期末非流动资产占用的金额。本项目应当根据“非流动资产基金”账户的期末余额填列。

（30）“专用基金”项目，反映事业单位按规定设置或提取的具有专门用途的净资产。本项目应当根据“专用基金”账户的期末余额填列。

（31）“财政补助结转”项目，反映事业单位滚存的财政补助结转资金。本项目应当根据“财政补助结转”账户的期末余额填列。

（32）“财政补助结余”项目，反映事业单位滚存的财政补助项目支出结余资金。本项目应当根据“财政补助结余”账户的期末余额填列。

（33）“非财政补助结转”项目，反映事业单位滚存的非财政补助专项结转资金。本项目应当根据“非财政补助结转”账户的期末余额填列。

（34）“非财政补助结余”项目，反映事业单位自年初至报告期末累计实现的非财政补助结余弥补以前年度经营亏损后的余额。本项目应当根据“事业结余”“经营结余”账户的期末余额合计填列；如“事业结余”“经营结余”账户的期末余额合计为亏损数，则以“-”号填列。在编制年度资产负债表时，本项目金额一般应为“0”；若不为“0”，本项目金额应为“经营结余”账户的期末借方余额（“-”号填列）。

“事业结余”项目，反映事业单位自年初至报告期末累计实现的事业结余。本项目应当根据“事业结余”账户的期末余额填列；如“事业结余”账户的期末余额为亏损数，则以“-”号填列。在编制年度资产负债表时，本项目金额应为“0”。

“经营结余”项目，反映事业单位自年初至报告期末累计实现的经营结余弥补以前年度经营亏损后的余额。本项目应当根据“经营结余”账户的期末余额填列；如“经营结余”账户的期末余额为亏损数，则以“-”号填列。在编制年度资产负债表时，本项目金额一般应为“0”；若不为“0”，本项目金额应为“经营结余”账户的期末借方余额（“-”号填列）。

按上述方法编制完成的资产负债表，总括反映了事业单位期末财务状况。但报表提供的财务会计信息，综合简单，不能直接据以得出事业单位财务状况好坏的判断，更不能说明财务状况变化原因。欲要适当评价事业单位财务状况，了解财务状况和收支变化原因与趋势，还必须以资产负债表所提供的信息资料为基础，深入进行分析加工，才能达到目的。

二、事业单位收入支出表的编制

收入支出表用来反映事业单位在某一会计期间内各项收入、支出和结转结余情况，以及年末非财政补助结余的分配情况。也是事业单位的主要会计报表之一。见表 20-3。

表 20-3　　**收入支出表**

编制单位：　　年　月　　单位：元

项目	本月数	本年累计数
一、本期财政补助结转结余		
财政补助收入		

表20-3(续)

项目	本月数	本年累计数
减：事业支出（财政补助支出）		
二、本期事业结转结余		
（一）事业类收入		
1. 事业收入		
2. 上级补助收入		
3. 附属单位上缴收入		
4. 其他收入		
其中：捐赠收入		
减：（二）事业类支出		
1. 事业支出（非财政补助支出）		
2. 上缴上级支出		
3. 对附属单位补助支出		
4. 其他支出		
三、本期经营结余		
经营收入		
减：经营支出		
四、弥补以前年度亏损后的经营结余		
五、本年非财政补助结转结余		
减：非财政补助结转		
六、本年非财政补助结余		
减：应缴企业所得税		
减：提取专用基金		
七、转入事业基金		

本表“本月数”栏反映各项目的本月实际发生数。在编制年度收入支出表时，应当将本栏改为“上年数”栏，反映上年度各项目的实际发生数；如果本年度收入支出表规定的各个项目的名称和内容同上年度不一致，应对上年度收入支出表各项目的名称和数字按照本年度的规定进行调整，填入本年度收入支出表的“上年数”栏。本表“本年累计数”栏反映各项目自年初起至报告期末止的累计实际发生数。编制年度收入支出表时，应当将本栏改为“本年数”。

本表“本月数”栏各项目的内容和填列方法：

（一）本期财政补助结转结余

（1）“本期财政补助结转结余”项目，反映事业单位本期财政补助收入与财政补助支出相抵后的余额。本项目应当按照本表中“财政补助收入”项目金额减去“事业支出（财政补助支出）”项目金额后的余额填列。

（2）“财政补助收入”项目，反映事业单位本期从同级财政部门取得的各类财政拨款。本项目应当根据“财政补助收入”账户的本期发生额填列。

（3）“事业支出（财政补助支出）”项目，反映事业单位本期使用财政补助发生的各项事业支出。本项目应当根据“事业支出——财政补助支出”账户的本期发生额填列，或者根据“事业支出——基本支出（财政补助支出）”“事业支出——项目支出（财政补助支出）”账户的本期发生额合计填列。

（二）本期事业结转结余

（4）“本期事业结转结余”项目，反映事业单位本期除财政补助收支、经营收支以外的各项收支相抵后的余额。本项目应当按照本表中“事业类收入”项目金额减去“事业类支出”项目金额后的余额填列；如为负数，以“-”号填列。

（5）“事业类收入”项目，反映事业单位本期事业收入、上级补助收入、附属单位上缴收入、其他收入的合计数。本项目应当按照本表中“事业收入”“上级补助收入”“附属单位上缴收入”“其他收入”项目金额的合计数填列。

“事业收入”项目，反映事业单位开展专业业务活动及其辅助活动取得的收入。本项目应当根据“事业收入”账户的本期发生额填列。

“上级补助收入”项目，反映事业单位从主管部门和上级单位取得的非财政补助收入。本项目应当根据“上级补助收入”账户的本期发生额填列。

“附属单位上缴收入”项目，反映事业单位附属独立核算单位按照有关规定上缴的收入。本项目应当根据“附属单位上缴收入”账户的本期发生额填列。

“其他收入”项目，反映事业单位除财政补助收入、事业收入、上级补助收入、附属单位上缴收入、经营收入以外的其他收入。本项目应当根据“其他收入”账户的本期发生额填列。

“捐赠收入”项目，反映事业单位接受现金、存货捐赠取得的收入。本项目应当根据“其他收入”账户所属相关明细账户的本期发生额填列。

（6）“事业类支出”项目，反映事业单位本期事业支出（非财政补助支出）、上缴上级支出、对附属单位补助支出、其他支出的合计数。本项目应当按照本表中“事业支出（非财政补助支出）”“上缴上级支出”“对附属单位补助支出”“其他支出”项目金额的合计数填列。

“事业支出（非财政补助支出）”项目，反映事业单位使用财政补助以外的资金发生的各项事业支出。本项目应当根据“事业支出——非财政专项资金支出”“事业支出——其他资金支出”账户的本期发生额合计填列，或者根据“事业支出——基本支出（其他资金支出）”“事业支出——项目支出（非财政专项资金支出、其他资金支出）”账户的本期发生额合计填列。

“上缴上级支出”项目，反映事业单位按照财政部门和主管部门的规定上缴上级单位的支出。本项目应当根据“上缴上级支出”账户的本期发生额填列。

“对附属单位补助支出”项目，反映事业单位用财政补助收入之外的收入对附属单位补助发生的支出。本项目应当根据“对附属单位补助支出”账户的本期发生额填列。

“其他支出”项目，反映事业单位除事业支出、上缴上级支出、对附属单位补助支出、经营支出以外的其他支出。本项目应当根据“其他支出”账户的本期发生额填列。

（三）本期经营结余

（7）“本期经营结余”项目，反映事业单位本期经营收支相抵后的余额。本项目应当按照本表中“经营收入”项目金额减去“经营支出”项目金额后的余额填列；如为负数，以“-”号填列。

（8）“经营收入”项目，反映事业单位在专业业务活动及其辅助活动之外开展非独立核算经营活动取得的收入。本项目应当根据“经营收入”账户的本期发生额填列。

（9）“经营支出”项目，反映事业单位在专业业务活动及其辅助活动之外开展非独立核算经营活动发生的支出。本项目应当根据“经营支出”账户的本期发生额填列。

（四）弥补以前年度亏损后的经营结余

（10）“弥补以前年度亏损后的经营结余”项目，反映事业单位本年度实现的经营结余扣除本年初未弥补经营亏损后的余额。本项目应当根据“经营结余”账户年末转入“非财政补助结余分配”账户前的余额填列；如该年末余额为借方余额，以“-”号填列。

（五）本年非财政补助结转结余

（11）“本年非财政补助结转结余”项目，反映事业单位本年除财政补助结转结余之外的结转结余金额。如本表中“弥补以前年度亏损后的经营结余”项目为正数，本项目应当按照本表中“本期事业结转结余”“弥补以前年度亏损后的经营结余”项目金额的合计数填列；如为负数，以“-”号填列。如本表中“弥补以前年度亏损后的经营结余”项目为负数，本项目应当按照本表中“本期事业结转结余”项目金额填列；如为负数，以“-”号填列。

（12）“非财政补助结转”项目，反映事业单位本年除财政补助收支外的各专项资金收入减去各专项资金支出后的余额。本项目应当根据“非财政补助结转”账户本年贷方发生额中专项资金收入转入金额合计数减去本年借方发生额中专项资金支出转入金额合计数后的余额填列。

（六）本年非财政补助结余

（13）“本年非财政补助结余”项目，反映事业单位本年除财政补助之外的其他结余金额。本项目应当按照本表中“本年非财政补助结转结余”项目金额减去“非财政补助结转”项目金额后的金额填列；如为负数，以“-”号填列。

（14）“应缴企业所得税”项目，反映事业单位按照税法规定应缴纳的企业所得税金额。本项目应当根据“非财政补助结余分配”账户的本年发生额分析填列。

（15）“提取专用基金”项目，反映事业单位本年按规定提取的专用基金金额。本项目应当根据“非财政补助结余分配”账户的本年发生额分析填列。

（七）转入事业基金

（16）“转入事业基金”项目，反映事业单位本年按规定转入事业基金的非财政补助结余资金。本项目应当按照本表中“本年非财政补助结余”项目金额减去“应缴企业所得税”“提取专用基金”项目金额后的余额填列；如为负数，以“-”号填列。

上述（10）至（16）项目，只有在编制年度收入支出表时才填列；编制月度收入支出表时，可以不设置此7个项目。

编制完成的收入支出表，总括反映了事业单位的收入、支出、结余状况。但不能直接说明影响收入、支出和结余（或超支）变化的主要因素，更不能了解资金活动变化的原因。还必须运用对比分析、结构分析法，编制收入支出完成情况分析表（可以与计划、上年同期或相同类型、规模的事业单位比较），找出影响收入、支出余超的主要因素，从而提高改进措施，提高预算资金使用效率，促进经济管理水平的提高。

三、财政补助收入支出表

财政补助收入支出表是指反映事业单位某一会计年度财政补助收入、支出、结转及结余情况的报表。

本表“上年数”栏内各项数字，应当根据上年度财政补助收入支出表“本年数”栏内数字填列。见表20-4。

表20-4　　　　财政补助收入支出表

编制单位：　　　　　　　　年度　　　　　　　　单位：元

项目	本年数	上年数
一、年初财政补助结转结余		——
（一）基本支出结转		——
1. 人员经费		——
2. 日常公用经费		——
（二）项目支出结转		——
××项目		——
（三）项目支出结余		——
二、调整年初财政补助结转结余		——
（一）基本支出结转		——
1. 人员经费		——
2. 日常公用经费		——
（二）项目支出结转		——
××项目		——
（三）项目支出结余		——
三、本年归集调入财政补助结转结余		
（一）基本支出结转		
1. 人员经费		
2. 日常公用经费		
（二）项目支出结转		

表20-4（续）

项目	本年数	上年数
××项目		
（三）项目支出结余		
四、本年上缴财政补助结转结余		
（一）基本支出结转		
1. 人员经费		
2. 日常公用经费		
（二）项目支出结转		
××项目		
（三）项目支出结余		
五、本年财政补助收入		
（一）基本支出		
1. 人员经费		
2. 日常公用经费		
（二）项目支出		
××项目		
六、本年财政补助支出		
（一）基本支出		
1. 人员经费		
2. 日常公用经费		
（二）项目支出		
××项目		
七、年末财政补助结转结余		——
（一）基本支出结转		——
1. 人员经费		——
2. 日常公用经费		——
（二）项目支出结转		——
××项目		——
（三）项目支出结余		——

本表“本年数”栏各项目的内容和填列方法：

（1）“年初财政补助结转结余”项目及其所属各明细项目，反映事业单位本年初财政补助结转和结余余额。各项目应当根据上年度财政补助收入支出表中“年末财政补助结转结余”项目及其所属各明细项目“本年数”栏的数字填列。

（2）“调整年初财政补助结转结余”项目及其所属各明细项目，反映事业单位因本年发生需要调整以前年度财政补助结转结余的事项，而对年初财政补助结转结余的调整金额。各项目应当根据“财政补助结转”“财政补助结余”账户及其所属明细账户的本年发生额分析填列。如调整减少年初财政补助结转结余，以“-”号填列。

（3）“本年归集调入财政补助结转结余”项目及其所属各明细项目，反映事业单位本年度取得主管部门归集调入的财政补助结转结余资金或额度金额。各项目应当根据“财政补助结转”“财政补助结余”账户及其所属明细账户的本年发生额分析填列。

（4）“本年上缴财政补助结转结余”项目及其所属各明细项目，反映事业单位本年度按规定实际上缴的财政补助结转结余资金或额度金额。各项目应当根据“财政补助结转”“财政补助结余”账户及其所属明细账户的本年发生额分析填列。

（5）“本年财政补助收入”项目及其所属各明细项目，反映事业单位本年度从同级财政部门取得的各类财政拨款金额。各项目应当根据“财政补助收入”账户及其所属明细账户的本年发生额填列。

（6）“本年财政补助支出”项目及其所属各明细项目，反映事业单位本年度发生的财政补助支出金额。各项目应当根据“事业支出”账户所属明细账户本年发生额中的财政补助支出数填列。

（7）“年末财政补助结转结余”项目及其所属各明细项目，反映事业单位截至本年末的财政补助结转和结余余额。各项目应当根据“财政补助结转”“财政补助结余”账户及其所属明细账户的年末余额填列。

四、支出明细表

为了反映事业支出、经营支出的详细情况，事业单位还应编制事业支出明细表、经营支出明细表。主要根据事业支出总账和明细账分析填列。其格式见表 20-5。

表 20-5　　事业支出明细表

编制单位：　　　　年　月　日　　　　单位：元

项目	合计	基本工资	补助工资	其他工资	职工福利费	社会保障费	生活补助	公务费	设备购置费	修缮费	业务费	其他费用	备注
列次	1	2	3	4	5	6	7	8	9	10	11	12	13
事业支出 其中： 1. 财政拨款支出 2. 非财政拨款资金支出													
合计													

编表说明：

（1）“财政拨款支出”是指事业单位用财政补助安排的支出。

（2）“非财政拨款支出”是指事业单位用非财政资金安排的支出。

（3）在“财政拨款支出”和“非财政拨款支出”中对于财政部门指定用途的，应按指定用途填列；对于没有指定用途的，按本表所列项目分别列示。

（4）各事业单位对于上述两项支出可根据核定预算和使用情况，采用统计方法填列。

对有经营活动的事业单位，应按经营支出“目”级账户编制经营支出明细表。主要根据经营支出及相关账户的明细资料填列。其格式见表20-6。

表20-6 经营支出明细表

编制单位： 年 月 日 单位：元

项目	合计	基本工资	补助工资	其他工资	职工福利费	社会保障费	生活补助	公务费	设备购置费	修缮费	业务费	其他费用	备注
列次	1	2	3	4	5	6	7	8	9	10	11	12	13
经营支出													
1													
2													
合计													

补充资料：

实行内部成本核算的单位应填列以下成本费用的补充资料：

未结转到经营支出的成本费用：

其中：基本工资 职工福利费 修缮费

补助工资 社会保障费 业务费

其他工资 公务费

其他费用 设备购置费

编表说明：本表经营支出栏下可按经营业务的种类分类填列。

财务情况说明书，主要说明事业单位收入及其支出、结转、结余及其分配、资产负债变动、对外投资、资产出租出借、资产处置、固定资产投资、绩效考评的情况，对本期或者下期财务状况发生重大影响的事项，以及需要说明的其他事项。

第三节 事业单位财务分析

事业单位财务经济分析，是指运用财务收支、会计报表等相关资料，综合地对一定时期内事业单位的财务活动和经济活动过程进行比较、分析、评价，以及对未来前景作出预测的方法。

事业单位财务分析的内容包括预算编制与执行、资产使用、收入支出状况等。财务分析的指标包括预算收入和支出完成率、人员支出与公用支出分别占事业支出的比率、人均基本支出、资产负债率等。主管部门和事业单位可以根据本单位的业务特点增加财务分析指标。

（一）预算收入和支出完成率

预算收入和支出完成率用来衡量事业单位收入和支出总预算及分项预算完成的程度。其计算公式为：

预算收入完成率=年终执行数÷（年初预算数±年中预算调整数）×100%

预算支出完成率=年终执行数÷（年初预算数±年中预算调整数）×100%

（二）人员专业、公用支出占事业支出的比率

人员支出、公用支出占事业支出的比率用来衡量事业单位事业支出结构。其计算公式为：

人员支出比率=人员支出÷事业支出×100%

公用支出比率=公用支出÷事业支出×100%

（三）人均支出

人均基本支出用来衡量事业单位按照实际在编人数平均的基本支出水平。其计算公式为：

人均基本支出=（基本支出-离退休人员支出）÷实际在编人数

（四）资产负债率

资产负债率用来衡量事业单位利用债权人提供资金开展业务活动的能力，以及反映债权人提供资金的安全保障程度。其计算公式为：

资产负债率=负债总额÷资产总额×100%

第二十一章
民间非营利组织会计概述

民间非营利组织是指在中华人民共和国境内依法成立的各类社会团体、基金会和民办非企业单位。为了规范民间非营利组织的会计核算，提高会计信息质量，我国财政部根据《中华人民共和国会计法》及其他有关法律法规，于2005年发布了《民间非营利组织会计制度》。本章将对民间非营利组织会计特点、基本原则等作一些介绍。

第一节　民间非营利组织会计的特点及原则

一、民间非营利组织会计的特点

我国民间非营利组织应符合以下四个条件：①不以营利为目的；②任何单位或个人不因为出资而拥有民间非营利组织的所有权；③收支结余不得向出资者分配；④民间非营利组织一旦进行清算，清算后的剩余财产应按规定继续用于社会公益事业。

近年来，我国民间非营利组织发展较快，种类繁多，概括起来有如下特点：

（1）民间非营利组织的会计核算应当以持续、正常的业务活动为前提。会计记账采用借贷记账法。

（2）民间非营利组织一般以权责发生制为基础。有些民间非营利组织在日常会计核算时采用收付实现制，但其在对外提供财务报告特别是年度财务报告时，应当对会计数据作适当的调整，以形成符合权责发生制为基础的财务报告。

（3）民间非营利组织分开列示限定性资源和非限定性资源，即按其是否受资源提供者所附条件的限制划分为非限定性基金和限定性基金。同时，要求民间非营利组织也应当将净资产分为限定性净资产和非限定净资产，分别揭示。

（4）民间非营利组织一般应计提固定资产折旧。折旧方法可采用年限平均法、工作量法、年数总和法、双倍余额递减法等。民间非营利组织应当根据科技发展、环境及其他因素，选择合理的固定资产折旧方法。

（5）民间非营利组织一般要进行成本费用核算，计算结余并进行结余分配。

二、民间非营利组织会计的基本原则

民间非营利组织的会计核算，应当遵循以下基本原则：

（1）民间非营利组织会计核算应当以实际发生的经济业务为依据，如实反映其

财务状况收支结余和现金流量。

（2）民间非营利组织应当按照经济业务的经济实质进行会计核算，而不应当仅仅按照它们的法律形式作为会计核算的依据。

（3）民间非营利组织提供的会计信息应当能够真实、完整地反映其财务状况、收支结余和现金流量，以满足会计信息使用者的需要。

（4）民间非营利组织会计核算方法前后各期应当保持一致，不得随意变更，如有必要变更，应当将变更的情况、原因和对单位财务收支情况及结果的影响在会计报表附注中予以说明。

（5）民间非营利组织应当按照规定的会计处理方法进行会计核算，会计指标应当口径一致，相互可比。

（6）民间非营利组织的会计核算应当及时进行，不得提前或延后。

（7）民间非营利组织的会计核算应当清晰明了，便于理解和利用。

（8）民间非营利组织会计一般以权责发生制为基础。

（9）民间非营利组织在进行会计核算时，收入与其成本、费用应当相互配比，同一会计期间内的各项收入和与其相关的成本、费用，应当在该会计期间内确认。

（10）民间非营利组织的各项财产在取得时应当按照实际成本计量。其后，各项财产发生减值，应当按照制度观定计提相应的减值准备。除法律、行政法规和国家统一的会计制度另有规定者外，民间非营利组织一律不得自行调整其账面价值。

（11）民间非营利组织的会计核算应当遵循谨慎性原则，不得多计资产或收益，也不得少计负债或费用。

（12）民间非营利组织会计核算应当合理划分收益性支出与资本性支出。凡支出的效益仅与本年度相关的，应当作为收益性支出；凡支出的效益与几个会计年度相关的，应当作为资本性支出。

（13）民间非营利组织的会计核算应当遵循重要性原则，对资产、负债、结余等有较大影响，进而影响财务会计报告使用者据以作出合理判断的重要会计事项，必须按照规定的会计方法和程序进行处理，并在财务会计报告中予以充分的披露；对于次要的会计事项，在不影响会计信息真实性和不至于误导会计信息使用者作出正确判断的前提下，可适当简化处理。

第二节　民间非营利组织会计要素及财务报告的特点

一、民间非营利组织会计要素

（一）资产

民间非营利组织的资产是指过去的经济业务形成并由非营利组织拥有或者控制的资源，该资源预期会给民间非营利组织带来经济利益，包括流动资产、受赠资产、长期投资、固定资产、无形资产和其他资产。其中，捐赠是指一个实体自愿无偿向另一实体转交现金或其他资产，或撤销其债务的行为。

民间非营利组织受赠资产应当区分资产形态确定入账价值：受赠资产如为现金，

应按实际金额入账；对于不符合固定资产确认条件的实物资产，应转入存货，并按该受赠资产的账面价值作为存货的实际成本；对于符合固定资产确认条件的实物资产，应转入固定资产，并按该受赠资产的账面价值作为固定资产的入账价值；对于受赠的无形资产，应转入无形资产，并按该受赠资产的账面价值作为无形资产的入账价值。

（二）负债

民间非营利组织的负债，是指过去的业务活动形成的现时义务，履行该义务预期会导致经济利益流出民间非营利组织，包括流动负债和长期负债。民间非营利组织接受的指定受益人的捐赠，应作为应付款项，单独核算。

（三）净资产

民间非营利组织净资产，是指资产减去负债后的余额。以捐赠业务为主的民间非营利组织的净资产，应按捐赠人限制存在与否分为不受限制净资产、暂时受限制净资产和永久受限制净资产。其他民间非营利组织的净资产包括业务发展基金和留本基金。不受限制净资产，是指暂时受限制净资产和永久受限制净资产以外的其他净资产。暂受限制净资产，是指资金使用受到捐出方暂时限制的净资产，包括时间限制、目的限制等。永久受限制而持有的资产，是指资金使用受到捐出方永久限制的净资产。

（四）收入

民间非营利组织收入是指民间非营利组织为开展业务活动，依法取得的非偿还性资金，包括基本业务收入、其他业务收入、政府资助收入、投资收益和其他收入。基本业务收入是民间非营利组织开展章程规定范围内的主要业务活动所取得的收入。如社会团体的会费收入、基金会的捐赠收入以及民办学校的学费等。民间非营利组织开展章程范围内的其他业务活动所取得的收入叫其他业务收入，如咨询费收入、培训费收入、展览收入等。政府资助收入是民间非营利组织取得的政府无偿给予的各类补助，如人员经费、办公经费等。投资收益是民间非营利组织对外投资所取得的收益，包括委托贷款收益和委托投资收益。其他收入是民间非营利组织处置财产物资取得的净收益和银行存款取得的利息收入。

（五）成本和费用

民间非营利组织费用是指民间非营利组织为开展章程范围内的业务活动所发生的经济利益的流出；民间非营利组织成本是其为提供劳务和产品而发生的各种耗费，不包括为第三方或客户垫付的款项。民间非营利组织发生的应由当期承担的费用包括基本业务支出、其他业务支出、其他支出和管理费用。民间非营利组织的基本业务支出，是其开展章程范围内的主要业务活动发生的可直接归属于基本业务的有关支出，如民办学校发生的教学支出。民间非营利组织其他业务支出是其开展章程范围内的其他业务活动发生的可直接归属于其他业务的有关支出，如培训费支出等。民间非营利组织的其他支出是指非营利因处置财产物资发生的净损失和银行借款发生的利息支出。民间非营利组织的管理费用是其管理部门发生的各项费用，包括人员支出、日常公用支出、对个人和家庭的补助支出、固定资产折旧和大修理费支出等。

（六）结余及结余分配

民间非营利组织结余是指其在一定期间各项收入与支出相抵后的余额。以接受捐赠业务为主的民间非营利组织的结余应按捐赠人限制存在与否分为不受限制收支结余、暂时受限制收支结余和永久受限制收支结余。其他民间非营利组织的结余可不作上述划分。收支结余应于期末，按扣除永久受限制捐赠收入后的金额转入业务发展基金，按永久受限制捐赠收入金额转入留本基金。

二、民间非营利组织财务会计报告及特点

民间非营利组织财务报告是反映其财务状况和收支情况的书面文件。民间非营利组织的财务会计报告由会计报表、会计报表附注和收支情况说明书组成。民间非营利组织的财务报告分为年度、季度和月度财务会计报告，可将季度和月度财务会计报告统称为中期财务会计报告，年度财务会计报告是指年度终了对外提供的财务会计报告。民间非营利组织向外提供的会计报表包括资产负债表、收入支出表、现金流量表、支出明细表及其他有关附表，最具特点的是增编现金流量表。

（一）资产负债表

资产负债表应清楚地将外部限定使用的资产、相关负债及净资产与非限定用途的资产、相关负债及净资产区分开。其中，限定性流动资产应根据不同的用途限定进行划分。留本基金净资产也可以根据不同的目的、捐赠人或其他标准进行划分。

（二）收入支出表

收入支出表主要反映民间非营利组织的收支结余及其分配情况如捐助、收入、支出、资本增加额、转账及其他变动事项等。

（三）现金流量表

民间非营利组织的现金流量表必须报告所有基金（非限定性基金、限定性基金、固定资产基金、留本基金等）的现金流量，分别报告运营所得净现金流量、投资所得净现金流量以及筹资所得净现金流量。

（四）支出明细表

这是反映民间非营利组织的日常公用经费和人员经费的详细情况的报表。

此外，会计报表附注应包括以下内容：会计报表编制基准不符合会计核算基本前提的说明；重要会计政策和会计估计的说明；重要会计政策和会计估计变更的说明；或有事项的说明；接受、使用捐赠、资助的有关情况；重要资产转让及其出售的说明；会计报表重要项目的明细资料；有助于理解和分析会计报表需要说明的其他事项。

民间非营利组织的收支情况说明书应对下列情况作出说明：民间非营利组织业务活动基本情况；结余和分配情况；对民间非营利组织财务状况、收支情况有重大影响的其他事项。

民间非营利组织编制财务报告的目的在于提供以下信息：

（1）所取得资源的性质和数量；

（2）捐赠人实施控制的程度；

（3）资源的使用情况包括明确主要项目的性质及成本；

（4）报告期内基金余额的净变化数；

（5）作为评价管理当局绩效的基础。

附录 1
新旧财政总预算会计制度会计科目对照表

新财政总预算会计制度会计科目		原财政总预算会计制度会计科目及补充规定会计科目	
科目编号	会计科目名称	科目编号	会计科目名称
一、资产类			
1001	国库存款	101	国库存款
1003	国库现金管理存款*		
1005	财政零余额账户存款	103	财政零余额账户存款
1004	其他财政存款	102	其他财政存款
1003	国库现金管理存款*		
1006	有价证券	104	有价证券
1007	在途款	105	在途款
1081	待发国债	109	待发国债
1021	借出款项*	111	暂付款
1036	其他应收款*		
1031	与下级往来	112	与下级往来
1011	预拨经费	121	预拨经费
1036	其他应收款*		
-		122	基建拨款
		131	财政周转金放款
		132	借出财政周转金
1036	其他应收款*	133	待处理财政周转金
1045	应收主权外债转贷款*	141	借出外债
2015	其他应付款＊		
1045	应收主权外债转贷款*	142	应收外债利息
		143	应收外债费用
1041	应收地方政府债券转贷款*		
1071	股权投资*		
1022	应收股利*		

续上表

新财政总预算会计制度会计科目		原财政总预算会计制度会计科目及补充规定会计科目	
科目编号	会计科目名称	科目编号	会计科目名称
二、负债类			
2011	应付国库集中支付结余*	211	暂存款
2015	其他应付款*		
2017	应付代管资金*		
212	与上级往来	2012	与上级往来
213	已结报支出	2091	已结报支出
222	借入款	－	
223	借入财政周转金	－	
2022	借入款项*	241	借入外债
2027	应付主权外债转贷款*		
2015	其他应付款*		
2022	借入款项*	242	应付外债利息
2027	应付主权外债转贷款*		
2022	借入款项*	243	应付外债费用
2027	应付主权外债转贷款*		
2001	应付短期政府债券*		
2021	应付长期政府债券*		
2026	应付地方政府债券转贷款*		
2045	其他负债*		
三、净资产类			
3001	一般公共预算结转结余△	301	预算结余
3002	政府性基金预算结转结余△	305	基金预算结余
3003	国有资本经营预算结转结余△	306	国有资本经营预算结余
3007	专用基金结余	307	专用基金结余
3031	预算稳定调节基金	315	预算稳定调节基金
3033	预算周转金	321	预算周转金
－		322	财政周转基金
3005	财政专户管理资金结余	323	财政专户管理资金结余
3081	资产基金	343	净资产调整
3082	待偿债净资产		
四、收入类			
4001	一般公共预算本级收入△	401	一般预算收入
4002	政府性基金预算本级收入△	405	基金预算收入
4003	国有资本经营预算本级收入△	406	国有资本经营预算收入

续上表

新财政总预算会计制度会计科目		原财政总预算会计制度会计科目及补充规定会计科目	
科目编号	会计科目名称	科目编号	会计科目名称
4007	专用基金收入	407	专用基金收入
4041	债务收入	408	债务收入
4042	债务转贷收入	409	债务转贷收入
4011	补助收入	411	补助收入
4012	上解收入	412	上解收入
4013	地区间援助收入	413	地区间援助收入
4021	调入资金	414	调入资金
4031	动用预算稳定调节基金△	415	调入预算稳定调节基金
4005	财政专户管理资金收入	423	财政专户管理资金收入
-		425	财政周转金收入
五、支出类			
5001	一般公共预算本级支出△	501	一般预算支出
5002	政府性基金预算本级支出△	505	基金预算支出
5003	国有资本经营预算本级支出△	506	国有资本经营预算支出
5007	专用基金支出	507	专用基金支出
5042	债务还本支出	508	债务还本支出
5041	债务转贷支出	509	债务转贷支出
5011	补助支出	511	补助支出
5012	上解支出	512	上解支出
5013	地区间援助支出	513	地区间援助支出
5021	调出资金	514	调出资金
5031	安排预算稳定调节基金	515	安排预算稳定调节基金
5021	调出资金	516	国有资本经营预算调出资金
5005	财政专户管理资金支出	523	财政专户管理资金支出
-		524	财政周转金支出

注：1. 带△号的科目仅科目名称作了修改。

2. 带＊号的科目为新增科目。

附录 2

新旧行政单位会计制度会计科目对照表

新行政单位会计制度会计科目			原行政单位会计制度会计科目及补充规定会计科目	
序号	编号	名称	编号	名称
一、资产类				
1	1001	库存现金	101	现金
2	1002	银行存款	102	银行存款
3	1011	零余额账户用款额度	107	零余额账户用款额度*
4	1021 102101 102102	财政应返还额度 财政直接支付 财政授权支付	115	财政应返还额度* 财政直接支付 财政授权支付
5	1212	应收账款	104	暂付款
6	1213	预付账款	104	
7	1215	其他应收款	104	暂付款
			103	有价证券
8	1301	存货	105	库存材料
			106	固定资产
9	1501	固定资产	106	固定资产
10	1502	累计折旧		
11	1511	在建工程		
12	1601	无形资产	106	固定资产
13	1602	累计摊销		
14	1701	待处理财产损溢		
15	1801	政府储备物资	105	库存材料
16	1802	公共基础设施	106	固定资产
17	1901	受托代理资产		
二、负债类				
18	2001	应缴财政款	201	应缴预算款
			202	应缴财政专户款
19	2101	应缴税费	203	暂存款

续上表

新行政单位会计制度会计科目			原行政单位会计制度会计科目及补充规定会计科目	
20	2201	应付职工薪酬	211	应付工资（离退休费）*
			212	应付地方（部门）津贴补贴*
			213	应付其他个人收入*
			203	暂存款
21	2301	应付账款	203	暂存款
22	2302	应付政府补贴款		
23	2305	其他应付款		
24	2401	长期应付款	203	暂存款
25	2901	受托代理负债		
三、净资产类				
26	3001	财政拨款结转	303	结余
27	3002	财政拨款结余		
28	3101	其他资金结转结余		
29	3501	资产基金		
	350101	预付款项	303	结余
	350111	存货	303 301	结余 固定基金
	350121	固定资产	301	固定基金
	350131	在建工程		
	350141	无形资产	301	固定基金
	350151	政府储备物资	303	结余
	350152	公共基础设施	303	固定基金
30	3502	待偿债净资产		
四、收入类				
31	4001	财政拨款收入	401	拨入经费
32	4011	其他收入	407	其他收入
	–	–	404	预算外资金收入
五、支出类				
33	5001	经费支出	501	经费支出
			505	结转自筹基建
34	5101	拨出经费	502	拨出经费

注：上表中标有“*”号的会计科目为行政单位按照财政部印发的有关行政单位会计核算补充规定增设的会计科目。

附录3
新旧事业单位会计制度会计科目对照表

新事业单位会计制度会计科目			原事业单位会计制度会计科目	
序号	编号	名称	编号	名称
一、资产类				
1	1001	库存现金	101	现金
2	1002	银行存款	102	银行存款
3	1011	零余额账户用款额度		零余额账户用款额度*
4	1101	短期投资	117	对外投资
5	1401	长期投资		
6	1201 120101 120102	财政应返还额度 财政直接支付 财政授权支付		财政应返还额度* 财政直接支付 财政授权支付
7	1211	应收票据	105	应收票据
8	1212	应收账款	106	应收账款
9	1213	预付账款	108	预付账款
10	1215	其他应收款	110	其他应收款
11	1301	存货	115	材料
			116	产成品
			509	成本费用
12	1501	固定资产	120	固定资产
13	1502	累计折旧		
14	1511	在建工程		
15	1601	无形资产	124	无形资产
16	1602	累计摊销		
17	1701	待处置资产损溢		

续上表

二、负债类				
18	2001	短期借款	201	借入款项
19	2401	长期借款		
20	2101	应缴税费	210	应交税金
21	2102	应缴国库款	208	应缴预算款
22	2103	应缴财政专户款	209	应缴财政专户款
23	2201	应付职工薪酬		应付工资（离退休费）
				应付地（部门）津贴补贴*
				应付其他个人收入
24	2301	应付票据	202	应付票据
25	2302	应付账款	203	应付账款
26	2303	预收账款	204	预收账款
27	2305	其他应付款	207	其他应付款
28	2402	长期应付款		
三、净资产类				
29	3001	事业基金	301	事业基金——一般基金
30	3101 310101 310102 310103 310104	非流动资产基金 长期投资 固定资产 在建工程 无形资产	301 302	事业基金——投资基金、 固定基金
31	3201	专用基金	303	专用基金
32	3301 330101 330102	财政补助结转 基本支出结转 项目支出结转		
33	3302	财政补助结余		
34	3401	非财政补贴结转	404	拨入专款
			502	拨出专款
			503	专款支出
35	3402	事业结余	306	事业结余
36	3403	经营结余	307	经营结余
37	3404	非财政补助结余分配	308	结余分配

续上表

四、收入类				
38	4001	财政补助收入	401	财政补助收入
39	4101	事业收入	405	事业收入
40	4201	上级补助收入	403	上级补助收入
41	4301	附属单位上缴收入	412	附单位缴款
42	4401	经营收入	409	经营收入
43	4501	其他收入	413	其他收入
五、支出类				
44	5001	事业支出	501	拨出经费
			504	事业支出
			520	结转自筹基建
45	5101	上缴上级支出	516	上缴上级支出
46	5201	对附属单位补助支出	517	对附属单位补助
47	5301	经营支出	505	经营支出
			512	销售税金
48	5401	其他支出		

注：上表中标有“＊”号的会计科目为事业单位参照财政部印发的相关补充规定增设的会计科目。